RENÉ DE CHAMBRUN

... ET CE FUT UN CRIME JUDICIAIRE LE « PROCÈS » LAVAL

ÉDITIONS FRANCE-EMPIRE
68, Rue Jean-Jacques-Rousseau, 75001 Paris

La première partie « L'assassinat judiciaire » a été rédigée par François Cathala, fils de Pierre Cathala Ministre de l'Économie et des Finances du dernier Gouvernement Laval.

Les intertitres de la deuxième partie « À chaque accusation, Laval répond », ont été faits par Monsieur Bernard George.

Les citations de la troisième partie « Témoins devant l'Histoire » ont été choisies par Alain Dollfuss co-auteur avec Jean-Pierre Brun d'un mémoire D.E.S. de Droit Public « Pierre Laval — Politique et Administration de la France — 1940/1944 », présenté à l'Université de Paris I.

IMPRIMÉ EN FRANCE

PRÉFACE

Entre la publication de « Pierre Laval devant l'histoire », à la fin avril l'an dernier, l'émission « Apostrophes » qui l'a suivie, et le 31 décembre 1983, j'ai reçu un peu plus d'un millier de lettres. Environ 65 pour cent d'entre elles venaient de lecteurs ou de télépectateurs de l'émission de Bernard Pivot qui n'étaient pas nés au moment de la Libération, ou qui avaient alors moins de 12 ans. Tous voulaient en savoir davantage sur Laval... Le crime judiciaire..., la façon de se procurer la défense de « l'accusé » !! Ils ignoraient qu'il n'avait pas pu la présenter avant de subir les injures des jurés et son départ de la salle d'audience. Beaucoup voulaient connaître les témoignages « à décharge » dont j'avais signalé le dépôt au fil des ans à la Fondation Hoover en Californie. Enfin, certains souhaitaient connaître les paroles inédites prononcées par Laval lors des réunions « privées » des Maires, Préfets, Hauts-Fonctionnaires, Magistrats, etc. hors la présence d'Allemands. Ils ignoraient que ces exposés avaient été sténographiés par une secrétaire dévouée, placée à l'insu de Laval au fond de la salle de l'Hôtel du Parc à Vichy, derrière un paravent.

J'ai vécu de beaucoup trop près de « l'assassinat judiciaire » pour faire revivre ce drame. Aussi ai-je confié cette tâche à mon ami et éminent confrère François Cathala. Il était alors au Barreau de Paris depuis plusieurs années. Son père, Pierre Cathala, avait œuvré aux côtés de Laval en 1930 pour créer, bâtir et faire voter la loi sur les assurances sociales et les allocations familiales. Douze ans plus tard, Ministre des Finances et de l'Économie, il a refait équipe avec Laval. Pendant les années les plus rudes de l'Occupation, résistant aux exigences et aux pressions allemandes, les deux hommes ont géré les finances et l'économie de la France, de manière exemplaire. Malgré les énormes ponctions de l'ennemi jusqu'à la Libération, la parité franc-dollar a été maintenue, les budgets de l'État équilibrés, le stock d'or de la Banque de France et la fortune mobilière du pays sauvés. Pendant ce temps, les dépôts dans les Caisses d'Épargne ont progressé régulièrement et la rente perpétuelle de 3 % a atteint le pair en Juillet 1944. Ce taux a permis au Gouvernement du Général de Gaulle d'effectuer des reconversions et d'émettre l'emprunt de la Libération au même taux de 3 %.

Dans une cellule humide, tapissée de limaces, Pierre Laval a passé une grande partie de ses nuits à écrire une défense qu'on lui a interdit de présenter. Le lecteur pourra prendre connaissance de ses réponses manuscrites, nettes, précises, indignées et souvent émouvantes à chaque accusation. M. Bernard George m'a aidé à choisir les intertitres qui rendent cette lecture très claire.

Depuis le 1er janvier 1946, jusqu'au 31 décembre 1983, 448 témoignages contenant souvent des annexes ont été déposés à la Fondation Hoover. Ceux-ci vont être rendus accessibles aux étudiants et aux professeurs de tous les pays à partir d'octobre 1984. J'ai demandé à Alain Dollfus, co-auteur avec Jean-Pierre Brun d'un mémoire de Diplôme d'Études Supérieures de Droit Public, intitulé « Pierre Laval — Politique et Administration de la France — 1940/1944 », présenté à l'Université de Paris I, de procéder à l'examen de cet ensemble de quelques milliers de pages et d'extraire des témoignages les plus autorisés les passages les plus caractéristiques. Cette partie du livre est intitulée : « Témoins devant l'Histoire. »

Les paroles inédites de Pierre Laval sont placées dans l'ordre où il les a prononcées entre le 3 septembre 1942 et le 22 avril 1944.

Enfin, la fille de Pierre Laval, Josée de Chambrun, m'a autorisé à placer en épilogue de ce livre le texte intégral de la lettre que son père lui écrivit la dernière nuit. L'an dernier, elle ne m'avait permis d'en citer que quelques paragraphes dans « Pierre Laval devant l'histoire ». J'ai fait précéder cette lettre par celle qu'elle a écrit à Winston Churchill, en commentaire d'une phrase de ses Mémoires, et le récit qu'elle a déposé à la Fondation Hoover, en 1947, du dernier déjeuner avec son père et Édouard Herriot, le 17 août 1944, à Matignon, avant leur arrestation par les S.S. et leur déportation en Allemagne.

PREMIÈRE PARTIE

L'ASSASSINAT JUDICIAIRE DE PIERRE LAVAL

Pierre Laval a été fusillé, le 15 octobre 1945, au coin d'un mur de la prison de Fresnes, sous le gouvernement provisoire du Général de Gaulle, alors que M. Georges Bidault était Ministre des Affaires étrangères :

Longtemps après, ce dernier écrivait, le 21 juillet 1971, à René de Chambrun, gendre de Pierre Laval, une longue lettre qui se terminait ainsi :

> « J'ai pris trop tard connaissance des conditions abominables dans lesquelles s'est déroulé le procès de Pierre Laval. Je ne sais pas ce qu'à l'époque j'aurais pu faire. Mais c'est un fait que personne, je dis bien absolument personne, ne m'a jamais donné l'alerte. Je ne puis songer aujourd'hui à ce scandaleux épisode sans honte et sans remords.
>
> « Je ne puis aller plus loin. La déroute de l'Armée française, que j'ai vue de mes yeux, ne laissait pas, particulièrement avec les messages qui venaient de Londres, d'autre issue que de vivre dans un climat de guerre civile en essayant de gagner au moins celle-ci.
>
> « En vous renouvelant l'expression de mes profondes excuses, je puis, au moins, après vous avoir lu y joindre celle de mon estime et de ma haute considération. »

Étrange document qui lève le voile sur un passé déjà oublié. La fortune de guerre était donc encore incertaine. La Libération n'aurait pas fait naître la joie unanime de la délivrance, mais la crainte d'une guerre civile. L'injustice serait de celles commises en période de péril extérieur et de révolution. Le Ministre des Affaires étrangères de l'époque était impuissant contre les forces qui le dépassaient.

Et, vingt-six ans après, il confesse un obsédant remords. Le procès Laval a donc bouleversé la conscience de certains, même de ceux qui apparaissaient alors comme les vainqueurs et les libérateurs. Il reste comme une tache ineffaçable sur une période que chacun de nous voudrait lumineuse. Il a pour jamais marqué cette période d'un stigmate comme le sang sur la main de Lady Macbeth.

Robert Aron, auteur d'une *Histoire de l'Épuration*, écrit que le procès « fut scandaleux dans ses préliminaires, dans son déroulement, dans son aboutissement. »

Tout observateur impartial ne peut que ratifier ce jugement. Mais, sous l'apparence scandaleuse, il y eût quelque chose de plus profond et de plus atroce. Le procès Laval ne fut pas une erreur judiciaire excusée par les circonstances et par les passions. Une étude attentive laisse transparaître d'un bout à l'autre une volonté de mort. Cet assassinat répondait à certains desseins politiques. Et pour produire l'effet recherché, il convenait d'entourer l'exécution d'une comédie judiciaire, moins grossière et sommaire que celle des procès de purges de l'U.R.S.S. mais sans doute plus hypocrite et plus hideuse.

L'inculpation qui attendait Pierre Laval, comme celle qui avait visé précédemment le Maréchal Pétain, constituait une monstruosité juridique. Elle se dédoublait en deux volets : l'un, attentat à la Sûreté Intérieure de l'État dirigé contre une action collective infiniment complexe, l'attribution des pleins pouvoirs au Maréchal Pétain par l'Assemblée Nationale réunie à Vichy en juillet 1940 ; l'autre, intelligence avec l'ennemi embrassant plusieurs années d'activité du Gouvernement de Vichy ; soit un ensemble d'actes du gouvernement et d'administration, des négociations diplomatiques et des mesures intérieures.

Jamais, avant les procès de Pétain et de Laval, il n'y eut dans l'Histoire un homme d'État soumis à des accusations aussi vastes et aussi vagues ; ainsi, les Ministres de Charles X étaient accusés d'avoir enfreint certains articles de la Charte ; le Général Boulanger, d'avoir tenté de prendre d'assaut l'Élysée ; Caillaux, d'avoir eu des conversations avec des agents de l'Allemagne sans mandat du gouvernement. Dans toutes ces affaires, il était possible de rapprocher des faits bien précisés d'un texte suffisamment clair. Mais le droit pénal n'est certainement pas fait pour capter dans ses filets l'ensemble d'une gestion politique. S'il est légitime qu'une gestion politique soit soumise au jugement de l'opinion et des historiens, il n'était jusqu'ici venu à l'idée de personne qu'elle puisse être assimilée à une infraction pénale. Le droit pénal ne peut enfermer une politique qu'en la défigurant et en la réduisant à un schéma caricatural. Il est, d'autre part, inadmissible de traiter en délinquant celui qui n'avait au-dessus de lui aucun texte et qui, même à tort, croyait agir dans la plénitude de ses pouvoirs.

A cet égard, les légistes des procès du Maréchal Pétain et de Pierre Laval ont apporté une redoutable innovation. Ils ont fait se rapprocher et se confondre le jugement judiciaire et le jugement politique, le jugement obéissant à la loi et à des règles fixes et celui mis en branle par les passions de l'opinion. Cet infléchissement de la justice à une ligne politique, cette mutilation de la politique par la machinerie judiciaire étaient choses communes dans les pays de l'Est, mais n'existaient pas encore en France.

Dans la France troublée et divisée de 1945, il y avait assurément une réaction critique et sentimentale contre la politique dite de « collaboration ». Mais nul ne songeait à mettre en cause les pleins pouvoirs accordés par l'Assemblée au Maréchal Pétain.

Or, comme nous pourrons le constater, l'inculpation dirigée contre Pierre Laval attachait une particulière importance à ce premier volet. L'intelligence avec l'ennemi était présentée comme la suite, la conséquence d'un attentat à la sûreté de l'État dont Pierre Laval avait été l'instigateur et, avec le Maréchal Pétain, le principal bénéficiaire.

Le Général de Gaulle — exerçant une sorte de gouvernement provisoire et intérimaire — se déclarait restaurateur de la légalité républicaine. Il se voulait Cincinnatus. L'ordonnance du 9 août 1944 proclamait que « la forme du gouvernement de la France est et demeure la République. En droit, celle-ci n'a pas cessé d'exister ».

Les élections et référendum du 21 octobre 1945, dont l'échéance n'a cessé de hanter le procès Laval comme un spectre fixant l'heure d'une horloge fatidique, devaient permettre aux Français de dire s'ils conservaient ou répudiaient la Constitution de 1875. Les juges naturels de Pierre Laval étaient donc le Sénat, c'est-à-dire les élus de la nation, tels que les avaient désignés les derniers scrutins, ceux-là mêmes, qui à Vichy, avec les députés, composaient l'Assemblée Nationale. Bien qu'ils eussent voté les pleins pouvoirs du Maréchal à une écrasante majorité, certains sénateurs s'en étaient ensuite repentis. Le dossier d'accusation contre Pierre Laval avait pris soin de ramasser, sur le vote de Vichy, un propos du Président du Sénat Jeanneney parlant d'un « entôlage », et un propos du membre de la Commission des Lois, Boivin-Champeaux parlant d' « escroquerie ».

Dans une optique tout à fait républicaine, il eût donc été très concevable de faire juger par les sénateurs la politique de collaboration et que Pierre Laval rende compte aux sénateurs de l'usage des pleins pouvoirs par le Maréchal Pétain et, indirectement, par lui-même.

Mais cette perspective démocratique ne pouvait plaire au Comité Français de Libération Nationale venu d'Alger ni au Général de Gaulle issu de ce Comité.

Une Haute-Cour fut donc façonnée « sur mesure » en dehors de la Constitution de 1875, par l'Ordonnance du 14 novembre 1944. Et les sénateurs et députés qui avaient voté les pleins pouvoirs au Maréchal Pétain furent frappés d'une sorte d'interdiction civique et déclarés inéligibles : Cincinnatus se faisait proscripteur et la Constitution de 1875 était bafouée avant même d'être soumise au jugement des Français.

L'Ordonnance du 14 novembre 1944 composa la Haute-Cour par l'amalgame de cinq magistrats et de vingt-quatre jurés tirés sur deux listes établies par l'Assemblée Consultative provisoire : la première comprenait la toute petite minorité des sénateurs ou députés, pour la plupart communistes, opposants de la première heure, si hostiles au Maréchal Pétain et à Pierre Laval qu'ils n'avaient pas voté les pleins pouvoirs ; la seconde était désignée par des organisations de Résistance, soit par des militants, pour partie animateurs de cette « *guerre civile* » évoquée par Georges Bidault.

Les cinq magistrats étaient les servants, les mécaniciens de la machinerie judiciaire. Le pouvoir de décision appartenait aux jurés, et comme l'observe le très objectif Robert Aron : « Aucun des jurés, ni sur une liste, ni sur l'autre, ne pouvait représenter une position favorable aux inculpés ni même une position neutre. » Nous sommes évidemment fort loin des prévisions de la Constitution de 1875 confiant le jugement des délits politiques à l'expérience et à la sérénité d'une Chambre Haute — La procédure prévue était celle de la Cour d'Assises, avec la volonté de rapetisser l'infraction politique à un délit de droit commun.

Les délinquants de droit commun ne comparaissent en Cour d'Assises qu'après une très longue instruction, menée dans le seul souci de la recherche de la vérité par un magistrat impartial. Un tel mécanisme parut sans doute trop libéral aux légistes de la Résistance.

L'instruction avant comparution devant la Haute- Cour était soumise au contrôle d'une commission d'instruction composée de cinq magistrats de l'ordre judiciaire et de six personnes désignées par l'Assemblée Consultative provisoire.

Elle dépendait donc de six commissaires politiques.

Il est permis de s'arrêter un instant sur les deux acteurs principaux de cette Haute Cour d'Exception, le Président Mongibeaux, le Procureur Mornet.

Le Garde des Sceaux Teitgen confia qu'il eut beaucoup de peine à recruter un Président. Et pourtant, la présidence de la Haute Cour assurait à son titulaire le poste le plus élevé de la hiérarchie. Il devenait Premier Président de la Cour de Cassation. *Sept conseillers à la Cour de Cassation se récusèrent* ce qui est tout à l'honneur de la Magistrature.

Le huitième était Mongibeaux qui ne serait jamais devenu Président de la Cour de Cassation s'il n'avait accepté de présider la Haute Cour. Dans sa jeunesse, il avait été chef de cabinet d'un Garde des Sceaux, Raoul Péret, compromis dans une affaire financière.

Au cours des débats, Mongibeaux multiplie les affirmations d'indépendance et d'humanité ; il n'a jamais reçu d'ordres ; il est un magistrat de l'École libérale, toujours respectueux des droits de la défense.

Mais, le « libre », le « libéral » Mongibeaux est soumis à un maître impérieux : le calendrier.

Sa technique va être de passer outre — outre à l'absence de l'accusé, outre à l'absence de ses défenseurs, outre à l'absence de témoins —.

Car il a un sinistre rendez-vous qu'il doit remplir avant le 21 Octobre.

Or, c'est un bon technicien de la procédure judiciaire et il entend ne pas s'écarter des rails. Il a, de plus, la routine sûre du vieux praticien, l'impassibilité de l'homme de métier. Ni la curiosité historique, ni un quelconque sentiment de solidarité humaine ne parviennent à l'émouvoir.

Visiblement, la politique ne l'intéresse pas et la seule histoire dont il aime à suivre le fil est celle de sa carrière.

Il a conçu de l'action de Pierre Laval un schéma réducteur qui convient à la machine. Et il n'entend pas s'en départir. Il est depuis longtemps sourd aux effets d'éloquence comme aux élans de la sincérité. Bien entendu, il a prêté serment au Maréchal Pétain, et il a jugé sous l'Occupation.

On croyait le Procureur Mornet enseveli dans la retraite. Il semble sorti du musée Grévin : le procureur terrifiant des grands procès de trahison, déjà prêt à entrer dans l'histoire ;

Dans son *Histoire de l'Épuration,* déjà citée, Robert Aron le définit ainsi : « Ce n'est pas qu'il soit malhonnête ; il est sectaire. Ce n'est pas qu'il ignore le droit. Il en simplifie l'usage. »

Nous pensons que Mornet est différent d'un sectaire. Un sectaire est la proie d'une conviction qui le dirige toujours dans le même sens. Or, la ligne de Mornet est brisée.

Il était, avant la guerre de 14, un avocat de gauche, un pacifiste ardent.

Pendant la guerre de 14, alors que les hommes de son âge étaient dans la boue des tranchées, il portait l'uniforme de capitaine dans la poussière des prétoires. Il était un ardent militariste et faisait fusiller la belle Mata Hari dont il dira ensuite qu'« il n'y avait pas de quoi fouetter un chat ». Il aurait bien voulu faire fusiller Caillaux qu'il présentait comme l'organisateur du « Grand Bal » de la trahison.

Pendant l'Occupation, il préside une commission chargée de vérifier la nationalité des Juifs, organisme imposé par les pressions allemandes. « Ce fut », dit-il, « à la demande d'amis Juifs et pour les protéger. » Il participe donc à la politique défensive du Gouvernement de Vichy.

A la veille de la Libération, cet efficace collaborateur déjà à la retraite, devient un épurateur féroce. Il se met au service des Ordonnances d'Alger, il sent lui monter au nez la poudre des batailles de prétoires, il refait carrière.

L'excuse de Mornet est que la bataille judiciaire l'enivre. Il est acharné et excessif par métier. Avocat de la société ou de l'État, il épouse avec passion la thèse que cette société ou cet État lui dicte. Au temps de la Chambre bleu horizon, il avait eu les accents de Déroulède.

Au procès Laval, ses formules ramassées, brutales, aveugles font parfois songer à l'éloquence de Vychinsky requérant contre Zinoviev et Kamenev.

Et par ses excès mêmes, il est révélateur. Il dévoile le jeu secret dont il est l'instrument.

Lorsque Pierre Laval quitte l'Espagne le 30 Juillet 1945, il est sans illusion. Il pressent que l'avion le conduit à la mort. « Ce que l'on fait avec moi », aurait-il déclaré, « n'est ni plus ni moins qu'un crime. » Cependant, en paysan d'Auvergne opiniâtre, il amasse toute son énergie et décide de lutter jusqu'au bout, de défendre pied à pied chaque parcelle de sa vie et de son honneur attaqués. Rien n'est plus admirable que la maîtrise, le courage de cet homme seul qui livre son dernier combat devant des ennemis implacables, avec la même aisance qu'à la tribune parlementaire, plaisantant parfois, rejetant d'un mot bref les sottises de l'accusation, brossant de larges tableaux des événements politiques.

Il a donc choisi d'assumer les responsabilités qu'on lui impute. Sans doute voit-il clairement l'absurdité juridique d'une telle procédure. Mais il accepte que sa politique soit jugée, que l'on en pèse les mérites et les inconvénients.

Il y est poussé peut-être par un vieux réflexe républicain, l'idée que le pouvoir n'est qu'un mandat confié par le peuple.

Et, en dépit de la partialité manifeste d'une juridiction faite sur mesure, il accepte de rendre des comptes aux hommes que le destin lui assigne comme juges. Avec une témérité superbe, il se refuse, par principe, à toute récusation. Il déclare que chaque citoyen, quel que soit son parti, a le droit de le juger. Sa politique n'a pas été faite pour une fraction mais pour la France entière.

Et il met tous ses espoirs dans une analyse et un bilan aussi exacts et complets que possible. Il ne cherche pas à éluder mais demande, au contraire, que l'on approfondisse chaque aspect de sa gestion.

A la différence du Maréchal Pétain, qui s'est érigé en statue de marbre, en symbole, il entend rester le mandataire fidèle qui fournit à ses mandants les explications les plus détaillées.

Le Président de la Commission d'Instruction, Bouchardon, dit aux avocats de Pierre Laval, lorsqu'il les reçoit pour la première fois, le 21 août 1945 :

« Votre client est humain et sensible... Il reconnaît très bien ce qu'il a fait et ce qu'il a signé », et il soupire : « Ce n'est pas comme Pétain. »

Après un interrogatoire du « premier juge délégué » Béteille, Pierre Laval confie à son avocat Baraduc :

« Il me montre une circulaire de 1943 sur la main-d'œuvre et me demande si je l'ai signée. Ça ne veut rien dire. Si elle porte ma signature, c'est évidemment que je l'ai signée. Et ce n'était pas la peine de m'interroger pour le savoir ! Ce qu'il faut, c'est examiner quelles conditions politiques m'ont amené à signer le papier. Mais pour ça, il faut une instruction. Il faut qu'on interroge les services. Il faut qu'on interroge les témoins de ma vie. »

Devant la Haute-Cour, il dira : « Si le Journal Officiel a publié une loi, je ne peux pas nier que la loi a été publiée avec ma signature. Mais cela n'est pas la question. Ce n'est pas la question que doit me poser le juge. " Comment avez-vous pu être amené le 12 juillet 1943 à signer une telle circulaire et comment avez-vous pu être conduit à signer une telle loi ? " Là, je comprendrais cette question. Là, je verrais apparaître la bonne foi. Là, je verrais l'instruction contradictoire et le moyen laissé à l'accusé de s'expliquer. »

Mais, précisément, les accusateurs de Pierre Laval ne voulaient pas de cette reddition de comptes. Ils se refusaient à tout approfondissement, à tout examen des circonstances. La politique de Pierre Laval, soit toutes les lois ou circulaires signées par Pierre Laval, était présumée criminelle à priori. Et il ne fallait rien faire qui puisse détruire ce postulat.

La condamnation du Maréchal Pétain a tranché un lien fraternel qui unissait les Français, qui les unissait à leurs morts, le legs des morts de Verdun aux vivants de l'Occupation. Le lendemain de cette condamnation apparaissait un morceau d'Europe, l'Hexagone, qui n'était plus qu'un syndicat d'intérêts économiques.

Le procès de Pierre Laval a été l'occultation systématique, l'étouffement de toute une période de l'Histoire. L'accusé voulait un procès qui lui a été refusé.

L'instruction du procès Caillaux qui portait sur quelques faits bien définis avait duré deux ans. Il n'est pas rare que l'instruction d'un procès criminel ordinaire se prolonge pendant seize ou dix-huit mois. L'instruction du procès Laval a duré environ un mois, un mois de vacances d'été.

Il s'agissait d'un préliminaire rituel mais dont les membres de la Commission d'Instruction ne pensaient pas un instant qu'il pourrait servir à quelque chose. Ils n'en attendaient pas de révélation contre l'accusé puisque tout le bloc des actes ou lois de Vichy constituait déjà à priori une activité criminelle. Et ils ne souhaitaient pas que puisse poindre la moindre lumière en sa faveur.

Le premier juge délégué, M. Béteille, avait composé un scénario, le « plan de l'information » divisé en trois parties : « Les origines de la trahison », « consommation de la trahison », « exécution de la trahison ». Il avait prévu vingt-cinq interrogatoires.

Mais la Commission d'Instruction lui fit sans doute comprendre l'inutilité d'un tel effort. Quelques interrogatoires eurent lieu en désordre, sans aucun plan préétabli. Et M. Béteille partit en vacances.

Une après-midi tout entière fut consacrée à la fortune de Pierre Laval. La Commission d'Instruction avait fait procéder à une expertise comptable de M. Caujolle. Cela n'intéressait pas l'accusation d'attentat à la sûreté de l'État ou d'intelligence avec l'ennemi. Il importait peu que l'accusé ait été riche ou pauvre. Cependant, depuis le retour de Laval, circulait la rumeur maligne que, parti de rien, il avait atteint une large aisance. Et le réquisitoire que devait écrire par la suite le Procureur Mornet le présentait comme un homme « venu des partis extrêmes » et « dont la fortune privée a suivi l'ascension de la fortune politique ».

Si Pierre Laval avait pu être soupçonné de la moindre malversation, il aurait été immédiatement frappé d'une nouvelle inculpation.

Le rapport Caujolle ne révéla rien si ce n'est que Pierre Laval avait su faire des économies et placer son argent à bon escient. Il avait été un avocat très actif et, dès sa jeunesse, député et ministre.

Mornet reconnut à l'audience qu'il n'avait sur ce point aucune preuve. Cependant, la petite phrase tendancieuse figurait dans le réquisitoire. Si la Commission d'Instruction s'intéressait fort peu aux conditions et circonstances de la politique de Vichy, elle avait, par contre, grand souci de l'image de l'accusé dans le public

Il ne lui suffisait pas qu'il soit jugé et condamné. Il devait être aussi discrédité, apparaître comme un « profiteur » au regard des foules toujours sottes et envieuses.

Les avocats apprirent la clôture de l'instruction par la presse. Puis ils furent convoqués d'urgence pour un supplément d'information que le Président Mongibeaux aurait demandé à la Commission d'Instruction. Pierre Laval sera interrogé sans désemparer pendant trois jours.

Les magistrats instructeurs posent des questions pêle-mêle — Ils n'ont pu assimiler les dossiers de toute une activité ministérielle. M. Schnedecker interroge Pierre Laval sur la flotte marchande. Me Baraduc demande à consulter le dossier de l'accusation. On lui répond que c'est impossible. « Le dossier est dans le coffre de M. Béteille, et M. Béteille est parti en congé avec les clefs ! »

Bien entendu, il n'a pas été possible à l'accusé de faire procéder à la moindre vérification, ni de faire entendre des témoins à décharge. Ses dossiers personnels lui avaient été confisqués lors de son arrivée à

Fresnes. Ils étaient joints au dossier d'accusation dont on refusait la communication.

Le 30 septembre 1945, par décision tombant des limbes où se meuvent les commissaires politiques, la Commission d'Instruction ordonne une clôture définitive. Elle fait néanmoins semblant d'accomplir un acte judiciaire en déclarant « qu'il ne lui a pas paru que des recherches puissent être poussées plus loin avec l'espoir, aux termes mêmes de l'article 270 du Code d'Instruction Criminelle, d'obtenir plus de certitude dans les résultats ».

Me Baraduc est témoin de la réaction de Pierre Laval dans sa prison. « C'est du Molière », dit-il et il ajoute cette phrase magnifique : « Ils n'ont pas d'espoir... Ils n'ont pas d'espoir !... Eh bien, moi, j'en ai encore... J'en aurai jusqu'au bout ! »

Pierre Laval est traité avec une mesquinerie grossière. Les services rendus à la France tout au long de sa carrière ne lui valent aucun égard. Le nouveau pouvoir est sans pitié comme sans mémoire. Madame Laval est arrêtée en même temps que son mari. Gardée au secret pendant deux mois à Fresnes dans le quartier des Droits Communs, elle sera libérée le 30 Septembre sans explications ni excuses. Elle écrira le lendemain au Garde des Sceaux : ... « Heureuse d'être libre dans la mesure où j'ai pu revoir et embrasser mes enfants, je n'ai maintenant qu'un désir : rejoindre en prison mon mari dont je dois, depuis des années, veiller sur la santé. » Aucune réponse ne lui fut adressée.

Les audiences de la Haute-Cour vont commencer. Pierre Laval est transféré au dépôt où il vivra dans une cellule minuscule, éclairée toute la nuit, sans espace pour y travailler. Il sollicitera de revenir chaque soir à Fresnes. Mais cela aurait coûté trop cher à la République et lui fut refusé.

Le premier acte que devait accomplir le Président Mongibeaux était la constitution du jury de la Haute-Cour par tirage au sort.

Telle était la règle prévue par l'Ordonnance du 24 novembre 1944 qui se référait à la procédure de la Cour d'Assises.

Vingt-quatre jurés et douze suppléants, soit trente-six personnes devaient être tirées au sort sur une liste de cent personnes — cinquante parlementaires et cinquante résistants.

Or ce tirage fut une farce.

Nous avons sur ce point le témoignage très important de Me Henri Tard [1], huissier-audiencier près de la Haute Cour qui assistait le Président Mongibeaux.

Les cent personnes désignées devaient normalement s'intéresser à ce procès historique. Elles n'avaient rien à craindre. Elles étaient officiellement classées parmi les purs, et dans cette tragédie, leur rôle était de tout repos.

Or, à l'appel des noms, Mongibeaux dut constater avec ennui qu'il n'y en avait que trente-quatre. Il fallut dépêcher des émissaires dans Paris pour racoler deux jurés parmi les manquants et arriver au chiffre de 36.

Les érudits de la petite histoire expliqueront peut-être un jour les raisons d'une aussi grande abstention.

Les jurés — parlementaires ou autres — étaient sans doute, en cette période de fièvre, des gens très occupés. Mais ils auraient pu avoir, malgré tout, un certain respect de ce que l'on nommait la Justice. Et la proportion des absents reste surprenante.

Nous pensons que certains ont dû répugner à accomplir la besogne qu'on leur prescrivait.

Sous le regard étonné de l'huissier Tard, le Président Mongibeaux tira donc trente-six noms d'une urne qui en contenait trente-six.

Et bien que ce fut une illégalité manifeste, puisque l'accusé perdait le bénéfice du sort, le Président passa outre et déclara le jury légalement constitué.

La première audience s'ouvre le 4 octobre. L'accusé est présent mais non ses avocats.

Leur abstention est significative. Ils ont acquis la certitude de ne servir à rien qu'à compléter une figuration. Ils n'ont pas pu obtenir la communication du dossier de l'accusation. Le simulacre d'instruction brusquement clôturée montre que la recherche de la vérité n'intéresse personne et que les moyens de défense de l'accusé sont, par avance, rejetés. Que faire devant une pareille justice en bois ? En s'abstenant, ils la récusent. Ils ne veulent pas que leur présence donne le sceau d'une justice authentique.

Au surplus, une déclaration de Mongibeaux à la presse laisse

1. Monsieur de Chambrun m'a demandé de placer en Annexe IV page 359 le témoignage émouvant que Me Tard lui a remis le 16 Novembre 1983 après avoir suivi l'émission « Apostrophes » et lu le livre « Pierre Laval devant l'Histoire ».

transparaître le fond des choses. *Il a promis que tout serait terminé avant les élections du 21 octobre.* Autrement dit, le Président sait déjà que son information sera complète en quelques jours, qu'il n'aura pas besoin de faire citer des témoins nouveaux, que les objections de l'accusé ne l'amèneront pas à des investigations complémentaires. Et pourquoi se faire une sorte de gloire d'aller vite ? Mongibeaux ne met pas son honneur et son mérite à y voir clair, mais à suivre les instructions qu'il a reçues.

C'est laisser entendre que la solution est déjà connue, mais que Mongibeaux mettra son expérience de vieux routier à conduire prestement les débats, sans se laisser déborder par les arguments de la défense. Il est le chauffeur d'une locomotive dont la destination ne fait aucun doute et il promet d'être à l'heure.

Cette date du 21 octobre laisse aussi transparaître une arrière-pensée politique. Il faut que la condamnation de Pierre Laval soit un fait acquis — indiscutable — enregistré par l'autorité souveraine de la justice, et sur lequel les électeurs ne puissent plus se poser de questions. Une tribune donnée à Pierre Laval pendant ou après les élections serait un désastre. Il faut le réduire au silence.

Les avocats ont adressé au Président une lettre dont il est obligé de donner lecture et qui résume leurs préoccupations.

« Nous avons constaté l'impossibilité matérielle absolue d'assister utilement notre client à l'audience.

« Nous craignons que la hâte apportée à ouvrir les débats ne soit inspirée, non par des préoccupations judiciaires mais motivée par des raisons politiques.

« Les déclarations que vous auriez faites hier, qui sont reproduites par la presse, ne nous permettent aucun doute. En effet, vous auriez déclaré que vous étiez décidé à siéger, s'il le fallait, le matin, l'après-midi et le soir afin que le procès fût terminé pour les élections... »

Mongibeaux ne put démentir ces déclarations. Il fournit par la suite une explication confuse, disant qu'il avait voulu concilier les intérêts contradictoires des jurés, « l'intérêt de prendre part au jugement de cette très grosse affaire et l'intérêt qu'ils pourraient avoir ultérieurement de se trouver dans leurs circonscriptions pour participer aux luttes électorales ».

Ainsi se trouvait posé d'emblée le problème d'une violation manifeste des droits de la défense. Et Pierre Laval va, au cours de cette première audience, justifier la position de ses avocats, en tentant d'obtenir un supplément d'information.

Il ne demande pas sa mise en liberté. Il accepte de demeurer enchaîné à Fresnes.

Il réclame simplement un procès véritable. Et on ne voit pas du tout comment une justice normale pourrait, de bonne foi, rejeter une pareille demande.

« Que pourriez-vous craindre », dit-il, « d'une instruction véritable ? Elle était nécessaire non seulement pour l'exercice de mon droit naturel de me défendre, mais aussi par la contribution qu'elle aurait apportée à l'histoire de notre pays... Si je n'avais pas mon honneur à défendre, si je n'avais pas à justifier ma politique et à couvrir ceux qui, honnêtement, avec un sentiment patriotique, ont obéi à mes ordres, je serais presque tenté par lassitude et par dégoût de m'incliner devant l'injustice et la cruauté. Mais ce serait de ma part un acte de faiblesse et je sais rester digne et fort devant l'adversité... Cette passion qui vous anime a réchauffé la mienne. En m'accusant, c'est la France que vous croyez défendre. En m'écoutant, vous sentirez que c'est la France que j'ai servie. Alors vous estimerez sans doute que l'instruction de mon affaire doit être reprise et achevée pour la sérénité d'une vraie justice... »

Ces paroles n'entament pas la détermination de Mongibeaux. Il résout le problème de l'abstention des avocats, en les commettant d'office. Bien entendu, il est impossible de les joindre. Mais cela permet à Mongibeaux de passer outre à l'abstention des avocats comme il a passé outre à l'abstention des jurés. La mécanique est sauve et le procès s'engage sans les avocats.

Nous verrons par la suite ce qui fut le simulacre d'un procès sur le fond. A la seconde audience, les avocats se présentent, sur les objurgations de leur bâtonnier et par respect pour « la commission d'office ».

Ils déposent des conclusions imparables en droit et en fait pour obtenir un supplément d'information.

Me Naud, le résistant, pose clairement le problème :

« Mais de quoi avait-on peur en ne voulant pas laisser à cet homme l'occasion de s'expliquer sur tous les points, de révéler tous les dessous d'une politique que nous n'avons pu connaître que par ses aspects extérieurs les plus violents, mais dont il faut bien dire que si on la révèle publiquement, elle apportera avec elle des surprises.

« Pourquoi ne pas essayer de faire vraiment un grand procès ?... Je voudrais que Pierre Laval eût des garanties de défense au moins égales à celles accordées aux monstres de Belsen qu'on juge Dieu sait avec quelle minutie, en laissant aux avocats tout le temps qu'ils veulent pour la préparation de leurs dossiers, en convoquant et reconvoquant tous les témoins qui paraissent utiles à la défense... »

Me Baraduc n'hésite pas à frapper au point sensible :

« Je dis par conséquent, Monsieur le Président, que ce grand procès — c'est un grand procès que l'Histoire, elle, va prendre le temps de juger — il paraît qu'il n'est intéressant que dans la mesure où il serait fini pour les Élections. Peu importe que la Défense n'ait pas réuni ses documents, peu importe que la Défense n'ait pas réuni ses témoins. Est-ce possible ?...

« Je dis simplement que si vous nous mettiez dans l'impossibilité matérielle d'assister notre client, ce serait véritablement laisser croire, pas seulement chez nous, mais laisser croire au monde entier qu'il y a une vérité qu'en France, il ne faut pas découvrir... »

En effet, il y a une vérité qu'il ne faut pas découvrir. La demande de supplément d'information est, bien entendu, rejetée après quelques instants de délibération et l'arrêt rendu sur le siège a été bâclé en quelques minutes. Mais les discours de Pierre Laval et de ses avocats amènent une réplique du Procureur Mornet qui est tout à fait révélatrice.

L'idée que l'on puisse ralentir la marche du procès le met hors de ses gonds. Et le débat d'audience l'excite.

Il y a beaucoup à apprendre du Procureur Mornet. Ce personnage de Guignol — et de Grand Guignol — traduit avec une fidélité étonnante la thèse du petit groupe qui attend avec impatience la mort de Laval.

« L'affaire Pierre Laval », déclare-t-il, « est une affaire qui aurait pu venir à l'audience sans qu'il soit besoin de la faire précéder d'une instruction judiciaire préalable, car l'instruction est commencée le jour de l'ascension de Pétain et de Laval comme son second au pouvoir ; elle a continué le jour du coup d'État du 11 Juillet quand on a supprimé la République ou les lois essentielles de la République. Elle a continué avec ces abominables lois raciales qui mettaient hors de la Communauté Française toute une catégorie de Français. Elle a continué par Montoire, etc... etc... »

Il insistera sur le même thème lors de l'audience du 5 Octobre.

« Le procès tout entier n'est pas celui seulement d'un homme, il est celui d'une politique — je ne crains pas de dire le mot — il est celui d'une politique en ce qu'elle avait de criminel et cette politique est concrétisée dans un homme, celui qui est ici... L'instruction a été publique pour toute la France. Elle existe depuis cinq ans, depuis Juillet 1940... On fait le procès de sa politique, je le répète, en ce que cette politique avait de criminel en elle-même, sans qu'il soit nécess d'en chercher les dessous... L'instruction est terminée. Elle a été te minée le jour de la Libération. »

Le Procureur devrait déchirer sa robe d'hermine. Il renie, en effet, cette forme de civilisation qui est une institution judiciaire autonome. L'instruction est remplacée par la notoriété publique. Il épouse la thèse d'une présomption irréfragable de criminalité entachant tous les actes du gouvernement de Vichy, sans qu'il y ait moyen de la discuter ou l'atténuer. En ceci, il n'est plus républicain. Il rejoint la thèse de la ligne du parti, propre au droit soviétique : une politique reste mauvaise dès lors qu'elle est condamnée par le peuple, et le peuple, lui-même, n'est pas le peuple réel mais un peuple conventionnel constitué par les instances du parti.

Mornet demande la condamnation d'une politique concrétisée dans un homme. Il reconnaît que ce n'est pas la responsabilité personnelle d'un homme qui l'intéresse mais le désaveu d'une politique. Dans le droit pénal particulier du Procureur Mornet, la personnalité humaine n'est plus dominante. Nous entrons dans une civilisation qui n'est plus chrétienne mais collectiviste et qui réprime les crimes collectifs par des sacrifices humains.

Mais, avec le Procureur Mornet, la réalité dépasse la fiction. Nul auteur de comédie n'oserait dans une République qui se qualifie de libérale peindre un procureur aussi outrancier.

A l'audience du 6 octobre, Pierre Laval a osé encore une fois solliciter par une lettre au Garde des Sceaux la recherche de la vérité :

« Je ne recherche ni moyens dilatoires, ni faux fuyants. Je demande que toute la lumière soit faite sur ma personne, sur ma politique et sur mes actes. Il faut faire, et ce devrait être l'objet de l'instruction, le bilan de mon activité et dire si elle fut néfaste ou profitable à notre patrie... »

La rage de Mornet se déchaîne :

« Ce que vous avez à juger aujourd'hui, c'est la politique que nous avons subie pendant quatre ans et que je qualifie de criminelle pour cela même qu'elle était la politique que vous savez... Et je dis que cette inculpation ne repose pas sur des témoignages, elle ne repose pas sur des enquêtes plus ou moins exactes ou inexactes.

« Elle repose :

— sur des documents, sur les lois qu'il a signées ;
— sur les circulaires qu'il a signées ;
— sur les déclarations radiodiffusées qui sont dans les oreilles à

tous, sur les paroles abominables contre lesquelles notre conscience a protesté... »

C'est encore la thèse de la criminalité intrinsèque du Gouvernement de Vichy.

Mais il ajoute un véritable appel au meurtre :

« Et, véritablement, je puis vous dire que si, au lendemain de la Libération, au mois d'août ou au mois de septembre 1944, Pierre Laval avait été appréhendé et conduit devant un tribunal militaire — qui ne juge pas avec toutes les formes extérieures auxquelles vous êtes astreints — eh bien ! sa condamnation *suivie de ce que vous savez* n'eût pas été une erreur judiciaire. »

Comme le Docteur Jekyll se muant en Mr. Hyde, sous les yeux médusés du public, le Procureur Mornet, vétéran chevronné de la magistrature, se transforme en procureur du maquis. Par esprit d'imitation et servilité forcenée envers les jurés qui l'entourent, le gardien des Lois et Dépositaire des garanties de procédure, se déclare partisan d'une exécution sommaire.

Il est inouï dans les annales judiciaires que les jurés hurlent à la mort et menacent l'accusé de « douze balles dans la peau » avant qu'il soit jugé. C'est pourtant ce qui s'est produit au procès de Pierre Laval.

Le soir de la première audience du 4 octobre, alors que l'accusé avait pris un grand ascendant sur le public par son éloquence familière, un jeune homme se permit d'applaudir :

« Arrêtez-le », crièrent plusieurs jurés..., « il mérite comme Laval douze balles dans la peau. »

En dépit de cet incident qui rendait normalement irrégulière toute la procédure, le procès recommença le lendemain. Avec un extraordinaire courage, Pierre Laval reprit place devant ceux qui le menaçaient ouvertement de mort. Et il parla pendant plusieurs heures, imposant le silence autour de lui et gagnant le respect et la sympathie du public au fur et à mesure qu'il répondait victorieusement à l'accusation d'attentat à la sûreté intérieure de l'État, exposant les préparatifs et le déroulement de l'Assemblée Nationale de Juillet 1940. Par sa maîtrise, il sembla dominer pour un temps les passions des jurés.

Cependant, le troisième jour, 6 octobre, après un court préambule, l'audience allait être interrompue au milieu d'un hourvari de clameurs.

Pierre Laval avait lu sa noble lettre au Garde des Sceaux sollicitant une fois de plus un supplément d'information. Le Procureur Mornet avait donné le branle aux jurés en proclamant qu'une exécution sommaire n'aurait pas été une erreur. En dépit de toutes les explications fournies la veille, Mongibeaux tente de renfermer l'accusé dans un petit schéma préétabli et l'interroge de façon tendancieuse, insinuant qu'il serait demeuré à Vichy jusqu'au 13 Décembre 1940 par la protection des Allemands.

Pierre Laval proteste et les jurés se mettent à pousser des cris de mort « La justice passera... Salaud... Douze balles dans la peau. »

Mongibeaux doit suspendre l'audience qui est devenue, selon ses propres dires, « une réunion publique ».

Il fait ensuite notifier à l'accusé une sommation de comparaître. Pierre Laval y répond dans les termes suivants :

« Monsieur le Président, la façon injurieuse dont vous m'avez posé les questions tout à l'heure et les manifestations auxquelles se sont livrés certains jurés me montrent que je peux être la victime d'un crime judiciaire. *Je n'en veux pas être le complice. J'aime mieux me taire.* »

Dès lors, il ne comparaîtra plus. Mongibeaux passera outre. Et le procès se poursuivra sans l'accusé, et sans débat.

Il est manifeste que Pierre Laval avait mis tout son cœur à se défendre. Travaillant dans sa cellule éclairée toute la nuit, il avait accumulé les notes que les Français vont lire avec surprise. On ne peut lui reprocher un instant de s'être dérobé. L'attitude des magistrats et des jurés montrait de façon trop évidente le refus d'écouter. Le procès fut donc saboté, d'abord à l'instruction, puis à l'audience par l'inconduite des jurés et des juges.

Pour tracer un schéma du procès Laval, il y eut deux audiences pleines contradictoires, le 4 et le 5 octobre. L'incident du 6 octobre mit fin à la contradiction. Cette première période fut en grande partie occupée par le procès de la procédure elle-même, la demande d'un supplément d'information. Sur le fond, le seul grief qui fut abordé fut le rôle de Pierre Laval à l'Assemblée Nationale réunie à Vichy.

Ensuite, le procès sans accusé ni défenseur occupa la fin de l'audience du 6, celles du 8 et du 9 octobre. C'est au cours de cette période que furent entendus les six témoins à charge convoqués par la Haute-Cour.

Le procès demandé et désiré par Pierre Laval fut donc pratiquement étouffé.

Dans l'ensemble, les trente-six jurés étaient sans doute des personnages fort médiocres. On reste néanmoins surpris de leur incontinence verbale. Ils savaient qu'ils avaient à jouer un rôle de juge, et qu'il leur fallait, au moins pendant quelques jours, dissimuler leurs sentiments.

Mais ils étaient venus, pour la plupart, avec dans la poche un mandat impératif. Les organisations dont ils dépendaient avaient depuis longtemps déjà décidé la mort de Pierre Laval. Leurs cris de haine sont en même temps des cris d'impatience. Ils voulaient en terminer vite avec une besogne sinistre. Et le talent de l'accusé, sa force de persuasion les gênaient dans leurs convictions ;

Ils criaient pour ne plus avoir à entendre la voix de l'accusé.

L'histoire du procès ne serait pas complète, si l'on omettait l'insolite entrevue qui eut lieu le lundi 8 octobre entre les avocats de Pierre Laval et le Garde des Sceaux, M. Teitgen.

Me Baraduc en a fait le récit qu'il tenait au jour le jour (« *Dans la Cellule de Pierre Laval* »). Les avocats furent convoqués et précipitamment emmenés dans trois voitures Place Vendôme, dans le bureau du Garde des Sceaux. Celui-ci tenta de les persuader de revenir à la barre avec leur client, soit d'effacer l'incident du 6 Octobre, et de rendre à la procédure un caractère contradictoire.

« Je blâme très sévèrement les jurés qui ont injurié Pierre Laval », leur dit Teitgen, « et je puis vous assurer que ce sont des gens auxquels je refuserai toujours de serrer la main... » et il ajoute : « Si M. Pierre Laval accepte de reprendre sa place, je prends ici l'engagement que les jurés ne proféreront plus aucune injure à son égard et que les débats se dérouleront dans toute la sérénité désirable. D'autre part, je donnerai des instructions à M. le Procureur Général pour que le dossier de l'accusation vous soit immédiatement et en son entier communiqué. »

De tels propos sont extraordinaires de la part d'un Garde des Sceaux qui avait été professeur de droit. Puisque les jurés avaient trahi leurs serments en injuriant l'accusé, la seule solution juridiquement admissible était de les récuser, et d'interrompre la procédure pour que Pierre Laval comparaisse devant un nouveau Jury.

Comment, d'autre part, M. Teitgen pouvait-il se montrer garant de la bonne tenue des audiences et de la correction des mêmes jurés dans l'avenir ? Que signifiait, d'autre part, cette promesse de fournir aux avocats la communication d'un dossier énorme, alors que les débats étaient déjà commencés ?

Il est clair que le Garde des Sceaux traite le procès comme une mise en scène qu'il s'agit de replâtrer. On croirait qu'il va ramener le calme chez les jurés comme un régisseur pourrait le faire auprès d'une troupe de figurants. Et il demande instamment le concours des avocats et de l'accusé qui ne peuvent plus avoir aucune illusion sur l'issue mais simplement pour que la mise à mort soit propre et ne choque pas trop les juristes hors de France.

Les avocats ne purent, on le devine, que refuser respectueusement les propositions de M. Teitgen et, au cours de ce même entretien, celui-ci leur dit l'étonnante phrase suivante :

« Je sais très bien tout ce que M. Laval a fait pour son pays ; mais toute la question est de savoir si pour défendre le corps de la France, il fallait perdre son âme. »

Cette phrase remarquable mériterait un long commentaire. M. Teitgen reconnaît que Pierre Laval a rendu des services au corps de la France, donc aux Français. Et parmi eux, il y avait son propre père qui fut sauvé d'une arrestation allemande par Pierre Laval. Mais il fait intervenir une notion que l'on pourrait appeler la raison d'État angélique. Pour que l'âme de la France reste pure, toute compromission avec les Allemands devait être évitée. M. Teitgen ne se demande pas ce que l'âme de la France serait devenue si son corps avait tout entier péri. Mais la raison d'État angélique commandait au Général de Gaulle d'emporter l'âme de la France à Londres. Cette même raison d'État autorise M. Teitgen à oublier les services rendus au corps de la France par Pierre Laval et à le laisser condamner sans remords.

M. Teitgen se lave les mains, comme Ponce Pilate, mais c'est dans de l'eau qu'il a préalablement bénite.

Il n'y aura donc qu'une esquisse de procès sur le fond consacré au premier grief de l'accusation : l'attentat à la sûreté intérieure de l'État.

Le réquisitoire écrit de Mornet s'exprimait ainsi sur un ton de libelle :

« C'est incontestablement lui l'agent responsable qui par ses intrigues et ses menaces jusque dans le cabinet du Président de la République, empêcha ce dernier, les Présidents des deux Chambres, les membres du Parlement et ceux des Ministres qui avaient encore le souci de la souveraineté nationale d'aller en Afrique du Nord former un gouvernement à l'abri des pressions allemandes...

« C'est également lui qui à force d'intrigues, de marchandages, de promesses et de menaces amena le Parlement à remettre au Maréchal le Gouvernement de la République... »

La thèse est que l'attribution des pleins pouvoirs au Maréchal Pétain par vote de l'Assemblée Nationale du 11 juillet 1940 constitue un « coup d'État ».

Ce « coup d'État » aurait été prémédité.

« Laval entretenait par l'intermédiaire d'un sieur Barra des relations en vue de s'assurer l'aide de l'Italie, pour faire, disait-il, sortir la France de la guerre et la doter d'un système politique analogue à celui que le Duce avait institué dans la péninsule. »

Il s'agissait donc d'un complot fasciste.

Le mobile qui aurait incité Laval à entrer dans cette conspiration était « une haine tenace contre l'Angleterre. »

Et le coup d'État devait réussir par l'aide de l'ennemi : « Un régime comme le sien et celui de Pétain confinant à l'absolutisme ne pouvait s'établir en France qu'en s'appuyant sur l'envahisseur... »

Pour répondre à l'accusation d'une intrigue préméditée, Pierre Laval fut amené à évoquer sa politique d'avant-guerre :

« J'ai voulu empêcher la guerre. Je voyais venir le malheur sur nous... J'avais facilité le rapprochement italo-yougoslave et renforcé par cela même l'Entente balkanique... L'Italie, ce n'est pas Mussolini, comme vous le croyez ; l'Italie, c'était la place qu'elle occupe dans la géographie de l'Europe qui comptait... Ce n'était pas ce qu'elle représente par sa flotte et par toutes ses ressources et même par ses troupes. L'Italie, c'était surtout le passage de notre armée..., le passage qui nous permettait de joindre les 100 divisions que représentaient les armées de la Petite Entente... C'était le passage par l'Europe centrale orientale vers Moscou, c'est-à-dire vers l'armée soviétique... Hitler était fou mais il divisait surtout. Et il n'était pas fou au point de s'engager jamais si la chaîne avait été faite autour de lui... J'ai pratiqué cette politique d'encerclement... J'ai toujours fondé la politique extérieure de mon pays sur l'examen d'un paysan simple qui regarde les cartes de géographie. »

La démonstration est si lumineuse que Mornet abandonne :

« Pierre Laval aurait-il eu cent fois raison dans la politique qui était la sienne avant la guerre, cela n'est pas le procès. »

Où est alors le procès ? Est-ce d'avoir empêché le gouvernement de se rendre en Afrique du Nord ?

En s'envolant vers Londres, le Général de Gaulle a tracé un impératif. Le crime est d'être resté. Et Pierre Laval aurait, par ses manœuvres, fait obstacle au transfert des Sceaux par le Président de la République.

Le Président Albert Lebrun, veuf inconsolable de la IIIe République, sera entendu par la suite et il dira ce que l'accusation voulait lui faire dire :

« Il eût mieux valu pour la France que le pays fut administré directement par un Gauleiter plutôt que par un gouvernement français qui n'allait plus avoir du pouvoir que l'apparence et dont le rôle essentiel consisterait en somme à avaliser toutes les décisions des autorités d'occupation. »

La perspective d'un départ en Afrique du Nord signifiait donc le gouvernement direct par un Gauleiter. A supposer que le Gouvernement de Vichy ait eu peu de pouvoirs, il était permis de redouter une pareille solution. Le Président Lebrun a-t-il réfléchi qu'un Gauleiter aurait exclu la zone libre et la ligne de démarcation, qu'il aurait refusé par principe tout retour de prisonnier, qu'il aurait appliqué aux Français les rigueurs du code militaire allemand.

Et puis, Pierre Laval ne donne-t-il pas un argument pertinent lorsqu'il déclare :

« C'est peut-être l'événement le plus heureux qui se soit produit pour la France que nous ne soyons pas allés en Afrique... C'était le mois de juin 1940, c'était la guerre éclair. L'Angleterre était apeurée, elle avait rappelé ses troupes et son aviation.. Et dans la précipitation de la victoire, dans l'enthousiasme, c'était pour Hitler une possibilité certaine avec la complicité ou comment dirais-je ?, la complaisance du gouvernement espagnol qui n'aurait pas pu résister, qui avait quelques raisons de reconnaissance, de gratitude vis-à-vis d'Hitler, les Allemands auraient été en Afrique... Les Allemands en Afrique, mais c'était les Allemands à Suez ; c'était un changement peut-être complet de la politique. Et je ne suis pas sûr si les Allemands étaient allés en Afrique que les causes de friction qui se sont élevées entre les Soviets et les Allemands se seraient produites aussi facilement. Je ne suis pas sûr, en tout cas, qu'il aurait été facile de les en déloger et que l'Amérique aurait pu se servir de l'Afrique comme plate-forme pour libérer la France. »

Il était donc permis en 1940 de ne pas partager l'opinion du Général de Gaulle.

D'autres hommes politiques ont estimé qu'il fallait rester et notamment Léon Blum qui avait pourtant des raisons toute particulières de partir et qui fit à son entourage cette réponse citée par Louis Guitard dans son livre : « *MON LÉON BLUM* » :

« Je ne puis à mon gré, surtout à une telle heure, rompre le lien de solidarité qui m'unit à mon pays. »

Ce n'était donc pas trahir la France que de vouloir rester. Au surplus, on ne voit pas en quoi Pierre Laval a empêché le Président Lebrun et les membres du Parlement de partir.

Dans sa déposition, Lebrun évoque la démarche que fit auprès de lui à Bordeaux Pierre Laval, assisté d'une quinzaine de parlementaires. Il le conjura de rester, parce qu'il croyait passionnément que l'intérêt de la France était en jeu, qu'un Gauleiter était redoutable et que le vide fait en France pouvait conduire Hitler en Afrique du Nord.

Mais en quoi consistait l'intrigue ? Cette visite d'un groupe parlementaire était une manifestation normale de la démocratie.

Et le Président Lebrun restait libre de sa décision : il n'était pas obligé de céder aux objurgations d'un simple sénateur.

On ne voit pas enfin comment une qualification pénale peut s'inscrire dans ce contexte. Quel rapport avec un attentat à la Sûreté Intérieure de l'État ?

Et pour en arriver au prétendu coup d'État de juillet 1940, quels ont été les événements ?

Le Maréchal Pétain est Président du Conseil du dernier gouvernement de la IIIe République. Il a été suggéré par son prédécesseur, Paul Reynaud, et régulièrement investi par le Président Lebrun. Dans ce Cabinet, Pierre Laval n'est que Vice-Président, fonctions qu'il partage avec Camille Chautemps.

Le gouvernement décide de réunir l'Assemblée Nationale, c'est-à-dire l'assemblée composée de la Chambre et du Sénat, seule autorité compétente pour réviser la Constitution de 1875. Et il rédige un projet confiant au Maréchal Pétain des pouvoirs exceptionnels. Pierre Laval, Vice-Président du Conseil, est chargé de présenter ce projet à l'Assemblée Nationale. Il reçoit à ce sujet une lettre du Maréchal Pétain.

L'Assemblée se réunit à Vichy ; elle comprend 700 membres, ce qui signifie que le quorum est largement dépassé. Et le projet est voté à l'écrasante majorité de 569 parlementaires.

Albert Lebrun, qui assista aux derniers moments de la IIIe République, sans intervenir, avec la dignité mélancolique d'un prince consort dépourvu de pouvoirs, ne signale aucune irrégularité. Les députés et sénateurs n'ont pas délibéré sous la pression des baïonnettes. Ils ont eu le temps de réfléchir.

Lebrun termine ainsi sa déclaration :

« Dans cet intervalle, 23 Juin — 12 Juillet, toute l'activité publique a été concentrée dans la préparation et la tenue des réunions de l'Assemblée Nationale... On savait, en effet, par les réunions des parlementaires qui se tenaient de jour et de nuit pour préparer l'Assemblée Nationale et par les conversations de couloirs, que les jeux étaient faits... »

Si les jeux étaient faits, c'est parce que les circonstances amenaient la quasi-totalité des parlementaires à chercher un sauveur dans la personne du Maréchal Pétain.

Mais dans ce processus essentiellement démocratique, consacré par un vote, on ne voit pas où peut se nicher le coup d'État. Et encore moins le coup d'État commis personnellement par Pierre Laval ?

Le réquisitoire de Mornet fait songer à quelque moyenâgeux procès de sorcellerie. Pierre Laval aurait subjugué 569 parlementaires comme l'enchanteur de la chasse aux rats.

« Alors Monsieur le Premier », dit Pierre Laval à Mongibeaux, « je peux séduire 569 députés et sénateurs ? Vous me croyez capable d'avoir ce pouvoir de séduction ?... Je voudrais bien l'avoir, il ne m'aurait jamais été plus utile qu'en ce moment. »

Observons que Pierre Laval est simple sénateur, écarté du pouvoir depuis janvier 1936. La Chambre Front Populaire de 1936 a été élue le mois de mai suivant contre lui.

« Vous êtes beaucoup plus outrageant », dit-il à Mornet, « pour la Chambre et le Sénat que pour moi-même. Ce que vous dites, Monsieur le Procureur Général, dans votre réquisitoire est beaucoup plus sévère pour les Présidents des deux Assemblées et pour leurs membres que pour moi-même. »

La vérité est que, dans ces heures dramatiques, il fallait absolument mettre fin au chaos, créer un nouvel ordre. Sinon, dans le vide administratif, l'Armée allemande serait apparue comme la seule autorité :

« C'est par un sentiment patriotique », dit encore Pierre Laval, « par un grand sentiment, un sentiment patriotique élevé que tous les responsables de notre pays ont compris qu'il fallait mettre la France dans les conditions les moins mauvaises pour subir l'Occupation négociée avec les Allemands. »

L'examen des faits est si démonstratif que Mongibeaux laisse échapper à l'audience du 5 octobre :

« On ne vous reproche pas le vote de la loi ; on vous reproche l'abus... »

Par conséquent, l'attribution des pleins pouvoirs au Maréchal ne serait plus reprochée à Pierre Laval. Son intronisation ne serait plus un coup d'État.

S'il en est ainsi, l'abus serait venu ensuite. Mais comment en faire grief à Pierre Laval puisqu'il n'était pas le maître.

Il était si peu le maître qu'il fut évincé le 13 décembre 1940.

Pierre Laval n'hésite pas à rappeler ses critiques contre la politique du Maréchal, l'accent régalien, la dissolution des conseils généraux et la révocation des Maires, la formation de la Légion, sorte de parti unique, revanche sur le Front Populaire, qu'il qualifie de « parti des battus. »

Pouvait-il s'y opposer ?

« Je voudrais », dit-il, « que vous essayiez honnêtement par la pensée de vous replacer à cette époque, à ce moment et de vous rappeler aussi ce qu'était l'autorité du Maréchal Pétain en ces jours. Il était mieux qu'un roi, il était mieux qu'en empereur ; il symbolisait, il incarnait la France. Hors le Maréchal, il n'y avait rien... »

Les parlementaires qui portèrent le Maréchal au pouvoir obéissaient à un immense mouvement populaire. Ils cherchaient eux-mêmes un refuge, sentant monter autour d'eux une impopularité grandissante. La figure du Maréchal était le seul moyen de conserver à la France une sorte d'unité.

L'usage que le Maréchal fit de ses pouvoirs appartient à la critique historique ou politique. De même, peut-on apprécier de diverses façons le comportement de ses ministres.

Mais nous sommes totalement en dehors des prévisions du droit pénal.

On pouvait ne pas partager la philosophie du Maréchal ou son style. Mais il ne commettait aucune infraction à une loi pré-existante en modifiant les institutions, puisqu'il avait été légalement investi du pouvoir constituant.

Existait-il une loi permettant d'incriminer les ordonnances de Louis-Philippe ou de Napoléon III ? Or le pouvoir du Maréchal avait une source plus conforme à la légalité. Il avait été régulièrement appelé en sauveur par la République défaillante. Il n'était pas le bénéficiaire d'une révolution comme Louis-Philippe ni d'un coup d'État comme Napoléon III.

La présence de l'occupant posait un problème quotidien. La politique dite de « collaboration », essai de solution, pouvait faire l'objet d'un examen critique, d'un bilan. Malgré le désir de Pierre Laval, ce chapître ne fut pas abordé par la Haute-Cour en sa présence. Mais l'attentat à la sûreté intérieure de l'État était contredit par les faits historiques. Si on ne pouvait le reprocher au Maréchal Pétain, comment le reprocher à Pierre Laval ?

L'accusation s'est cependant acharnée à rattraper ce grief :

« Je n'ai jamais dit, déclare Mornet, que ces Actes Constitutionnels fussent votre œuvre propre : c'est l'œuvre du Maréchal.

« Seulement, alors, le grief que je vous adresse, sachant que ces Actes Constitutionnels étaient un détournement, un véritable abus de confiance — que, moi, je qualifie d'attentat contre le régime légal — que vous acceptez la vice-présidence du Conseil dans un gouvernement qui est issu de cet abus de confiance et de cet attentat contre le gouvernement légal... »

S'il y a un abus, c'est l'abus de vocabulaire commis par Mornet qui détourne les termes juridiques de leur sens. Le mandat législatif et constituant confié au Maréchal était si large qu'il n'en a d'aucune façon excédé les termes. Et l'abus qui pourrait être commis dans un tel domaine n'est pas sanctionné par le droit pénal.

Et alors que le Maréchal incarnait l'État, comment imaginer un attentat qu'il aurait commis contre lui-même ? Dans les sombres invectives de Mornet transparaît l'ombre vague d'un autre État — qui ne serait pas Vichy mais son contemporain — et dont il ne donne pas l'identité. Ce serait contre cet autre État — régime légal — que l'attentat aurait été commis.

Une accusation aussi singulière a besoin d'être déchiffrée, comme le serait un message secret. Mais il semble bien que le Procureur Mornet se réfère à une légalité extérieure dont le Général de Gaulle aurait été dépositaire à Londres et à Alger.

Ainsi, le Gouvernement du Maréchal élu par 569 députés et sénateurs serait un attentat contre cette légalité. Et Pierre Laval, bien qu'il ne soit pas l'auteur des actes constitutionnels, serait coupable d'avoir servi ce Gouvernement félon.

Pour soutenir une théorie aussi aventureuse, il faut masquer l'Histoire d'un voile impénétrable. Le processus qui a conduit le Maréchal Pétain du poste de Président du Conseil du dernier gouvernement de la IIIe République à celui de chef de l'État élu par l'Assemblée Nationale de Vichy ne contient en effet pas de faille juridique. Nulle consultation d'aucun professeur de droit constitutionnel n'en a jamais décelée.

La contrainte est celle des circonstances, le naufrage d'une armée vaincue et d'un peuple en déroute, mais les représentants de la nation ont exercé librement leurs volontés dans ce naufrage. Ni les soldats de Weygand, ni ceux de von Manstein ne sont entrée dans la salle des séances comme l'avaient fait les grenadiers du 18 Brumaire.

Il n'y eut à Vichy ni barricade ni char d'assaut ni la moindre tentative d'arrestation sur le moindre opposant. Et il est bien vrai que l'élection du Maréchal Pétain répondait au vœu presqu'unanime des Français.

Il était le chef charismatique, l'envoyé du ciel.

L'accusation d'attentat à la sûreté de l'État est donc démentie par les faits historiques.

Si les accusateurs étaient de bonne foi, ils devraient passer ces faits au crible. L'inculpé doit être jugé sur ses actes. Or, au cours des débats devant la Haute-Cour, on voit l'accusation se dérober devant les faits, refuser les explications complètes et les éclaircissements.

Elle s'en tient à un petit schéma préétabli, la caricature d'une République renversée. Et il ne faut pas que l'histoire véritable puisse déranger ce petit schéma.

Le choix d'un certain témoignage illustre les méthodes et la gêne de l'accusation. Ce témoignage est celui de M. de La Pommeraye. Le moins qu'on puisse en dire est que c'est une niaiserie.

Or l'accusation va donner à cette niaiserie une extravagante dimension. Le Procureur Mornet lui consacrera un additif à son acte d'accusation. La Haute-Cour entendra M. de La Pommeraye, témoin à charge après Albert Lebrun.

Ne voulant pas regarder l'histoire en face, l'accusation va chercher un apport dans la petite histoire. M. de La Pommeraye relève de la petite histoire, de l'historiette.

Son témoignage a aussi pour caractère de rapporter non la vision d'un acte de l'inculpé mais un de ses propos. Le Code d'Instruction Criminelle commande de rechercher les actes et non les propos. Les propos et opinions, voire les pensées ne sont pas condamnables. Il est, en revanche, bien connu que les commères de villages font facilement la réputation d'un homme sur ses propos.

Ne voulant pas ou ne pouvant pas juger Pierre Laval sur ses actes, la Haute-Cour le juge sur ses propos.

Le soir du 10 juillet 1940, Pierre Laval sortant du bureau du Maréchal aurait dit à M. de La Pommeraye : « Eh ! voilà comment on renverse la République. » Il n'en faut pas plus pour conduire un homme au poteau d'exécution. Mongibeaux et Mornet savourent cette déposition. Elle est le signe de « l'intention coupable ». Pierre Laval voulait renverser la République puisqu'il s'en est vanté après coup. Le concours de 569 parlementaires devient sans importance.

« Au Sénat, dit Pierre Laval, M. de La Pommeraye se promenait dans les couloirs et se mêlait aux conversations des hommes politiques et les hommes politiques généralement n'aiment pas ça. »

On devine que M. de La Pommeraye était un peu frustré comme le secrétaire administratif d'un club au milieu des joueurs, et un peu curieux comme peut l'être un concierge qui côtoie des celébrités. Il n'écoutait pas aux portes mais il recueillait les murmures des couloirs. Il vivait avec délice la petite fièvre des grands événements.

Devant la Haute-Cour, M. de La Pommeraye a complété son témoignage. Pierre Laval l'aurait consulté la veille sur la possibilité juridique d'une révision générale de la Constitution et lui aurait dit :

« Nous sommes battus comme nous ne l'avons jamais été, dans dix semaines l'Angleterre est à genoux et sera obligée comme nous de capituler. Si nous voulons avoir une paix moins dure, il faut que nous créions un climat favorable et que nous adaptions notre Constitution aux institutions allemandes. »

La mémoire de M. de La Pommeraye fonctionne à retardement. Elle se multiplie et s'enrichit à mesure que le temps s'écoule.

Mais a-t-on le droit de juger un homme sur de simples propos ? Un propos change de sens selon le ton et la place des mots. La mémoire de M. de La Pommeraye n'est pas un magnétophone, encore moins une caméra de télévision.

Il est possible qu'en juillet 1940 Pierre Laval ait craint la capitulation de l'Angleterre et même l'obligation de composer avec les institutions allemandes. Cela ne veut absolument pas dire qu'il souhaitait ces perspectives.

Dans son livre « *SOIXANTE JOURS QUI ÉBRANLÈRENT L'OCCIDENT* », Benoist-Méchin rapporte un propos cette fois tenu par Churchill à Roosevelt au cours de l'été 1941 : « Hitler et ses généraux sont trop stupides. Ils n'ont jamais compris combien nous avons été près de la défaite. »

Les pensées les plus noires et les plus imprévues peuvent traverser un homme, surtout lorsqu'il vit un drame. Mais la société, qu'elle soit représentée par Mornet ou par tout autre avocat général, n'a de comptes à demander que des actes. Il en est ainsi dans toutes les sociétés.

Nos pensées nous appartiennent et elles continuent de nous appartenir alors même que nous les épanchons dans l'abandon d'une conversation privée. Dans une société qui respecte certaines traditions de respect humain et de courtoisie, les confidents ne violent pas le secret des conversations. Il n'est pas honnête de trahir l'aveu qu'un homme vous a fait de ses sentiments.

L'affaire de M. de La Pommeraye est tout à fait significative de l'esprit du procès et de la manière dont il fut conduit. La Haute-Cour va puiser à côté de l'événement un commérage et elle ignore les paroles réellement prononcées par Pierre Laval devant l'Assemblée de Vichy et qui furent sténographiées !

« Aucune brutalité, aucun régime de force ne pourra faire fléchir la fierté de notre race. Si nous sommes résolus, si nous voulons nous refaire une autre âme de ce grand mal qu'a été la défaite, un grand bien peut sortir pour notre pays... Quand on fait une Constitution, à moins d'être léger, on ne peut pas envisager une Constitution qui ne soit pas l'expression des mœurs, l'expression des désirs, l'expression de la volonté d'un pays, car on ferait œuvre vaine [1]. »

Le prétendu coup d'État de Vichy n'aurait pas résisté à l'examen de juges sérieux et impartiaux. Et si la légalité de Vichy était admise, tout le reste de l'accusation prenait un jour nouveau. Il est en effet difficile de réputer trahison la politique d'un Gouvernement légalement investi du pouvoir, même si cette politique heurte les idées d'un peuple ou choque les sentiments d'une certaine morale internationale.

Restait néanmoins l'examen de la politique dite de « collaboration », les raisons de cette politique et son bilan positif ou négatif. Au cours des quelques audiences qui suivirent, sans l'accusé, la question fut à peine abordée et ne fit l'objet d'aucun débat contradictoire.

En dehors du Président Albert Lebrun et de Monsieur de La Pommeraye, quatre témoins furent entendus.

Le Général Doyen stigmatisa en termes vibrants la politique de Montoire. Mais il ne savait rien de particulier à ce sujet et il ne fournit aucune précision ni explication. Cette partie de sa déposition était en réalité une profession de foi et un acte d'allégeance envers le nouveau pouvoir. Il avait, dès le 12 Septembre 1940, pris la suite du Général Huntziger comme Président de la Commission d'Armistice de Wiesbaden. Il serait malvenu de reprocher au Général Doyen d'avoir occupé des fonctions nécessaires. Et il n'est plus temps de demander aux généraux vaincus des comptes sur leur défaite. Mais l'histoire est faite d'enchaînements qu'il est fort difficile de rompre. De même que l'Armistice était la conséquence de la déroute des armées, une certaine cohabitation avec le vainqueur et par conséquent une forme de collaboration étaient contenues dans l'Armistice. L'Armistice ne fut pas

---

1. Au sujet du témoignage de La Pommeraye et du vote constitutionnel du 10 Juillet, le lecteur lira avec intérêt page 363 à l'Annexe V de ce récit qui contient la déclaration capitale pour la « *Défense* » d'Henri Cannac que MM. de Chambrun et Dollfus ont détaché de la troisième partie de cet ouvrage : « Témoins devant l'histoire ». Le lecteur comprendra pourquoi ce document est resté secret pendant trente années.

respectée loyalement par les Allemands qui pratiquaient une sorte d'annexion de l'Alsace-Lorraine. Le Général Doyen a raison de s'en indigner. Mais le Gouvernement de Vichy n'y était pour rien.

Pendant la période où le Général Doyen exerça ses fonctions à Wiesbaden, il eut à transmettre a son « homologue » allemand la plupart des protestations du Maréchal Pétain, de Laval, et de Darlan contre les « viols » par le Reich de l'Alsace-Lorraine. Il y en eut au total quatre-vingt-dix-neuf, entre 1940 et 1944. René de Chambrun a découvert la plupart de ces protestations en 1971, à l'Hôtel de Soubise, dans les dossiers de Mornet dont la communication fut refusée à la défense.

L'Armistice entraînait une suspension d'armes et l'exclusion de toute guérilla. A cet égard, le Général Doyen représentant de l'armée officielle, interlocuteur de généraux allemands à la Commission de Wiesbaden était tout le contraire d'un maquisard et d'un résistant de l'ombre. Et c'est ce qui explique peut-être les vibrato et trémolo de sa déposition. Il reproche néanmoins à Pierre Laval un fait précis qui est la cession des actions de la Société des Mines de Bor. Pierre Laval s'est expliqué sur cette opération dans ses notes. Les Mines de Bor étaient des mines de cuivre situées en Yougoslavie. En tant que ministre des Affaires étrangères du Maréchal Pétain, Pierre Laval ne fit que donner son autorisation à la cession qui fut ensuite négociée entre les vendeurs français et l'acheteur allemand. Cela prouve que l'interposition d'une administration française servait à quelque chose, et il valait mieux sans doute vendre cher les actions plutôt que de subir la confiscation des mines.

Un autre témoin est Monsieur Beauchamp, Secrétaire-Général de la Fédération Nationale des Travailleurs Déportés et de leurs familles. Il exprime, dit-il « la voix des jeunes travailleurs déportés en Allemagne à la suite d'un discours sur la relève et de la loi pour la création du Service du Travail ». La question des déportés du travail est certainement un des plus importants chapîtres des années d'Occupation. C'est probablement dans ce domaine qu'il est le plus facile d'établir un bilan et de jauger par des statistiques précises les mérites et démérites de la politique de collaboration. Pierre Laval avait établi à cet égard des notes très complètes, que jamais la Haute-Cour n'examina.

Il est évidemment extrêmement simple, comme le fait M. Beauchamp d'imputer à la législation de Vichy les transferts des travailleurs en omettant les menaces allemandes de réquisition.

Pendant ses années d'exercice du pouvoir, Pierre Laval consacre énormément de temps à une « négociation-combat » presqu'ininterrompue avec les autorités allemandes et notament le Gauleiter Sauckel qui posait de véritables ultimatum, déclarant sa police prête à enlever les travailleurs. C'est à propos de cette négociation que Pierre Laval aurait prononcé une phrase moins célèbre que d'autres qu'on lui prête ordinairement : « Sauckel veut des hommes, je lui donne des textes de lois ».

Et ce sont les archives allemandes qui ont fourni les justifications les plus intéressantes sur la « résistance » que Pierre Laval opposa à ces menaces sur la main d'œuvre.

Bien entendu, il suffisait à la Haute-Cour d'entendre un son de cloche et M. Beauchamp récita sa leçon sans crainte d'être contredit.

Les derniers témoins furent l'Ambassadeur Noël et M. Fouret, Président du Conseil d'Administration de la Librairie Hachette.

L'Ambassadeur Noël vint en quelque sorte récuser la Cour. Il déclara que devant l'absence de Pierre Laval et de ses défenseurs, il ne déposerait pas.

« D'autres peuvent peut-être déposer dans des conditions aussi insolites ; moi pas. »

Il ajouta un témoignage de reconnaissance en faveur de l'accusé : « J'oublie encore moins qu'au printemps de 1942, alors que nous avions cessé tous rapports depuis 1940, ayant appris que l'un de mes proches qui militait dans la Résistance était au secret à Fresnes, il est spontanément intervenu en sa faveur. »

Le témoin à charge devenait un témoin à décharge !

L'audition de M. Fouret fut brève.

— « Qu'est-ce que vous savez », lui demanda Mongibeaux, « de la cession de l'affaire Hachette aux Allemands ? »

« De la cession ? », répondit M. Fouret. « Il n'y a pas eu de cession. »

« C'est ainsi, termina-t-il, que, de refus en refus, le conseil d'administration de la Maison Hachette a pu arriver à ce que la Société Hachette soit indemne de toute cession allemande et n'ait eu aucune participation dans son capital qui est resté exclusivement français, comme il l'était avant 1939. »

On se demande pourquoi la Haute-Cour fit se déranger M. Fouret, et apparemment, le Président Mongibeaux n'avait pas eu le temps de lire le dossier de l'accusation.

Dans les moments qui suivirent, l'Avocat Général Mornet prononça ses réquisitions orales adressées aux bancs vides du prévenu et de ses avocats.

Les paroles de l'Avocat Général Mornet ne sont que la paraphrase de ce qu'il avait déjà écrit. Elles n'apportent aucune contribution ni à l'histoire, ni à la science du droit.

L'histoire est réduite à une fable schématique : le coup d'État du 10 Juillet 1940, la collaboration qui serait un renversement des alliances — renversement ignominieux dirigé contre l'Angleterre. Quant aux problèmes de droit, ils ne sont pas même esquissés.

Voulant réfuter l'idée des services rendus par la politique de Laval aux Français, Mornet s'envole vers les hauteurs et profère l'aphorisme suivant :

« La politique de Laval a fait aux Français une situation pire au point de vue moral ; elle a exposé la France au soupçon de trahison envers ses Alliés comme envers la cause dont elle était le champion dans le monde. »

Il ne dit pas que Laval est responsable de la canonnade anglaise à Mers el Kebir et à Dakar. Mais c'est sans doute dans la logique de sa pensée.

Telle est, après Mata Hari et Caillaux, après la présidence d'une commission consacrée à la recherche des nationalités juives, la dernière forme d'exaltation patriotique chez cet homme aux multiples travestissements.

Bien entendu il « ose » requérir la mort. Ce genre de courage ne lui a jamais fait défaut. Et le soir du 9 octobre, la Haute-Cour achève sa mission en prononçant comme prévu la sentence de mort.

L'arrêt contient les motifs stéréotypés du réquisitoire. M. Baraduc écrit dans son journal que la délibération fut brève, « trop brève ». Pas un Confrère, pas un journaliste qui ne m'ait dit : « il est impossible qu'ils aient eu le temps de rédiger l'arrêt [1]. »

Pierre Laval, condamné le 9 octobre, fut exécuté le 15. Le calendrier était respecté. La promesse de Mongibeaux était tenue. La politique maudite était officiellement châtiée et son incarnation rayée du monde des vivants. Les électeurs n'avaient plus à se poser de questions et pouvaient aller aux urnes, ce qu'ils firent le 21 octobre.

Rien ne fut épargné au condamné des règles médiévales. Il convenait d'abaisser sa personne au rang des criminels ordinaires, coupables

---

1. Voir à l'Annexe VI page 374 la déclaration « clandestine » du 30 octobre 1945 d'Albert Naud et Jacques Baraduc aux agences de presse anglo-saxonnes. On leur avait interdit de recevoir la presse française.

de crimes de droit commun. Pierre Laval fut habillé de bure avec des chaînes au pied, dans le quartier de haute surveillance de la prison de Fresnes.

Il ne fut jamais abattu ni découragé. Il plaisantait avec ses avocats : « Ce costume, il peut vous faire rigoler mais il m'honore... Il ne déshonore que ceux qui me l'ont mis... Regardez-moi bien : vous ne verrez sans doute jamais plus un Président du Conseil habillé de la sorte... »

Les trois avocats firent des démarches en ce court intervalle. Un article fut demandé à François Mauriac. Il écrivit une lettre au Général de Gaulle.

Léon Blum manifesta son horreur pour les fers aux pieds. Et il autorisa les avocats à faire état de son opinion : le procès a été « un scandale et une erreur ».

Le Général de Gaulle reçut les avocats qui lui présentèrent une demande de grâce. Il n'était pas question à l'époque d'abolir la peine de mort. Et le Général de Gaulle en avait l'habitude puisqu'il examina 1594 dossiers avec une impassibilité qui faisait l'admiration de M. Patin, directeur des Affaires Criminelles.

Il écouta sans prononcer une parole les avocats de Pierre Laval, avec seulement un tressaillement imperceptible lorsque Me Jaffré fit observer que l'exécution d'un Président du Conseil pouvait constituer un précédent dangereux.

Il était difficile d'espérer une grâce du Général puisque, la veille, il avait tenu une conférence de presse déclarant hautement que le procès Laval ne serait pas révisé.

Il se fit néanmoins, en quelque sorte, couvrir par une lettre du 13 octobre de son Garde des Sceaux Teitgen, un peu comme il aurait consulté son chef d'état-major sur le front des armées.

Teitgen, dont le père avait été sauvé par Pierre Laval, écrivit au Général de Gaulle qu'il estimait « en conscience »,

> 1° que les incidents survenus aux audiences du procès Laval s'ils sont évidemment regrettables ont été voulus et provoqués par l'inculpé qui, sachant ce qu'il méritait, a cherché par tous les moyens à retarder son jugement ;
>
> 2° que la procédure suivie en l'absence de l'accusé défaillant a été celle que prévoit la loi ;
>
> 3° que la condamnation prononcée est au fond parfaitement justifiée ;
>
> 4° qu'en conséquence cette condamnation doit être amenée à exécution ».

Cette consultation lapidaire de droit criminel donnee dans ces circonstances par un ex-professeur de droit mérite de rester dans la mémoire des hommes. Si les jurés ont menacé l'accusé de douze balles dans la peau, c'est la faute de l'accusé. L'accusé savait déjà ce qu'il méritait et tout est parfait dans cette condamnation.

Et il n'y a plus qu'à l'exécuter promptement. En se posant des questions sur Pierre Laval, le Général de Gaulle lui fait bien trop d'honneur.

Avant M. Teitgen, nous ne savions pas qu'un renard pouvait être dévôt. La faune humaine en est heureusement complétée.

Le Général de Gaulle avait une secrétaire fervente et attentive, Mlle de Miribel, paroissienne de Monseigneur Chevrot.

Le suprême recours de Josée Laval fut accompli le dimanche matin, veille du drame. Elle arriva à Saint-François-Xavier pendant que Monseigneur Chevrot célèbrait la grand'messe. Il la reçut à la cure aussitôt. Bouleversé, d'une plume rapide, le grand prélat traça ces mots que Josée Laval porta sur l'heure à Mlle de Miribel :

14 Octobre 1945

« Chère Mademoiselle,

Je vous supplie de recevoir Mme de Chambrun et de tout faire pour qu'elle soit entendue du Général de Gaulle.

Vous ne pouvez pas ne pas penser que le procès de Pierre Laval fut une véritable comédie. Il doit être repris sérieusement. Pierre Laval doit être jugé.

Si vous aimez un peu le Général de Gaulle, empêchez-le de sanctionner un déni de justice.

Je vous remercie d'avance tout ce que vous tenterez pour permettre à Mme de Chambrun de voir le Général et, dans le cas où cela serait impossible, pour informer vous-même le Général de toute urgence.

Agréez, je vous prie, Chère Mademoiselle, l'expression de mes plus dévoués sentiments.

Signé : Mgr Chevrot »

En bonne chrétienne, la secrétaire fit lire la lettre au Général de Gaulle avant sa promenade de l'après-midi... Elle plaida... Elle échoua...

Les exécuteurs de Pierre Laval se montrèrent jusqu'au bout conformes à leur réputation. Le funèbre cortège s'achemina dans la matinée du 15 octobre vers la prison de Fresnes. Il y avait là le Président de la Commission d'Instruction, Bouchardon, et l'Avocat Général Mornet, deux visages de cire sortis du Musée Grévin. Au moment où ils pénètrèrent dans la cellule, Pierre Laval avait avalé une ampoule de cyanure, laissant une lettre :

« A mes avocats, pour informer.
À mes bourreaux pour leur répondre.

qui contenait les phrases suivantes :

« Le Général de Gaulle n'hésite pas à ordonner mon assassinat. Ce n'est pas une exécution puisque l'arrêt qui me frappe n'est pas un jugement. On m'a fermé la bouche à l'audience, on veut éteindre ma voix pour toujours... Je n'accepte pas la souillure d'une exécution puisqu'il s'agit d'un meurtre... Des soldats fusillent par devoir... Ils n'auront pas à tirer sur un homme qui doit mourir parce qu'il a trop aimé sa patrie... J'adresse mon dernier salut à la France que j'ai servie. Ma dernière pensée est pour elle [1].

On aurait pu laisser l'agonisant mourir. Mais cela ne faisait pas l'affaire de Mornet. L'exécution était le dernier acte de procédure dont il était comptable.

Le résultat fut un supplice horrible : l'administration par le médecin chef de l'infirmerie de Fresnes de lavages d'estomac jusqu'à ce que Pierre Laval puisse être conduit, chancelant, jusqu'au poteau.

Pendant cette sinistre comédie médicale, des conciliabules occupaient les magistrats et le directeur de la prison qui se demandaient s'il était légal de fusiller le condamné sur un brancard, ou sur une chaise.

1. Lorsque, avant de l'accompagner au sacrifice lundi matin, Baraduc rendit sa dernière visite à Laval dimanche en fin de matinée, Laval lui remit pour sa femme et sa fille, en même temps que leurs lettres, la double feuille manuscrite qu'il écrivit sur le papier du Secours Quakers, dans la nuit du 13 au 14 octobre, et qu'il intitula : « Pendant la veillée du mort ». Ces deux pages se trouvent reproduites à l'Annexe VII page 377.

Dans leurs livres, Jacques Baraduc [2], et Yves Jaffré [3], décrivent avec une précision hallucinante les derniers moments.

Pierre Laval marcha jusqu'au poteau et cria d'une voix forte : « Où sont les magistrats », et l'on vit sortir les deux têtes tremblantes de Mornet et de Bouchardon qui se dissimulaient derrière le fourgon cellulaire.

« On vous a fait faire, Messieurs, une bien triste besogne »... « Vous avez voulu ce spectacle, acceptez-le jusqu'au bout... »

Il ajouta : « Je meurs parce que j'ai trop aimé mon Pays ».

Et l'exécution s'accomplit.

On ne peut mieux dire. Et le renom de la justice française aurait dû normalement inciter le Général de Gaulle à rechercher des assises plus sereines et une démonstration de culpabilité qui ne soit pas obscurcie par les invectives et les injures. Il n'est pas possible de croire que se sont les tristes débats de cette Haute-Cour de fortune qui l'ont convaincu que justice était faite.

Il y avait une volonté de mort qui précédait les débats, qui était antérieure à tout essai de justice et que les jurés ont laissé exploser.

Cet assassinat obéissait à un mobile profond. Il ne suffisait pas qu'il soit consommé. Les auteurs voulaient à tout prix lui donner *l'apparence d'un acte de justice.*

Dès le 3 septembre 1943, le Comité Français de Libération Nationale avait inscrit dans son programme le « châtiment de Pétain et du Gouvernement de Vichy ». Il ne s'agissait pas de châtier ceux qui avaient voué des Français à des représailles allemandes ou prêté leurs services à l'armée allemande, mais le Gouvernement de la France dont le Maréchal était à la tête, encore acclamé par Paris et les villes de province où il passait, à la veille de la Libération.

Ne pouvait-on imaginer la réunion fraternelle de ceux qui s'étaient efforcés d'assurer aux Français une protection quotidienne et ceux qui avaient combattu aux côtés des Alliés pour la libération du territoire ?

Le 6 novembre 1943, Pierre Laval déclarait à une importante délégation des maires des départements des Bouches-du-Rhône, du Gard et du Vaucluse :

« ... De Gaulle n'a pas accepté la défaite, ça ne manque pas d'une certaine grandeur. Il a dit « La France n'est pas battue »... et des hommes l'ont suivi ; qu'il soit allé là-bas par ambition ou orgueil, ça le

2. « Dans la cellule de Pierre Laval », de Jacques Baraduc, Éditions Self.
3. « Derniers Propos de Pierre Laval », d'Yves Jaffré, Éditions Bonne.

regarde, mais que d'autres l'aient suivi par patriotisme ou par enthousiasme, c'est une certitude... je n'incrimine pas les intentions de ceux qui l'ont suivi...

« Quelle est mon ambition à moi ; m'efforcer par tous les moyens de sauver pour notre pays tout ce qui peut être sauvé ».

Le lecteur découvrira dans la quatrième partie de cet ouvrage les textes d'une quinzaine d'allocutions prononcées par Laval entre 1942 et 1944 au cours de ces réunions, où aucun Allemand n'assistait, que jamais une seule parole hostile aux résistants ou à leurs chefs n'est sortie de sa bouche.

Défenseur de la vie des Français, il souhaitait — c'était l'intérêt profond du pays — s'entendre avec ceux qui participaient, les armes à la main, aux côtés des alliés, à sa libération car, en dépit de « l'angélisme » de Monsieur Teitgen, l'âme de la France qui animait ceux qui sont partis se battre a aussi animé ceux qui sont restés pour servir la même patrie...

Mais, pour qu'une telle réconciliation put s'opérer il eut fallu que le C.F.L.N. ait en vue, avec désintéressement, une « libération » nationale et totale comme celle pratiquée par Henri IV lors de la délivrance de Paris, qui valait bien une messe... or, ce que préparait le « Comité » était *la prise du pouvoir*. Le châtiment du gouvernement de Vichy et de son chef suprême, le Maréchal Pétain, faisait partie de cette conquête du pouvoir.

A l'époque des vieilles monarchies, Machiavel écrivait que « l'usurpateur ne saurait affermir sa puissance qu'il n'ait ôté la vie à tous les membres de la famille qui régnait légitimement... » Cela pouvait suffire lorsque l'hérédité était la seule source du pouvoir. Mais le C.F.L.N. qui n'avait reçu aucune investiture s'attaquait à un régime dont la source était en dépit de tout « populaire » : Une manière de dictature romaine improvisée dans le désastre de juin 1940 par les élus de la nation et dont le chef n'avait cessé de recueillir les acclamations des foules. La maxime de Machiavel devait donc être dépassée par une extirpation de toutes les racines et germes de l'ancien pouvoir.

D'où l'organisation, aux lieu et place d'une réconcilition, d'une vaste mise en condition d'une grande partie des Français : Hauts fonctionnaires, Préfets, Cadres de la vieille administration du pays créée par Napoléon Ier et qui avait soutenu le Maréchal et son Gouvernement depuis la catastrophe de 1940.

La vaste procription devait atteindre tous ceux qui, de près ou de loin, pouvaient être soupçonnés d'avoir soutenu le Maréchal et son

Gouvernement. Des cours de justice et des chambres civiques allaient être invitées sur tout le territoire, à faire place nette.

Les généraux de l'histoire ont pour habitude de conquérir le pouvoir avec l'épée et cette épée leur a servi de justification. Une simple prise de pouvoir franche et sans détour n'était peut-être pas dans le destin du Général de Gaulle : probablement lui fallait-il des justifications juridiques.

A cet égard le manifeste de Brazzaville et le fameux : « *Vu notre prise du pouvoir* » est un événement capital et irréversible. Le chef a, ce jour-là, posé dans ce coin de notre Empire le socle de son pouvoir nouveau... Il prenait en quelque sorte un pouvoir qu'il avait déclaré en deshérence, tel un fils pieux recueillant les vestiges de parents disparus.

Le constat de « criminalité » du pouvoir déchu devenait alors nécessaire au pouvoir nouveau et cet « état » de criminalité devait avoir une couverture juridique. Le Procureur Général Mornet avait bien assimilé son catéchisme. Il attaquait en bloc tous les actes vichyssois. Dès lors que la délinquance collective et criminelle était admise, il était inutile d'entrer dans le moindre détail, de fournir le moindre justificatif ; Laval pouvait être poursuivi par la procédure des flagrants délits car il était le symbole d'une politique qui devait être condamnée pour mieux asseoir légalement le nouveau pouvoir, et cette condamnation devait être brutale et définitive.

N'oublions pas que lorsque s'ouvre le procès Laval, le Gouvernement provisoire attend avec impatience les élections et le référendum du 21 octobre. Ce dernier « ratifiera » le pouvoir en place. Il est très important qu'avant cette date capitale la criminalité de tous les actes de Vichy ait été proclamée de manière spectaculaire, et que les électeurs aient l'image du supplice d'un des hommes dont on a voulu faire l'incarnation de la « collaboration » avec l'ennemi. N'oublions pas que quatre ministres communistes viennent d'être nommés au Gouvernement.

Exactement cinq ans avant, ils avaient été exclus du « Front Populaire » dont ils étaient les soutiens — près de douze mille d'entre eux avaient été internés pendant la « drôle de guerre » avant l'attaque allemande du 10 mai par les gouvernements Daladier et Paul Reynaud [1] — c'est le décret de Daladier de février 1940, intervenu quatre mois

1. Lorsqu'il revint au pouvoir en avril 1942, Laval fit libérer des milliers d'internés dont de nombreux communistes, francs-maçons et juifs qui avaient été internés sous le gouvernement Pétain-Darlan en 1940-41 et jusqu'en mars 1942.

avant notre défaite qui avait déchu Thorez de la nationalité française. Léon Blum, dont Pierre Laval allait deux fois sauver la vie par la suite, écrivait de sa prison de Bourassol avant sa déportation par les Allemands : « le parti communiste n'est pas un parti internationaliste mais bien un parti nationaliste étranger ». Or, l'alliance entre le Général et les communistes était assez récente puisqu'elle remontait à Janvier 1943 lorsqu'il avait reçu à Londres le député communiste de Saint-Denis, Grenier.

Dès la Libération, le parti communiste, à travers les F.T.P., exerce une sorte de terreur dans les campagnes de France et c'est au nom du pouvoir qu'ils font fonctionner un peu partout leurs cours martiales. Ce nouveau pouvoir les réintègrera dans la vie nationale le 5 septembre 1945, au moment de la pseudo-instruction du procès Laval, lorsque plusieurs communistes deviendront ministres, que Tillon reçoit l'Armement, Marcel Paul, la Production Industrielle, Croizat, le Travail, Casanova, les Anciens Combattants (Prisonniers et Déportés).

Le 6 octobre 1945, trois jours avant la condamnation à mort de Laval, un décret annule celui de Daladier et réintègre Maurice Thorez dans la nationalité française. Il deviendra Vice-Président du Conseil. Les communistes attendent avec impatience le référendum du 21 octobre qui sera leur réhabilitation après la « trahison » de septembre 1939. Ils craignent, et ils ont raison, la lucidité, le talent, l'impitoyable mémoire de Pierre Laval.

Trois jours après son assassinat, quatre jours avant le dimanche électoral, ils sortiront pour distribuer dans la banlieue parisienne dont Laval fut l'élu durant toute sa vie publique, ce tract de quatre mots tiré à des milliers d'exemplaires : « Madame Laval votera " non " ».

Le martyr de Pierre Laval fut une opération politique. Comme il l'écrivit simplement dans sa dernière lettre à sa femme et à sa fille :

« *Il faut que j'aie tort pour qu'ils aient raison* ».

François Cathala
Avocat à la Cour

COPIE

HAUTE COUR DE JUSTICE

L'an mil neuf cent quarante cinq le Vingt sept Septembre à la Requête de Monsieur le Procureur Général près la Haute Cour de Justice, lequel elit domicile en son Parquet à Paris, Chambre des Députés.

J'ai, Henri TARD, Huissier audiencier près la Haute Cour de Justice du département de la Seine, demaurant à Paris, au Palais de Justice, signifié et laissé copie, au nommé:

LAVAL Pierre, Jean Marie

détenu en la maison d'arrêt de Fresnes, où étant au greffe de la dite maison et parlant à sa personne ainsi déclaré.

La liste ci-après des témoins .que Monsieur le Procureur Général a l'intention de faire entendre à l'audience de la Haute Cour de Justice le quatre Octobre 1945 à TREIZE HEURES, et pour qu'il n'en ignore du contenu de la dite liste, je lui ai laissé la présente copie, et ceci par clerc assermenté dont les mentions seront visées par moi sur l'original le tout conformement à la loi.

Coût: neuf francs

HAUTE COUR DE JUSTICE

Parquet Général

Copie

LISTE des témoins que M. Le Procureur Général se propose de faire entendre dans l'affaire LAVAL (Pierre) qui sera jugé par la Haute Cour de Justice le Jeudi quatre Octobre I945 à treize heures.

-:-:-:-:-:-

Monsieur Albert LEBRUN, ancien Président de la République domicilié à Paris, I9 boulevard Beauséjour.

Monsieur Léon NOEL, Ambassadeur de France, domicilié à Paris 4I, rue St-Dominique

Monsieur Paul DOYEN, Général de Corps d'Armée, domicilié à GRENOBLE (Isère).

Monsieur Henri de la POMMERAYE, Secrètaire Général Honoraire du Sénat domicilié à Paris, 98 bis rue du Cherche Midi.

Monsieur Armand GAZEL, Ministre plénipotentiaire, domicilié à Paris, 7, rue de la Chaise.

-:-:-:-:-:-:-:-:-

Fait Au Parquet Général
de la Haute-Cour-de Justice
le..26 SEPT. 1945........

Le Procureur Général
Signé : Mornet
Copie certifiée conforme
Le Greffier
[signature]

HAUTE COUR DE JUSTICE

DEUXIÈME PARTIE

A CHAQUE ACCUSATION LAVAL RÉPOND

Laval écrivit toutes les pages qu'on va lire pendant ses « nuits de Fresnes » dans une cellule humide tapissée de limaces avec pour seul bureau une étroite tablette. Le pouvoir avait ordonné de le priver le plus possible de sommeil. Il ne pouvait éteindre la lumière venant du plafond. Nous lui faisions passer des feuilles par Jacques Baraduc qui, chaque soir, me les donnait à taper à mon bureau afin que Laval les relise et les corrige s'il y avait lieu.

L'ACCUSATION

Renié par la gauche, sa fortune privée a suivi l'ascension de sa fortune politique...

La carrière de Laval avant la guerre fut celle d'un homme venu des partis extrêmes, renié par eux, plusieurs fois ministre, deux fois Président du Conseil, et dont la fortune privée a suivi l'ascension de la fortune politique.

LAVAL RÉPOND

Prison de Fresnes, le 11 septembre 1945

Monsieur le Président,

Vous avez bien voulu me remettre hier, au cours de mon interrogatoire, l'acte d'accusation dressé contre moi en application de l'arrêt rendu, le 13 juin 1945, par la Commission d'instruction qui me renvoie devant la Haute-Cour de justice.

J'ai l'honneur de vous remercier de cette communication qui m'a permis de connaître les griefs qui ont été invoqués contre moi pour établir la double accusation d'avoir commis le crime d'attentat contre la sûreté intérieure de l'État et celui d'avoir entretenu des intelligences avec l'ennemi. Je n'ai pas voulu attendre plus longtemps pour vous exprimer quelques-unes des réflexions que m'a suggérées la lecture de ce document.

Je me trouve ainsi, maintenant, en mesure de pouvoir répondre à chacun de ces griefs, dont certains n'ont pu être formulés et retenus qu'en raison de mon absence de l'instruction. Il me sera facile, au cours de mes prochains interrogatoires, de les contester et de vous montrer qu'ils ne reposent sur aucune base solide.

Je ne doute pas de votre intention et de votre volonté de faire toute la lumière sur l'affaire qui m'amène devant vous. *Les hautes fonctions que j'ai remplies dans le passé et celles que j'ai assumées pendant l'occupation, autant que les raisons qui ont déterminé le Gouvernement à me faire déférer devant la Haute-Cour de justice, donnent à mon procès un caractère important et historique qui ne peut vous échapper. Il s'agit non seulement du droit que j'ai de me défendre, mais aussi de mon devoir d'apporter, au cours de cette instruction judiciaire, ma contribution à l'histoire d'une époque qui fut si douloureuse pour notre pays et à laquelle j'ai été mêlé d'une manière si directe.*

Je vous aiderai à faire éclater la lumière

Je ne redoute pas la lumière ; je vous aiderai à la faire éclater, car je ne crains pas la justice lorsqu'elle se fonde sur la vérité. L'acte d'accusation débute par un considérant que je ne saurais admettre. « Venu de partis extrêmes », j'aurais été « renié par eux ». Cette affirmation implique que j'aurais été exclu du Parti socialiste, auquel j'ai appartenu, alors que je peux établir, sans contestation possible, que je l'ai quitté librement, de mon propre gré ; que, quatre années après mon départ, les candidats socialistes, après une discussion sur ce point provoquée par Jean Longuet, ont accepté de figurer aux élections de 1924 sur une liste à la tête de laquelle j'avais été placé. J'avais alors expressément déclaré que je n'adhérerais plus jamais au Parti socialiste, ni à aucun autre parti.

J'ai toujours respecté la discipline du Parti socialiste tant que j'en étais membre et, en particulier, j'ai refusé en 1917, d'entrer dans le ministère Clemenceau, où le poste de sous-secrétaire d'État à l'Intérieur m'était offert. J'ai refusé parce que le Parti, à qui j'avais été chargé, de la part de Clemenceau, d'offrir une large représentation dans son gouvernement, avait repoussé le principe même de cette collaboration.

Je n'ai jamais cessé d'être élu comme Maire et comme Député d'Aubervilliers

En 1919, j'étais en difficulté avec mes camarades socialistes, et j'ai préféré, parce que j'avais été élu par eux en 1914, leur marquer ma solidarité jusqu'à un échec qui était certain, plutôt que d'accepter l'offre qui m'était faite de figurer en tête de la liste du Bloc national qui fut élue.

J'ai quitté volontairement le Parti socialiste fin 1920, lorsque la scission se produisit entre les socialistes et que fut créé le Parti communiste. Je rappellerai que je n'ai jamais cessé d'être élu comme député ou comme maire à Aubervilliers depuis 1914, et qu'il a fallu une révocation administrative pour mettre un terme, l'an dernier, à un mandat que les électeurs ouvriers de cette commune, eux, ne m'ont jamais retiré.

J'ajouterai enfin qu'en octobre 1935, aux dernières élections sénatoriales, malgré les décrets-lois que j'avais pris, j'ai été élu le même jour — les précédents sont rares — dans deux départements, la Seine et le Puy-de-Dôme, alors que les majorités très à gauche de ces deux collèges sénatoriaux étaient déjà annonciatrices du Front populaire. *Vous voyez, Monsieur le Président, que les partis extrêmes, dans le secret des urnes, n'exprimaient pas à mon sujet leur « reniement » au jour décisif des scrutins dont ils étaient les maîtres.*

Quelque dépit qu'en puissent manifester ceux qui ne me connaissent pas, je ne peux donc figurer sur la liste des « renégats », qu'illustrèrent pourtant de hautes personnalités.

J'ai réfuté cette partie du premier considérant de l'acte d'accusation, mais je ne vous ai pas encore dit toute ma pensée.

Je conserve un souvenir ému de ma jeunesse militante, non pas seulement parce qu'il s'agit de ma jeunesse, mais parce que j'ai trouvé, à cette époque, un enthousiasme, un désintéressement, une générosité de sentiments, que je n'ai pas connus plus tard dans d'autres milieux. J'ai été marqué dès ce moment d'une empreinte indélébile par l'amour de la paix, des travailleurs, des humbles et de la liberté.

J'aurai à vous parler longuement de ma politique de paix, puisque l'acte d'accusation retient comme un grief mon attitude avant la guerre. *Quant à mon attachement aux travailleurs et aux humbles, je crois en avoir donné souvent la preuve, en faisant notamment voter la loi sur les Allocations familiales et, dans une hostilité presque générale, celle des Assurances sociales,* en réglant pacifiquement de nombreux conflits ouvriers et, en particulier, pour citer un exemple, celui de la grève des textiles dans le Nord.

Le même considérant, auquel je viens de me référer, précise que j'ai été plusieurs fois ministre et deux fois Président du Conseil. J'ai en effet, depuis 1925, successivement occupé presque tous les postes ministériels et j'ai été, à ce titre, le collaborateur de MM. Painlevé,

Aristide Briand, Tardieu, Doumergue et Flandin. J'ai été, non pas deux fois, mais trois fois président du Conseil, sans compter les fonctions de chef du Gouvernement pendant l'occupation. Croyez-vous, Monsieur le Président, qu'en temps de paix, sous l'œil et le contrôle du Parlement, avec une opinion publique informée par une presse libre, j'aurais pu accéder à ces hautes fonctions, m'y maintenir et y revenir si souvent, si j'en avais été indigne ? Croyez-vous que des Présidents de la République comme M. Doumergue, M. Doumer, m'auraient chargé de constituer des gouvernements s'ils n'avaient eu la certitude que mon nom rencontrait à la fois la faveur du Parlement et de l'opinion ? Croyez-vous que M. Lebrun lui-même, qui n'a jamais eu pour moi de sentiments particulièrement bienveillants, m'aurait appelé en 1935 ? Il est vrai qu'à cette époque les chefs se dérobaient ; la tâche à remplir était ingrate pour sauver le franc. Je ne craignai pas, dans l'intérêt de notre pays, de m'exposer aux risques de connaître la saveur amère de l'ingratitude et de l'impopularité. C'est surtout d'ailleurs à partir de ce moment que les campagnes les plus violentes ont été déchaînées contre moi, et c'est seulement alors que mes adversaires politiques ont paru s'intéresser à ma fortune privée, dont le même considérant de l'acte d'accusation dit « qu'elle a suivi l'ascension de ma fortune politique ».

Je mets au défi quiconque d'établir que j'ai profité de mes fonctions pour agrandir mon patrimoine

Je ne suis nullement gêné pour répondre à cette partie de l'acte d'accusation, mais je tiens dès à présent à protester contre l'insinuation ou l'affirmation, si c'est ainsi que je dois lire ce considérant, que j'aurais tiré ma fortune de mes fonctions publiques. J'ai toujours pensé qu'une indépendance matérielle bien assurée, si elle n'est pas indispensable, donne aux hommes de gouvernement qui la possèdent une plus grande indépendance politique. Je n'ai jamais appris qu'il était interdit à des hommes politiques, en dehors de leurs fonctions, de s'occuper de leurs intérêts privés quand ceux-ci ne s'opposaient pas aux intérêts de l'État. Je vous surprendrai peut-être en vous disant que j'ai poussé à ce point le scrupule que j'ai toujours refusé de plaider contre l'État ou contre la Ville de Paris, parce que j'étais parlementaire et élu de la Seine. Je vous surprendrai moins, vous qui êtes au Palais depuis si longtemps, en vous disant que j'ai un tel respect de l'indépendance de la Magistrature et de la dignité des fonctions que j'ai occupées que j'ai cessé, en fait, de plaider après avoir été Garde des Sceaux. J'avais pourtant, dans le sens contraire, des exemples illustres et honorables. J'ai préféré chercher ailleurs, pour être plus libre, des activités productrices.

Je mets au défi quiconque d'établir que j'ai profité de mes fonctions pour agrandir mon patrimoine. Vous avez un rapport d'expert, que je ne connais pas encore et qui a été rédigé sans que j'aie pu être entendu, mais vous aurez de moi, soyez-en sûr, des réponses pertinentes à toutes vos interrogations. S'il est vrai que j'étais à l'abri du besoin, et vous connaîtrez les origines de ma fortune, ne serait-il pas mieux, plus généreux, de mesurer l'étendue du sacrifice que j'ai voulu consentir à notre pays, alors que, comme tant d'autres l'auraient fait à ma place, j'aurais pu vivre tranquille et heureux, entouré de l'affection des miens ?

Veuillez agréer, Monsieur le Président,...

Pierre Laval

L'ACCUSATION

« Contre l'Angleterre, une haine tenace... »

Renversé en janvier 1936, après l'échec du plan proposé par lui pour résoudre la crise éthiopienne, il a gardé de cet incident une haine tenace contre l'Angleterre qu'il accusait d'avoir contribué à sa chute, et contre le Parlement français, dont il n'avait pu gagner la confiance.

LAVAL RÉPOND

Non, je n'ai pas été renversé en janvier 1936

Ma réponse doit être claire. Il est inexact que j'ai été renversé en janvier 1936. J'ai abandonné le pouvoir de mon plein gré. Habituellement, un président du Conseil apportait sa démission et celle de ses ministres au président de la République, lorsqu'il avait été mis en minorité dans un vote devant l'une des Chambres, après avoir posé la question de confiance. D'après l'acte d'accusation, j'aurais été renversé sur une question de politique étrangère, sur le projet Hoare-Laval si je comprends bien. Le fait énoncé est manifestement faux. Je n'ai pas été interpellé en janvier 1936. Je l'avais été à la chambre des députés les 27 et 28 décembre 1935 sur cette même question, et j'avais obtenu après un débat qui dura deux jours et une nuit, ayant posé la question de confiance, une majorité de vingt-deux voix. C'est M. Yvon Delbos qui m'interpella et il fut soutenu par MM. Paul Reynaud, de Monzie, Campinchi, Léon Blum, Gabriel Péri, Marcel Déat et plusieurs autres orateurs. Ce fut un grand débat parlementaire, dont le compte rendu fut largement diffusé par toute la presse mondiale. On croyait généralement que je sortirais vaincu du scrutin, tandis que j'escomptais un succès. J'obtins, je le répète, après un exposé de ma politique extérieure, une majorité de vingt-deux voix. Le résultat était impressionnant, en contraste avec les pronostics de mes adversaires, et en raison surtout de la qualité et de la diversité des interpellateurs.

Je résolus néanmoins, trois semaines plus tard, de quitter le pouvoir. Ce fut immédiatement après un voyage à Genève, au cours duquel j'avais rencontré M. Eden, à qui je fis part de ma décision et qui en parut fort surpris. Il eut même la courtoisie de m'exprimer son regret de me voir donner ma démission. *Il est des circonstances où un chef de gouvernement, surtout lorsqu'il est ministre des Affaires étrangères, a le devoir de s'en aller s'il n'est pas assuré de certains concours qu'il juge indispensables pour appuyer sa politique.* Il doit le faire en particulier s'il se trouve en désaccord avec certains ministres dont la collaboration lui est nécessaire. J'estimais que le concours massif du parti radical m'était indispensable et que je ne pouvais me priver de la collaboration du Président Herriot, alors ministre d'État. J'avais constaté que, dans le vote de confiance, les radicaux s'étaient divisés, et je savais que M. Herriot, qui avait approuvé tous les décrets-lois pour sauver le franc et empêcher le prix de la vie de monter, marquait son désaccord sur ma politique extérieure, me trouvant trop faible dans l'application des sanctions à l'égard de l'Italie. Je n'avais pu obtenir sa signature, nécessaire pour la prorogation des pouvoirs spéciaux déjà appelés « pleins pouvoirs », et je savais, dans ces conditions, que l'échec d'une politique destinée à restaurer les finances et accroître la production du pays était certain. Je pensais bien, d'ailleurs, que les mêmes hommes qui me combattaient, lorsqu'ils seraient au pouvoir, en présence de leur responsabilité, auraient les mêmes appréhensions que j'avais eues. Je démissionnai donc, et la sanction du pétrole ne fut jamais appliquée ni proposée par mes successeurs. Par contre, quelques semaines après mon départ, l'Allemagne remilitarisait la Rhénanie. Cette violation du Traité de Versailles devait être sanctionnée en application du Traité de Locarno, mais elle ne le fut pas. Hormis un discours et quelques articles de presse, personne ne bougea. Il est donc inexact de dire, comme le fait l'acte d'accusation, que j'ai été renversé, et que de cet incident (qui ne s'est pas produit) j'ai gardé une haine tenace contre l'Angleterre et le Parlement français. Je n'avais pas à m'immiscer dans la politique britannique, et je n'avais pas à en vouloir au Parlement qui m'avait donné sa majorité et sa confiance. Le gouvernement qui me succéda aurait pu en vouloir au cabinet britannique, qui avait certainement dû lui refuser d'intervenir à propos de la remilitarisation de la Rhénanie ; ce n'était pas mon cas. Je n'étais plus au pouvoir, et je n'ai jamais eu, avec l'Angleterre, à régler un problème aussi délicat et aussi grave.

Je n'ai jamais eu de haine contre aucun pays

Je n'ai d'ailleurs aucune gêne pour m'exprimer au sujet de la Grande-Bretagne. Je n'ai pas et je n'ai jamais eu de haine contre ce pays. J'ai eu parfois, au cours de ma carrière gouvernementale, des difficultés avec le cabinet britannique. J'ai été souvent en plein accord avec les ministres anglais. J'ai toujours admiré avec quelle ténacité ils défendaient l'intérêt de leur pays quand ils le croyaient menacé. Je n'ai jamais conçu qu'en dehors d'une solidarité réciproque, la France puisse être mise à la remorque de l'Angleterre. Mes rapports personnels avec les ministres anglais ont toujours été courtois et souvent même, quand je n'étais pas complètement d'accord avec eux, empreints de grande cordialité, comme ce fut le cas avec M. Eden. Si j'avais un vœu à exprimer, ce serait de voir toujours les ministres français faire leur métier de Français comme les ministres anglais, quelle que soit leur couleur politique, savent accomplir leur métier d'Anglais. Ils ont au suprême degré l'orgueil de leur race, de leurs traditions et de leur Empire ; ils sont, au sens noble, des maîtres dans le monde. J'ai toujours eu et j'aurai toujours pour notre pays, quelles que soient ses vicissitudes, la même ambition. Ceux qui me connaissent bien savent que je n'ai jamais tenu un autre langage. Il m'est arrivé parfois de réfréner l'anglomanie ou l'anglophobie de certains Français, mais je sais que ces sentiments chez nous sont toujours passagers. L'union franco-britannique ne peut se fonder que sur une parfaite égalité de droits et elle ne peut durer qu'à cette condition.

Je vais citer certains faits saillants, concernant les rapports que j'ai eus, comme ministre des Affaires étrangères et comme chef du Gouvernement, avec le gouvernement britannique.

Président du Conseil : j'ai reçu deux S.O.S. de l'Angleterre (1931-1935)

En 1931, au moment de la grande crise financière, sollicité durant la nuit (septembre-octobre 1931) de recevoir immédiatement

M. Campbell, chargé d'affaires à Paris, remplaçant Lord Tyrell, j'ai accepté, sans réunir le Conseil des ministres, pour ne pas porter atteinte, par des indiscrétions, au crédit de la Grande-Bretagne, de lui faire faire, par le Trésor français, le matin même, une avance de trois milliards. Les caisses de la Banque d'Angleterre étaient vides et les paiements auraient été suspendus sans le concours spontané de la France. M. Campbell m'avait remercié avec émotion et dit, en me serrant les mains : « Monsieur le Président, mon pays n'oubliera jamais. »

En 1934 et en 1935, j'eus à régler, en collaboration étroite à Genève avec M. Eden, le délégué britannique, des problèmes graves, comme les conditions du plébiscite de la Sarre et la résolution du Conseil de la Société des Nations concernant l'assassinat du roi Alexandre de Yougoslavie. Mon attitude et mon action furent alors approuvées par le Parlement et je fus, ce qui est rare, félicité et remercié nommément dans un ordre du jour voté à l'unanimité par le Sénat. Je n'avais pu réussir à Genève qu'avec le concours actif de la délégation britannique. J'eus avec elle, parfois, des difficultés, chose naturelle dans des questions aussi graves, mais elles furent toujours surmontées par une bonne volonté réciproque.

Lorsque, en 1935, je fus prévenu que la *Home Fleet* avait traversé le détroit de Gibraltar pour se rendre en Méditerranée et que l'ambassadeur de Grande-Bretagne me demanda quelle serait l'attitude de la France au cas où les sanctions provoqueraient, entre la Grande-Bretagne et l'Italie, un conflit armé, je répondis que son pays pouvait compter sur l'appui immédiat et sans réserve de toutes nos forces de terre, de mer et de l'air. *J'ai cherché dans l'Histoire des précédents où un représentant de la France aurait pris vis-à-vis de la Grande-Bretagne un tel engagement sans être lié par une alliance militaire : je n'en ai pas trouvé.* Voici d'ailleurs dans quels termes, répondant à l'interpellation de M. Yvon Delbos, je rendis compte au Parlement, le 28 décembre 1935, de mes négociations avec la Grande-Bretagne :

> « En exécution de l'alinéa 3 de l'article 16 du Pacte, je n'ai pas hésité à faire prendre à la France, vis-à-vis de la Grande-Bretagne, l'engagement de se porter à son aide sur mer, sur terre et dans les airs, si elle venait à être attaquée par l'Italie à l'occasion de l'application des sanctions. La déclaration faite alors à l'ambassadeur de Grande-Bretagne, confirmée depuis, à Paris, à Sir Samuel Hoare lui-même, je tiens, pour dissiper tout malentendu qui pourrait subsister à ce sujet dans l'opinion internationale, à la renouveler ici publiquement. » Voir en annexe VI, page 372, la suite de la citation.

(J'ai d'ailleurs été peu surpris d'apprendre que ce numéro du *Journal officiel* avait été supprimé à la vente par des achats massifs. La netteté de cette politique extérieure était peut-être une gêne pour ceux qui combattaient ma politique intérieure de redressement financier.)

La Chambre des Députés, après ma réponse à M. Yvon Delbos et aux autres interpellateurs, me vota un ordre du jour de confiance. La majorité eût été encore beaucoup plus forte si j'avais pu alors faire état de certains documents secrets concernant mes négociations avec l'Italie, et notamment de l'alliance militaire secrète dont j'ai parlé au procès Pétain et que le maréchal Badoglio a confirmé par une déclaration à la presse le lendemain de mon audition.

Le traité secret Halifax-Ribbentrop

Je fus en désaccord avec le gouvernement anglais lorsqu'il négocia et signa, à notre insu, un accord naval avec le gouvernement allemand. J'étais allé à Londres auparavant, au début de février 1935, comme ministre des Affaires étrangères, avec M. Flandin, président du Conseil, et il avait été convenu que, désormais, nous n'aborderions jamais séparément l'Allemagne, spécialement pour les questions de réarmement de ce pays. Ayant appris par la lecture des journaux la signature de l'accord naval, je convoquai Sir George Clark, ambassadeur à Paris, et je lui dis mon regret d'avoir vu son gouvernement négocier avec l'Allemagne sur un tel projet, sans nous prévenir, contrairement à l'engagement solennel qui avait été pris le 4 février 1935.

L'année précédente, sous le ministère Doumergue, l'Allemagne avait proposé de porter à un chiffre forfaitaire de trois cent mille hommes l'effectif de son armée. Barthou avait accepté, mais MM. Tardieu et Herriot s'y opposèrent, en plein accord avec M. Doumergue, et l'Angleterre jugea (certainement) que nous avions eu tort de repousser cette proposition allemande. Aussi nous ne trouvions pas un accueil chaleureux du côté anglais pour protester et agir avec nous contre la violation par l'Allemagne des clauses militaires du Traité de Versailles. Il est vrai qu'elle allait conclure avec l'Allemagne l'accord naval dont je viens de parler.

Nous ne pouvions donc alors envisager l'application de sanctions à l'Allemagne, car nous n'avions pas la majorité à Genève quand nous n'étions pas pleinement d'accord avec l'Angleterre. Aussi notre débat à Stresa fut assez vif. Je demandai à M. MacDonald, en présence du danger allemand qui se précisait, de faire la chaîne de Londres à Moscou. Les Accords de Rome et le Pacte franco-soviétique, que j'avais signés, avaient déblayé le terrain de difficultés qu'on croyait insurmontables. L'Angleterre n'était pas encore prête à envisager cette politique d'encerclement de l'Allemagne, qui seule pouvait empêcher la guerre, en mettant Hitler dans l'impossibilité de nuire.

D'une manière générale, quand on connaît la politique britannique en Europe depuis le Traité de Versailles, on peut dire que mes difficultés avec les Anglais furent de même ordre que celles qu'avaient connues mes prédécesseurs. Il y eut un moment, pendant cette période, où nos rapports furent excellents : c'est lorsque M. Austen Chamberlain était au Foreign Office et qu'il signait avec Briand le Traité de Locarno. J'ai lu, dans ma cellule, le livre du ministre anglais, *Au Fil des années,* et j'ai constaté que l'intérêt britannique avait largement inspiré ses négociations. Je n'en ai pas été choqué, au contraire, *car les traités ne valent pour les peuples que dans la mesure où ils consacrent leurs intérêts. Cette politique avait une autre allure que celle de Munich, à laquelle je n'ai jamais donné mon adhésion.*

J'en aurai terminé avec la réfutation du deuxième considérant de l'acte d'accusation, en disant qu'il est aussi inexact et injuste de prétendre que j'avais voué une haine tenace à l'Angleterre, à propos de l'affaire éthiopienne, quand j'aurai répondu à l'argument tiré contre moi de l'échec du projet Hoare-Laval. Je m'en suis expliqué devant la Haute-Cour en déposant dans le procès Pétain, mais je vais préciser.

Toutes les tentatives faites à Genève pour trouver une solution amiable au conflit éthiopien avaient successivement échoué. Seul un accord complet entre la France et l'Angleterre pouvait obtenir ce résultat.

Le rejet par l'Angleterre de l'accord Hoare-Laval a eu des conséquences funestes

Ni l'Italie, ni l'Éthiopie n'auraient pu résister à une transaction imposée par nos deux pays. C'est ce que comprit Sir Samuel Hoare et, avec un sens aigu des réalités et le souci de mettre un terme à une entreprise dont les conséquences pouvaient être graves pour l'avenir de l'Europe, il accepta de discuter et d'élaborer un projet dont j'étais sûr qu'il serait accepté par l'Italie, dont il était sûr qu'il le serait également par le Négus, et dont nous étions sûrs tous les deux que Genève aurait entériné une telle solution.

Des indiscrétions de presse et une polémique se produisirent. Une interpellation eut lieu à la Chambre des Communes et Sir Samuel Hoare dut démissionner. Il fut d'ailleurs rappelé dans le cabinet, à un autre poste, quelques jours après.

J'ai toujours profondément regretté que ce projet n'ait pas été admis. Je n'ai jamais pensé que je devais en vouloir particulièrement à l'Angleterre pour le rejet du plan ; il y avait en effet dans ce pays, comme dans le nôtre, une opinion divisée ; elle était généralement plus hostile en Angleterre, car, à l'antifascisme qui, seul, chez nous, s'opposait au projet, il s'ajoutait, chez elle, l'opinion de ceux qui croyaient à une menace sur la route des Indes. Les Anglais, une fois de plus, défendaient leur intérêt qu'ils croyaient menacé. Ce sont là **les fluctuations de la politique internationale. Je n'avais donc aucune raison de « haïr » l'Angleterre ; j'en avais seulement pour regretter un échec qui allait progressivement jeter l'Italie dans les bras de l'Allemagne, priver la France et la Grande-Bretagne du concours indispensable des Balkans et attirer tant de malheurs sur notre pays. Je suis profondément surpris de trouver aujourd'hui, dans un acte d'accusation aussi grave, un tel grief relevé contre moi, avec une telle méconnaissance des faits de l'histoire, pourtant récente, de notre pays.**

L'ACCUSATION

Pierre Laval et l'Italie de Mussolini

Laval semble s'être posé en négociateur de la paix grâce au crédit qu'il prétendait avoir auprès de Mussolini. Il envisageait en même temps pour la France un changement de régime dont il serait le bénéficiaire et il paraît bien avoir compté pour cela sur le concours de Pétain...

LAVAL RÉPOND

J'avais signé, en janvier 1935, les Accords de Rome, et j'avais vécu la période difficile des sanctions. Je m'étais toujours efforcé de concilier les obligations de la France vis-à-vis de la Société des Nations, à laquelle nous devions rester fidèles, avec la nécessité de ne pas rompre avec l'Italie, pour sauvegarder les avantages de nos arrangements en Tunisie et ménager une amitié et une alliance utiles à notre sécurité. Il existe aux scellés les copies des lettres que nous avons échangées d'octobre 1935 à janvier 1936, et dont les originaux, pour les lettres signées de Mussolini, et les copies, pour les miennes, doivent se trouver aux archives du Quai d'Orsay, sous enveloppe scellée, où je les ai laissés en abandonnant le pouvoir le 22 janvier 1936.

J'ai eu de graves difficultés avec Mussolini

Cette correspondance montre que j'ai eu à cette époque des difficultés graves avec Mussolini ; il n'en reste pas moins que, malgré ces difficultés, j'avais, comme négociateur des Accords de Rome, conservé du crédit en Italie. J'ai reçu à maintes reprises des personnalités italiennes de passage à Paris, et les ambassadeurs d'Italie qui se sont succédés — sauf depuis la déclaration de guerre — n'ont jamais cessé d'entretenir avec moi des rapports de courtoisie. Parmi les personnalités italiennes, il en est deux, que je dois citer. M. Puricielli, sénateur, ami du Roi et de Mussolini, est venu me voir plusieurs fois pour regretter les dissentiments nés entre nos deux pays. Il a eu un jour l'occasion de venir à Châteldon, où je l'avais invité, en compagnie de M. Labrousse, sénateur, aujourd'hui membre de l'Assemblée consultative. Il revint, et il me dit être navré de voir son pays allié de l'Allemagne, et il ajouta qu'il fallait à tout prix réconcilier la France avec l'Italie ; il était notamment partisan d'un retour à la politique de 1935 ; il me dit un jour que cela était possible à des conditions très acceptables, et il me demanda expressément de venir à Rome, ou ailleurs en Italie, pour rencontrer Mussolini. Il dit clairement qu'il avait qualité pour me faire cette communication. Je vis alors l'ambassadeur d'Italie, avec qui j'eus un entretien privé. L'Italie ne formulait aucune de ces revendications territoriales si souvent et si grossièrement affirmées sur la place publique par des orateurs sans mandat.

Ma rencontre avec Daladier alors Président du Conseil

Je n'étais pas au gouvernement et il ne m'appartenait pas de prendre aucune initiative. J'informai immédiatement M. Daladier, alors président du Conseil, au Sénat, et je lui offris, à mes risques et périls, d'accomplir une mission privée, qu'il désavouerait si elle échouait, ou qu'il prendrait à son compte si je lui rapportais les éléments d'un accord. M. Daladier me dit qu'il allait réfléchir et qu'il me répondrait le surlendemain lundi. Il ne dut pas estimer utile ou opportune cette procédure, et, n'ayant reçu aucune réponse, je ne donnai aucune suite au désir que m'avait exprimé M. Puricielli. En lisant le compte rendu du Sénat réuni en comité secret en mars ou avril 1940, on doit trouver mention de ce fait important que j'ai rappelé dans mon discours.

Je n'avais donc pas besoin de rechercher des intermédiaires pour avoir des contacts, si je les eusse jugés nécessaires, avec le gouvernement italien.

J'ai également un autre fait à rappeler. Le comte Arduini-Ferreti, que je connaissais beaucoup moins bien que M. Puricielli, Italien habitant Paris, se disant, et je le crois, très francophile, vint me voir au retour de chacun des voyages en Italie, spécialement pendant la guerre, avant la déclaration de guerre de l'Italie à la France. Il s'exprimait comme le sénateur Puricielli et se lamentait sur la position adoptée par l'Italie, alliée de l'Allemagne. Il se présenta le 9 juin 1940 à mon bureau, très ému, me disant qu'il revenait de Rome, que l'Italie était à la veille de déclarer la guerre à la France, que cette déclaration pouvait peut-être être évitée ; que l'Italie, en tout cas, n'attaquerait pas, et il me fit des suggestions pour être transmises au gouvernement français. Je lui demandai si ces renseignements étaient officiels ; alors il me dit me parler de la part du sénateur Aloïsi, ancien directeur du cabinet de Mussolini, que j'avais eu comme interlocuteur à Genève, où il était le délégué de l'Italie. Ce sont sans doute les procédés de la diplomatie italienne, mais je compris que la communication pouvait être aussi interprétée comme venant de Mussolini. J'appelai le général Denain, qui avait été ministre de l'Air et qui avait, à ce titre, en 1935, signé des accords militaires avec son collègue italien, et je le priai d'informer M. Albert Lebrun. Celui-ci l'envoya trouver M. Paul Reynaud, qui ne donna aucune suite à cet entretien. Je quittai Paris le jour même, 9 juin 1940. Quant à M. Arduini-Ferreti, il eut l'imprudence de se rendre le lendemain au Quai d'Orsay pour essayer de remplir ce qu'il croyait être sa mission. L'Italie, le jour même, nous déclarait la guerre et M. Arduini-Ferreti fut, comme Italien, aussitôt interné.

Ainsi, en deux circonstances, quand je n'étais pas au pouvoir, j'ai reçu des communications importantes concernant nos rapports avec l'Italie. J'ai agi suivant ma conscience et mon devoir en en faisant part aussitôt au gouvernement français, lui laissant le soin de décider seul, sous sa propre responsabilité, les suites qui devaient être données à ces communications.

Je n'ai rien à cacher de mes actes, ni de mes intentions, mais je ne vois pas quel lien on pourrait établir entre ces faits tels qu'ils existent et le projet, qui m'est prêté dans l'acte d'accusation, d'un changement de régime. A aucun moment, ni de près ni de loin, il ne peut et il ne pouvait être question de mêler une question de régime intérieur français à ce problème éminemment extérieur de nos rapports avec l'Italie.

Le sénateur Puricielli est un grand entrepreneur qui a dû, je crois, construire les plus grands autostrades italiens ; il devait avoir également des travaux à l'étranger. Il avait conçu l'idée d'un autostrade reliant la France et l'Italie par un tunnel sous le Mont-Blanc. Par son caractère et ses goûts, il me disait n'avoir qu'une admiration modérée pour le régime fasciste ; au surplus, je ne l'ai jamais questionné à ce sujet.

Quant à M. Arduini-Ferretti, j'ignore s'il avait des attaches avec le Parti fasciste. Il n'eut pas à me renseigner à ce sujet et j'eus toujours l'impression que, vivant en France, où il avait, me disait-il, tous ses intérêts, il avait surtout la préoccupation d'éviter un conflit entre son pays et le nôtre. Il blâmait la politique militaire de Mussolini, son alliance avec Hitler et, sur ce point, il partageait la façon de voir de M. Puricielli.

J'ai rappelé mes souvenirs pour les placer en face de l'acte d'accusation qui précise que « dès le début de la guerre, il semble s'être posé en négociateur de la paix, grâce au crédit qu'il prétendait avoir auprès de Mussolini ».

J'ai dit tout ce que je savais, mais je ne vois pas le lien entre mon action et l'injuste accusation qui m'est faite d'avoir voulu changer le régime.

Cette accusation est développée dans d'autres considérants du réquisitoire et c'est à ceux-là que j'aurai à répondre pour les réfuter ; la recherche de la vérité constituant le principal objet de l'instruction, je n'aurai pas de peine à me justifier parce que la vérité, que fera apparaître une instruction contradictoire, fera en même temps tomber cette accusation dirigée contre moi.

L'ACCUSATION

« Pierre Laval, un des premiers, réclame l'armistice : ses intrigues, ses menaces... »

C'est incontestablement lui l'agent responsable qui, par ses intrigues et ses menaces jusque dans le cabinet du président de la République, empêcha ce dernier, les présidents des deux Chambres, les membres du Parlement et ceux des ministres qui avaient encore souci de la souveraineté nationale, d'aller en Afrique du Nord former un gouvernement à l'abri des représailles allemandes et qui, devant l'Europe et l'Amérique, eût représenté la France et affirmé sa persistance en tant que nation souveraine.

Quand survinrent les événements militaires de mai 1940, Laval fut au premier rang de ceux qui réclamèrent l'armistice. Aussi bien son nom figurait-il sur la liste que, le soir même du jour où Paul Reynaud venait de démissionner, Pétain présenta au président de la République.

LAVAL RÉPOND

Je n'ai eu à prendre aucune responsabilité ni aucune décision en ce qui concerne l'armistice. Je n'appartenais pas au gouvernement qui a demandé l'armistice. Quant à l'opinion que j'aurais exprimée à ce sujet, je la partageais, à ce moment, avec la quasi-unanimité des Français. Au surplus, une telle demande ne pouvait être formulée que sur la constatation, nettement établie par le chef militaire responsable, que la continuation de la lutte était impossible ou s'avérait pour la France plus désastreuse que l'armistice lui-même. Ce fut l'opinion du général

Weygand et ce fut aussi celle du Maréchal Pétain. Je n'étais pas au gouvernement, et les ministres avaient seuls le pouvoir et le devoir de prendre une décision. Les débats du procès Pétain montrent que l'armistice était décidé avant l'arrivée du Gouvernement à Bordeaux, et je n'avais eu aucun contact depuis longtemps avec Pétain. C'est de Châteldon, où je résidais, que j'ai gagné Bordeaux après l'arrivée du Gouvernement. Si mon nom figurait sur la liste ministérielle présentée par le Maréchal Pétain au Président Lebrun, ce fait était manifestement sans aucun rapport avec l'opinion que je pouvais avoir au sujet de l'armistice. Je reste convaincu que le successeur de M. Paul Reynaud, même s'il eût été un autre que Pétain, aurait mis mon nom sur cette liste. J'ai été souvent ministre et parfois président du Conseil à des époques de crises graves, comme en 1935. (Il semble que c'est toujours à ces heures qu'on a l'habitude de faire appel à moi.) J'avais été longtemps aux Affaires étrangères ; j'avais joué un rôle important dans de nombreuses négociations internationales et il pouvait paraître normal, à ce moment douloureux pour notre pays, de me voir une fois de plus venir au gouvernement. Au surplus, à cette époque, le Maréchal croyait sans doute que ma collaboration lui serait utile en raison de mon expérience du pouvoir. D'ailleurs, comme le constate l'acte d'accusation, je ne fis pas partie de ce gouvernement qui demanda et signa l'armistice. J'avais refusé le portefeuille de la Justice, et, sur l'intervention de M. Charles-Roux, le Maréchal ne crut pas devoir me charger des Affaires étrangères (portefeuille déjà attribué à M. Baudouin). Quelques jours après, je fus appelé pour être nommé vice-président du Conseil, fonctions que je partageai avec M. Camille Chautemps.

J'aurais, d'après l'acte d'accusation, joué un rôle prépondérant dans les jours qui précédèrent le 10 juillet 1940. Ainsi, nous arrivons sans doute à l'un des griefs les plus importants retenus contre moi. En tout cas, le premier parmi ceux dont l'ensemble constituerait l'inculpation d'attentat contre la sûreté intérieure de l'État.

On veut, aujourd'hui, me rendre responsable de l'armistice, acte d'un gouvernement auquel je ne participais pas

Bien que n'ayant pas appartenu au gouvernement qui avait demandé l'armistice et signé la convention, je suis inculpé et rendu responsable d'un acte auquel je n'ai pas participé. Je pourrais me contenter de cette constatation, mais je paraîtrais ainsi me dégager d'une décision que j'ai, sinon comme ministre, du moins personnellement comme Français, reconnue nécessaire et même indispensable lorsqu'elle a été prise. Cela ne signifie pas que j'aurais accepté, telle qu'elle nous fut présentée à Rethondes, la convention d'armistice. On m'a dit ensuite qu'elle nous fut imposée, qu'elle n'avait pu être discutée par nos plénipotentiaires, explication que j'ai toujours jugée insuffisante, car il était indispensable de faire une protestation solennelle contre les clauses qui rendaient la convention *inapplicable.* En effet, l'exécution de ces clauses rendait toute vie impossible à notre pays et provoquait son asphyxie. Il aurait suffi d'une simple protestation, ou même d'un simple commentaire fait le jour même, pour justifier dès le lendemain l'ouverture d'une négociation sur l'interprétation et l'application de l'armistice. C'est ce qui fatalement devait se produire, mais chaque assouplissement de cette convention devait dans la suite servir de prétexte à l'imposition de nouveaux sacrifices, aucune réserve n'ayant été exprimée de façon suffisamment claire au moment de la signature. *Si j'avais été au gouvernement, je n'aurais pas manqué de tout faire pour obtenir, à défaut de mieux, un protocole précisant les conditions d'application de l'armistice.*

Avant de m'expliquer plus complètement sur les prétendues intrigues auxquelles je me serais livré et sur les menaces que j'aurais proférées jusque dans le cabinet du président de la République, menaces et intrigues dont la conséquence aurait été d'empêcher le départ du Gouvernement et des Chambres pour l'Afrique du Nord, je tiens à faire observer que je n'ai pas eu à m'exprimer comme ministre, mais seulement comme parlementaire, et qu'il est peu vraisemblable d'imaginer que j'aie pu disposer d'un tel pouvoir. *Il faudrait admettre, au contraire, une absence totale de volonté de la part de ceux qui voulaient partir, car je ne disposais d'aucune autorité ni d'aucun moyen pour les empêcher de réaliser un tel dessein.* J'affirme avec sincérité que si j'avais été à leur place, ce n'est pas l'opposition de quelques parlementaires, d'ailleurs toute verbale, qui m'aurait arrêté. Je n'aurais pas négligé, en tout cas, d'essayer de convaincre le ou les parlementaires de la nécessité d'une telle décision et, si l'opposition ne s'était pas ralliée à mes arguments, j'aurais passé outre. (Voir la déposition de Paul Reynaud au procès du Maréchal.)

Il importe de justifier d'abord l'armistice. Cette justification incombe au gouvernement qui l'a demandé. Les débats devant la Haute-Cour prouvent qu'il était impossible d'échapper à la triste nécessité de demander l'armistice. Il me paraît d'un intérêt moindre qu'à certains de faire la distinction entre le « cessez le feu » et l'armistice. Dans les deux cas, c'était l'armée prisonnière et la France dans l'impossibilité de se défendre, sauf que dans le premier le nombre des prisonniers eût été beaucoup plus élevé. Ce qui est vrai, et ce que certains témoins au procès Pétain ont oublié après coup, c'est que le général en chef ne pouvait même plus faire parvenir ses ordres à l'armée, qui était disloquée, coupée par tronçons, en déroute et en désordre. Weygand signalait le danger de la rapidité de l'invasion et le nombre chaque jour croissant des troupes faites prisonnières. L'idée de faire refluer notre armée vers la Bretagne, où elle aurait pu s'appuyer sur la flotte anglaise, ne pouvait être réalisée. Le réduit breton aurait d'ailleurs été vite écrasé par l'aviation et l'armée allemandes. Restait la solution du prolongement de la lutte en Afrique du Nord.

Il était impossible de continuer la lutte en Afrique du Nord

Et c'est à moi que l'acte d'accusation vient reprocher aujourd'hui d'avoir empêché le transfert de la souveraineté en Afrique du Nord. Je n'ai été appelé à prendre part à aucune délibération parlementaire sur la nécessité ou l'opportunité du départ du Gouvernement. Je n'ai connu aucun des arguments qui pouvaient être invoqués pour ce départ et je n'ai par conséquent jamais été amené à les réfuter. Si le président de la République, si les présidents des Chambres, MM. Jeanneney et Herriot, estimaient que cette décision était indispensable, pourquoi n'ont-ils pas fait un effort de propagande et de persuasion, à défaut même de séances officielles, pour convaincre ceux qui, comme moi, étaient d'une opinion contraire ?

Le prolongement de la lutte en Afrique aurait dû être prévu par les états-majors ; des mesures préalables eussent été nécessaires : d'abord assurer le transport, et l'amiral Darlan le disait impossible. Je parle du transport des troupes et du matériel, et non pas du transport des pouvoirs publics. L'Afrique du Nord ne disposait d'aucun moyen de fabrication du matériel de guerre, tout restait à créer au moment où, si une décision de départ eût été prise, la France entière aurait été envahie. Même si la chance eût été faible, on pouvait la tenter, mais, à considérer les événements à cette époque, il n'y avait aucune chance de pouvoir résister à la poussée allemande. Les succès militaires allemands étaient tels, et avaient été si rapides, qu'à ce moment l'armée allemande paraissait invincible. Il n'y a aucun doute que l'Espagne ne se fût pas opposée, et elle ne le pouvait guère pour de nombreuses raisons, au libre passage des troupes allemandes. L'Angleterre ne songeait alors qu'à défendre son île, à reconstituer rapidement ses forces, à accélérer ses fabrications pour faire face à une tentative d'invasion qu'elle redoutait. Les Soviets et l'Allemagne étaient associés et l'Amérique était neutre.

Nous étions à la période de la guerre-éclair, et je ne crois pas que le seul rocher de Gibraltar eût suffi, avec la supériorité de l'aviation allemande à ce moment, pour retarder longtemps le passage des troupes allemandes vers la rive africaine. *On peut pronostiquer, après coup, c'est vrai, mais avec tous les éléments dont disposait l'agression allemande, on peut dire que notre défaite sur le territoire métropolitain aurait été, peu de semaines plus tard, complétée par notre défaite en Afrique du Nord.*

Trois questions importantes se posaient...

On peut alors poser quelques questions importantes : que serait devenu le Gouvernement : serait-il allé à Londres ? Que seraient devenues les populations restées en France, c'est-à-dire quarante millions de Français ? Elles auraient été administrées par les Allemands, comme les Belges, comme les Hollandais, comme les Polonais ? Alors, c'est tout le problème qui se pose de savoir s'il était plus conforme à l'intérêt de la France de la laisser dans le désordre ou sous la domination des vainqueurs, plutôt que d'essayer par des négociations régulières d'alléger ses souffrances. On ne pouvait alors prédire combien de temps durerait l'armistice, mais ce qui était vrai pour une courte durée l'était bien plus pour un armistice qui devait se prolonger pendant quatre ans.

Il est autre question très importante : que serait devenue l'Afrique du Nord aux mains des Allemands ? Un magnifique champ d'opérations à préparer contre l'Égypte, le canal de Suez ; la possibilité d'une jonction avec la marine japonaise, au moins pour les échanges de matières premières. Quelle difficulté effroyable pour les Anglais, soucieux de continuer la guerre et de secourir leur empire menacé ! Il ne faut pas oublier qu'à ce moment, en 1940, l'Allemagne était l'alliée des Soviets et qu'on peut déduire de ce fait toute une série de conséquences, y compris peut-être la continuation de l'alliance puisque d'autres champs d'expansion au Moyen-Orient, en Afrique et en Asie s'ouvraient à ces deux gouvernements.

Enfin et surtout, si l'on est de bonne foi, il faut reconnaître que l'Amérique eût dû plus tard chercher ailleurs qu'en Afrique du Nord une plate-forme pour lancer ses attaques contre l'armée allemande.

Le fait de n'avoir pas donné suite au projet de départ du gouvernement français a constitué peut-être la victoire la plus sûre et la plus importante, qui a permis ensuite la pleine victoire des Alliés.

Cette constatation de bon sens, faite de bonne foi, devrait suffire pour faire tomber ce grief relevé à mon encontre ; mais, au surplus, c'est bien le Maréchal Pétain qui a eu l'initiative d'empêcher ce départ du gouvernement français quand il a dit, avant d'arriver à Bordeaux, alors qu'il était à Tours, que ceux qui partiraient seraient des « fuyards ». C'est le Maréchal, par ses propos, qui a fixé l'opinion de la plupart de ceux qui pensaient que leur devoir était de rester et qui ne désiraient pas voir partir le Gouvernement. Pétain disposait alors d'une autorité morale qui, ajoutée à son autorité militaire, faisait de lui l'arbitre incontesté de tous les problèmes posés par la situation tragique dans laquelle nous nous trouvions.

« Où est l'honneur dans tout cela ? »

Une autre solution pouvait être envisagée par ceux qui ne voulaient pas rester dans la métropole. Ils pouvaient aller à Londres, marquant ainsi leur refus d'accepter l'armistice et leur volonté de continuer la lutte. Mais il fallait en 1940 que quelqu'un ou quelques-uns sauvent l'Afrique du Nord du raz de marée qui déferlait vers le sud. Il fallait préserver cette terre d'Afrique que les généraux Giraud et de Gaulle ont trouvée intacte deux ans plus tard, avec une armée commandée par des chefs que la politique pratiquée par le gouvernement de la métropole avait fait libérer des camps d'Allemagne. Il fallait pendant ces dures années un gouvernement dans la métropole pour défendre les intérêts de la France pendant l'occupation et, en cas de victoire allemande ou de paix de compromis, pour atténuer et compenser les risques de notre défaite.

Où est l'honneur dans tout cela ?

L'honneur est là. Il est partout où il s'agit, sous quelque forme que ce soit, de défendre l'intérêt de son pays.

Où est l'honneur, dans tout cela ! l'honneur est là, il est partout, où il s'agit sous quelque forme que ce soit, de défendre l'intérêt de son pays.

L'ACCUSATION

« Laval, premier bénéficiaire du coup d'État réalisé le 11 juillet 1940... »

C'est également Laval qui, à forces d'intrigues, de marchandages, de promesses et de menaces, amena le Parlement à remettre au Maréchal le Gouvernement de la République, et c'est encore lui qui, en tant que vice-président du Conseil, héritier présomptif du Maréchal, fut le premier bénéficiaire du coup d'État réalisé le 11 juillet par la suppression de la présidence de la République, le cumul des pouvoirs entre les mains de Pétain et la prorogation sine die du Parlement.

Un régime comme le sien et celui de Pétain, confiant à l'absolutisme, ne pouvait s'établir en France qu'en s'appuyant sur l'envahisseur et en s'inspirant de ses méthodes.

LAVAL RÉPOND

Pour apprécier sainement, sans l'esprit de polémique qui paraît inspirer tout au long l'acte d'accusation, il faut se replacer dans la situation où se trouvait la France en juin-juillet 1940, et on comprendra comment le Parlement, sans que fussent nécessaires les marchandages, les intrigues, les menaces et les promesses qui me sont gratuitement et injustement prêtés, décida le 10 juillet 1940 de confier au Maréchal des pouvoirs exceptionnels comme le pouvoir constituant. Le Parlement ne remit pas en effet au Maréchal le Gouvernement de la République, comme le dit par erreur l'acte d'accusation. C'est de M. Albert Lebrun, président de la République, que le Maréchal avait reçu le Gouvernement de la République, et les débats du procès Pétain révèlent que M. Albert Lebrun avait pris cette décision sur le conseil de M. Paul Reynaud. Le Gouvernement disposait alors de pouvoirs exceptionnels en vertu d'une loi de 1939 et il pouvait agir sans le concours des Chambres.

N'oublions jamais que nous sommes en juin 1940 et que nous sommes à Bordeaux. Pour arriver jusqu'à cette ville, la plupart des parlementaires ont pu, pendant leur voyage difficile, mesurer l'étendue du désastre qui vient de frapper notre pays. Une armée disloquée, des unités souvent abandonnées par leurs chefs, des soldats isolés, tel est, à côté d'actes d'héroïsme qu'illustrèrent toujours des Français au combat, le désolant spectacle militaire qu'ils venaient de voir. Quant aux populations civiles, elles fuyaient vers le sud dans un douloureux cortège, mitraillées sur la route. Ils étaient peu nombreux alors chez nous, ou en tout cas ils restaient silencieux, ceux qui croyaient à un redressement rapide de cette situation désespérée. Dans le pays, comme au Parlement, il y eut alors un grand élan vers Pétain, qui apparaissait comme un sauveur, et une colère sourde contre ceux qui nous avaient aussi légèrement entraînés dans cette guerre que nous venions de perdre. Que chacun fasse son examen de conscience, et qui osera sérieusement, honnêtement, prétendre que les choses ne se passaient pas ainsi et que d'autres sentiments animaient les foules ? Il y eut certes des Français qui ne désespéraient pas ; il y eut une poignée d'hommes qui acceptèrent quatre années d'une bataille sans répit. Les événements finirent par leur donner raison, mais à ce moment ils étaient rares ceux qui, en France, partageaient leur optimisme. Il y eut aussi ceux qui avaient une responsabilité et qui ne pouvaient se résoudre à admettre que leur carence ou leurs fautes nous avaient conduits jusqu'à cet abîme du malheur.

Le Parlement avait sa part dans cette responsabilité. Certes, il avait voté les crédits militaires, mais le résultat était là, et c'était une catastrophe. Il avait laissé prescrire un droit, le plus essentiel de la constitution républicaine, celui qui garantissait au peuple de n'être engagé dans la guerre qu'avec l'assentiment de ses représentants. Il aurait dû, avant de laisser le Gouvernement jeter notre pays dans l'aventure, lui demander des comptes sur nos effectifs, sur notre matériel, sur nos alliances, sur nos risques et sur les chances qui restaient encore de trouver une solution pacifique au conflit déjà commencé à l'est. Il ne le fit pas, et je me souviens de cette séance du Sénat, le 2 septembre 1939, où je voulais demander sa réunion en comité secret et où la parole me fut refusée. J'avais compris que le Gouvernement nous demandait des crédits, mais qu'il se refusait à laisser le Parlement discuter sur l'opportunité de déclarer la guerre.

Le pays avait été engagé dans la guerre sans une déclaration officielle votée par le Parlement

Avoir engagé le pays dans la guerre sans une déclaration officielle votée par le Parlement, c'était une violation si flagrante de la Constitution de 1875 qu'on peut dire que ce fut une sorte de coup d'État.

Avoir auparavant, c'est mon avis personnel, supprimé leur droit de représentation aux députés communistes, était aussi une violation flagrante de nos droits constitutionnels ; ils n'avaient pas la majorité, mais ils exprimaient l'opinion d'une partie importante de nos populations.

Avoir engagé le pays dans la guerre sans avoir les moyens matériels pour pouvoir la gagner ou même l'entreprendre, constituait une faute lourde pour le Gouvernement, mais dont les parlementaires, qui avaient fait preuve de faiblesse ou de complaisance, devaient partager la responsabilité. Voici d'ailleurs ce que j'ai dit à Vichy, le 9 novembre 1943, parlant aux maires du Cantal, parmi lesquels se trouvaient quelques parlementaires, et leur rappelant la séance du Sénat du 2 septembre 1939 :

> « Qu'est-ce que je voulais demander aux sénateurs ? Je voulais leur demander de se réunir en comité secret et de ne pas voter la guerre. Qu'est-ce qu'il y avait en effet dans la Constitution ? Il y avait pour moi une chose importante et sacrée : la France ne pouvait pas, ne devait pas entrer dans la guerre sans un vote du Parlement. Or, jamais le Sénat, ni la Chambre n'ont été appelés à voter pour ou contre la guerre. Républicains que vous êtes tous et qui avez le souci de la légalité, n'oubliez jamais ce que je viens de vous dire : nous sommes entrés illégalement dans la guerre. »

A Bordeaux, députés et sénateurs, dans leur immense majorité, se rendaient compte que Hitler serait impitoyable s'il avait à traiter avec certains hommes politiques français. Chacun n'avait qu'une seule préoccupation : essayer par tous les moyens de sauver ce qui pouvait l'être et de réduire au minimum les conséquences de notre désastre. Et le nom de Pétain était sur toutes les lèvres. C'est par un sentiment patriotique honorable que les parlementaires acceptaient d'abandonner leur pouvoir au Maréchal pendant toute la période qui serait nécessaire pour assurer le maximum de redressement de notre pays. C'est le même sentiment patriotique qui les animait en leur faisant admettre qu'il fallait réformer profondément nos institutions pour éviter le retour d'erreurs et de fautes qui nous avaient conduits au bord de l'abîme. D'ailleurs, en dehors de Pétain, on ne voyait personne qui pût remplir la mission providentielle que tout le monde désirait lui voir confiée. J'ai partagé cette opinion avec beaucoup d'autres, et si j'ai déployé alors plus d'activité que certains autres, c'est qu'il est dans mon caractère de travailler activement au succès d'une idée quand je la crois juste, et surtout quand je la crois utile à notre pays. Je n'avais besoin ni d'intriguer, ni de promettre, ni moins encore de menacer ; je ne manquais d'aucun argument pour convaincre mes interlocuteurs.

J'avais sans doute alors, pour parler à mes collègues, un peu plus d'autorité que d'autres. J'avais fait au Sénat des appels désespérés pour la paix. J'avais souvent prédit le désastre qui allait s'abattre sur la France si on ne faisait pas la chaîne autour de l'Allemagne, et les événements, hélas, me donnaient raison.

Enfin, j'étais ministre, et le Maréchal me demandait de m'occuper personnellement de régler cette question importante, et, de même que quelques jours après il me demanda de le représenter auprès des autorités allemandes, il me priait alors de le représenter devant le Parlement. C'est d'ailleurs ce qu'il dit à la délégation des parlementaires anciens combattants venus pour l'entretenir, le 6 juillet 1940, du projet qui allait être mis en discussion devant l'Assemblée Nationale. MM. Jacquy, Chaumié, Paul-Boncour et Taurines ont rédigé le même jour un procès-verbal de leur entretien avec le Maréchal, et, dans le procès-verbal, je relève cette phrase : « Venant à l'objet direct de notre visite, il nous a déclaré qu'il avait chargé le Président Laval d'être l'avocat, devant le Parlement, du projet de gouvernement, désirant lui-même ne pas participer au débat. »

Le mandat que m'avait confié le Maréchal

Ainsi, il s'agissait d'un projet de gouvernement que je devais présenter et défendre devant les Chambres et devant l'Assemblée en vertu du mandat que m'en avait donné le Maréchal. Une lettre signée de lui se trouve aux scellés, qui confirme les propos tenus par Pétain aux parlementaires anciens combattants. Il ne s'agit donc pas d'une initiative personnelle que j'aurais prise, mais bien d'une mission dont j'avais été chargé par la Gouvernement et par son chef, le maréchal Pétain.

Il fallait d'abord, aux termes des lois de 1875, obtenir un vote de chacune des deux Chambres pour pouvoir ensuite convoquer l'Assemblée Nationale et lui soumettre le projet du Gouvernement.

Il est intéressant de savoir ce que fut, le 9 juillet 1940, l'accueil des sénateurs et des députés réunis séparément, pour mesurer l'exactitude et la portée de certaines dépositions qui furent faites au cours du procès Pétain. La Chambre et le Sénat étaient appelés à statuer sur un projet de loi signé Philippe Pétain et Albert Lebrun, ainsi libellé :

> Article unique. — Le projet de résolution dont la teneur suit sera présenté à la Chambre des députés par le Maréchal de France, président du Conseil, qui est chargé d'en soutenir la discussion :
>
> La Chambre des députés déclare qu'il y a lieu de reviser les lois constitutionnelles.

A la Chambre, il fut adopté par trois cent quatre-vingt-quinze voix contre trois (MM. Roche, Biondi et Margaine).

Au Sénat, il n'y eut qu'une seule opposition, M. de Chambrun ayant voté contre.

Les débats ne révèlent aucune hostilité au projet du Gouvernement.

M. Jeanneney, président du Sénat, prononça dans son discours ces paroles : « J'atteste enfin à M. le Maréchal Pétain notre vénération et la pleine reconnaissance qui lui est due pour un don nouveau de sa personne. »

M. Herriot, président de la Chambre, s'exprima dans des termes semblables.

Le lendemain 10 juillet, il y eut dans la matinée une réunion privée secrète de l'Assemblée Nationale pour permettre une discussion plus libre du projet qui devait être soumis dans l'après-midi à la séance officielle. Un compte rendu sténographique de la séance fut pris pour être versé aux Archives nationales. Voici le texte du projet du Gouvernement tel qu'il fut soumis à l'Assemblée Nationale :

> L'Assemblée nationale donne tous pouvoirs au Gouvernement de la République sous l'autorité et la signature du maréchal Pétain, à l'effet de promulguer par un ou plusieurs actes une nouvelle constitution de l'État français ; cette constitution devra garantir les droits de travail, de la famille et de la patrie. Elle sera ratifiée par la nation et appliquée par les assemblées qu'elle aura créées.

On dit aujoud'hui que le vote de la loi constitutionnelle fut escamoté. On a même, à l'audience de la Haute-Cour, au procès Pétain, employé l'expression plus imagée d'« entôlage ». Est-il sérieux de faire une telle affirmation ? Chaque parlementaire a eu au moins trois fois la possibilité de faire connaître son opinion à la séance du 9 juillet ou à l'une des séances du 10 juillet.

Il y eut d'ailleurs le contre-projet des anciens combattants qui donna lieu à un large débat et qui permit de modifier le texte du projet gouvernemental qui n'avait pas prévu la même formule de ratification, et, sur ce point, les parlementaires anciens combattants obtinrent satisfaction. Le projet fut rédigé comme il a été dit plus haut et soumis ainsi à la discussion et au vote de l'Assemblée Nationale.

Aucune protestation ne se fit entendre, aucune réserve ne fut faite

A la séance privée, le débat eut un plus large développement. Aucune protestation ne se fit entendre ; aucune réserve ne fut faite. Il est étrange qu'il ait fallu attendre quatre années pour dire que le vote fut escamoté. Une telle opinion eût été plus forte si elle avait été exprimée à ce moment. (Le texte fut voté par cinq cent neuf voix contre quatre-vingts ; il y eut dix-sept abstentions.) La lecture des débats du procès Pétain m'a surpris. En août 1945 parlent des témoins qui restèrent silencieux tant à Bordeaux qu'à Vichy. C'est pourtant à ce moment-là, en juin et en juillet 1940, que les déclarations auraient pu influencer ou modifier des décisions contre lesquelles ils élèvent aujourd'hui de tardives et opportunes protestations.

J'ignore sur quels témoignages ou plutôt sur quels racontars l'acte d'accusation a pu se baser pour me reprocher des manœuvres, des intrigues, des promesses ou des menaces dont je me serais servi pour faire voter la loi constitutionnelle. Il est sans doute opportun, sinon facile, après coup, et toujours quatre années plus tard, quand les événements ont changé, d'expliquer son vote, mais, en mon absence, le projet présenté par un autre ministre aurait été voté de la même façon.

Il me paraît plus judicieux de retenir et de discuter le témoignage de M. Léon Blum devant la Haute-Cour. C'est sous la triple pression, a-t-il dit, des bandes de Doriot à Vichy, de Weygand à Clermont-Ferrand et des Allemands à Moulins, que fut obtenu le vote du 10 juillet. Je n'ai pas vu s'agiter à ce moment les bandes de Doriot à Vichy, mais il est vrai que les Allemands étaient à Moulins. J'ignorais tout de leurs intentions, car mon premier contact avec eux n'eut lieu, à Paris, que le 20 juillet et je ne sais dans quelle mesure ils s'intéressaient aux débats de l'Assemblée Nationale. J'avais, comme M. Léon Blum, entendu parler du risque d'un putsch militaire, car je suppose que c'est le sens qu'il donne à son propos « Weygand à Clermont-Ferrand ». Personnellement, je n'y croyais guère, mais beaucoup de parlementaires, je le reconnais, paraissaient inquiets. Cela ne saurait signifier en aucune manière mon accord avec le général Weygand, *car il reportait sur moi, dans nos rapports, les sentiments qu'il avait pour tous les parlementaires.* On a fait, au cours du procès Pétain, un sombre tableau du climat politique de Vichy ce jour-là. Je n'étais pas ministre de l'Intérieur, mais je ne perçus aucun bruit qui pût justifier ce pessimisme. *Je n'ai pas besoin de dire, en tout cas, que les bandes de Doriot me considéraient comme leur ennemi ; elles me l'ont prouvé pendant les quatre années d'occupation et ont eu souvent la velléité d'employer à mon regard une mesure définitive.*

Le climat politique qui existait à ce moment était dû à la défaite, aux misères des populations errantes sur les routes, tentant de rejoindre leurs foyers, ce qu'elles ne pouvaient faire encore puisque l'armistice avait coupé la France en zones infranchissables. Mais il est un point, je l'ai dit, sur lequel l'immense majorité du Parlement était d'accord : c'était sur la nécessité de réformer nos lois constitutionnelles. Mon rôle fut celui d'un ministre mandaté par le chef du Gouvernement pour soutenir devant le Parlement la discussion du projet. Parce que j'ai réussi ce qu'eût fait un autre à ma place, il n'est pas nécessaire d'en déduire que j'ai employé des manœuvres ou que je me suis livré à des intrigues. Il faudrait imaginer, pour le soutenir, que la majorité était contre le projet, alors qu'elle en réclamait l'adoption, ou imaginer que j'avais assez d'ascendant pour impressionner et suggestionner les deux Chambres. Ce ne serait pas en tout cas faire l'éloge de ceux qui auraient dû me combattre et qui sont alors restés silencieux.

Je pourrais montrer que le contre-projet des parlementaires anciens combattants était beaucoup plus grave que le projet gouvernemental. Si j'avais eu la moindre intention de faciliter un coup d'État, j'aurais repris ce contre-projet qui prévoyait la suspension des lois constitutionnelles de 1875 jusqu'à la conclusion de la paix, qui ne visait pas le Gouvernement de la République, mais le maréchal Pétain seul, et qui prévoyait naturellement une nouvelle constitution.

Aucune menace, aucune promesse pour obtenir le vote de l'Assemblée Nationale

Tout ce que je viens de dire établit à l'évidence qu'il n'était besoin ni de menaces, ni de promesses, pour aboutir au vote de l'Assemblée Nationale et que, sur ce point, aucun grief ne peut être retenu contre moi pour l'adoption d'une loi qui était réclamée ou acceptée par l'immense majorité des représentants du pays (la convocation des Chambres, celle de l'Assemblée Nationale, furent légales ; les débats furent réguliers et le vote qui suivit ne fut et ne pouvait être entaché d'aucune nullité).

L'acte d'accusation ne retient pas seulement les conditions du vote de la loi, mais il vise aussi — et je dirai surtout, car j'ai répondu au premier grief en le réfutant — l'application illégale qui aurait été été faite de cette loi constitutionnelle.

J'ai déclaré devant la Haute-Cour mon désaccord total et profond avec le Maréchal sur la politique intérieure et je ne puis accepter pour moi-même des critiques ou des griefs qui le concernent seul ou qui concernent ceux qui l'ont conseillé ou assisté dans des actes que j'ai réprouvés.

Le Maréchal commit une première faute, qu'il renouvela sans cesse depuis, en ne soumettant jamais ses Actes Constitutionnels aux délibérations du Conseil des ministres.

Dès le lendemain du vote et dès la signature du premier Acte constitutionnel avec la formule « Nous, Philippe Pétain », je compris l'immensité de l'erreur que j'avais commise et que je partageais avec tous ceux, au Parlement ou en dehors, qui n'avaient pu prévoir le caractère personnel que le Maréchal allait imprimer à son pouvoir.

La signature qu'il donna à l'acte me conférant sa succession, au cas où il serait empêché pour quelque cause que ce soit, s'explique par le fait qu'au Parlement il était implicitement admis par les votants que les choses devraient se passer ainsi au cas où le Maréchal viendrait à mourir et si les circonstances restaient les mêmes. J'aurais pu, d'accord avec le Maréchal, sans opposition des ministres à ce moment, insérer dans le projet de loi constitutionnelle mon nom dans les mêmes termes que dans l'Acte signé par le Maréchal, et il ne fait aucun doute que le texte eût été voté.

Les parlementaires, M. Léon Blum l'a rappelé, craignaient une entreprise militaire contre le pouvoir civil, et cette seule crainte eût suffi à assurer une majorité à l'adjonction de mon nom au texte. Aucune critique ne fut alors formulée contre cet acte signé par le Maréchal, par aucun des votants de l'Assemblée Nationale.

Ma conception du rôle du Maréchal

Si le Maréchal eût été empêché de continuer à exercer sa fonction et si j'avais dû accepter la responsabilité du pouvoir, j'aurais eu de mon rôle une conception tout autre. Malgré les circonstances nées de l'occupation, c'est vers le Parlement que je me serais tourné. C'était d'ailleurs la seule direction que je pouvais suivre pour trouver des concours et un appui. Je n'aurais jamais accepté cette succession sans la collaboration active et partagée des représentants politiques les plus qualifiés, en attendant le retour à des circonstances normales. Au surplus, la solidité de cet Acte Constitutionnel était bien fragile, puisqu'il fut révoqué le 13 décembre par une simple signature.

Ce qui prouve que je ne m'y était guère attaché, c'est qu'en revenant au pouvoir, en 1942, j'aurais pu demander, et j'aurais certainement obtenu, qu'un nouvel Acte me restituât la qualité de successeur qui m'avait été enlevée le 13 décembre. Je n'en fis rien parce que les circonstances n'étaient plus les mêmes qu'au lendemain du vote de l'Assemblée Nationale. Au surplus, je tenais d'autant moins à ce titre de successeur, qu'après la mort de Darlan l'Acte signé par le Maréchal ne me conférait le pouvoir que pour un mois, pendant lequel le Conseil des ministres devait choisir le successeur et fixer les pouvoirs respectifs du chef de l'État et du chef du Gouvernement. Je croyais à la nécessité de la présence d'un président de la République et d'un chef du Gouvernement.

Le Maréchal avait reçu du Parlement la mission de promulguer une nouvelle constitution, et il ne l'a jamais remplie. Je lui ai souvent rappelé son devoir à ce sujet ; il me répondait toujours par de vagues formules, mais notre désaccord sur les principes essentiels ne lui permettait pas de traiter ce problème avec moi. Il avait de nombreux collaborateurs, occasionnels souvent, ou permanents, comme l'amiral Fernet qui travaillait et accumulait des projets qui ne voyaient jamais le jour, sauf pourtant le 13 novembre 1943, lorsqu'il voulut lire un message annonçant qu'il avait préparé une nouvelle constitution (message dont la radio-diffusion fut interdite par les Allemands). C'est le projet de constitution qui a été produit au cours de son procès ; il prévoyait la République après sa mort, car le Maréchal n'a jamais admis qu'il pouvait être remplacé de son vivant. Comme chef du Gouvernement, je n'avais eu aucune connaissance de ce projet, mais j'ai appris par un colonel, collaborateur du Maréchal, qu'il avait été fait en prévision du retour au pouvoir de M. Camille Chautemps.

Quand je me suis expliqué devant l'Assemblée Nationale, dans la séance privée du 10 juillet 1940, j'ai très nettement marqué que la nouvelle constitution ne pourrait être réactionnaire, ne pouvait nous ramener vers un passé périmé, et souligné qu'elle devait être l'expression des vœux, du désir et de la volonté du pays. *J'avais ajouté que toute constitution qui ne répondrait pas aux aspirations précises du peuple serait artificielle et ne pourrait être ratifiée.* J'ai parlé un langage, devant le Parlement, si clair qu'il ne pouvait laisser aucun doute sur le caractère républicain de l'œuvre à construire. Devant la commission spéciale chargée de rapporter le projet de loi constitutionnelle, j'avais pris l'engagement que les présidents de la Commission du suffrage universel de la Chambre, de la Commission des législations civiles du Sénat, des Commissions des finances de la Chambre et du Sénat, participeraient de droit à l'élaboration de la nouvelle constitution. J'avais précisé que leur participation consacrait l'obligation de rédiger une nouvelle constitution dans l'esprit de nos lois républicaines, qui garantissaient au surplus le contrôle financier des dépenses publiques.

Il était de notoriété publique que j'étais l'adversaire résolu de la Révolution Nationale telle que la concevaient le Maréchal et son entourage.

Une République neuve, plus forte, plus réellement humaine

Je ne manquais jamais, dans mes déclarations radiodiffusées, de parler de la République, et je le faisais d'autant plus que je voulais ainsi rappeler au Maréchal, à ses collaborateurs, aux aventuriers, aux royalistes, que le pays ne pouvait accepter un autre régime que la République. Les journaux de Paris ne manquaient jamais non plus de m'attaquer lorsque je tenais un pareil langage, et les partis de la collaboration me combattaient avec férocité. Pour les journalistes parisiens, j'étais « le républicain musclé », parce que j'avais dit dans une déclaration à la *United Press*, en mai 1941 : « Une République neuve, plus forte, plus musclée, plus réellement humaine, cette République, nous la voulons et nous la construirons. » J'avais ajouté le même jour : « Les libertés ? Elles ne sauraient être menacées dans un pays qui en fut le berceau. » Et en septembre 1942, j'ai dit : « Une République libre, nous ne pourrons la construire que lorsque nous serons pleinement libres. »

La suppression de la présidence de la République et les pleins pouvoirs que le Maréchal s'attribua résultaient d'Actes Constitutionnels, auxquels je n'ai jamais été appelé à collaborer. C'est M. Alibert qui était conseiller politique du Maréchal, avec d'autres sans doute, et je ne fus jamais consulté à ce sujet. Je réalisais d'ailleurs aussitôt l'abus que ces Actes représentaient, mais je savais qu'ils ne pouvaient avoir qu'un caractère temporaire : l'armistice, à ce moment, ne paraissant pas devoir durer quatre ans, je fus systématiquement écarté de toutes les consultations qui avaient trait à la direction politique du Gouvernement ; ma seule qualité de parlementaire me rendait suspect. *C'est ainsi que j'appris un jour, au Conseil des ministres, par une communication du général Weygand, que la Légion des Combattants était créée et qu'étaient dissoutes toutes les autres associations.* Le nouveau groupement allait constituer la seule force politique officiellement organisée et il relevait uniquement de l'autorité du Maréchal. C'est ce groupement qui allait donner naissance à la Milice. Les préfets et les ministres eurent à compter désormais avec la Légion, dont les initiatives ne furent pas toujours heureuses. J'ai pu dire quelquefois que la Légion était la revanche des « battus aux élections ». En tout cas, elle allait jouer un rôle prépondérant dans la politique intérieure de l'État.

Il est donc injuste de m'attribuer une responsabilité dans des actes auxquels je n'ai pris aucune part et que j'ai désapprouvés. La convocation, la réunion, le vote de l'Assemblée Nationale, se firent dans la légalité, et aucun grief valable ne peut être relevé contre moi à ce sujet. Il m'eût été difficile de tromper sept cents parlementaires. Aucun à ce moment ne protesta, pas même ceux qui furent surpris par le vote et par l'ampleur de la majorité. Quant aux abus qui furent commis dans l'application de la loi constitutionnelle, il n'en est aucun qui le fût par moi ou avec ma complicité. Le Maréchal, je le répète, était trop jaloux de son autorité pour me laisser intervenir dans un domaine qu'il disait être le sien, et je lui étais trop suspect au point de vue politique pour qu'il songeât à me demander le moindre conseil.

J'ai souvent fait observer que substituer une municipalité à une autre, celle-là élue, régulièrement élue, constituait un acte d'arbitraire. Je l'ai d'autant mieux fait remarquer que mes amis étaient souvent victimes de ces mesures, dans le Puy-de-Dôme ou dans la Seine. Ces substitutions étaient en outre inspirées par une méconnaissance totale de l'esprit des populations. Révoquer, par exemple, un homme comme Betoulle, maire de Limoges depuis si longtemps, était une faute lourde. Je me serais d'autant moins permis de porter atteinte aux conseils municipaux qu'une telle action était contraire à l'attitude que j'avais eue à l'Assemblée Nationale. C'est la Légion, en zone sud, qui avait la mission de prendre ces initiatives, que les préfets ou le ministre de l'Intérieur devaient ensuite ratifier.

Les conseils généraux furent supprimés en 1941, alors que je n'étais plus au gouvernement. Cette suppression constituait une violation flagrante de l'esprit dans lequel avait été votée la loi du 10 juillet 1940.

Un Conseil National fut créé, également après mon départ, et je le supprimai à mon retour au pouvoir.

Faire revivre des corps élus que le Maréchal avait supprimés

J'essayai de rétablir progressivement les conseils généraux ; le nom seul était provisoirement changé en conseil départemental, mais les attributions restaient les mêmes. Je dus subir parfois les exigences de la Légion pour le choix des membres, mais je pris le plus grand nombre de conseillers généraux élus et j'avais donné aux préfets l'ordre de me proposer, dès qu'ils le pouvaient, la nomination d'anciens conseillers généraux. C'est le moyen que j'imaginai pour faire revivre ces corps élus que le Maréchal avait supprimés.

Le pouvoir personnel du Maréchal ne fut pas mon œuvre. Ceux qui ont connu mes rapports avec le Maréchal, l'atmosphère de Vichy, savent parfaitement que cette politique n'était pas la mienne et qu'elle était souvent dirigée contre moi. La substitution de l'État français à la République dans les documents officiels n'était pas mon fait. L'enlèvement des bustes de la République, le serment, que je n'ai d'ailleurs jamais voulu prêter, l'effigie sur les timbres-poste, toutes les autres mesures ridicules et illégales du même ordre, provenaient de ceux qui voulaient consacrer ce pouvoir personnel du Maréchal. A l'Hôtel Matignon, j'ai continué à écrire sur du papier à lettre avec la mention « République Française ».

J'ai su que le Garde des Sceaux avait été invité, un jour où il déjeunait chez le Maréchal, à changer l'appellation de « procureur de la République » en celle de « procureur de l'État ». Je lui fis reproche de ne pas m'en avoir parlé, parce que je serais allé aussitôt protester auprès du Maréchal. D'ailleurs il ne le fit pas, en invoquant la nécessité où il se trouverait alors de modifier un trop grand nombre d'articles du Code. J'aurais purement et simplement refusé, en invoquant la violation de la loi constitutionnelle.

Au cours des débats du procès Pétain, un juré a demandé si j'avais promis le maintien de l'indemnité parlementaire. Je n'ai pas le souvenir qu'il en fût question, mais, en tout cas, je n'ai pas compris « qu'en accord avec le gouvernement, les parlementaires aient reçu une retraite ». L'indemnité pouvait être réduite du fait que les députés et les sénateurs n'avaient plus à se rendre à Paris, mais le principe de la retraite n'était pas admissible et, pour ma part, j'ai toujours refusé de toucher mon indemnité sous cette nouvelle forme qui paraissait un acquiescement à la suppression des Chambres. Ce simple fait montre mieux encore quel était mon état d'esprit au regard du Parlement et de la légalité de sa survivance.

Enfin, l'acte d'accusation dit qu'un tel absolutisme ne pouvait s'établir qu'en s'appuyant sur l'envahisseur et en limitant ses méthodes.

Il serait plus exact de dire que la loi du 10 juillet 1940 fut l'une des conséquences de notre défaite et l'un des moyens envisagés pour essayer de mieux défendre les intérêts de notre pays. Il serait injuste de soutenir que je fus le metteur en œuvre de ce pouvoir personnel du Maréchal, que l'acte qualifie d'absolutisme. J'en fus au contraire, et presque au lendemain du 10 juillet 1940, exactement le 13 décembre 1940, la victime. Quant à l'Acte Constitutionnel qui me confiait la succession du chef de l'État, il fut justifié par les débats eux-mêmes devant l'Assemblée. Je n'ai jamais eu à l'appliquer et j'ai le droit d'affirmer que, dans ce cas, je me serais, je l'ai déjà dit, tourné vers le Parlement. Il constituait un privilège bien précaire, puisqu'il fut retiré le 13 décembre 1940 et motiva sans doute mon arrestation, pour satisfaire l'ambition de l'amiral Darlan. Comme je l'ai déjà dit, si j'avais été désireux de le faire, à mon retour le 18 avril 1942, j'aurais pu reprendre ce titre « d'héritier présomptif ». Je n'en fis rien, et cela prouve que je n'avais aucun goût particulier pour recueillir la succession du Maréchal. *L'amiral Darlan, qui avait vécu dans les milieux parlementaires et ministériels, fils d'un ancien ministre, était d'opinion républicaine, et je n'avais aucune raison de mettre en doute son intention de respecter la légalité républicaine quand les circonstances de l'occupation seraient modifiées.* En parlant devant l'Assemblée Nationale, en représentant le Maréchal, j'avais assumé une grande responsabilité devant mes collègues ; j'étais en quelque sorte le garant des engagements que j'avais été amené à prendre et je ne doutais pas, en les prenant, pas plus que mes collègues n'en doutaient en votant, qu'ils seraient respectés par le Maréchal. Je ne pouvais, et personne ne pouvait supposer que, dès le lendemain du vote, le Maréchal donnerait ou laisserait donner à l'exercice de son pouvoir un caractère aussi nettement personnel.

Aucune part dans le choix des ministres

Je n'avais été appelé à prendre aucune part dans le choix des ministres et moins encore, naturellement, dans celui de ses collaborateurs. Le Maréchal, je le constatai aussitôt, était l'homme que la légalité républicaine n'intéressait à aucun titre. Je le vis dans la formule prétentieuse et surannée qui figurait en tête des premiers Actes Constitutionnels : « Nous, Philippe Pétain », beaucoup plus encore que dans l'étendue des pouvoirs qu'il s'attribuait, car ils avaient forcément un caractère provisoire, et, comme presque tout le monde, je croyais que l'occupation serait de sourte durée.

Une propagande et une publicité formidables furent organisées dans le pays pour magnifier le Maréchal. Il incarnait, disait-on, la France, il pouvait seul sauver le pays. Ses photos, son buste étaient partout. Les journaux, la radio, le cinéma ne parlaient que de lui ; ses moindres gestes primaient dans la chronique tous les autres événements. Il y eut le chant national *Maréchal, nous voilà*. Il y eut la décoration, l'Ordre du Maréchal, avec la francisque. Des organismes étaient créée pour diffuser dans le pays les mots d'ordre du Maréchal : les Amis du Maréchal dans la zone occupée, et la Légion dans la zone libre. Je ne crois pas que l'Histoire révèle un aussi grand effort de propagande fait en France au profit d'un homme.

Dès le lendemain du vote du 10 jullet, le Maréchal me tint à l'écart des décisions prises en politique intérieure

Mes rapport avec le Maréchal étaient corrects, courtois, mais non intimes, et, sous les influences qui s'exercèrent dès le lendemain du vote de l'Assemblée nationale, le Maréchal me tint à l'écart des décisions qu'il prenait dans le domaine de la politique intérieure. Loin d'être son conseiller, mon avis, si je le donnais, paraissait systématiquement devoir être écarté. Ainsi, j'ai le droit d'affirmer que les mesures prises par lui ne peuvent m'être reprochées, car elles furent prises à mon insu, contre mon gré, et quelquefois malgré mon opposition. Le Maréchal était alors chef du Gouvernement, et sans égard pour les traditions ministérielles qu'il ignorait, comme les ignoraient les nouveaux ministres qu'il avait choisis, il travaillait directement avec eux, et les questions les plus importantes étaient seulement soumises au

Conseil pour une ratification de forme. N'ayant aucun portefeuille, je ne prenais aucune part dans l'élaboration des textes, qu'il s'agît de comités professionnels, de la Charte du travail, des mesures concernant les Juifs ou les sociétés secrètes. Le Maréchal était jaloux de son autorité et une velléité d'opposition n'eût pas été tolérée par lui. Telle fut la situation politique au lendemain du 10 juillet 1940.

On comprend mieux alors, peut-être que, responsable devant l'Assemblée Nationale, je n'aie pas repoussé à ce moment le titre « d'héritier présomptif » qui m'eût permis, le jour où le Maréchal n'aurait pu continuer ses fonctions, de revenir à une situation normale et légale. Ce titre me valut d'ailleurs aussitôt l'hostilité que provoque l'ambition, et je crois que ce fut la cause véritable et profonde de mon éviction et de mon arrestation le 13 décembre 1940.

La mesure prise contre moi ce jour-là prouve à l'évidence que mon pouvoir était très faible et qu'il n'impressionnait guère les ministres.

Quant à l'intention que l'accusation me prête aujourd'hui, elle ne pourrait se motiver que si j'avais été dément. J'ai une trop grande expérience politique pour avoir cru que la France, retrouvant sa liberté après l'occupation, tolérerait longtemps un régime de force et de police. Pour remplir ce rôle de dictateur, il faut rechercher d'abord la popularité, et j'ai toujours agi sans me soucier d'elle. Les tâches que j'ai assumées, quand les chefs politiques refusaient le pouvoir à certains moments difficiles, me permettaient d'accomplir mon devoir vis-à-vis de notre pays, mais n'attiraient pas sur moi cette popularité indispensable. La plus simple observation des événements auxquels j'ai été mêlé atteste que je n'ai jamais recherché ni la popularité, ni la dictature.

L'ACCUSATION

« Une politique en tous points conforme aux intérêts de l'ennemi »

L'entrevue de Montoire machinée par Laval et les accords qui suivirent en vue d'une collaboration mettant nos ressources et nos moyens à la discrétion de l'Allemagne marquent à l'extérieur le caractère d'une politique en tous points conforme aux intérêts de l'ennemi et qui ne peut se définir que par les termes mêmes de l'article 75 du Code Pénal.

LAVAL RÉPOND

Tel est ce grief qui fait passer l'accusation de crime contre la sûreté intérieure de l'État à celle d'intelligences avec l'ennemi, c'est-à-dire à la trahison.

Ce mot de trahison m'atteint comme un outrage et me fait souffrir plus que la détention que je subis et plus que les menaces que l'accusation fait peser sur moi.

Avant de répondre à ce considérant, avant de m'expliquer et de me justifier, n'ai-je pas le droit de poser cette question : pourquoi donc aurais-je trahi ? Pour de l'argent ? Ce serait le crime le plus abominable. Il ne m'est pas reproché, et mon indépendance matérielle était largement assurée. Pour satisfaire une vanité, pour satisfaire une ambition ? Je ne compte plus les postes ministériels que j'ai occupés et j'ai été plusieurs fois président du Conseil. J'ai eu la fierté de représenter notre pays et de parler en son nom quand il était fort et victorieux. Si j'ai accepté, alors que je n'avais aucune responsabilité, ni dans la guerre, ni dans la défaite, de le représenter quand il était vaincu, faible et malheureux, c'était pour le défendre et non pour le trahir.

Et maintenant, voici les faits.

Parler et agir pour essayer de desserrer l'étreinte allemande

En juillet 1940, avant la réunion de l'Assemblée Nationale, j'ai reçu à Vichy la visite d'un journaliste, M. Fontenoy, qui me fit part du désir exprimé par M. Abetz, ambassadeur d'Allemagne, d'avoir à Paris un entretien avec moi. J'informai le Maréchal, et c'est ainsi que vers le 20 juillet, après avoir été chargé par lui d'assurer les rapports du Gouvernement avec l'ambassade d'Allemagne, je me rendis à Paris. Le premier contact avec M. Abetz fut correct et assez froid. Je ne le connaissais pas et il se tint sur une défense naturelle. La convention d'armistice était si dure, qu'appliquée dans son texte et dans son esprit, elle mettait notre pays dans l'impossibilité de vivre. Je devais donc parler et agir pour essayer de desserrer l'étreinte allemande. Je devais en outre m'efforcer, tant la victoire de l'Allemagne paraissait alors écrasante, d'obtenir pour la France qu'elle ne fût pas maltraitée quand on signerait la paix, et, dans ma pensée, cela signifiait qu'elle ne devait pas perdre un mètre carré de son territoire ou de son Empire. Et cela, j'ai eu le courage de le dire publiquement plusieurs fois sous l'occupation.

Le courant que j'avais à remonter était rude. J'avais le souvenir de *Mein Kampf*, et nous pouvions tout craindre de l'ambition d'Hitler. Les occupants avaient alors une attitude correcte et ils paraissaient avoir le souci, parce que sans doute ils en avaient reçu la consigne, de ne rien faire qui pût blesser inutilement les Français. Je dois dire qu'aucune parole ne fut prononcée par mes interlocuteurs allemands que j'aie eus, à ce moment, à relever, sauf le jour où le général Medicus me rappela que nous avions été battus, à quoi je répondis que je n'aurais pas à discuter avec lui s'il en avait été autrement.

Abetz ne me cacha pas que la paix serait peut-être dure. Il me tint ce propos en me conduisant à Fontainebleau, chez le maréchal von Brauchitsch, en ajoutant : « Il n'est pas juste que ce soit vous qui alliez faire cette visite à un maréchal allemand dans une ville française. » *L'ambassadeur me rappela son effort depuis de longues années pour un rapprochement entre nos deux pays.* « Je n'ai pas changé d'avis, dit-il, mais il est des Allemands puissants qui pensent autrement. » Je lui demandai de faciliter ma tâche en obtenant pour la France des avantages. Il s'agissait tout d'abord de la libération des prisonniers, de la ligne de démarcation du Nord et du Pas-de-Calais, et des frais d'occupation. Il me promit de m'aider dans ce sens et de provoquer un entretien avec son ministre, M. de Ribbentrop, au cours duquel je devais renouveler toutes mes demandes. C'est ainsi que quelques semaines plus tard, vers le 20 octobre, je fus prévenu par lui que M. de Ribbentrop venait en France et que je le verrais. Il me pria de garder le secret le plus absolu sur cette rencontre. « Sauf, lui dis-je, vis-à-vis du Maréchal », que j'informai aussitôt. Je quittai Paris le mardi matin 22 octobre, en compagnie d'Abetz. Nous prîmes la direction de Rambouillet, mais M. Abetz refusa de me faire connaître le lieu précis de la rencontre, prétextant l'ignorer lui-même : « C'est à Tours que nous allons, et de là, nous serons conduits auprès de M. de Ribbentrop. » C'est seulement le soir, vers six heures et demie, après avoir quitté Tours, que l'ambassadeur me prévint que c'était le Chancelier Hitler qui allait me recevoir, assisté de son ministre. J'aurais alors prononcé ces mots : « Sans blague ? » que des journaux ont reproduits.

Il n'y eut donc aucune machination de ma part, comme le soutient l'acte d'accusation, et les faits se sont passés comme je viens de les relater.

Un entretien avec le Führer pour défendre les intérêts français

Était-il possible d'éviter cette rencontre ?

N'était-il pas naturel et souhaitable que je puisse avoir un entretien avec le chef allemand pour défendre les intérêts de notre pays ?

Si l'on soutient que l'armistice était une faute, alors je comprends le reproche qui m'est fait d'avoir assisté à cette rencontre. Je n'avais pas signé l'armistice, mais il existait et la *Wehrmacht* occupait notre pays. Elle en avait occupé une partie de 1914 à 1918. En me rendant à Montoire, j'avais le souvenir des ravages alors causés à nos départements du Nord et de l'Est. Je crois que ceux qui, alors et depuis, ont critiqué mon action, à Londres et à Washington, ont oublié cette époque douloureuse où les populations de ces provinces étaient déportées en masse après le vol du mobilier et du cheptel. Si, en 1914, au cours d'une guerre dont l'Allemagne avait pris l'initiative en la déclarant, telle avait été l'attitude des *Kommandanturs*, qu'allait-elle être, qu'aurait-elle pu être en 1940, puisque, cette fois-ci, la France avait déclaré la guerre et que les armées allemandes étaient victorieuses ?

Qu'on fasse aujourd'hui un effort de réflexion et on conviendra que chaque Français honnête, placé au poste que j'occupais en 1940, aurait tout tenté pour éviter, par des conversations avec le vainqueur, le recommencement, sur l'ensemble du territoire, des ravages causés par la violence allemande, dans quelques départements, de 1914 à 1918.

J'avais accepté la lourde tâche de défendre nos intérêts, d'assurer nos rapports avec le gouvernement allemand. Comment pouvais-je mieux essayer de remplir ma mission qu'en parlant à Hitler, et, au surplus, comment aurais-je pu refuser, dans les circonstances où nous nous trouvions, de me rendre à une invitation que je n'avais pas provoquée ?

J'ai dit devant la Haute-Cour de Justice comment le Maréchal fut à son tour invité, et j'ai ajouté qu'il ne fit aucune difficulté pour se rendre à Montoire le surlendemain, jeudi 24 octobre.

Après avoir parlé avec moi, Hitler s'était rendu à Hendaye pour y rencontrer Franco et j'ai appris par M. Abetz qu'au cours de leur entrevue, Hitler avait refusé à Franco de satisfaire ses revendications sur une partie du Maroc français. J'ai eu ce renseignement peu de temps après et je me suis alors félicité d'avoir au moins obtenu ce résultat, que j'attribuais à mon entrevue avec Hitler.

Il faut situer Montoire à sa vraie date

Si l'on veut bien situer Montoire à sa vraie date et tenir compte des circonstances de cette époque, il est impossible de considérer ces événements autrement que comme normaux et naturels. Il en va autrement si on soutient que l'armistice n'était pas nécessaire, qu'il fallait continuer le combat en Afrique, mais dans ce cas, ce n'est pas Montoire qui fut une faute, mais l'armistice qui fut un crime. J'ai déjà dit que j'étais entré au gouvernement après l'armistice et, quelque fût mon opinion au sujet de la nécessité de celui-ci, elle n'eut et ne pouvait avoir aucune influence sur une décision que les débats du procès Pétain révèlent comme ayant été prise avant l'arrivée du Gouvernement à Bordeaux. J'étais alors chez moi, à Châteldon, sans contact d'aucune sorte avec le Gouvernement. Comme je l'ai dejà indiqué en répondant aux quatrième et cinquième considérants, je persiste néanmoins à soutenir qu'il était impossible de se soustraire à l'armistice, qu'en le signant l'Afrique du Nord fut sauvée, tandis qu'à vouloir y continuer le combat, elle serait finalement tombée aux mains des Allemands et qu'elle n'aurait pu servir plus tard de plate-forme à l'armée américaine. On peut même soutenir que l'aspect de la guerre aurait pu en être complètement modifié, si on tient compte qu'à ce moment la Russie était l'alliée de l'Allemagne. Rien n'interdit de penser que la bataille aurait été transportée en Égypte et aux Indes et qu'Hitler n'aurait peut-être plus été amené à attaquer plus tard les Soviets, ce qui constitua, pour lui, l'une des fautes capitales qui lui ont fait perdre la guerre. Pouvait-on, en juin ou octobre 1940, être certain qu'Hitler ferait une telle faute ? On peut naturellement envisager après coup toutes les hypothèses et faire des pronostics, mais c'était un fait que nous étions battus et qu'avec notre flotte et les effectifs qui nous restaient, nous ne pouvions sérieusement envisager alors un redressement militaire.

Il est facile, cinq ans plus tard, de réfuter théoriquement les situations, mais il est injuste d'accuser d'intelligences avec l'ennemi ceux qui, comme moi, se proposaient de défendre notre pays et qui n'avaient, pour le faire, d'autre moyen que la négociation.

Montoire, aboutissement logique de l'Armistice

Il n'y eut donc aucune machination, et Montoire fut l'aboutissement logique de l'armistice, des circonstances et des faits de cette époque. L'armistice de 1918 avait été conclu pour une durée de trente-six jours ; celui de 1940 le fut sans limitation de durée et devait demeurer valable jusqu'à la conclusion du traité de paix. Il est vrai que les Allemands et beaucoup d'autres pouvaient croire à une prochaine défaite de l'Angleterre, et, par conséquent, à un armistice de courte durée. Les plénipotentiaires français avaient, sur l'ordre du Gouvernement, sans avoir pu obtenir de réponse, demandé aux Allemands les conditions de paix. Les clauses de cet armistice, non limité dans le temps, était dures et subordonnaient la vie économique de la France à des décisions militaires d'une commission allemande.

Quoi de plus normal, donc, et de plus nécessaire pour le gouvernement français, que de saisir une occasion comme celle de Montoire pour essayer de connaître au moins la véritable pensée et les intentions de l'Allemagne en ce qui concernait le présent et l'avenir de notre pays ? Il n'est pas besoin de chercher une autre explication pour justifier cette entrevue de Montoire, et moins encore d'imaginer une intention criminelle, quand il s'agissait seulement d'assurer la défense des intérêts français.

Parler d'intelligences avec l'ennemi à l'occasion de Montoire, et viser un crime de trahison, est pire qu'un outage, c'est une offense à la vérité.

Je n'ai jamais encore été interrogé par un juge sur ce qui s'était dit à Montoire, aucune curiosité ne m'a été manifestée à cet égard et ce serait pourtant, il me semble bien, une question naturelle.

Sur les entrevues du 22 octobre, où j'assistais seul du côté français, et du 24 octobre, où j'avais accompagné le Maréchal, j'ai conservé des notes qui se trouvent aux scellés de mon dossier.

Hitler parle de « collaboration » sans en préciser le sens

Au cours de ces deux entretiens, Hitler affirma qu'il avait offert la paix à la France et qu'elle avait déclaré sans raison la guerre à l'Allemagne ; que celle-ci ne voulait pas supporter les frais de cette guerre, qu'ils s'élevaient tous les jours à des chiffres considérables ; que la France était libre d'attendre la fin des hostilités et même d'espérer l'épuisement de l'Allemagne. Il ajoutait : « Si dans ce cas l'Angleterre m'offrait entre temps une paix de compromis, je n'ajouterais pas aux souffrances de l'Allemagne pour ménager la France. » Il prononça le mot de « collaboration » et n'en précisa pas le sens. Il se déclara absolument sûr de la victoire dans un délai très rapide et il énuméra les moyens dont il disposait en effectifs et en matériel, en insistant sur le potentiel de fabrication des usines d'armement de l'Allemagne. Il parla aussi, et assez longuement, de l'Afrique. Comme il avait parlé du sang allemand qui coulait en Europe, je répondis que l'Afrique était pour la France une terre sacrée parce qu'elle avait été arrosée de sang français. Il parla alors d'une collaboration économique, mais là encore, il ne fournit aucune précision.

Un colloque s'était élevé le 22 octobre entre lui et moi. « Vous pouvez nous écraser, vous êtes le plus fort. Nous souffrirons, nous subirons, mais, parce que c'est une loi de la nature, un jour nous nous révolterons. Vous nous avez battus, mais nous vous avons également battus dans le passé. Si vous voulez nous humilier, alors, à une date et dans des conditions que j'ignore, le drame entre nous recommencera. Nous avons assez de victoires sur nos drapeaux. Si, au contraire, vous nous offrez une paix juste, qui tienne compte de notre honneur et de nos intérêts, tout est possible. — Je ne veux pas faire une paix de vengeance », me répondit-il.

J'ai cité ces propos qui ont été d'ailleurs publiés pendant l'occupation dans une interview que je donnai à la *United Press* en mai 1941.

Ils montrent que je n'avais pas pris une position humiliée pour parler au vainqueur ; je n'ai jamais conçu comme une paix juste celle qui nous aurait pris la moindre parcelle de notre territoire ou de notre Empire.

Dans ses propos, Hitler avait parlé de collaboration. Il n'avait pas dit ce qu'il entendait par ce mot ; il s'agissait sans doute d'une collaboration économique, mais, par une prudence naturelle, il avait été convenu, avant de nous rendre à Montoire, que le Maréchal se réservait d'en parler aux ministres avant de prendre un engagement. C'est ce qui explique les termes du communiqué que fit publier le Maréchal après l'entrevue.

La collaboration serait une expression nouvelle et une politique tirées des entrevues de Montoire. Et aujourd'hui, on qualifie d'intelligences avec l'ennemi des actes dont le principe est contenu dans la convention d'armistice ; *non seulement le principe y est affirmé, mais le terme même y est employé.* L'article 2 de la convention est ainsi libellé :

> Dans les régions occupées de la France, le Reich allemand exerce tous les droits de la puissance occupante ; le gouvernement français s'engage à faciliter par tous les moyens les réglementations relatives à l'exercice de ce droit et à leur mise en exécution avec le concours de l'administration française. Le gouvernement français invitera immédiatement toutes les autorités et tous les services administratifs français du territoire occupé à se conformer aux règlements des autorités militaires allemandes et à *collaborer* avec ces dernières d'une manière correcte. *(Suivent d'autres paragraphes.)*

Il ne fait donc aucun doute que les Allemands, avec un tel texte, pourront exiger la collaboration (le mot et la chose) du Gouvernement et des administrations publiques. Ils ne s'en priveront pas et, l'occupation se prolongeant et leurs besoins s'accroissant, ils aboutirent vite à des dépassements et à des abus dans l'application de cet article 3 qu'ils invoqueront désormais à chaque exigence nouvelle.

Il est facile à ceux qui sont allés à Rethondes, en oubliant de faire la réserve que j'ai indiquée en répondant aux quatrième et cinquième considérants, de dire aujourd'hui que cette convention nous fut imposée, mais ne sentent-ils pas ce qu'il y a d'illogique pour eux à accabler ceux qui, dans la suite, furent obligés au respect des engagements souscrits par eux ?

Contenir, chaque heure, chaque jour, les exigences allemandes

Ce n'est pas Montoire qui a inauguré la politique de collaboration, c'est la convention d'armistice qui nous l'a imposée.

Il y eut des abus, mais pouvait-on les empêcher ? Ce fut la lutte constante du gouvernement français, qui pendant quatre ans, tenta, chaque jour et chaque heure, de réduire et de contenir les exigences allemandes.

Si l'armistice avait duré quelques semaines, voire quelques mois, nous n'aurions pas eu à subir autant d'exactions et de dureté des occupants. Mais il a duré quatre ans et nous n'avions aucune force, aucun moyen autre que la négociation, qualifiée aujourd'hui d'intelligence avec l'ennemi, pour essayer de faire barrage à la rapacité et à la cruauté allemandes.

L'exemple le plus saisissant de la violation de la convention d'armistice fut le franchissement de la ligne de démarcation par l'armée allemande, le 11 novembre 1942. Comme je protestais solennellement, il me fut immédiatement répondu que nous avions violé nous-même l'article 10 de cette convention, dont le premier et le troisième paragraphes étaient ainsi libellés :

> 1° Le gouvernement français s'engage à n'entreprendre à l'avenir aucune action hostile contre le Reich allemand avec aucune partie des forces armées qui lui restent, ni d'aucune autre manière.
>
> 3° Le gouvernement français interdira aux ressortissants français de combattre contre l'Allemagne au service d'États avec lesquels l'Allemagne se trouve encore en guerre. Les ressortissants qui ne se conformeraient pas à cette prescription seront traités par les troupes allemandes comme francs-tireurs.

Les événements militaires de l'Afrique du Nord marquaient sans doute pour nous le point de départ de la libération, mais c'est un argument qu'il était difficile alors d'exprimer aux Allemands. Nous n'avions aucun moyen de rompre, et, quels que fussent les abus, nous ne pouvions abandonner la France à la discrétion du vainqueur, dont la dureté s'accentuait au fur et à mesure que ses déconvenues militaires augmentaient.

Le 8 novembre 1942, on s'est étonné que le Gouvernement n'ait pas démissionné, que le Maréchal et moi-même n'ayons pas rejoint

Alger. On ne s'est pas posé la question de savoir ce qui serait advenu si, au lieu de nous faire injurier sans cesse à la radio, les chefs à Alger avaient alors essayé de prendre des contacts avec nous. Nous aurions certainement pu trouver des formules pratiques d'accord entre ceux qui, comme eux, de l'extérieur, combattaient pour libérer la France, et ceux qui, comme nous, à l'intérieur, faisaient tout pour essayer de la protéger. L'entente aurait dû se faire, et c'était là l'intérêt supérieur du pays.

« Vous avez raison, restez ! »

On me proposa de partir à cette époque. On me dit même que j'acquerrais ainsi la popularité ; mais lorsque je révélai à mes interlocuteurs quelles seraient, dans bien des domaines, les conséquences de mon départ, alors ceux qui étaient venus me donner ce conseil me répondirent : « Vous avez raison, restez ! » C'est en effet le 11 novembre 1942 que je pus obtenir des Allemands, après de longues discussions, que les Alsaciens-Lorrains résidant en zone sud, avec leurs institutions, seraient protégés, de même que les quatre-vingt mille prisonniers évadés et les six cent cinquante mille prisonniers en congé de captivité ne seraient pas inquiétés.

Le Gouvernement, en abandonnant le pouvoir, aurait transformé la France en un vaste maquis ; de combien de milliers et de milliers de morts aurions-nous dû payer cette politique ! Que des hommes courageux, que des patriotes n'aient pas craint de s'exposer aux risques d'une action qui, aux termes de l'article 10 de la convention d'armistice, pouvaient les faire considérer et traiter comme des francs-tireurs par les occupants, on le comprend. Mais était-il possible, pour le chef du Gouvernement, d'imposer ce sacrifice immense et sanglant à toutes les populations françaises ? Tout nous ramène donc à l'armistice. S'il n'y avait pas eu de convention, nous n'aurions pas eu à l'appliquer, et moins encore à en subir les dépassements et les abus, mais cette question, sur le plan judiciaire, ne me concerne pas. Même si j'ai reconnu, quand il fut signé, que l'armistice était indispensable dans l'intérêt de la France, j'ai partagé cette opinion, à l'époque, avec la quasi-totalité des Français, mais mon opinion n'a pas influé sur une décision qui était virtuellement prise avant mon arrivée à Bordeaux. Cela résulte des débats du procès Pétain et je n'ai pris, n'étant pas encore au gouvernement, aucune part à la négociation et à la conclusion de l'armistice.

J'ai dû, comme ministre, tenir compte de la convention d'armistice dans mon action, et j'établirai, sans contestation possible, que j'ai tout fait pour essayer d'en atténuer les effets, en particulier chaque fois que les Allemands ont émis des prétentions qui en violaient le sens ou l'aggravaient. J'aurai à en faire la démonstration en discutant, pour les réfuter, d'autres considérants de l'acte d'accusation, et plus spécialement celui qui mentionne contre moi le grief d'avoir « procuré des hommes pour les remplacer, dans les usines du Reich, les ouvriers qu'Hitler a mobilisés ».

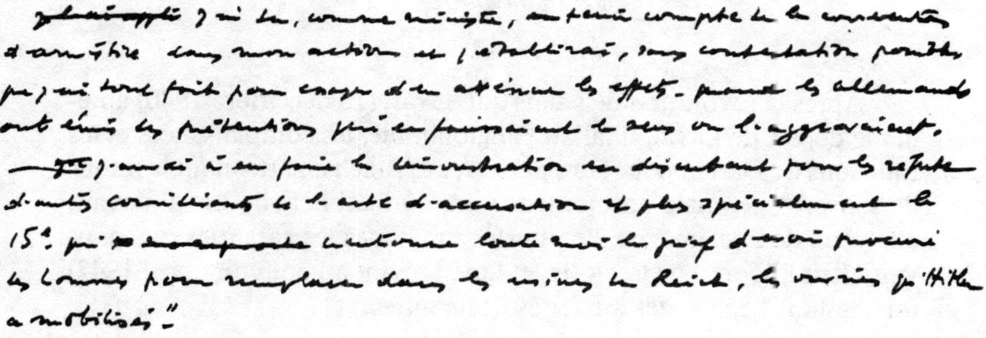
J'ai dû, comme ministre, de tenir compte de la convention d'armistice dans mon action et j'établirai, sans contestation possible que j'ai tout fait pour essayer d'en atténuer les effets – quand les Allemands ont émis des prétentions qui en faussaient le sens ou l'aggravaient. J'aurai à en faire la démonstration en discutant pour les réfuter d'autres considérants de l'acte d'accusation et plus spécialement le 15e qui mentionne contre moi le grief d'avoir procuré « les hommes pour remplacer dans les usines du Reich, les ouvriers qu'Hitler a mobilisés ».

L'ACCUSATION

Pierre Laval, « protégé du Reich », revient au pouvoir (avril 1942)

Après la révolution de palais qui devait (13 décembre 1940) amener le départ de Laval, il fallait l'anglophobie, les complaisances et les trahisons de Darlan pour faire patienter le Reich en attendant le retour de son protégé, mais un moment vint, où l'habileté de Laval devait, aux yeux de l'Allemagne, l'emporter sur toutes les garanties que pouvait offrir l'Amiral de la Flotte, et Laval revint au pouvoir (avril 1942) fort de tout l'appui des autorités occupantes.

LAVAL RÉPOND

« Ce que mon éviction (13 décembre 1940) a coûté »

Mon éviction du gouvernement, le 13 décembre empêcha l'entrevue que je devais avoir avec M. de Ribbentrop, avant Noël, probablement le 22 décembre, m'avait dit M. Abetz. Je sus par celui-ci qu'au cours de mon entretien, le ministre allemand des Affaires étrangères devait m'informer des décisions suivantes :

1° Libération d'une *première* tranche de cent cinquante mille prisonniers.

2° Rattachement à Paris de l'administration des départements du Nord et du Pas-de-Calais, jusqu'alors rattachés à Bruxelles.

3° Assouplissement très large de la ligne de démarcation.

4° Frais d'occupation ramenés de quatre cent millions de francs par jour à cent quatre-vingts millions.

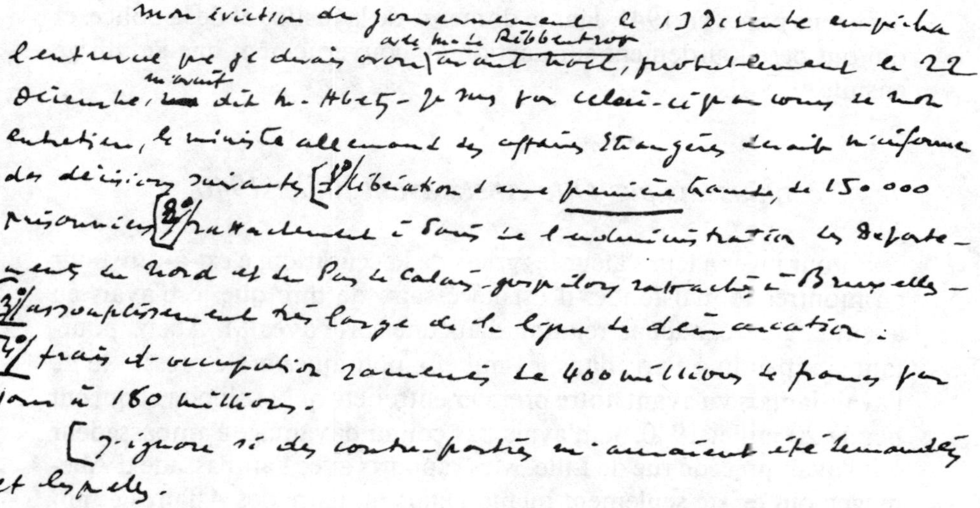
Mon éviction du gouvernement le 13 décembre empêcha l'entrevue que je devais avoir avec M. de Ribbentrop avant Noël, probablement le 22 décembre, m'avait dit M. Abetz. Je sus par celui-ci qu'au cours de mon entretien, le ministre allemand des affaires étrangères devait m'informer des décisions suivantes [1°/ libération d'une première tranche de 150 000 prisonniers [2°/ rattachement à Paris de l'administration des départements du Nord et du Pas de Calais, jusqu'alors rattachés à Bruxelles — [3°/ assouplissement très large de la ligne de démarcation : [4°/ frais d'occupation ramenés de 400 millions de francs par jour à 180 millions.

[J'ignore si des contre-parties m'auraient été demandées et lesquelles.

(J'ignore si des contre-parties m'auraient été demandées, et lesquelles.)

Il est exact qu'après le 13 décembre, l'Ambassadeur Abetz et ses collaborateurs furent surpris par une telle décision, alors que le Maréchal avait semblé jusque-là me marquer sa confiance. Tous les prétextes invoqués étaient par eux considérés comme blessants : le Maréchal aurait dû réfléchir à tous les griefs qu'il pouvait avoir contre moi avant de me charger officiellement de représenter le gouvernement français auprès du gouvernement allemand. Si j'étais jugé indigne, le Maréchal aurait dû le savoir avant de me laisser prendre des contacts avec le ministre des Affaires étrangères et le chancelier du Reich. Tels étaient les sentiments qu'exprimaient alors les chefs allemands en France.

Cette campagne d'ailleurs ne dura guère car l'Amiral Darlan fut presque aussitôt agréé par eux et il leur apparut qu'ils auraient probablement avec lui moins de difficultés dans la négociation qu'il n'en avaient eues avec moi. Dès qu'ils reçurent du Maréchal et de l'Amiral l'assurance que la politique des rapports avec l'Allemagne ne serait pas modifiée, que la collaboration au contraire serait accentuée, les services allemands se déclarèrent pleinement satisfaits. Ils ne songeaient nullement me voir succéder à l'amiral Darlan et ne le cachaient pas à leurs interlocuteurs. L'amiral Darlan est resté un an et trois mois au pouvoir, et l'Allemagne a obtenu de lui des concours de caractère naval, militaire et économique que je n'aurais jamais ni proposé, ni accepté de leur donner. Je ferai état au cours des débats de certaines décisions prises en 1941 dans le domaine de la justice et de la police, et qui ont pesé lourdement sur l'action du gouvernement que j'ai dirigé ensuite.

Je ne connaissais pas Otto Abetz avant juillet 1940

Pour juger à leur valeur les griefs de l'accusation, c'est-à-dire pour en montrer le mal-fondé, il est nécessaire de dire que je n'avais eu avant la guerre, aucune relation d'aucune sorte avec M. Abetz, pourtant si répandu à Paris dans les milieux politiques et de presse. Je ne l'avais jamais vu avant notre premier entretien, qu'il sollicita et qui eut lieu le 20 juillet 1940. Je n'avais pas connu davantage l'ambassadeur qui l'avait précédé rue de Lille. Mes rapports avec l'ambassade d'Allemagne ont existé seulement quand j'étais ministre des Affaires étrangères, avec M. von Hoesch en 1931, et avec M. Koester en 1935. Je n'avais jamais assisté à aucun déjeuner ni à aucune réception rue de Lille et je me suis abstenu de me rendre, y étant invité, à la grande réception qui eut lieu lorsque M. von Ribbentrop vint officiellement rendre visite à M. Georges Bonnet et signer avec lui un accord.

J'avais reçu M. de Ribbentrop en 1934, au Quai d'Orsay, alors qu'il n'était pas ministre, sur la demande de M. Koester, ambassadeur. Il se présentait comme une sorte de messager officieux du Chancelier Hitler. J'avais également rencontré Goering à Cracovie en 1935, lors des obsèques du maréchal Pilsudski. L'un et l'autre s'étaient alors vivement plaints de mon activité diplomatique et m'avaient reproché de pratiquer une politique d'enclerclement de l'Allemagne : *« Nous trouvons votre main partout dans toutes les combinaisons qui s'échafaudent contre l'Allemagne », m'avait dit Goering*, et le procès-verbal de notre entretien, rédigé par M. Rochat, qui y assistait, se trouve sûrement au Quai d'Orsay. les Accords de Rome, autant que le Pacte franco-soviétique, les gênaient, et ils ne dissimulaient pas leur irritation, dont leur presse se faisait l'écho.

J'avais reçu à Paris, en 1935, le chancelier d'Autriche Schuschnigg. Il venait réclamer l'aide et la protection de la France contre Hitler. L'incompréhension de certains était telle que je dus le recevoir dans une gare de la banlieue parisienne. Des manifestations avaient été prévues et organisées dans le centre de la capitale pour protester contre sa venue et sa politique. *Les Allemands voyaient à travers toute mon action le barrage que je m'efforçais de construire pour les empêcher de réaliser les ambitions de Hitler.* Après la signature des Accords de Rome, M. von Hassel, ambassadeur d'Allemagne en Italie, m'avait dit, en présence de Mussolini, au Palais de Venise : « Il faudra bien que l'Allemagne accepte un jour de faire un accord avec vous car, seul, vous ne pouvez avoir la prétention de tenir tête au monde. » Il n'est pas besoin de dire que de tels propos, prononcés en une telle circonstance, étaient fidèlement rapportés à Berlin ; ceux-ci, en particulier, firent quelque sensation, car ils avaient été entendus et répétés.

C'est dire que je ne passais pas précisément à Berlin pour un ministre décidé à subir l'hégémonie allemande, telle qu'on pouvait alors la craindre si on brisait l'appareil diplomatique que j'avais construit en 1935, au prix de tant de difficultés, autour d'une Allemagne alors isolée en Europe.

A la Commission des Affaires étrangères du Sénat, j'ai dénoncé sans cesse les visées d'Hitler

Quand je n'étais plus au Quai d'Orsay, de 1936 à 1939, je revenais à la Commission des Affaires étrangères du Sénat. Qu'on relise aujourd'hui les procès-verbaux des séances secrètes, que je verserai aux débats de mon procès, et on sera fixé sur mon attitude : elle n'a jamais varié. Je savais qu'il y avait un danger de guerre, Hitler ne cachait ni ses ambitions ni ses armements ; les unes croissaient en même temps que les autres. J'adressais, comme sénateur, des appels désespérés, tels qu'il n'en est pas alors sorti de la bouche d'aucun des hommes au pouvoir en Russie, en Angleterre, en Amérique et en France. Notre rupture avec l'Italie devait aggraver le déséquilibre, et Hitler allait fatalement vouloir saisir l'occasion de mettre le feu à l'Europe. L'annexion de l'Autriche, l'invasion de la Tchécoslovaquie furent ainsi rendues possibles ; l'invasion de la Pologne devait suivre. J'avais en son temps vivement protesté contre l'humiliation de Munich. Je n'ai pas attendu pour le faire, comme certains, la défaite de l'Allemagne. Je lirai lors des débats la déclaration que je fis le 16 mars 1939 à la séance secrète de la Commission des Affaires etrangères du gouvernement Daladier. On y verra dans quels termes je dénonçais le danger allemand.

On m'a reproché parfois, au Parlement et dans la presse, je ne sais quelle faiblesse dans l'application des sanctions à l'égard de l'Italie à propos de la guerre d'Éthiopie. *J'ai fait justice de ces griefs au cours d'un exposé devant la Chambre, le 28 décembre 1935, après lequel j'obtins la majorité dans un vote de confiance.* On m'a prêté je ne sais quelle complaisance à l'égard de l'Italie parce qu'elle était fasciste ; ce reproche est ridicule et l'argument qu'on en tirait servait surtout à des fins de politique intérieure. A cet égard, il est intéressant de relire aujourd'hui l'exposé que je fis à la Chambre, comme président du Conseil, en novembre 1935, pour défendre ma politique intérieure qui venait de sauver le franc, les finances de l'État, permettre la conversion des rentes et le démarrage de la production, alors que cinq mois avant, nous étions au bord de la catastrophe. Par qui étais-je donc interpellé ce jour-là ? Par les mêmes qui m'interpelleront un mois plus tard au sujet de ma politique extérieure. De Léon Blum à Marcel Déat l'accord était complet. Je ne ferai qu'une réponse pour repousser ce grief d'une prétendue complaisance à l'égard du régime intérieur italien ; dans la même année 1935, j'ai traité avec l'Italie fasciste et avec la Russie soviétique. J'ai vu Mussolini et le Pape à Rome ; quelques semaines plus tard, je voyais Staline à Moscou.

« Nous serons toujours les voisins de l'Allemagne »

On a dit que je manquais d'idéal, sans doute parce que j'ai cru et que je crois encore que la politique, si elle ne doit pas négliger les impondérables, doit surtout, dans le domaine extérieur, se fonder sur les réalités. Les régimes se succèdent, les révolutions s'accomplissent, mais la géographie subsiste toujours. Nous serons éternellement les voisins de l'Allemagne. J'ai un idéal, la paix, et si nous ne trouvons pas le moyen d'établir des rapports de bon voisinage avec l'Allemagne, la guerre reviendra périodiquement, comme une fatalité. C'est un problème difficile à résoudre, mais il s'impose comme un devoir impérieux à ceux qui ont la charge de notre pays. Le malheur est que le peuple allemand considère trop facilement la guerre comme une chose naturelle et la paix comme un accident. Le malheur est qu'il abandonne trop volontiers son destin à ceux qui le mènent aux aventures. Le malheur réside aussi dans son féroce orgueil. Le malheur est enfin qu'il se croit le peuple élu. « Il y a deux Allemagnes », dit-on parfois : non, il n'y en a qu'une, mais son comportement varie suivant les chefs qu'elle se donne.

J'ai voulu, après d'autres, entre les deux guerres, et avant l'avènement de Hitler, essayer de trouver une solution à ce problème difficile de nos rapports avec l'Allemagne. Je suis allé à Berlin avec Briand en 1931. L'Allemagne, à ce moment, avait un Parlement et le chef de son gouvernement, Brüning, était catholique. Nous étions, Français et Allemands, convaincus de la nécessité d'une réconciliation et d'une entente, mais les opinions publiques sont exigeantes. « Nous ne pourrons donc jamais, disait Brüning d'une voix triste et désabusée, faire en même temps les mêmes gestes et prononcer les mêmes paroles. » *Et Hitler est venu ; le même problème subsistait, mais pour le résoudre, il fallait, avec Hitler, employer d'autres méthodes. Il fallait, à la force allemande, opposer une force plus grande, c'est-à-dire l'union de tous. Il fallait faire la chaîne avant la catastrophe, c'est-à-dire avant la guerre, pour empêcher la guerre et ses lointaines et désastreuses conséquences pour la France.* C'était la politique que je poursuivais ; elle était difficile ; le patriotisme et les idéologies s'entrechoquaient. On s'occupait parfois plus chez nous des régimes intérieurs des autres pays que des frontières naturelles de la France. On le vit en 1935 à l'occasion de la guerre d'Éthiopie. On le vit aussi en sens inverse quand les Soviets devinrent les alliés de l'Allemagne. Il fallait le prévoir, car Staline, s'il a un idéal puissant qui s'étend et rayonne dans tous les pays du monde, a aussi un sens très aigu des réalités. Mon effort en 1931 dans la recherche d'un compromis avec l'Allemagne, dans la poursuite d'une politique de rapprochement, m'avait valu, chez nos voisins, la réputation d'un homme de bonne volonté. Toute question de prestige mise à part, j'avais pris place, chez eux, dans la légende qui auréolait Briand. J'étais, pour eux, suivant l'expression qu'employa un jour Goering, « l'ennemi le plus honnête ». Il n'y a donc rien de surprenant si, dans le personnel politique français, mon nom avait rencontré moins d'antipathie que certains autres.

J'avais vu Hitler à Montoire et je lui avais tenu un langage dont la fierté l'avait frappé et qui n'avait pu me valoir que son estime. Il serait malséant pour moi d'établir le contraste entre l'entretien que j'eus avec lui et celui qu'il devait avoir deux jours plus tard avec le Maréchal.

Nous étions alors battus et je ne croyais pas, en 1940, à la défaite probable de l'Allemagne. Je songeais à limiter les risques de notre défaite à nous, *et je n'envisageais pas que nous pussions subir une aliénation quelconque de notre territoire et de notre Empire. J'estimais que l'Allemagne ne pouvait pas, sans nous, organiser l'Europe, et qu'il lui fallait payer du prix de notre indépendance et de notre intégrité territoriale un concours qui lui était indispensable.* J'avais eu trop l'habitude de parler aux Allemands quand nous étions victorieux pour tenir à Hitler un langage qui nous eût humiliés. Si la guerre eût été terminée vers cette époque, ou encore pendant toute la période où l'Allemagne était alliée des Soviets, nous aurions moins eu à craindre de l'hégémonie allemande parce que nous aurions toujours pu nous appuyer sur la Russie pour rétablir la balance.

En rappelant quelques-uns des faits du passé, ou de ceux qui précédèrent le 13 décembre, j'ai répondu aux griefs injustes de l'acte d'accusation qui pourraient laisser croire qu'il aurait existé je ne sais quelle raison obscure ou inconnue qui, pour reprendre les termes mêmes du considérant, aurait fait subitement de moi, lors de la défaite, « l'homme de France en qui l'Allemagne mettait sa confiance de préférence à tous autres ». Je reste convaincu que le gouvernement allemand aurait préféré, au lendemain de sa victoire sur la France, voir à la tête de notre pays certains de ceux qui l'avaient le plus violemment combattu sur le plan idéologique sans prendre sur le plan politique les mesures réalistes qui s'imposaient ; d'où les propos d'Abetz, lorsqu'il me conduisit à Fontainebleau pour voir le maréchal von Brauchitsch, et que je rappelle : « Ce n'est pas juste que ce soit vous, j'aurais préféré voir un autre à votre place. » Et il me cita deux noms.

Pourquoi suis-je revenu au pouvoir en 1942 ?

Quant à mon retour au gouvernement, en 1942, il est présenté dans l'acte d'accusation dans des termes qui attestent qu'il fut rédigé en mon absence et dans une méconnaissance absolument totale des circonstances qui motivèrent ce retour.

J'ai eu l'occasion, devant la Haute-Cour de justice, au procès du maréchal Pétain, de préciser certains faits qui excluent l'hypothèse, présentée comme une réalité, que je serais revenu grâce à mon habileté et « fort de tout l'appui des autorités occupantes ».

J'ai été profondément blessé par la mesure aussi odieuse que ridicule prise contre moi le 13 décembre, mais surtout indigné des calomnies répandues dans le pays, tendant à laisser croire que j'avais pu trafiquer de mes fonctions, ou que j'avais accepté de faire aux Allemands des concessions auxquelles le Maréchal n'avait pas souscrit. Cette campagne perfide était généralement faite par des hommes ou des groupements payés par le cabinet du Maréchal, et les moyens de diffusion dont ils disposaient étaient puissants. Ils s'efforçaient ainsi de prouver que cette mesure du 13 décembre avait été nécessaire, et que les sacrifices consentis aux Allemands par le Gouvernement, depuis mon départ, étaient le moindre mal. Aux Allemands on disait, au contraire, que ma présence gênait la collaboration, et que le Maréchal, désormais, pourrait aller beaucoup plus loin dans cette voie.

C'est en effet ce qui eut lieu dans de nombreux domaines : naval, militaire ou civil.

Il eût peut-être été naturel que je cherche à revenir au pouvoir pour assurer ma revanche et ma justification. Si je l'avais désiré, l'occasion même m'en eût été offerte dès le 17 décembre 1940, quatre jours après « l'affaire du 13 décembre ». Le Maréchal, ce jour-là, m'offrit d'abord le ministère de l'Intérieur, ensuite le choix entre le ministère de la Production industrielle ou celui de l'Agriculture. Je refusai avec mépris ces offres, après l'affront que je venais de subir. Ce fait prouve à l'évidence que je n'étais pas attaché aux fonctions ministérielles, puisque j'ai refusé d'être ministre, malgré le désir naturel que j'aurais pu avoir de faire ainsi l'opinion publique juge de la fantaisie des décisions contradictoires du Maréchal.

L'amiral Darlan m'a dit un jour comment il avait affirmé aux Allemands que son intention était de préparer mon retour au gouvernement. Il avait déclaré aux Allemands et à moi-même qu'il tenait surtout au titre de successeur éventuel du Maréchal. Si j'avais été hanté par le désir du pouvoir et si j'avais disposé de l'appui des autorités d'occupation que me prête généreusement l'acte d'accusation, il est vraisemblable, et même certain, que je n'aurais pas attendu quinze mois avant d'assouvir une telle ambition.

J'avais conçu nos rapports avec l'Allemagne sur un autre plan, qui ne pouvait être celui de la subordination. Les déclarations que j'ai faites à la presse à Paris, le 1er décembre 1940, aussitôt après Montoire, montrent dans quel esprit d'indépendance le Gouvernement pouvait alors envisager son action. « Bientôt, disais-je, la France pourra apprécier la nature et l'étendue des efforts qui ont été accomplis ; elle nous jugera sur les résultats que nous aurons obtenus. »

Des centaines de milliers de prisonniers ont payé de la prolongation de leur captivité la faute politique du 13 décembre, et les finances de notre pays ont dû, pour la même raison, supporter le fardeau des frais trop élevés d'occupation.

La décision du 13 décembre avait brisé une politique qu'on devait entreprendre et poursuivre aussi longtemps qu'elle eût été profitable à la France. Des hommes sans expérience politique et sans foi, des apprentis sorciers crurent pouvoir réaliser leur dessein de politique intérieure sans se douter ni avoir prévu que notre pays, nos prisonniers, nos finances, un peu de notre liberté, que nous tentions de reconquérir, allaient être la rançon de leur folle et puérile entreprise.

La possibilité... et la crainte d'une paix de compromis

L'Amérique, à ce moment, n'était pas entrée dans la guerre ; les Soviets étaient encore les alliés de l'Allemagne. Nous pouvions, sans être taxés de démence, imaginer une transaction dans laquelle la France, blessée et meutrie, eût trouvé une voie de redressement et de salut.

Ai-je eu tort d'avoir cette conception ? Peut-être, dira-t-on, puisque les événements militaires ont eu raison d'une Allemagne et d'un régime dont nous n'avions pas alors pu mesurer toute la volonté de domination et toute la puissance de destruction. Mais plus cette puissance de destruction s'avérait redoutable et plus il fallait tout mettre en œuvre pour sauver, pendant ces dures années, le corps meurtri de la France.

Le 13 décembre 1940 fut en tous cas pour la France un événement qui lui fit perdre des avantages substantiels qu'il eût été difficile à l'Allemagne, plus tard, de nous reprendre.

On put mesurer dès le lendemain de ce jour les conséquences véritables de l'erreur qui fut commise. Les préfets de la zone occupée attendirent cinq mois avant de pouvoir venir à Vichy conférer avec les ministres ; ceux-ci, à l'exception de Darlan, ne purent pratiquement, pendant la même période, traverser la ligne de démarcation. La pression exercée par les services allemands sur nos administrations s'accentua, et il fallut, pour desserrer l'étreinte, que le gouvernement français multipliât les sacrifices, les concessions et les gages. Ce fut la politique de Darlan.

Mon désaccord avec Darlan

J'ai dit à l'instruction jusqu'où l'Amiral de la flotte dut aller, dans le domaine de la justice et de la police, et quelles contraintes nous furent imposées.

Comment aurais-je été tenté de revenir au pouvoir dans ces conditions ? Je crois que le gouvernement allemand, tout en observant à mon égard les règles de la courtoisie, ne tenait pas à se heurter de nouveau à mon sens de la négociation que mes adversaires politiques eux-mêmes n'ont jamais contesté. J'étais pourtant très préoccupé par les engagements que j'avais pris devant l'Assemblée Nationale, le

10 juillet 1940, mais il m'avait semblé, quelles que fussent les ambitions de l'amiral Darlan, que, grâce à lui, rien de grave n'était à redouter du Maréchal et de son entourage contre le régime républicain. Darlan avait vécu dans les milieux parlementaires et se disait républicain sincère ; je pouvais croire, et d'ailleurs il me l'a dit, que son unique désir serait un jour, lorsque les circonstances le permettraient, de devenir président de la République.

Je n'avais depuis février 1941, aucun contact, ni avec le Maréchal, ni avec Darlan, et je n'allais jamais à Vichy. J'habitais Paris et je faisais souvent d'assez longs séjours à Châteldon. Je ne recevais aucune visite et je n'exerçais aucune activité qui aurait facilité mon accès au pouvoir.

Il faut donc chercher ailleurs les causes qui ont amené mon retour au pouvoir, et rejeter ce chef de l'accusation qui énonce une hypothèse démentie par les faits.

Ma rencontre fortuite avec Goering

En mars 1942, je rencontrai à Paris le colonel Knochen, et je lui dis mon étonnement de voir s'aggraver nos rapports avec l'Allemagne et se resserrer les mesures de contraintes prises vis-à-vis de la France. « Je regrette, ajoutai-je, de n'avoir pas l'occasion de le dire à une personnalité allemande. » C'est alors qu'il me pria de ne pas partir pour Châteldon, comme je venais de lui en dire mon intention. Nous étions un jeudi et il me fit connaître que, le surlendemain midi, le maréchal Goering serait à Paris et que je pourrais avoir un entretien avec lui. Il insista pour que je ne parle à personne de l'éventualité de cette rencontre. C'est ainsi qu'il vint me prendre à mon domicile le samedi, accompagné, je crois, par le neveu de Goering. Il me conduisit au Quai d'Orsay, et je pénétrai dans le cabinet que j'avais longtemps occupé, où se trouvaient Goering et le général Hanesse, ancien attaché de l'Air à Paris, qui devait nous servir d'interprète.

« Notre entretien sera confidentiel, me dit Goering, car je désire qu'il soit ignoré même par l'ambassade d'Allemagne. » Il accepta néanmoins, à la fin, que je puisse en faire part au Maréchal, mais à lui seulement. J'entendis alors prononcer contre la France un réquisitoire très violent. « Nous nous sommes trompés, disait-il en substance, lorsque nous avions cru que nous pouvions rechercher avec votre pays une collaboration sincère. Nous avons révisé notre politique, et désormais nous traiterons la France en fonction des sentiments d'hostilité qu'elle ne cesse de nous manifester. » Il se plaignit des conversations de Saint-Florentin. Goering était très agité, et, aux protestations que je faisais, il répondit en redoublant de sévérité à l'égard du gouvernement français, des agissements français et de l'opinion française. Il ne me parla pas de la Pologne et du régime de dureté que l'Allemagne lui imposait, mais un langage dur, dépouillé de toute nuance, me permit de penser que nous en étions arrivés au point où les Allemands allaient nous traiter de la même manière. Je lui dis notamment que rien de profond ne devrait nous opposer dans l'avenir, que la paix serait facile à construire entre nos deux pays s'ils étaient décidés à la vouloir, que l'Alsace et la Lorraine elles-mêmes ne devraient pas être pour l'Allemagne un obstacle infranchissable, car il lui restait l'Europe à organiser. Un accord sincère et une paix durable avec la France étaient aussi nécessaires à l'Allemagne qu'à nous-mêmes. Il me répondit que l'expérience faite chez nous était concluante et que la France serait traitée comme elle devait l'être.

Je fus frappé par le conseil très net qu'il me donna : « Si le Maréchal vous offre de revenir au pouvoir, refusez. Ce serait pour vous trop tard ou beaucoup trop tôt. *Vous avez été pour nous un ennemi honnête. Nous nous retrouverons peut-être un jour après la guerre, quand la paix sera signée, et alors vous pourrez défendre les intérêts de votre pays.* » Je ne pouvais, de cet entretien, que retenir deux choses : nous allions subir une occupation beaucoup plus dure et, si l'Allemagne était victorieuse, le traité de paix serait sévère.

Rencontre avec le Maréchal dans la forêt de Randan

Ainsi que je l'ai dit à la Haute-Cour de justice, je rendis compte au Maréchal de cette conversation. Ce fut l'objet de notre entrevue dans la forêt de Randan. La politique du double jeu, thème de la défense du Maréchal, avait été sans doute maladroitement faite, puisqu'elle aboutissait à un échec aussi grossier. Le Maréchal fut désemparé par les déclarations que je lui rapportais et auxquelles vraisemblablement il ne s'attendait guère. Il vivait à Vichy dans une atmosphère d'euphorie qu'entretenaient les manifestations publiques de sympathie dont il était l'objet. Le Maréchal me demanda des conseils et mon concours. Il me pria de recevoir l'amiral Darlan, de le mettre au courant et de me concerter avec lui.

J'ignorais alors que les S.S. venaient de s'installer en France et je ne savais pas que nous étions à la veille d'une véritable sommation du

Gauleiter Sauckel. Je savais seulement que nous n'avions pas connu le pire et que nos épreuves allaient seulement commencer sur une large échelle.

A notre premier entretien, qui eut lieu à Châteldon, Darlan me demanda, de la part du Maréchal, de revenir au gouvernement. Je refusai. J'étais pressé par tous les membres de ma famille de ne revenir au pouvoir sous aucun prétexte.

Je n'ai jamais connu un tel trouble dans ma conscience. Il est difficile parfois de trouver le vrai chemin où le devoir doit vous conduire. Je comprenais les raisons invoquées par les miens. Il était impossible d'informer l'opinion, et la France serait sévère, plus tard, à mon égard, parce qu'on m'imputerait peut-être la responsabilité des exigences et des duretés allemandes. Mais il suffit qu'on invoque mon intérêt personnel pour que j'accomplisse à mes risques et périls mon devoir vis-à-vis de notre pays. Je me jugeais gravement coupable de me dérober si, par ma présence, par mes actes et par mes propos, je pouvais atténuer un peu la misère de la France et des Français.

L'amiral Darlan commit en outre une très grave erreur de tactique. Il fit connaître aux Allemands un télégramme de Washington dont il modifia et aggrava les termes et, à partir de ce moment, sa situation devint intenable.

Après mon retour au gouvernement, le général Hanesse, que je rencontrai à Paris, me fit part, au nom du maréchal Goering, de la grande surprise de celui-ci après l'entretien que nous avions eu, les déclarations qu'il m'avait faites et le conseil qu'il m'avait donné. Je crois qu'un témoin français qui, lui, faisait un double jeu intelligent et utile à la France, pourrait attester tout ce que je viens de dire.

Cette personnalité industrielle française fut plus tard arrêtée et j'eus, avant de quitter Paris, toutes les difficultés pour la faire libérer par la police allemande, qui avait fini par apprendre qu'elle faisait partie de la Résistance.

Si j'avais pu, en avril 1942, dire la vérité aux Français

Si j'avais pu, en avril 1942, dire la vérité aux Français, est-il possible d'admettre qu'ils se fussent refusés à comprendre l'étendue du sacrifice que j'acceptais de subir pour les défendre ?

Quand on lit l'acte d'accusation, dont la présentation est faite pour faire croire à la vraisemblance, on s'explique la haine dont je fus l'objet de la part d'un grand nombre, mais quand on apprend la vérité, celle qui résulte des faits et des circonstances et non pas des intentions présumées, alors on mesure ce qu'il me fallut de patriotisme et d'amour de mon pays pour accepter une mission aussi rude.

Je n'avais aucune responsabilité dans la défaite. Je n'en avais aucune dans la guerre. Je n'en avais aucune dans l'échec de la tentative que j'avais faite à Montoire pour que la France échappât aux rigueurs de sa défaite, et j'acceptais à cette heure tardive et périlleuse de me sacrifier pour essayer d'alléger les souffrances des Français.

C'est là tout mon procès.

Si ce que j'énonce est vrai, comment peut-on me poursuivre autrement que pour satisfaire une opinion publique qui n'est pas éclairée, parce qu'on a cherché à la tromper ?

Si les Français apprennent mes déclarations, et s'ils les croient sincères, comment pourront-ils me condamner ?

Et comment pourra-t-on douter de la sincérité de mes propos si on réfléchit un seul instant à toutes les raisons valables que j'avais de me dérober à l'appel du Maréchal ? Je n'avais pour lui aucun attachement. J'avais été sa victime et je le jugeais avec sévérité pour toutes les fautes qu'il avait commises dans l'exercice d'un pouvoir qu'il ne voyait, la plupart du temps, que sous l'aspect de satisfactions puériles qui lui étaient offertes. J'avais, certes, pris en juillet 1940, avec beaucoup d'autres, la responsabilité de lui faire conférer des pouvoirs exceptionnels, mais la mesure brutale du 13 décembre me déliait de l'obligation que j'avais pu contracter, ce jour-là, de tout faire, au poste que j'occupais, pour qu'il ne fût pas porté atteinte à la République. Sur ce plan, au moins, j'avais confiance en l'amiral Darlan.

Je pouvais, par le seul contraste de ma politique en 1940 et des mauvais résultats de celle qui avait été faite depuis mon éviction, montrer que j'avais eu raison et que le Maréchal et Darlan avaient tort. Mon amour-propre était guéri de la blessure qui lui avait été faite le 13 décembre.

Rien n'aurait dû m'inciter à revenir au pouvoir. Je n'avais aucune obligation qui me contraignait et je n'avais aucune promesse qui m'obligeait. Les Allemands s'étaient gardés de me laisser croire à une modification ou à une amélioration quelconque de leur attitude. Tout me commandait de me dérober devant une responsabilité qui s'avérait comme devant être redoutable.

Qu'on se souvienne qu'à peine installé, je dus subir la première sommation de Sauckel concernant l'envoi des travailleurs français en Allemagne.

Pourquoi, dans ces conditions, ai-je accepté la responsabilité du pouvoir, peut-être à l'heure la plus douloureuse de notre histoire ?

Je devais beaucoup à mon pays. Modeste à mes débuts, j'avais gravi une à une toutes les marches du pouvoir, jusqu'au sommet. Allais-je, quand la France était si cruellement blessée, me dérober au devoir de la servir et d'essayer de la protéger ? En le faisant, j'aurais agi comme un homme politique soucieux de son intérêt et de sa réputation : je n'aurais pas agi suivant mon cœur. En acceptant, j'ai répondu à l'appel de ma conscience.

Il ne peut y avoir qu'une excuse à ceux qui m'accablent aujourd'hui : c'est qu'ils ne savaient pas, c'est qu'ils ont tous ignoré ce que je viens de dire. Tout était vraisemblable contre moi. Tout, maintenant, parle pour moi. La vérité et la justice sont deux termes inséparables ; quand on les dissocie, c'est le crime judiciaire qui apparaît.

Qu'on me laisse me défendre. Au lieu du crime qu'on me reproche, c'est le sacrifice que j'ai consenti qui apparaîtra. Je n'implore pas et je me sens grand devant l'outrage qui m'est fait. Il est impossible à des Français de me frapper parce que j'ai trop aimé ma patrie.

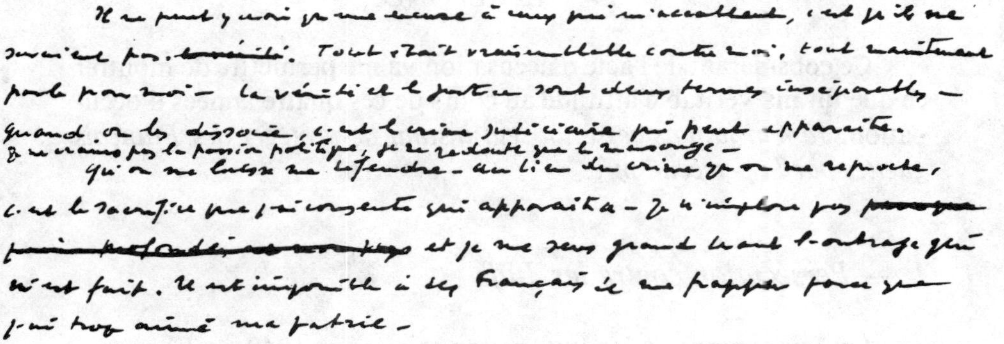
Il ne peut y avoir qu'une excuse à ceux qui m'accablent, c'est qu'ils ne savaient pas. Tout était vraisemblable contre moi, tout maintenant parle pour moi — La vérité et la justice sont deux termes inséparables — quand on les dissocie, c'est le crime judiciaire qui peut apparaître.
Je ne crains pas la passion politique, je ne redoute que le mensonge —
Qu'on me laisse me défendre — Au lieu du crime qu'on me reproche, c'est le sacrifice que j'ai consenti qui apparaîtra — Je n'implore pas et je me sens grand devant l'outrage qui m'est fait. Il est impossible à des Français de me frapper parce que j'ai trop aimé ma patrie —

L'ACCUSATION

Les Juifs... Les Francs-Maçons...
Les Communistes

La politique soi-disant française devient alors une politique toute allemande : persécution contre les Juifs, les Francs-Maçons, les Communistes et les Résistants de tous les partis, la police mise au service de la Gestapo, vingt-deux mille arrestations à Paris, dans la nuit du 15 au 16 juillet 1942.

LAVAL RÉPOND

Ce considérant de l'acte d'accusation va me permettre de montrer ce que fut ma véritable attitude au cours de ces quatre années d'occupation. *Je n'ai jamais cessé un seul instant de protéger des Français guettés par la persécution.*

I. — Persécution contre les Juifs

Les lois concernant les Juifs furent édictées en 1940 par les ministres de la Justice et de l'Intérieur et je n'eus à prendre aucune part à leur rédaction, ni à leur inspiration. On peut imaginer pourtant qu'elles figuraient parmi les obligations les plus dures que l'occupation allait faire peser sur nous. La question juive était pour Hitler une question passionnelle et si, chez nous, avant la guerre, l'antisémitisme n'était le fait que de quelques groupes et de quelques publicistes, il avait en Allemagne un caractère officiel, avec des doctrinaires, des services et des bourreaux. Les Juifs avaient dû fuir l'Allemagne et des dizaines de milliers d'entre eux s'étaient réfugiés en France, où l'armée et la police allemandes allaient les surprendre alors que notre pays était, en raison de la défaite, devenu impuissant à les protéger.

Le Gouvernement dut surtout s'attacher à la protection des Juifs français. La loi de 1940, à laquelle, je le répète, je ne pris aucune part, constituait le moindre mal. Elle ne pouvait avoir qu'un caractère provisoire, et, pour paradoxale que puisse paraître mon affirmation, elle constituait une sorte de protection pour les Juifs français que les Allemands allaient être ainsi moins tentés de persécuter. Des mesures légères françaises pouvaient empêcher des mesures allemandes beaucoup plus dures.

On ne pourrait équitablement soutenir que ces lois me soient imputables, car mon influence, en 1940, sur le Maréchal, et mon autorité sur les ministres, n'étaient pas grandes. (On a vu comment je fus évincé du gouvernement et arrêté le 13 décembre.) Il eût été loisible au Maréchal ou à ses ministres, après mon départ, d'abroger ou de modifier ces lois. Ils n'en firent rien parce que cette initiative ne venait pas de moi, et qu'à aucun titre je n'eus à m'occuper de ces lois en 1940.

A mon retour au pouvoir, j'eus à prendre des décisions et des responsabilités. J'ai répondu avec précision au magistrat instructeur qui m'a interrogé sur cette question. Il m'a demandé la raison qui avait motivé le rattachement à mes services du commissariat général des affaires juives. C'est pour exercer sur celui-ci mon autorité et mon contrôle que j'ai pris cette mesure. La persécution contre les Juifs s'était aggravée depuis 1940. Une police antijuive, créée sous le ministère Darlan, composée surtout de militants des partis de la collaboration, comme le P.P.F., exerçait son activité sous la direction de fait de la police allemande. J'ai supprimé cette police antijuive vers la fin avril 1942, quelques jours après mon retour au gouvernement, malgré les protestations des services allemands, de Darquier de Pellepoix et des partis de la collaboration. Une violente campagne de presse fut alors déclenchée contre moi et contre Bousquet, secrétaire général à la Police, par certains journaux spécialisés à la solde des autorités d'occupation. Bousquet fut appelé par le général Oberg et eut avec lui une violente discussion à ce sujet.

J'ai repoussé, malgré les pressions très fortes faites sur moi par les mêmes personnes, par les mêmes services et par les mêmes journaux, un certain nombre de projets de lois qui eussent aggravé le sort imposé aux Juifs ; ces projets étaient les suivants :

L'un rendait possible la révision des ventes supposées fictives de leurs biens par les Juifs, en permettant, par une réouverture des délais expirés, un nouvel examen de ces ventes effectuées dans la période ayant précédé la promulgation de la loi.

Un autre permettait le cantonnement de l'hypothèque légale de la femme mariée à un Juif, à une somme fixée par expert, afin de hâter la liquidation de ses droits dans la communauté.

Un troisième supprimait l'interdiction de revendre un bien juif par son acquéreur avant un délai de deux ans ; cette mesure était considérée par le commissaire comme destinée à faciliter la vente des biens séquestrés.

Je repoussai également un autre projet qui frappait de certaines incapacités les demi-Juifs qui, en vertu des lois existantes, échappaient à tout régime d'exception.

Une action personnelle tenace contre la politique antijuive allemande

On voit que mon contrôle ne fut pas inutile et qu'il s'exerça toujours pour atténuer ou repêcher les rigueurs nouvelles dont on voulait frapper les Juifs français. Ce n'était donc pas « une politique française qui devint toute allemande », comme le dit l'acte d'accusation, mais une action personnelle, tenace, qui s'opposait sans cesse à la politique allemande.

Darquier de Pellepoix faisait d'ailleurs des déclarations à certains journaux, comme Le Pilori, Je suis partout, *pour protester contre mon attitude et se plaindre de la résistance que je lui opposais dans son action antijuive.*

Je refusai également l'obligation que les Allemands et le commissaire général voulaient imposer aux Juifs en zone Sud de porter l'étoile jaune. Les Allemands occupaient la zone Sud à cette époque, et ils avaient exigé la loi instituant l'obligation de faire figurer le mot « Juif » sur les cartes d'identité et de ravitaillement. J'avais refusé le port de l'étoile malgré les exigences allemandes. Ce fut le moindre mal, car l'insertion sur les cartes ne gênait pas les Juifs vis-à-vis des autorités françaises. Elle leur permettait d'échapper, comme travailleurs, au départ pour l'Allemagne, car j'ai toujours donné l'instruction de les exclure des départs. Ils furent seulement requis au tout dernier moment pour les chantiers Todt et il y en eut un nombre infime.

Lorsque, plus tard, en 1944, les Allemands décidèrent la confiscation en zone Sud des meubles appartenant à des Juifs se trouvant dans des appartements non habités, pour être, disaient-ils, distribués aux victimes des bombardements tant en France qu'en Allemagne, je protestai immédiatement contre cette mesure. Ne pouvant éluder cette contrainte, j'exigeai que des garanties fussent prises pour sauvegarder les droits des propriétaires juifs ; je précisai notamment de dresser, suivant les formes légales, des inventaires réguliers pour servir de titres à ceux dont les meubles seraient enlevés. C'est l'ordre que je donnai au secrétariat général à la Police et qu'il s'engagea à respecter. Cette mesure de confiscation demeura sans suite en raison des événements militaires. J'ai toujours demandé, sans pouvoir l'obtenir des Allemands, en m'adressant à tous les services et à l'ambassade, que l'administration des Domaines fût chargée des biens juifs pour les soustraire à l'arbitraire du commissariat général et à la cupidité des hommes d'affaires véreux. J'ai soumis un projet de loi dans ce sens aux Allemands, auquel ils n'ont jamais accepté de donner leur approbation.

En énumérant les actes que j'ai accomplis, je réfute le chef d'accusation qui me représente, au contraire de toute mon attitude, comme ayant pratiqué « une politique soi-disant française qui devint une politique toute allemande ». On pouvait en mon absence, et seulement sur les apparences, juger sommairement ce qui eût été de ma part comme une politique d'abandon et de faiblesse vis-à-vis d'occupants qui se sont toujours montrés féroces à l'égard des Juifs.

Le mensonge d'Oberg sur la création d'un État juif en Pologne

C'est dans leur répression contre les Juifs que j'ai eu au contraire à lutter le plus contre les Allemands et leurs complices français, car une passion antisémite ne pouvait justifier les actes de cruauté qu'ils accomplissaient. J'ai pu contribuer à sauver des milliers de Juifs français. Il m'a été quelquefois impossible de sauver des amis personnels juifs qui avaient été arrêtés par les Allemands et dont la libération ne me fut jamais accordée. J'ai essayé de savoir, en les interrogeant, où les Allemands dirigeaient les convois de Juifs, et leur réponse était invariable : « En Pologne, où nous voulons créer un État juif. » Je savais bien que les Juifs étaient emmenés en Pologne, mais j'ai appris que c'était pour y travailler dans des conditions abominables, le plus souvent pour y souffrir et y mourir.

Ce serait me faire l'injure la plus cruelle et la plus imméritée que de penser que je pouvais appliquer cette politique de force et de destruction contre des hommes qui n'avaient, en venant au monde, eu à choisir ni leur race, ni leur religion. J'ai été moi-même, autrefois, souvent qualifié de Juif. Jamais, durant de longues années, Maurras n'écrivit mon nom sans le faire précéder du mot « Juif », non sans ajouter parfois, avec la même fantaisie, que ma femme était une Juive portugaise. Interpellé dans une réunion électorale à ce sujet, j'avais confirmé nos origines auvergnates ancestrales et j'avais ajouté : « Si j'avais été Juif, ce ne serait pas de ma faute, et si je l'étais, je n'en rougirais pas. »

Ce souvenir anecdotique pourrait s'ajouter au fait que *durant toute ma carrière professionnelle ou politique, j'ai toujours eu des collaborateurs juifs dont certains ont fait de belles carrières et sont très connus.*

C'est dire que je n'ai pas vécu dans une ambiance antisémite.

Dans une autre circonstance, j'eus à réagir contre une exigence allemande qui, si elle avait été satisfaite, aurait eu des conséquences tragiques pour tous les Juifs devenus français par naturalisation. Les Allemands, tous les services allemands, et le commissaire général aux affaires juives, me demandèrent, en 1943, de signer une loi qui enlevait automatiquement la nationalité française à tous ces Juifs. Le projet comportait également l'obligation de publier leurs noms et leurs adresses au *Journal officiel.* C'est dire que se fût ainsi trouvé facilité le travail de la police allemande qui, au lendemain de l'adoption de ce texte, eût procédé aux arrestations et aux déportations de ces Juifs.

Je refusai et j'eus à subir de nombreuses et pressantes démarches allemandes. Je fus attaqué, injurié par une certaine presse, mais rien ne me fit fléchir. « Nous avons une loi qui permet de réviser tous les décrets de naturalisation depuis 1933, sans distinction de race ou de nationalité, et cette loi suffit : je n'en veux pas d'autre. » Telle fut ma réponse. J'invoquai en dernier lieu la compétence du Maréchal en ce domaine, et je finis par lasser et décourager les Allemands. Ils parlèrent néanmoins sans cesse de mon refus, et Doriot, en particulier, tirait un grand parti de ma résistance en ce domaine pour leur montrer qu'ils ne pouvaient en rien compter sur moi. *De temps en temps, à des conférences de presse, je prononçais quelques phrases qui pouvaient leur être agréables, mais je n'accomplissais jamais aucun acte de complicité à une politique de brutalité sadique que je réprouvais, comme je méprisais ceux qui la faisaient.*

J'ai été mis un jour en présence d'un jeune capitaine allemand,

Daneker, chargé de la répression antijuive. Je m'aperçus très vite que son fanatisme faisait de lui un véritable aliéné. Je m'étonnai ensuite qu'un tel personnage, avec une telle mission, pût être envoyé en France. Je protestai avec véhémence contre sa présence à Paris. Il fut alors rappelé, mais ceux qui lui succédèrent, s'ils étaient d'apparence plus calme, n'en étaient pas moins féroces.

Les Juifs qui pleurent leurs morts ont le droit de se plaindre des excès dont ils ont été l'objet, de regretter l'impuissance du gouvernement français en face de leurs tortionnaires allemands, mais n'auront-ils pas le devoir, par simple souci de rendre hommage à la vérité, de reconnaître, quand ils apprendront les faits, que je les ai protégés au maximum de mes moyens, qui étaient faibles, mais aussi de ma volonté qui, elle, n'a jamais fléchi ? Ils sont des dizaines de milliers en France qui me doivent la vie et la liberté.

La rafle du Vel' d'Hiv' en juillet 1942

L'acte d'accusation fait état d'une collaboration de la police française avec la Gestapo, qui, dans une nuit, procéda à vingt-deux mille arrestations. Il me faudrait, pour répondre avec précision, des documents que je n'ai pas et des contacts que je ne puis avoir, de ma cellule, avec certains préfets, comme le préfet de police, mais il m'est possible, au moyen de ma seule mémoire, d'opposer encore à ce chef d'accusation la réalité des faits qui justifièrent ma présence et mon maintien au gouvernement.

Je reçus un jour, en juillet 1942, je crois, la visite du colonel Knochen ; il venait me notifier la décision du gouvernement allemand de déporter tous les Juifs qui se trouvaient en France. Il n'était fait aucune distinction quant à leur nationalité française ou étrangère. Le préfet de Police avait déjà reçu des ordres à ce sujet. Je protestai avec véhémence et je vis l'ambassadeur d'Allemagne qui me dit ne pouvoir rien faire. La presse de Paris avait déjà lancé l'information. Je crois même qu'il y eut une déclaration de Darquier de Pellepoix. Je vis le général Oberg et, à mon retour de Vichy, je mis au courant M. Bousquet. « Les trains sont prêts et, à tout prix, par n'importe quel moyen, nous devons les remplir. Le problème juif n'est pas pour nous un problème de nationalité. La police doit se mettre à notre disposition, sinon nous arrêtons les Juifs, qu'ils soient ou non Français. » C'est ce que m'avait dit le général Oberg. Je voulais avant tout, à défaut de mieux, défendre nos nationaux, et c'est dans ces conditions que notre police, si elle intervint, eut à agir sous la contrainte et la menace de voir frapper les Juifs français.

A mon retour de Vichy, je prévins M. Rochat qui put immédiatement alerter les ambassadeurs et ministres étrangers pour qu'ils agissent aussitôt auprès des autorités allemandes en faveur de leurs nationaux résidant en France. J'ai le souvenir que les ambassadeurs d'Espagne et de Turquie, et les ministres de Roumanie et de Hongrie, firent aussitôt le nécessaire. Je sais que l'ambassadeur d'Espagne obtint satisfaction.

A ce moment encore, le général Oberg m'avouait que l'intention du gouvernement allemand était de créer un État juif à l'Est, en Pologne.

Je mis le Maréchal au courant et je fis un exposé au Conseil des ministres. Le Maréchal constata que nous avions fait tout ce qui pouvait être tenté.

Les Allemands menacent de déporter les Juifs français

J'informai le nonce de tout ce qui venait de se passer et, d'accord avec Bousquet, nous nous efforçâmes de multiplier les difficultés d'application, mais les Allemands continuaient à nous menacer de déporter les Juifs français. Je convoquai les préfets pour les renseignements. Malgré l'opposition allemande, je fis bénéficier de dérogations les Israélites étrangers mariés à des nationaux, les Israélites qui avaient rendu des services à la France. Oberg protesta et me dit qu'il agissait en application de l'article 3 de la Convention d'armistice. Je reçus une lettre officielle de l'ambassade me confirmant cette thèse. Toutes les dérogations furent néanmoins maintenues. Ainsi, j'ai montré comment j'ai pu défendre et protéger les Juifs français. Je ne puis accepter la responsabilité des mesures inhumaines et injustes qui frappaient les Juifs étrangers. Dans toute la mesure de mes moyens, j'ai tenté de les sauver. J'ai obtenu notamment que les enfants ne soient pas séparés de leurs parents, mais je ne pouvais agir autrement que je l'ai fait sans sacrifier nos nationaux dont j'avais d'abord la garde. Le droit d'asile n'a pas été respecté. Comment pouvait-il l'être dans un pays occupé par l'armée allemande, et comment les Juifs pouvaient-ils être protégés dans un pays où sévissait la Gestapo ?

J'ai largement facilité l'exode individuel ou familial des Juifs à l'étranger. J'ai essayé de négocier l'envoi de cinq mille enfants juifs aux États-Unis ou en Suisse, et je me suis heurté à un refus brutal des

Allemands qui le motivaient en disant que l'arrivée de ces enfants dans ces pays servirait de prétexte à des manifestations anti-allemandes.

Tels sont les faits et tels sont mes actes. Ils constituent une réponse claire au chef d'accusation retenu contre moi à l'occasion des mesures prises contre les Juifs. *J'accepterais volontiers d'être jugé pour ce grief par des Juifs français. Eux, mieux que d'autres sans doute, comprendraient aujourd'hui ce qui leur serait advenu si je ne m'étais pas trouvé là pour les défendre.*

II. — Persécution contre les Francs-Maçons

Il était de notoriété publique que je n'approuvais pas les mesures prises contre les membres des sociétés secrètes ; elles résultaient d'une loi de 1940 dont je n'avais été ni l'inspirateur ni le rédacteur. J'ai toujours considéré l'action antimaçonnique comme une manifestation de l'esprit réactionnaire et clérical, et mes différends avec le Maréchal ou avec son cabinet sont souvent venus de nos dissentiments à ce sujet. Le Maréchal Pétain attribuait à la franc-maçonnerie la responsabilité de nos malheurs et il considérait ses membres comme des malfaiteurs publics. Je ne lui cachais pas mon opinion, en lui disant qu'il y avait des francs-maçons dont la vie publique pouvait être donnée en exemple aux hommes d'autres partis. Il pouvait y avoir chez eux comme ailleurs des exceptions, mais il était aussi ridicule qu'injuste de douter du patriotisme des membres des sociétés secrètes. N'ayant jamais appartenu à aucune société secrète, je lui parlais librement et je ne cachais pas ma désapprobation de cette nouvelle législation et de l'usage qui en était fait. J'ignore dans quelle mesure les Allemands ont exercé leur pression à ce sujet, mais chaque fois que l'occasion m'en a été offerte, je lui ait dit combien de telles lois étaient inutiles et injustes.

Les dignitaires ne pouvaient pas exercer de fonctions publiques, leurs noms devaient paraître à l'*Officiel* ; les fonctionnaires devaient signer une déclaration d'appartenance ou de non-appartenance à une société secrète. Des peines étaient prévues pour les fausses déclarations et les noms des délinquants devaient être publiés à l'*Officiel*.

Lutte contre l'amiral Platon pour la défense des Francs-Maçons

Les services chargés d'appliquer ces lois étaient dirigés par M. Bernard Faÿ et placés directement sous l'autorité du Maréchal.

Dès mon retour, je décidai de les placer sous mon contrôle et je chargeai l'amiral Platon d'agir en mon nom. Je constatai vite qu'il était plus passionné encore que son prédécesseur et je refusai de signer différents projets de loi qu'il me soumit, comme celui qui consistait à étendre le champ d'application de la loi à tous les agents de services publics concédés et à des dignitaires d'un rang beaucoup moins élevé. Il revint souvent me soumettre son projet, mais mon obstination eut raison de son fanatisme.

Il existait une police antimaçonnique du même type que la police antijuive et, comme elle, composée des militants des partis collaborationnistes. L'activité de cette police, comme l'autre police anti-juive, était surtout dirigée par la Gestapo. Dès fin avril 1942, je supprimai cette police, qui poussait le souci de ses recherches jusqu'aux ministres et aux préfets. Bousquet fit même arrêter dans la Marne un de ces policiers antimaçons qui l'avaient pris en filature.

Je créai, ou plutôt je modifiai profondément, une commission qui existait déjà et je la chargeai d'examiner tous les cas où des dérogations étaient possibles. *M. Maurice Reclus, conseiller d'État, voulut bien la présider et je lui donnai comme instructions de se montrer très libéral dans l'octroi des dérogations. Je l'avais choisi parce que je le savais hostile à ces lois d'exception.*

L'amiral Platon protesta naturellement parce que j'avais composé la commission de membres de mon cabinet, pour avoir la certitude qu'elle accorderait le plus grand nombre de dérogations.

Je profitai d'un incident, ou plus exactement d'une imprudente démarche faite par l'amiral Platon auprès d'un général allemand, pour me séparer de lui.

Après le départ de Platon, mon combat pour protéger les Francs-Maçons commence

Je priai alors le Garde des Sceaux de prendre la responsabilité du Service des sociétés secrètes et je chargeai M. Sens-Olive, un ancien magistrat dont l'indépendance et l'impartialité ne pouvaient être mises en doute, de diriger ce Service des sociétés secrètes.

La publication à l'*Officiel* avait donné lieu à des abus. C'est ainsi que j'appris que M. Coldeffy, préfet du Cantal, était dignitaire et que le chef de la censure l'était également. La seule publication m'obligeait à les priver l'un et l'autre de leur emploi ; or, ils étaient d'excellents fonctionnaires.

Je fus scandalisé le jour où j'appris qu'un magistrat, M. Richard, conseiller à la Cour de Cassation, avait dû prendre sa retraite parce qu'il était dignitaire. M. Alphonse Richard, qui fut jadis si redouté par les mercantis, est un homme dont la probité et la haute conscience professionnelle ont honoré la magistrature. Il avait été autrefois mon collaborateur et j'exprimai le désir de le voir. Je me fis un devoir de m'excuser auprès de lui pour le ridicule et l'odieux d'une telle mesure. Les « cafards » qui faisaient une telle action contre de tels hommes n'ont jamais compris ce qu'elle avait de contraire à la sensibilité et à l'honneur français. Les services antimaçonniques étaient allés jusqu'à fabriquer un faux pour créer des difficultés à M. Marchandeau, maire de Reims. Ils le contestaient, mais M. Marchandeau était très affirmatif. Si j'avais été vraiment le chef et si je n'avais pas dû compter avec l'autorité du Maréchal, appuyé par les Allemands dans cette politique, je n'aurais même pas à exprimer aujourd'hui ces sentiments parce que j'aurais alors annulé ces lois et mis fin à ces scandales. Je ne pouvais qu'agir pour atténuer la virulence de la lutte antimaçonnique. J'interdis donc, désormais, qu'aucune publication fût faite sans que le ministre en soit averti, pour qu'il puisse, au besoin, la différer, voire l'interdire, et faire statuer entre-temps la Commission des dérogations.

C'était le genre de brimades auxquelles se livraient certains fonctionnaires fanatisés des services des sociétés secrètes, et ils s'appuyaient souvent, pour agir contre moi, sur les Allemands et sur le cabinet du Maréchal. C'est ce qu'ils firent, en particulier, au sujet du colonel Bernon, commissaire du pouvoir, que j'avais chargé de présider la Commission des révisions des cas d'internement administratif et qui accomplissait parfaitement sa tâche. Il avait omis de déclarer qu'en 1911, il avait adhéré à une loge de Saint-Germain-en-Laye. Les faux déclarants eux-mêmes étaient admis à présenter leur demande de dérogation à la commission présidée par M. Maurice Reclus. C'est dire qu'il m'était difficile, en raison des circonstances de l'occupation, et de l'état d'esprit du Maréchal, d'aller plus loin dans l'atténuation des lois concernant les sociétés secrètes.

Est-il donc équitable de m'attribuer une responsabilité quelconque et ce chef d'accusation peut-il être maintenu ?

Jugé par des francs-maçons, je n'ai aucun doute que, renseignés sur mon attitude et sur mes actes, non seulement ils ne me condamneraient pas, mais qu'ils me féliciteraient d'avoir, grâce à ma présence au Gouvernement, empêché ou limité les abus dont ils furent les victimes.

III. — Persécution contre les Communistes

Il me suffit de reproduire les questions qui me furent posées par le magistrat instructeur et ma réponse, que je dois compléter à mon prochain interrogatoire.

Je n'ai jamais, je tiens à le noter dès à présent, pris aucun texte contre les communistes. Je n'ai fait procéder à aucune déportation de communistes en Afrique, et j'ai supprimé du projet de loi concernant les cours martiales le mot « communiste » qui y avait été inséré. J'en ai fait libérer par milliers des camps de concentration ; j'ai toujours demandé aux préfets, aux chefs de la police, de distinguer l'Armée secrète, c'est-à-dire la résistance organisée qu'il ne fallait pas rechercher, des éléments terroristes qui commettaient des actes criminels et qui devaient être poursuivis.

Je sais que, suivant l'accusation, cette distinction est impossible ; mais il appartenait aux préfets de faire eux-mêmes la discrimination. Nombreux sont ceux, parmi les hauts fonctionnaires, qui ont payé de leur liberté le libéralisme dont ils ont fait preuve. Il y a toute une période, la plus sombre, celle de 1944, dont je me refuse à prendre la responsabilité. Les Allemands et le Maréchal, en m'obligeant à me séparer de Bousquet et en me contraignant à subir Darnand, ont substitué à une politique certes difficile, mais courageuse et humaine, des pratiques policières imitées de la Gestapo. L'autorité m'était alors enlevée et mon rôle consistait, dans la mesure de mes moyens, à limiter les risques et les abus. Mon départ eût laissé le champ libre à des hommes et à des groupes qui eussent fait plus de mal encore à la France, car ils auraient eu huit mois pour agir sans aucun contrôle. J'ai pu maintenir, malgré toutes les pressions allemandes, miliciennes et collaborationnistes, à Paris, le préfet de police, et, dans les départements, les cadres qui offraient le maximum de garanties dans cette période troublée.

Il serait profondément injuste de me reprocher des actes que je ne pouvais qu'atténuer sinon empêcher, et que je repoussais de toute mon indignation. Il serait plus injuste encore de me reprocher mon maintien au pouvoir à un moment où je n'avais pas le droit de livrer la France à un plus grand désordre et de lui faire supporter de plus grandes souffrances.

C'est à ce moment que j'avais le devoir de m'accrocher au gouvernement, parce que les Allemands devenaient de plus en plus durs et inhumains, au fur et à mesure que leur défaite militaire se précisait. Partir, c'était livrer notre pays à leur férocité ; le mal qu'ils ont fait se serait augmenté de tout ce que la présence d'un gouvernement régulier a empêché de faire.

Les journaux de cette époque, inféodés aux autorités d'occupation, me vilipendaient pour ma faiblesse dans la répression, et réclamaient tous le gouvernement Doriot, Déat, Darnand. Il ne saurait y avoir une justification plus éclatante de mon action à cette époque.

Après les assassinats de Mandel et de Jean Zay, Léon Blum et Paul Reynaud sont sauvés

J'ai le droit de dire que j'ai sauvé, par ma présence et par mon attitude, des milliers de vies françaises.

J'ai eu l'occasion de m'expliquer devant la Haute-Cour de justice, au procès du Maréchal Pétain, au sujet du meurtre de M. Mandel et de celui de M. Jean Zay. Je crois utile de donner les précisions suivantes :

J'avais un jour été mis au courant par l'ambassadeur d'Allemagne de la décision prise par son gouvernement de remettre aux autorités françaises MM. Paul Reynaud, Léon Blum et Georges Mandel, déportés et détenus en Allemagne, pour qu'ils soient fusillés à titre de représailles contre la condamnation à mort de l'amiral Derrien par le conseil de guerre d'Alger. J'avais énergiquement protesté et j'avais spontanément repoussé cette proposition aussi injuste qu'odieuse du gouvernement allemand. MM. Paul Reynaud, Léon Blum et Georges Mandel ne pouvaient, à aucun titre, être rendus responsables des condamnations prononcées à Alger, mais, sachant par cette communication que leur vie était menacée, je décidai de faire informer le Comité d'Alger par le gouvernement espagnol de la communication que j'avais reçue et de la réponse négative que j'avais faite.

Je vis M. de Lequerica, ambassadeur d'Espagne, et je lui remis une note qu'il accepta de faire porter à la connaissance du Comité d'Alger.

J'informai M. Abetz de ma démarche et de l'acceptation de M. de Lequerica de remplir la mission dont je l'avais chargé.

Je mis le conseil des ministres au courant et lui communiquai le texte de ma note à M. de Lequerica, dont la copie doit se trouver dans les archives du Quai d'Orsay. J'appris plus tard par M. de Lequerica que le Comité d'Alger avait remercié le gouvernement espagnol de sa démarche.

J'espérais ainsi avoir trouvé une solution satisfaisante, en avoir terminé avec le gouvernement allemand, et avoir évité des conséquences dramatiques. Ma réponse négative à l'odieuse proposition du gouvernement allemand, transmise par l'ambassadeur d'Allemagne, avait été claire et catégorique.

Or, à une date ultérieure que je ne saurais préciser, je reçus dès mon arrivée à Vichy un coup de téléphone de Brinon m'annonçant la mort de M. Mandel en France, sans pouvoir rien ajouter d'autre. Je lui demandai de convoquer aussitôt Knipping qui avait dû l'informer. A mes questions pressantes, M. Knipping répondit ne savoir rien d'autre et promit de me donner les résultats de l'enquête qu'il faisait.

Darnand incapable de répondre à mes questions

Darnand, aussitôt appelé par moi, vint me voir à mon bureau à Vichy, et il me confirma la mort de Georges Mandel. Croyant ce dernier en Allemagne, je demandai à Darnand comment il avait appris cette nouvelle. Il m'expliqua que la veille Georges Mandel avait été remis à ses services à Paris par la police allemande, et qu'il était donc décédé en France. Je le pressai de questions auxquelles il me dit être incapable de répondre. Il affirma qu'il avait reçu cette nouvelle, mais qu'il ignorait dans quelles circonstances était survenue la mort de Mandel, et qu'il n'avait aucune information concernant la remise de M. Mandel à ses services. « Knipping seul pourra vous mettre au courant », me dit-il. Je décrochai aussitôt l'appareil qui me mettait en communication directe avec M. de Brinon à Paris. Knipping se trouvait à ce moment près de lui et j'appris que M. Mandel avait été la veille remis à ses services, qu'ils l'avaient remis à M. Baillet qui l'avait fait écrouer à la Santé et que, le lendemain matin, il avait été dirigé au Château des Brosses, près de Vichy, où il devait être interné — qu'en cours de route la voiture qui le transportait avait été attaquée et que, lors de l'échauffourée, Mandel aurait été tué.

Je protestai avec indignation et avec véhémence. Je demandai pourquoi je n'avais pas été prévenu de la remise de M. Mandel, pourquoi M. Baillet ne m'avait pas prévenu de son incarcération à la Santé — pourquoi M. Mandel devait être transféré au Château des Brosses — et je ne cachai pas mon sentiment sur la cause véritable de sa mort. L'explication provisoire que me donnait M. Knipping était la même que celle qui m'avait été donnée auparavant au sujet de l'attentat commis contre M. Jean Zay ; j'en arrive ainsi à la deuxième question.

L'assassinat de Jean Zay

M. Jean Zay était détenu à Riom. Les services de M. Darnand avaient décidé son transfert à la maison centrale du Vaucluse. En cours de route, la voiture qui le transportait aurait été attaquée dans la direction de Sancoins par des hommes armés qui se trouvaient sur un camion. M. Jean Zay, qui serait descendu, aurait été blessé et probablement enlevé par les agresseurs. Un homme se trouvant dans la voiture qui avait conduit M. Jean Zay aurait été également blessé.

Je pus croire à ce moment à une opération du maquis en faveur de M. Jean Zay, pour le libérer. Je priai M. Darnand de me tenir informé et je convoquai M. Buffet, vieux fonctionnaire, chef des services de sûreté. Je le chargeai de suivre avec soin cette affaire et de me renseigner.

Mme Jean Zay vint me voir à Vichy. Je lui dis tout ce que je savais et je la priai de son côté de me dire ce qu'elle apprendrait, car je restais inquiet sur le sort de M. Jean Zay qu'on me disait avoir été blessé. Ne recevant aucune information, je demandai à M. Darnand ce qu'il était advenu du milicien, qui avait été blessé, si la blessure était grave et où il était soigné. M. Darnand me promit de me renseigner et, quelques jours après, il m'était apporté par un de ses collaborateurs un certificat en trois lignes émanant d'un hôpital militaire allemand de Moulins. Il me fut affirmé que le certificat concernait bien l'un des hommes chargés d'accompagner M. Jean Zay.

Je ne sus rien d'autre jusqu'au jour où Mme Jean Zay vint me revoir à Vichy. Elle était inquiète parce qu'elle avait appris que M. Buffet aurait déclaré que son mari avait été assassiné.

Je convoquai aussitôt M. Buffet qui nia avoir tenu ce propos mais qui, après le départ de Mme Jean Zay, me dit sa conviction de l'assassinat. Mme Jean Zay me fit part d'une lettre qu'elle avait reçue, qui n'était pas de l'écriture de son mari, mais qui contenait des expressions que lui seul pouvait connaître et qui constituaient entre eux une sorte de code pour le renseignement que donnait la lettre. Elle avait enregistré la négation du propos prêté à M. Buffet et elle n'avait pas perdu tout espoir, en raison notamment de cette lettre reçue. Je lui montrai tous les papiers concernant l'enquête faite, parmi lesquels figurait le certificat allemand. Je ne voulais pas la décourager, mais j'avais le pressentiment que son mari avait été assassiné. Un assez long délai s'était écoulé et il me paraissait surprenant, voire impossible, que, par un moyen quelconque, M. Jean Zay ne lui ait pas fait donner de ses nouvelles. La Libération est venue. M. Jean Zay n'a jamais été retrouvé. Son assassinat ne fait donc malheureusement aucun doute.

Avec Georges Mandel : une amitié de plus de trente ans

J'étais lié d'amitié avec M. Georges Mandel depuis trente années. J'avais facilité sa première entrée dans les conseils du Gouvernement — comme il avait voulu lui-même, jadis, me faire entrer dans le cabinet Clemenceau, ce que je ne pus faire, le Parti socialiste auquel j'appartenais ayant refusé sa collaboration. Nous avions eu des relations très suivies et elles restèrent toujours très amicales, même lorsque nous étions séparés par des désaccords politiques. S'il était vivant, je suis sûr qu'il me défendrait, lui qui me connaissait bien, contre certaines attaques.

Je fus très affecté par sa mort, et je le fus d'autant plus qu'elle se produisit dans des circonstances tragiques que je n'avais pu empêcher, alors que je croyais lui avoir sauvé la vie.

J'avais toujours entretenu également de bons rapports avec Jean Zay.

Après l'assassinat de M. Mandel, je donnai l'ordre formel à Darnand et à Knipping de refuser de recevoir M. Léon Blum et M. Paul Reynaud ou telle autre personnalité française des mains des autorités allemandes — de me prévenir immédiatement de tout ce qui pourrait leur être transmis à leur sujet — et je renouvelai à l'ambassadeur d'Allemagne ma protestation contre de tels procédés inhumains et barbares.

Je fis part au Conseil des ministres de mon indignation et je priai le Garde des Sceaux d'ouvrir une information judiciaire pour déterminer les circonstances de la mort de M. Mandel et poursuivre les responsables. M. Gabolde avait déjà fait le nécessaire et il promit de suivre cette affaire.

Les événements militaires se précipitaient et l'enquête ne paraissait pas close lorsque je fus contraint de partir pour l'Allemagne le 17 août 1944.

Les Allemands avaient aussi exigé l'arrestation des otages pris dans les familles des chefs de la dissidence. Après quelques jours de leur détention, ils avaient fait auprès de moi une démarche analogue à celle qu'ils avaient faite pour Blum, Reynaud et Mandel. Ils demandaient, et ils étaient appuyés par des articles de certains journaux parisiens, leur exécution immédiate, sous prétexte de représailles contre les meurtres dont certains partisans de la Collaboration avaient été les victimes. Je protestai avec véhémence « contre de telles méthodes qui sont peut-être en honneur dans votre pays, dis-je, mais qui ne sont pas admises chez nous. Je n'ai pas de sang sur les mains et vous me faites la plus grave offense par votre proposition. » Les personnes arrêtées étaient à La Bourboule ou aux Tourelles ; je rassurai certains de leurs parents qui étaient venus me voir, comme Viénot, avocat à la Cour, et Mme X. dont le mari était pharmacien, la fille de Le Troquer. Je prévins Darnand de la démarche qui avait été faite par les Allemands ; je lui fis part de ma réponse et je l'invitai expressément à maintenir la sécurité des personnes arrêtées, ce qu'il me promit de faire sans discuter mon ordre, en me disant qu'il approuvait mon attitude. Nous étions à la veille de la Libération et toutes les personnes arrêtées eurent la vie sauve.

Les Allemands prennent l'engagement de suspendre les prises d'otages

Quand je revins au gouvernement en avril 1942, j'obtins des Allemands qu'ils cessent la pratique des otages. Ils en prirent l'engagement. Ils ne firent plus au Gouvernement de propositions déshonorantes comme celles concernant les otages pris à Châteaubriant. Cela ne les empêcha pas de se livrer parfois à des représailles sanglantes malgré les protestations indignées du gouvernement français, mais la pratique odieuse des otages fut abandonnée.

Ils s'engagèrent en outre à ne pas inquiéter les Alsaciens et les Lorrains qui se trouvaient en zone Sud. Ils prirent également l'engagement de ne pas arrêter les prisonniers évadés. Ils respectèrent ces engagements.

Au moment où les Américains approchaient de Paris, redoutant que les Allemands n'exercent des représailles sur les détenus politiques dans les prisons, ou ne les déportent, je donnai à Baillet l'ordre de leur faire ouvrir les portes. Je n'avais pu le faire plus tôt parce que les Allemands ne l'auraient pas permis et en auraient pris prétexte pour prendre des mesures de force. Les prisons étaient placées sous le contrôle de Darnand et sous la direction de Baillet. J'avais connu le père de celui-ci, qui avait été autrefois commissaire de Pantin et de Noisy-le-Sec quand j'étais député de ce dernier canton. Le père de Baillet avait été un fonctionnaire bien considéré par tous ses chefs et estimé par les populations dont il avait la charge. Je pouvais penser que le fils avait hérité des qualités de son père.

Les grâces que j'ai obtenues sont nombreuses : des Alsaciens, des Bretons, le fils du général Mast, etc. Mon secrétariat pourrait fournir les dossiers des milliers de personnes en faveur desquelles je suis intervenu.

J'ai reçu un jour la visite de Brun, préfet régional de Clermont-Ferrand, venu pour me dire que Marchadier, communiste, était condamné à mort et qu'il allait être exécuté. D'accord avec lui, j'ai pu empêcher l'exécution. Il est aujourd'hui, je crois, maire de Clermont-Ferrand.

Combien sont-ils, parmi les dirigeants de la politique française actuelle, qui auraient pu subir un sort tragique si j'avais déserté mon poste au moment où les passions se muaient en volonté criminelle ?

Comment pourrait-on m'imputer une politique de cruauté alors que ma présence au gouvernement se justifiait par toute l'action que j'exerçais pour essayer d'entraver cette politique ?

Quand l'acte d'accusation me reproche les persécutions contre les communistes, il méconnaît mon caractère et ignore mes actes. J'aurai l'occasion d'en citer quelques-uns devant la Haute Cour de justice.

J'ai toujours été l'ennemi de la violence et je sais, l'Histoire le révèle, que les persécutions contre l'idéal le fortifient et le grandissent. La prison, la guillotine, la fusillade ont fait des martyrs : elles n'ont jamais tué l'Idée.

quand l'acte d'accusation me reproche les persécutions contre les communistes, il méconnait mon caractère et ignore mes actes. j'aurai l'occasion d'en citer quelques uns devant la Haute Cour de justice — ~~[illegible]~~ J'ai toujours été l'ennemi de la violence et je sais, l'histoire le révèle, que les persécutions contre ~~[illegible]~~ l'idéal ~~[illegible]~~ les fortifient et les grandissent. la prison ~~cette~~ guillotine et la fusillade ont fait des martyrs — elles n'ont jamais tué l'idée.

L'ACCUSATION

Je souhaite la victoire de l'Allemagne

Perdant même toute retenue, Laval, le 22 juin lance son fameux défi aux Français : « Je souhaite la victoire de l'Allemagne [1]. »

Il souhaiterait que nous l'y aidions sur le terrain militaire, mais faute des armes que l'Allemagne, se méfiant non pas de lui, mais des Français, n'ose lui donner, il se charge de lui procurer des hommes pour remplacer, dans les usines du Reich, les ouvriers qu'Hitler a mobilisés.

Ainsi commençait l'escroquerie de la Relève, escroquerie puisque, deux mois après, à Compiègne, le même Laval, après avoir insisté sur les besoins de main-d'œuvre du Reich, ajoutait : « Quant à la libération des prisonniers, leur heure sonnera quand sonnera celle de la victoire de l'Allemagne. »

LAVAL RÉPOND

De l'ensemble de ces griefs, je veux retenir et examiner d'abord ceux qui concernent l'envoi des travailleurs français en Allemagne. D'après l'accusation, ce serait un acte volontaire et spontané que j'aurais ainsi accompli pour aider Hitler, dans l'impossibilité où j'étais

1. Le contexte de la phrase du « souhait » se trouve plus loin (page 144) « L'Allemagne lutte contre le communisme. Des combats gigantesques se déroulent à l'Est, de Petsamo au Caucase. Je souhaite la victoire de l'Allemagne, parce que, sans elle, le communisme s'installera partout en Europe. »

de le faire sur le terrain militaire. Ce dernier reproche est assez grave pour que j'y réponde, en terminant cet exposé, par des explications claires et françaises nécessaires pour justifier les propos qui me sont reprochés.

J'ai préféré le sacrifice à mon pays

Goering, en mars 1942, m'avait dit : « N'acceptez pas d'entrer au gouvernement ; c'est pour vous trop tard ou beaucoup trop tôt. Nous allons désormais imposer à la France un régime beaucoup plus dur. » Cette considération m'avait fait méditer sur mon devoir. Mon devoir ne pouvait être de suivre le conseil de Goering.

A l'égoïsme de mon intérêt, j'ai préféré le sacrifice à mon pays. J'aurais dû rencontrer la gratitude, c'est l'injustice qui m'a guetté. A l'ignorance des faits qui me vaut cette injustice, je vais substituer la vérité qui placera mon action sur le plan où elle est toujours restée, car j'ai servi passionnément mon pays en cette occasion, comme dans toutes les autres circonstances au cours de l'occupation.

Dans ma déclaration au procès Pétain, j'ai fait connaître la situation imposée à la France par la convention d'armistice. Le pays coupé en tronçons, le Nord et le Pas-de-Calais rattachés à Bruxelles, la ligne infranchissable, dite du Nord-Est, englobant les régions situées au nord de cette ligne et allant de l'embouchure de la Somme à la frontière suisse, la ligne de démarcation proprement dite entre la zone occupée et la zone libre, sans compter l'Alsace et la Lorraine annexées de fait par l'Allemagne, l'impossibilité de faire passer, sans accord spécial avec les autorités occupantes, les marchandises et les moyens de paiement de la zone occupée à la zone libre, c'est-à-dire la perspective d'une véritable asphyxie pour la zone Sud en particulier, qui n'avait ni assez de pain, ni assez de viande, ni assez de sucre pour vivre. Enfin, fait encore plus grave et qui s'appliquait aux deux zones : trois millions de tonnes de charbon au lieu de trente-neuf millions et demi qui nous étaient nécessaires. Une déficience aussi grande pour nos besoins en acier, presque plus de lubrifiants, peu d'essence, de caoutchouc, sans compter tous les minerais, dont certains étaient indispensables, et qui nous venaient de l'étranger. Le blocus nous privait des ressources essentielles en vivres et en matières premières.

Telle était la situation née de la défaite et consacrée par l'armistice. En octobre 1940, la France comptait un million de chômeurs. Nous avions en Allemagne plus de deux millions de prisonniers.

L'invasion avait fait refluer vers le sud les populations du Nord et de l'Est auxquelles s'ajoutaient bien des exodes dans les départements du Centre traversés par l'armée allemande.

Il a fallu d'abord faire revenir les habitants et leurs familles à leur lieu d'origine. Jusqu'à la ligne du Nord-Est, tout se passait normalement, sauf la difficulté des moyens de transports ; au-delà de cette ligne, dans la région au nord de Vouziers, les Allemands voulaient créer un immense camp d'exercice pour leur aviation, et partout ailleurs, des fermiers allemands venaient prendre possession des terres que leurs propriétaires français ne pouvaient réintégrer faute d'*Ausweis* qui leur étaient systématiquement refusés. C'est ainsi que les choses se passaient en Meurthe-et-Moselle, Meuse, Vosges, Ardennes, Aisne et jusque dans la Somme. Il fallait lutter de vitesse avec les Allemands pour essayer de reprendre, à défaut des terres cultivables, nos bassins sidérurgiques de Meurthe-et-Moselle et des Ardennes. Un premier résultat fut acquis en octobre 1940, lorsqu'il fut permis aux ouvriers de la vallée de la Meuse, entre Sedan et Givet, de regagner leur domicile. A la fin de novembre 1940, tous les ouvriers étaient rentrés.

En 1941, 150 000 volontaires sont partis travailler en Allemagne avec des contrats

En février 1941, le nombre des chômeurs était tombé au chiffre le plus bas des périodes normales du temps de paix. Un million de captifs des *Frontstalags* avaient été libérés en France au cours de l'été 1940, avant le départ des deux millions de prisonniers pour l'Allemagne. Sur les deux millions de prisonniers expédiés en Allemagne, tous les anciens combattants de 1914-1918 et les pères de quatre enfants étaient rapatriés, et les rapatriements de certaines autres catégories de prisonniers commençaient. La plupart de ceux-ci étaient toujours soumis à l'éventualité d'être rappelés en Allemagne, car ils se trouvaient seulement en état de « congé de captivité ». Telle est, sommairement mais assez clairement exposée, la situation de notre pays à cette époque.

C'est au mois d'avril 1941 que, pour la première fois, les Allemands vont rechercher de la main-d'œuvre en France pour remplacer dans les usines allemandes les jeunes Allemands mobilisés. Ils font appel au volontariat par une propagande intensive et grâce à l'appât de hauts salaires. Ils créent des écoles d'apprentissage dont la plus importante est à l'arsenal de Puteaux. Ils acceptent pour la France, en mai 1941, une majoration uniforme des salaires de un franc par heure de travail pour faciliter leur propagande. Les services allemands sont installés dans la zone occupée pour le recrutement des ouvriers français. Le contrat d'un ouvrier volontaire est fixé à un an, avec la faculté que se réservent les Allemands de le proroger pour une année. Il est impossible de connaître le chiffre exact des ouvriers volontaires qui partirent avant mai 1942, mais celui-ci devait être de cent cinquante mille environ.

C'est en mai 1942 que le Gauleiter Sauckel aborda le gouvernement français pour lui signifier que le nombre de volontaires était tout à fait insuffisant, et pour lui notifier qu'il exigeait de voir le chiffre atteindre deux cent cinquante mille avant la fin juillet 1942. Il invite le Gouvernement à favoriser le volontariat, sinon il devra recourir lui-même à la réquisition en prélevant des travailleurs chez les prisonniers rapatriés. Si l'on ne tient pas compte du million définitivement libéré des *Frontstalags* au cours de l'été 1940, il y avait alors six cent mille prisonniers en congé de captivité. Sauckel disposait en outre d'un autre moyen de pression : il pouvait à son gré, en nous faisant refuser le charbon, les carburants et les lubrifiants, créer dans le pays une énorme masse de chômeurs à sa disposition.

Jusqu'au jour de la première visite de Sauckel, je n'avais pas encore mesuré tout ce que pouvait avoir de douloureux notre situation. Je compris que, sous le vocable de « volontaires », c'était une véritable déportation d'ouvriers français qui allait commencer. Nous étions impuissants à pouvoir éviter cette humiliation et ce sacrifice. L'Amérique n'avait pas encore participé activement à la guerre en Europe, le débarquement en Afrique du Nord n'avait pas encore eu lieu, la Résistance en France était peu organisée, et les vingt millions de travailleurs français dans les usines et dans les campagnes constituaient une proie facile pour le Reich. J'ai naturellement protesté solennellement dès mon premier contact avec Sauckel. J'ai naturellement fait remarquer que la convention d'armistice ne nous imposait pas une semblable obligation. J'ai déclaré qu'une telle politique consacrait la fin de l'espoir d'une réconciliation et d'une entente entre nos deux pays. J'ai dit et redit tout ce qui pouvait être dit sur le ton qui convenait. *La discussion — une des plus rudes que j'eus à soutenir — dura plusieurs heures. J'étais à ce point fatigué, ému et angoissé, que j'eus une défaillance, je fus pris d'une syncope en présence de Sauckel et notre entretien dut être interrompu. Nous sommes loin, on le voit, de l'aide volontaire et spontanée que, d'après l'acte d'accusation, j'aurais voulu apporter à l'Allemagne.*

La « Relève » (retour de prisonniers) bloquée après l'évasion du Général Giraud

Que pouvais-je faire d'autre ? La *Wehrmacht* occupait la France et Sauckel avait les moyens d'agir ; il était décidé à réussir ; il était décidé à obtenir des ouvriers, même par la contrainte, même par la force. C'est alors que j'imaginai de lier la question du départ des volontaires avec le retour des prisonniers. J'ai naturellement demandé qu'il y ait un départ de travailleurs pour un retour de prisonniers, ce qui fit sourire Sauckel. « Vous savez, me dit-il, que depuis l'évasion du général Giraud, toutes les libérations de prisonniers français ont été interdites par Hitler. » Je lui dis alors l'impossibilité pour le gouvernement français d'entreprendre une action en faveur des départs d'ouvriers (que nous n'avions aucun moyen d'empêcher) si l'Allemagne refusait le principe même de la libération des prisonniers. J'employai de tels accents que Sauckel téléphona à Hitler et, le lendemain, il me promit que les cent cinquante mille ouvriers spécialistes partant pour l'Allemagne feraient libérer cinquante mille prisonniers paysans. « Il est impossible, ajouta-t-il, d'envisager la relève un pour un, car l'opération pour l'Allemagne deviendrait négative, puisque les prisonniers français travaillent tous en Allemagne. » Je ne pus obtenir davantage, mais le retour de cinquante mille prisonniers était mieux que rien. J'avais protesté, argumenté, menacé et je venais d'aboutir à un résultat qui était certainement le meilleur que nous pussions alors envisager.

C'est pour éviter les réquisitions massives que j'adressai un appel aux Français. Je me rappelai souvent, au cours de mon entretien avec Sauckel, les menaces de Goering et le conseil qu'il m'avait donné. Je ne craignis pas de m'exposer à la colère d'un grand nombre de mes compatriotes, à qui je ne pouvais dire la vérité, en prononçant certaines phrases dont je savais qu'elles les blesseraient. Mais ces phrases devaient me permettre, à moi, en présence des Allemands, de mieux les protéger. Toute ma politique, alors, n'avait qu'un but : créer un climat de confiance vis-à-vis des dirigeants allemands et leur faire croire que nous ne pouvions faire ni mieux, ni plus, que ma bonne volonté était garante, qu'on ne pouvait aller plus loin. Je préférais l'impopularité pour ma personne aux risques plus graves dont était menacé notre pays et, particulièrement, les prisonniers libérés.

On peut contester cette méthode, dont je démontrerai les avantages qui en sont résultés pour la France ; on ne peut pas douter du sentiment qui m'animait.

C'est le 22 juin 1942 que je prononçai les propos qui me sont reprochés par l'acte d'accusation, mais le 3 septembre suivant, m'adressant à Vichy à trois cents instituteurs, je prononçai ces paroles : *« Je suis allé loin dans mes propos, aussi loin qu'on peut aller, et, pour que vous me compreniez bien, j'accepte pour ma personne de courir tous les risques pourvu que je puisse faire courir à la France sa chance. » J'ai, ce jour-là, répondu d'avance à l'acte d'accusation.*

Quel homme de bonne foi peut maintenant douter de ma volonté de défendre les travailleurs de France contre les déportations massives ? Que pouvais-je faire d'autre en face des menaces allemandes concernant la main-d'œuvre, menaces qui coïncidaient avec l'installation des S.S. en France et l'instauration de nouvelles méthodes de police ? Goering ne m'avait pas trompé.

Je refuse la publication et l'application des ordonnances allemandes

En juillet et août 1942, peu de volontaires partirent et Sauckel, après des sommations brutales faites au gouvernement français, constatant l'insuffisance des résultats qu'il avait escomptés, prit la décision de soumettre au travail obligatoire tous les hommes et toutes les femmes des pays administrés ou occupés par l'Allemagne. Les immenses besoins de l'Allemagne augmentaient, tant en hommes qu'en matériel ; la bataille de Stalingrad commençait.

Cette décision fut notifiée par une circulaire du 20 août 1942 et publiée par tous les journaux de la zone occupée. Je refusai à la censure allemande de faire publier cette circulaire dans la presse de zone libre et je fis aussitôt une protestation en me basant sur la convention d'armistice. J'informai même l'ambassadeur d'Allemagne que je démissionnerais si l'ordonnance Sauckel était appliquée en France. Devant mon attitude résolue, le gouvernement allemand accepta de retirer son ordonnance, mais Sauckel fit observer que la France ne pouvait pas, dans une guerre mondiale où tous les peuples étaient mobilisés, demeurer inerte et les bras croisés, sans faire un effort de travail. Il présenta avec complaisance et brutalité le spectacle qu'offrait Paris et les grandes villes de France dont les cafés et les cinémas, disait-il, regorgeaient d'oisifs et de trafiquants.

J'avais pu faire rapporter la mesure la plus redoutable de la réqui-

sition de la main-d'œuvre masculine et féminine dont allaient souffrir cruellement tous les autres pays occupés, mais je ne pouvais maintenir la France dans cette position « privilégiée » par rapport aux autres pays d'Europe soumis à la rapacité allemande qu'en promulgant une loi, infiniment plus douce toutefois que l'ordonnance de Sauckel. Ce fut la loi du 4 septembre 1942 qui soumettait au travail obligatoire les Français de dix-huit à soixante ans et les femmes célibataires de vingt et un à trente-cinq ans.

Il fut formellement stipulé que seuls les Français âgés de vingt à cinquante ans seraient susceptibles de travailler hors de leur lieu de résidence. Sauckel avait accepté de ne pas appliquer son ordonnance à la France, mais il exigeait que soit atteint le chiffre de deux cent cinquante mille ouvriers. Je pus obtenir que les prisonniers rapatriés seraient exclus du départ. Il en fut de même pour les Alsaciens-Lorrains réfugiés dans d'autres départements, ainsi que pour les pères de trois enfants. Aucune femme ne devait partir, et la police française ne devait pas intervenir.

La loi du 4 septembre visait à donner une satisfaction de forme aux Allemands

C'est dans ces conditions que le gouvernement fut amené à promulguer cette loi du 4 septembre 1942. Elle ne donnait qu'une satisfaction de forme aux Allemands. Continuera-t-on de me reprocher ce texte comme le fait l'acte d'accusation, puisqu'on sait, maintenant, qu'il a permis à la France d'échapper à l'ordonnance Sauckel ? J'avais appris le jeu difficile de la négociation avec les Allemands et j'avais constaté que, plutôt que de leur opposer sans cesse des refus brutaux qui les eussent certainement amenés à prendre des mesures de force, mieux valait m'efforcer de leur faire accepter des textes que les circonstances, le climat du pays et les consignes que je donnais et faisais donner aux préfets rendaient à peu près inapplicables. Les Allemands avaient tous les moyens efficaces et rapides pour exercer leurs contraintes sur nous, et ils étaient décidés à le faire. Sauckel n'était guère conciliant ; je n'ai jamais eu un homme aussi rude comme interlocuteur et il avait l'autorité pour agir. Les départs d'ouvriers eurent lieu surtout en zone occupée et seulement plus tard en zone Sud, après que l'armée allemande eût franchi la ligne de démarcation. C'est bien la preuve que les départs effectifs étaient le résultat de pressions allemandes.

Trois mois passèrent et, le 2 janvier 1943, Sauckel menaçait, affirmant qu'avec ou sans accord du gouvernement français, il lèverait une nouvelle tranche de deux cent cinquante mille ouvriers, dont cent cinquante mille spécialistes. Il avait reçu de Hitler l'ordre de ne s'arrêter devant aucun obstacle ; il ne s'agissait plus alors d'une négociation bilatérale, mais d'une exigence brutale. Je réussis, dans la certitude où j'étais que les Allemands avaient décidé d'employer les mesures les plus dures, à obtenir la libération de cinquante mille nouveaux prisonniers. J'obtins également que, jusqu'à concurrence de deux cent cinquante mille, les prisonniers pourraient être transformés en travailleurs libres avec le droit aux salaires et aux permissions de quinze jours en France. C'est l'administration allemande qui opéra en zone Nord comme en zone Sud, nos fonctionnaires ne pouvant intervenir que pour empêcher les abus trop criants d'injustice dans les désignations des partants. Le recrutement se fit alors uniquement dans les usines et l'opinion publique protesta, car les hommes âgés étaient souvent contraints de partir alors que des jeunes échappaient au sacrifice. C'est à ce moment qu'on procéda, pour répondre au vœu de cette opinion publique, et dans l'impuissance où nous nous trouvions de résister à l'ultimatum allemand, au recrutement des classes 40, 41 et de la classe 39 (dernier trimestre) à l'exception de tous les agriculteurs.

Le 10 avril 1943, deux cent cinquante mille ouvriers étaient partis. Cent soixante-dix mille venaient des usines et quatre-vingt mille du recrutement démographique.

Le S.T.O. est créé pour lutter contre Sauckel

Le S.T.O. fut créé par le gouvernement français pour essayer de réfréner les abus de l'administration allemande, qui prélevait toujours les ouvriers dans les mêmes régions. Le 10 avril 1943, Sauckel exigeait, toujours sous les mêmes conditions de contraintes, deux cent vingt mille ouvriers dont cinquante mille spécialistes. Mais les départs se firent de moins en moins nombreux. Grâce aux mesures que le Gouvernement avait prises, comme la loi du 2 septembre 1942, et à l'application qui en fut faite, seuls pouvaient partir les non-spécialistes et les non-agriculteurs. La réaction allemande fut brutale ; la classe 1942 fut appelée, les agriculteurs compris ; ce fut la fuite vers le maquis. (Furent exemptés du départ pour l'Allemagne les hommes de la classe 1942 qui entrèrent aux chemins de fer, dans les mines, dans la police, dans l'administration pénitentiaire et dans quelques autres services.) Nous pûmes ainsi sauver des dizaines de milliers de jeunes Français. Jamais le recrutement pour les gardiens de la paix et les gardiens de prison ne fut plus facile ni plus large que dans cette période ! Le 30 juillet 1943, cent soixante-dix mille hommes étaient partis et je ne craignais pas de déclarer au gouvernement allemand *que le Gouvernement avait décidé de ne pas laisser se poursuivre le recrutement.* Une circulaire (précisément celle qui m'est reprochée dans l'acte d'accusation) avait marqué notre bonne volonté, disais-je aux Allemands, mais elle est inapplicable et j'ai décidé de mettre un terme à son exécution.

C'est alors que M. Sauckel revint immédiatement à Paris pour protester et pour formuler de nouvelles demandes. Il fallait qu'un million d'hommes et de femmes soient mis au travail en supplément dans les usines françaises et que l'excédent disponible, qu'il évaluait à cinq cent mille hommes, soit envoyé en Allemagne. Il réclama en outre des contingents élevés pour les chantiers Todt. (En fait vingt mille hommes seulement furent employés aux chantiers Todt jusqu'en 1944). Je lui fis remarquer que ces chiffres étaient très exagérés. L'entretien que j'eus avec Sauckel le 6 août 1943 fut certainement le plus dur et le plus pénible auquel j'ai assisté de ma vie. Je refusai net l'envoi de nouveaux contingents d'ouvriers en Allemagne. La tension ne fut jamais plus aiguë. C'est alors que Sauckel rencontra Doriot et assista, le lendemain de notre discussion, à un défilé du P.P.F. sur les grands boulevards. Il me critiqua avec sévérité et aigreur. Il avait fait créer en France des groupes chargés de recruter les ouvriers, de les arrêter et de les dénoncer aux services allemands dits « La Paix sociale ». Ces groupes étaient recrutés surtout au P.P.F. et ils nous avaient créé dans certains départements, en Gironde notamment, de pénibles incidents. J'ai protesté auprès de l'ambassade d'Allemagne contre cette police constituée par des Français pour le compte des autorités d'occupation, et j'ai réussi à la neutraliser en partie. Ces groupes préfiguraient ce qu'aurait été en France un régime Doriot.

C'est à ce moment que les Allemands tentèrent d'intimider le Gouvernement par une opération de chantage, en procédant à l'arrestation de quarante hauts fonctionnaires choisis dans différents ministères. Je protestai avec force, mais je ne cédai pas à ce chantage. On me demanda de livrer les trente mille hommes des Chantiers de jeunesse ; je refusai.

Fin septembre 1943, M. Ritter, représentant de Sauckel à Paris, est assassiné. Quand je me reporte à l'acte d'accusation, je relève la circulaire du 12 juillet 1943 qui m'est reprochée. Elle s'explique mieux maintenant que j'ai rappelé les faits de cette époque. J'avais laissé les services compétents rédiger cette circulaire à la demande impérative des Allemands, mais il n'a jamais été dans mon intention de la faire appliquer. *Il serait difficile à l'accusation de citer un exemple de sanctions prises contre les médecins. En effet, à peine cette circulaire était-elle diffusée que je notifiai aux Allemands que nous n'acceptions plus, dans ces conditions, de laisser se poursuivre le recrutement des travailleurs, et la circulaire restait ainsi sans objet.* Je réussis alors à profiter des rivalités qui s'étaient élevées entre les services de Sauckel et ceux de Speer, le ministre de l'Armement du Reich, comme je devais au mois de janvier 1944 profiter de la rivalité Sauckel-Backe, le ministre de l'Agriculture du Reich, pour sauver de la déportation la totalité des paysans et ouvriers agricoles.

C'est le 16 octobre 1943 que j'obtins la suspension de tout nouveau départ jusqu'en 1944.

La victoire de Bichelonne contre Sauckel

M. Bichelonne fut le véritable metteur en œuvre de toutes les questions concernant le recrutement des travailleurs français pour l'Allemagne. Mon rôle, et il était ingrat, consistait à affronter, avec lui et le ministre du Travail, le Gauleiter Sauckel, pour réduire ses demandes et modifier ses méthodes. M. Bichelonne obtint que des usines dénommées *S* auraient leur personnel mis à l'abri des départs pour l'Allemagne, et il fit classer dix mille usines françaises dans la catégorie *S*. Le 7 octobre 1943, les Allemands acceptaient l'amnistie pour les nombreux réfractaires qui travaillaient dans ces usines. Ils la refusèrent pour les permissionnaires qui n'avaient pas rejoint l'Allemagne après leur congé de quinze jours.

En janvier 1944, le gouvernement allemand nous informait que six cent soixante-dix mille ouvriers étaient partis et qu'il restait en Allemagne moins de quatre cent mille travailleurs en dehors des prisonniers, car les permissionnaires n'étaient pas rentrés. Sauckel réclama alors l'envoi en Allemagne d'un million de travailleurs et l'emploi en France d'un autre million.

Là encore, je dus, pour échapper aux contraintes allemandes et pour gagner du temps, établir un nouveau plan rendant obligatoire sur le papier le travail de seize à soixante ans pour les hommes, et de dix-hui à quarante-cinq ans pour les femmes célibataires, et j'acceptai que les travailleurs étrangers fussent envoyés en Allemagne.

C'est à cette époque que les Allemands installèrent leurs services jusqu'aux chefs-lieux d'arrondissement pour procéder à l'opération qu'ils avaient qualifiée de « peignage ». Le Gouvernement obtint que des fonctionnaires français fussent admis à titre consultatif. Partout, ils s'efforcèrent d'entraver et de contrecarrer le travail allemand.

Les usines *S* furent respectées. Les services Sauckel, opposés à ceux de Speer, les appelaient « le maquis légal ».

Au cours du premier trimestre de 1944, trente mille hommes seulement, la plupart étrangers, partirent, et ce chiffre fut inférieur à celui des ouvriers rentrés d'Allemagne en permission qui, pendant cette même période, restèrent en France.

Les bombardements massifs auquels la France fut soumise à partir du 15 mars 1944 posèrent alors un grave problème. Les destructions d'usines rendaient disponibles des dizaines de milliers d'ouvriers des usines *S* que les accords Speer avaient sauvés de la déportation. Je réussis encore à gagner les quelques semaines nécessaires qui nous séparaient du débarquement. J'opposai, ainsi que les services français, la forte d'inertie. J'évitais de me trouver à Paris lorsqu'on me signalait un passage de Sauckel.

Finalement, le débarquement vint. Malgré le petit nombre de départs depuis août 1943, les services allemands étaient toujours aussi exigeants et menaçants. Je réussis, en m'adressant à l'ambassade, à les opposer entre eux, et je pus faire parvenir, à une date que je ne peux pas préciser de ma cellule (vers le 10 ou le 11 juin), un télégramme confidentiel, qu'il doit être facile de retrouver, à tous les préfets pour leur dire qu'*aucun départ ne devrait désormais avoir lieu.* C'était le moment où les événements militaires rendaient les occupants encore plus nerveux et plus durs. Les services allemands de la main-d'œuvre protestaient auprès de moi. Je leur dis ne pas pouvoir revenir sur une décision irrévocable que j'avais notifié à l'ambassadeur.

Contraint de quitter Paris le 17 août, sur l'ordre du gouvernement allemand, par l'ambassadeur d'Allemagne assisté des S.S. je déclarai cesser l'exercice de mes fonctions. C'est alors qu'au fur et à mesure de la retraite allemande, les rafles furent faites dans l'Est et que des populations entières de villages français furent déportées en Allemage pour être astreintes au travail. L'Est de la France connut ainsi pendant quelques semaines l'opération pratiquée par les Allemands dans toute l'Europe et même en Italie du Nord depuis des années. *C'est le regime que nous aurions connu en France depuis longtemps, si je n'avais pas négocié, discuté, agi et parlé comme je l'ai fait pour émousser, contrecarrer et freiner l'agressivité de Sauckel et de son armée de recruteurs de main-d'œuvre.*

Mon crime a donc consisté à protéger plusieurs centaines de milliers, je pourrais dire des millions, de Français et de Françaises qui, sans l'action du Gouvernement, eussent été avec certitude déportés en Allemagne. Mon crime a été de faire rentrer en France cent dix mille prisonniers à partir du jour où Hitler avait donné l'ordre de ne plus en libérer un seul.

Le bilan de deux années de lutte

Je résume le résultat de mon action dans ce domaine de la main-d'œuvre : le 5 juin 1942, avant le débarquement américain en Afrique du Nord et l'organisation active de la Résistance, je me suis trouvé en présence d'une ordonnance de Sauckel réquisitionnant au profit des usines du Reich toute la main-d'œuvre masculine et féminine française. Vingt millions de Français travaillaient dans les usines et dans les champs, et rien n'empêchait le Reich de se « servir » comme il le faisait en Pologne, en Hollande, en Tchécoslovaquie et ailleurs. Du 5 juin 1942 au 30 juillet 1944, deux millions soixante mille travailleurs furent exigés de la France. Ces demandes, aux termes de l'ordonnance Sauckel, étaient unilatérales, c'est-à-dire sans contre-partie. Mes efforts, ceux du Gouvernement et des services ont permis d'établir le bilan suivant au 30 juillet 1944, après plus de deux années :

DÉPARTS

Du 5 juin 1942 au 30 juillet 1944 .... 641 500
(Chiffre qui ne tient pas compte des dizaines de milliers de permissionnaires qui sont restés en France à l'expiration de leur congé de quinze jours.)

CONTREPARTIE

Prisonniers rentrés . 110 000
(100 000 paysans, 10 000 sanitaires.)

Prisonniers transformés en travailleurs « libres » 250 000

15 avril 1943 : commencement des permissions de quinze jours pour les prisonniers devenus travailleurs « libres ».

16 octobre 1943 : *suspension des départs pour l'Allemagne* et mutations, nombre pour nombre, le nombre de travailleurs français en Allemagne devant rester constant. Il n'était pas alors de plus de 400 000.

7 juin 1944 : *arrêt définitif des départs.*

Au moment où j'achève cet exposé sur la main-d'œuvre, il convient d'observer que le nombre des travailleurs partis pour l'Allemagne est toujours resté inférieur à celui des prisonniers libérés. Le chiffre des ouvriers, y compris les volontaires se trouvant en Allemagne, n'a jamais dépassé six cent soixante-dix mille. Il est allé décroissant à partir du 16 octobre 1943, date à laquelle j'obtins la suspension des départs, alors que celui des prisonniers, qui était d'environ trois millions à l'armistice, est tombé à deux millions après les libérations massives des *Frontstalags* (moisson 1940) pour tomber ensuite, au cours des années 1941, 1942 et 1943, à un million cinquante mille.

Tous les autres pays d'Europe, Belgique, Hollande, Pologne, etc., subirent des prélèvements masculins et féminins variant entre cinquante et quatre-vingts pour mille par rapport à la population totale, alors que le chiffre français (sans tenir compte évidemment de la masse des prisonniers rentrés), était de treize travailleurs pour mille habitants.

Était-il possible de produire une réfutation plus forte au grief relevé dans l'acte d'accusation ? Si ce que j'énonce pour les autres pays d'Europe est vrai, et la vérification est facile, comment pourrait-on mieux justifier l'existence d'un gouvernement français pendant l'occupation ?

Quant à mon action personnelle, je montrerai qu'elle fut semblable dans tous les domaines. J'ai représenté souvent la France quand elle était forte et victorieuse. J'étais fier de mon rôle. Pendant les années d'occupation, et spécialement à l'occasion de ce problème difficile de la main-d'œuvre, j'ai souffert cruellement dans ma sensibilité de Français. Le patriotisme est-il moins pur quand on souffre pour sa patrie blessée que lorsqu'on se réjouit de ses triomphes quand elle est heureuse ? Fallait-il négocier pour faire réduire les demandes allemandes ou aurais-je dû laisser l'occupant faire des rafles et pratiquer la chasse à l'homme ? *Plus de deux millions d'hommes ont été demandés ; moins d'un tiers de ce chiffre est parti. Il est humain que les travailleurs qui ont subi un dur exil d'une ou deux années m'en veuillent ; il n'est pas moins humain que ceux que j'ai empêchés de partir ne m'aient aucune gratitude. Sans mon action, les ouvriers seraient partis en beaucoup plus grand nombre et aucun prisonnier ne serait rentré.*

Je viens de faire parler les chiffres et les faits.

Les « Faux » de Mornet

Je voudrais maintenant faire une remarque au sujet des propos qui me sont reprochés. Ils ne sont pas tous exacts et souvent l'accusation m'en prête que je n'ai jamais prononcés. C'est ainsi qu'à Compiègne j'aurais déclaré : « Quant à la libération des prisonniers, leur heure sonnera quand sonnera celle de la victoire de l'Allemagne. » Or, j'ai conservé un texte de l'allocution que j'ai prononcée à la gare de Compiègne et qui fut imprimée. Cette phrase n'y figure pas. En parlant de la libération de l'ensemble des prisonniers, je me suis ainsi exprimé :

> « Comme je voudrais pouvoir dire des paroles d'espérance à tous ceux qui restent dans les camps ! Ils sont encore un million deux cent mille là-bas et la France les attend avec une naturelle et légitime impatience. Leur présence est indispensable chez nous, car ils représentent les forces vives de notre pays. Mais il y a les lois de la guerre qui entraînent des conséquence douloureuses, et la captivité des prisonniers jusqu'à la signature du traité de paix en est une. Ils étaient près de deux millions dans les camps au lendemain de l'armistice. Plusieurs centaines de mille ont été libérés. »

Il est donc regrettable, en raison même de l'énormité de l'accusation portée contre moi, de me prêter des propos que je n'ai jamais tenus. Je reconnais comme valables les paroles que j'ai officiellement prononcées et qui ont été officiellement enregistrées ; ainsi, mes déclarations devant l'Assemblée Nationale et mes allocutions radiodiffusées ne sont pas contestables. Il est d'autres propos qui m'ont été attribués dans la presse de Paris. J'ai montré l'hostilité de celle-ci à mon égard. Ces textes étaient souvent truqués par les services de la *Propaganda Staffel.* C'était là un vieux procédé de la propagande allemande, qui faisait parler Jeanne d'Arc, Victor Hugo, Napoléon et Clémenceau et couvrait les journaux et les murs de citations dont certaines étaient contestables. J'ai souvent protesté auprès de l'ambassadeur Abetz contre ces procédés. Je ne publiais pas alors en zone Sud de démentis car, pour des raisons compréhensibles, je ne recherchais pas d'incidents avec les services allemands. Enfin, je savais que, suivant une expression souvent employée par moi en matière de presse, « un numéro chasse l'autre ». Je ne pouvais alors prévoir une discussion sur ces textes devant une Haute-Cour de justice.

Pour comprendre le sens et la portée de la phrase *« L'Allemagne lutte contre le communisme. Des combats gigantesques se déroulent à l'Est, de Petsamo au Caucase. Je souhaite la victoire de l'Allemagne, parce que, sans elle, le communisme s'installera partout en Europe »* il faut d'abord la situer dans le temps.

Je l'ai dite le 22 juin 1942 et on sait maintenant les conditions dans lesquelles je suis revenu au pouvoir. L'Allemagne avait décidé (ma conversation avec Goering ne permettait aucun doute à cet égard) de traiter durement la France. Je ne pouvais me dissimuler que ma tâche, déjà lourde, pouvait devenir plus difficile encore. J'avais le sentiment que, si je parvenais à créer entre les deux gouvernements un climat de confiance, je pourrais plus facilement protéger les Français contre les rigueurs de l'occupation, ce qui était pour moi l'essentiel de ma mission. En m'engageant publiquement, je considérais que j'aurais plus d'aisance et de moyens dans mes négociations. Je ne doutais pas qu'un tel propos me serait reproché, mais c'est le propre des hommes de gouvernement de ne pas craindre l'impopularité quand ils pensent qu'à ce prix ils peuvent être plus utiles à leur pays. C'est en tout cas le principe que j'ai constamment suivi. La phrase que j'ai prononcée me permit dans tous mes entretiens avec Sauckel, qui furent nombreux comme l'étaient ses demandes, de lui faire admettre que, si je résistais à ses exigences, c'est parce que les convenances nationales mettaient des limites aux possibilités. Je lui disais : « Vous nous traitez en vaincus et vous nous demandez d'agir en alliés... Vous vous plaignez de l'hostilité de la France et vous la provoquez par vos exigences. » Il devait chaque fois — ceux qui ont assisté à ces dures négociations le savent — réduire ses prétentions. Or, je ne pouvais lui parler sur le ton décidé que j'employais et obtenir des résultats positifs que parce que la déclaration que j'avais faite me donnait à ses yeux l'autorité d'un homme qui n'avait pas craint de s'exposer. Je reste convaincu que le propos qui m'est si sévèrement reproché m'a permis de mieux accomplir ma tâche dans tous les ordres de difficultés que j'ai eu à régler avec l'autorité occupante.

Quand j'ai prononcé cette phrase, nous étions en juin 1942, le débarquement américain en Afrique du Nord n'avait pas encore eu lieu. Le seul front de l'Europe sur lequel tous les regards étaient fixés s'étendait de la Finlande au Caucase. Je croyais encore à la possibilité d'une victoire allemande. Aujourd'hui, l'Allemagne est ecrasée et mon propos paraît d'autant plus malencontreux, mais il m'a donné alors plus de liberté d'action pour protéger les intérêts français. On oublie aujourd'hui qu'il y avait alors à Paris des personnalités et des groupes de collaborationnistes ardents, aussi écoutés des autorités allemandes que soutenus par elles, qui menaient une opposition violente à ma politique et tentaient de s'emparer du pouvoir. Par ma déclaration, j'affaiblissais leurs moyens vis-à-vis des Allemands et je pouvais continuer une politique de neutralité qui gardait le maximum d'indépendance en face de l'occupant. J'ai parlé pour ne pas avoir à agir. Sans cette phrase, Doriot aurait eu plus de facilité pour s'emparer du pouvoir. Généralement, quand on cite la phrase que j'ai prononcée, on en omet la dernière partie : « Je souhaite la victoire de l'Allemagne, car sans elle, *le communisme s'installera partout en Europe.* » Ce pronostic me paraissait alors dans l'ordre des choses, l'Allemagne abattue pouvait être attirée par le communisme plutôt que par tout autre régime en raison des habitudes et des disciplines de vie collective qu'elle avait déjà prises. J'ai fait là simplement une prévision que les événements actuels en Europe ne me paraissent pas démentir. Passant enfin à une considération qui a inspiré toute ma politique, je voulais éviter par-dessus tout que la France participât à la guerre aux côtés de l'Allemagne. Je montrerai dans un instant comment cette déclaration me fournit le moyen de répondre plus fermement qu'il était impossible au Reich de demander à la France de participer à un effort de guerre. J'étais résolu sur ce point à ne jamais fléchir, ce qui m'a valu, lors du débarquement anglo-américain en Normandie, les attaques forcenées de certaines personnalités, de certains groupements et de la presse de Paris. C'est parce que j'avais ainsi parlé audacieusement un jour que je pus, à cette heure décisive, où mes paroles avaient un effet immédiat, tenir le langage de neutralité exprimé dans la déclaration que je fis le jour du débarquement. *Que l'on compare mes paroles à ce moment crucial avec celles du Maréchal, on verra lesquelles témoignent du plus d'indépendance à l'égard de l'occupant. Quel est le chef de gouvernement, quel est le ministre des Affaires étrangères qui, au pouvoir, pendant de longues années et plus encore quand ce sont des années critiques n'ont pas prononcé parfois, sous l'aiguillon des circonstances, des paroles qui ont paru ensuite excessives ou choquantes quand on les isolait des événements qui les expliquaient et les justifiaient ? Toutes celles que j'ai prononcées n'ont rien coûté à la France et elles m'ont permis de mieux défendre ses intérêts positifs à un moment où ils étaient gravement exposés.* Maintenant qu'on connaît les faits qui ont motivé ma déclaration et les preuves que j'ai apportées, je ne peux douter que mes paroles soient comprises et interprétées comme elles doivent l'être, c'est-à-dire comme l'expression, à ce moment-là, d'une nécessité française.

Dans ce débat, je l'ai dit, je ne redoute que le mensonge. Les erreurs, même si elles sont involontaires, sont aussi dangereuses pour la manifestation de la justice. Mais qui donc peut avoir intérêt à masquer la vérité ? Comme accusé, je la réclamerai sans cesse et je la ferai éclater.

Maintenant que l'on sait dans quelles conditions de dures contraintes j'avais dû subir l'envoi en Allemagne des travailleurs français, tout en réduisant ces départs au minimum, il me faut détruire cette affirmation que j'aurais voulu pouvoir aider militairement l'Allemagne. Voici les faits :

Lors du débarquement allié en novembre 1942, Laval refuse à Hitler tout concours

Le 8 novembre, au commencement de la matinée, les troupes américaines débarquaient en Afrique du Nord. Le même jour, à quatorze heures cinquante, le ministre allemand à Vichy, M. Krug von Nidda, m'apportait un message de la part du chancelier Hitler. C'était une offre d'alliance militaire. Elle était présentée dans ces termes, et le texte se trouve aux archives des Affaires étrangères :

> Le 8 novembre 1942, à quatorze heures cinquante, M. Krug von Nidda a fait au Président Laval la communication suivante :
>
> Le Chancelier Hitler demande au gouvernement français s'il est disposé à combattre aux côtés de l'Allemagne contre les Anglo-Saxons. En présence de l'agression à laquelle viennent de se livrer les Anglo-Saxons, la rupture des relations diplomatiques ne saurait être considérée comme suffisante et il faudrait aller jusqu'à une déclaration de guerre aux Anglais et aux Américains. Si le gouvernement français prend une position aussi nette, l'Allemagne est prête à marcher avec lui *durch Dick und Dünn.*

M. Krug von Nidda était chargé de réclamer d'urgence une réponse positive à cette question, dont le message soulignait la signification historique.

M. Krug von Nidda m'avait demandé d'observer la plus absolue discrétion au sujet de cette communication. Il accompagna le message de commentaires enthousiastes et optimistes, et parut fort désappointé par mon attitude très réservée. Je me contentai d'exprimer des propos de politesse ; mon refus ne faisait aucun doute et je lui promis de conférer dans la soirée même avec le Maréchal. Je mis celui-ci au courant en lui disant spontanément qu'il fallait refuser avec autant de netteté que de courtoisie, et que je ne jugeais pas utile d'en saisir le conseil des ministres. Ce fut également l'avis du Maréchal. M. Krug von Nidda revint me voir à la fin de l'après-midi, non plus pour me demander la réponse au message, mais pour me dire que le Chancelier Hitler m'attendait à Munich le lendemain 9 novembre à vingt-trois heures. Je devais trouver, à la Préfecture de Dijon, M. Abetz qui était chargé de m'accompagner pendant mon voyage. Nous eûmes à subir une véritable tempête de neige et nous arrivâmes à Munich seulement le 10 à cinq heures du matin. L'ambassadeur, à Dijon, me demanda quelle réponse j'apportais à Hitler, et, quand je lui dis qu'elle était négative, il parut manifester une grande surprise et un profond désappointement. Il ne me cacha pas « que ce refus de l'alliance, après la défection de certaines troupes françaises en Afrique du Nord, pouvait amener une situation nouvelle très grave pour la France ». Il me dit également son embarras personnel à faire une telle communication à Hitler, dont il redoutait la réaction.

Je pouvais me demander également quelle réception me serait réservée. C'est la question que je m'étais posée avant mon départ et je pouvais m'attendre au pire. J'avais même, dans l'incertitude de mon retour, pris la précaution de détruire certains documents avant de partir. Je pensais que la phrase que j'avais prononcée un jour servirait peut-être à atténuer la rigueur de l'accueil, mais elle était elle-même insuffisante pour me servir de paratonnerre. Durant les longues heures de cette route à travers la Forêt Noire, une question me venait sans cesse à l'esprit, comme une obsession. Quelles allaient être les représailles allemandes ? Si, en 1941, la *Wehrmacht* fusillait cent otages lorsqu'un sous-officier était trouvé mort dans une station de métro, comment Hitler allait-il faire payer à notre pays la « dissidence » d'une armée dont un grand nombre de chefs et de cadres avaient été libérés des camps d'Allemagne ? Au cours de ma vie publique, j'ai défendu la France à Washington, à Londres, à Moscou, à Rome et dans d'autres capitales. Je n'ai jamais eu une tâche plus délicate et plus redoutable que ce jour-là.

Le « Munich » du 9 novembre 1942

Je fus informé, à mon arrivée à Munich, que je devais voir Hitler à huit heures ; j'attendis plus de deux heures avant d'être introduit dans son bureau, où il conférait depuis longtemps déjà avec le comte Ciano. Il avait été prévenu par M. Abetz de mon refus d'accepter l'alliance et il ne fit aucune allusion, au cours de notre entretien, au message qu'il m'avait adressé. Il affirma avec beaucoup de force et une apparente sincérité qu'il « chasserait les Anglo-Saxons de l'Afrique du Nord ». « Désormais, il faut que vous sachiez, me dit-il, que la France ne conservera de son Empire que les colonies qu'elle aura su protéger. » Il parla avec véhémence de l'évasion du général Giraud. J'eus avec le ministre italien une très vive altercation à laquelle celui-ci répondit assez faiblement. Je repoussai une demande qu'il avait formulée pour obtenir des bases dans la région de Constantine pour l'aviation italienne. Hitler n'intervint pas dans notre discussion.

L'audience avait été assez courte ; elle n'avait pas été aussi mauvaise que je le redoutais. Hitler espérait peut-être encore que certaines troupes françaises opposeraient de la résistance aux armées anglo-saxonnes. C'est au cours de la nuit suivante, vers quatre heures du matin, que je fus réveillé pour recevoir de M. Abetz la notification du franchissement de la ligne de démarcation par l'armée allemande et de la frontière italienne par l'armée italienne. Je protestai en termes violents et crus contre l'entrée en territoire français de l'armée italienne. L'ambassadeur me demanda, tant il paraissait préoccupé par les conséquences possibles du refus que j'avais opposé à l'offre allemande et de mon attitude générale, de ne pas formuler ma protestation en des termes aussi vifs. Abetz fut toujours, je dois le reconnaître, quel que fut son désir naturel de servir son pays — et il l'accomplissait pleinement et parfois brutalement — le plus compréhensif, parmi les Allemands, de la situation française. Il paya d'ailleurs de sa disgrâce, quelques semaines plus tard, les sentiments qu'il avait parfois manifesté sur les mauvaises méthodes allemandes appliquées à la France. On lui reprochait également l'insuffisance des résultats de la collaboration avec la France, et il fut longtemps éloigné de Paris.

Il est donc acquis que le 8 novembre 1942, j'ai repoussé à la fois la demande de déclarer la guerre aux Anglo-Saxons et l'offre d'alliance avec l'Allemagne qui nous était proposée

C'est donc dans l'ignorance de ces faits qu'une telle accusation a pu être portée contre moi.

Lorsqu'en 1943, les Allemands créèrent une unité de *Waffen S.S.* « française » avec des éléments recrutés parmi les partis de la collaboration (c'est-à-dire ceux qui manifestaient dans le pays l'hostilité la plus violente à mon égard), je demandai alors et j'obtenais (une pièce l'atteste aux scellés) l'engagement allemand qu'en aucun cas cette troupe ne pût être appelée à combattre des éléments français, c'est-à-dire sur tous les théâtres d'opération de l'Ouest.

Le 17 novembre 1942, le Maréchal et moi recevions à Vichy la visite de M. Schleier, chargé d'affaires, qui nous notifiait un véritable ultimatum d'avoir à déclarer immédiatement la guerre à l'Amérique et de lever des légions impériales pour combattre en Afrique. Le Maréchal était invité à flétrir publiquement la « dissidence ». Le Gouvernement avait un délai de vingt-quatre heures pour répondre. Ce délai passé, sans réponse favorable, nous étions prévenus que l'armistice pourrait être rompu et la France administrée comme la Pologne.

Je ne me rappelle pas si le Maréchal a « flétri la dissidence », mais je sais que j'opposai, en ce qui concerne la déclaration de guerre, un refus catégorique qui fut approuvé à l'unanimité par le conseil des ministres. Je possède à cet égard des témoignages probants sur ce que fut mon attitude. M. Schleier disait le soir à un ministre français : « Il n'y a rien à faire avec le Président. »

Quant aux légions impériales, je répondis que notre armée avait été dissoute et que je ne voyais pas comment celles-ci pourraient être constituées ; qu'au surplus, notre refus de déclarer la guerre impliquait l'impossibilité d'instituer une telle collaboration militaire. Les Allemands durent se contenter de l'assistance qui leur fut prêtée en Tunisie par quelques Français membres du P.P.F. de Doriot.

Je n'ai jamais envisagé aucune collaboration militaire. Je n'ai jamais donné aucun ordre de caractère militaire. Je n'ai jamais cessé de protester auprès de l'ambassade d'Allemagne contre les pouvoirs que M. Rahn s'étaient attribués et qu'il avait attribués à Guilbaud en Tunisie. J'ai souvent déclaré que notre autorité y était bafouée et, malgré les demandes réitérées des Allemands, je me suis toujours refusé à couvrir de ma signature les *diktats* que l'amiral Esteva recevait d'eux et qu'il était impuissant à éluder. C'est le Maréchal qui, après le départ de l'amiral Darlan, avait assumé le commandement de nos forces militaires et navales et si j'étais intervenu, en quelques circonstances que ce soit, ce n'aurait pu être qu'en son nom et pour transmettre ses ordres.

Le 27 novembre 1942, M. Krug von Nidda, accompagné de M. Rochat, arrivait dans le village de Châteldon à quatre heures du matin, et, malgré le froid rigoureux, ne franchissait le seuil de mon domicile qu'à quatre heures trente, parce qu'il avait reçu l'ordre de ne pas me voir avant cette heure précise. Il m'informait que l'armée allemande devait s'emparer de notre flotte à Toulon et que cette opération avait eu lieu ce même matin à quatre heures.

Si j'avais souhaité aider militairement l'Allemagne, le gouvernement allemand l'aurait su et il n'aurait pas marqué, en pareille circonstance, une telle défiance à mon égard. Tous ces faits énoncés, et contrôlables, prouvent que je n'ai jamais, contrairement à ce qui est écrit dans l'acte d'accusation, souhaité aider militairement l'Allemagne. Il est par contre évident que j'ai personnellement et activement fait repousser toutes les offres et toutes les demandes de collaboration militaire avec elle.

Les partis de Doriot et Déat n'ont cessé de combattre la politique de neutralité de Laval

Qu'on lise la presse de Paris à cette époque ; on y relèvera toutes les polémiques dont j'étais l'objet en raison de mon attitude. Je fus poursuivi, pendant toute ma présence au gouvernement, par une meute d'adversaires fanatisés ou qui paraissaient l'être. Quand les partis de la collaboration, le P.P.F. en particulier, se réunissaient au Vélodrome d'Hiver ou ailleurs, ce n'est pas le général de Gaulle qu'on attaquait ; c'est par le cri de « Laval au poteau ! » et « Doriot au pouvoir ! » qu'étaient ponctués tous les discours.

Qu'on compulse aujourd'hui tous les rapports de la préfecture de police pour avoir la physionomie exacte de ces réunions et on sera édifié ; on sentira, dans cette hostilité orchestrée, toute l'inspiration allemande. Comment, alors, concilier l'accusation d'aujourd'hui avec l'attitude hostile de tous les partis collaborationnistes de cette époque ?

Les Allemands, eux, ne se sont pas trompés sur mes véritables sentiments. Ils savaient, eux, que mes manifestations verbales coïncidaient toujours avec leurs contraintes ou leurs menaces et quelles faisaient partie d'un plan méthodique de défense des intérêts français qu'ils découvraient peu à peu et qui les gênait pour agir contre nous.

Le 6 juin 1944, j'adressai un message radiodiffusé. Il me valut une violente campagne de presse dans la zone occupée et une opposition plus vigoureuse encore de la part des collaborationnistes.

Un manifeste, qui portait la signature de plusieurs ministres, des chefs de partis de la collaboration, de journalistes, de personnalités, fut adressé à Hitler, par l'entremise de l'ambassade. Qu'on relise ce document et on verra comment ma résistance à la déclaration de guerre, et ma faiblesse dans la répression à l'intérieur, étaient stigmatisées. Ce manifeste fut apporté au Maréchal par l'amiral Platon.

Je convoquai aussitôt un conseil des ministres à Vichy, auquel Déat n'assista pas, et je pus à mon tour stigmatiser les auteurs du manifeste.

Ce manifeste, dont les quatre cents signataires étaient fortement appuyés par les autorités allemandes, montre sans contestation possible ce que fut mon attitude. Elle s'ajoute comme une preuve vivante à toutes celles que j'ai déjà apportées.

Je n'ai jamais voulu déclarer la guerre aux Anglo-Saxons et j'ai résisté aux plus fortes pressions. Je n'ai jamais voulu prêter une collaboration militaire aux Allemands et je n'ai pas cédé au chantage. Je n'ai jamais voulu abandonner la direction du pouvoir à des aventuriers et j'ai réussi à leur opposer un barrage. J'ai allégé les souffrances des Français en réduisant les exigences allemandes.

N'ai-je pas le droit de répondre à ceux qui m'accusent que j'ai agi comme un bon Français et comme un chef de gouvernement soucieux des intérêts supérieurs de notre pays ? N'ai-je pas le droit de dire que mon action facilitait, dans toute la mesure où je le pouvais, celle des Français qui, les armes à la main, luttaient pour la libération ? Si j'avais pu être appuyé par un chef plus compréhensif, plus habile politique, et pour tout dire, plus loyal à mon égard que le Maréchal, comme ma tâche eût été plus facile et parfois moins douloureuse !

Que les hommes de bonne foi se lèvent, et maintenant qu'ils savent, ne devront-ils pas reconnaître que la Résistance ne pouvait souhaiter autre chose de mieux que ce que je fis dans les circonstances les plus difficiles et les plus dramatiques ? Combien de Résistants l'avaient déjà pressenti et l'avaient dit ! Que de fois cette parole de certains d'entre eux m'a-t-elle été rapportée : « Pourvu qu'il ne s'en aille pas ! »

Comment pourraient-ils aujourd'hui, ceux qui parlaient ainsi, concilier leur sentiment d'alors avec ce désir de vengeance qu'atteste maintenant la monstrueuse accusation portée contre moi ?

J'ai connu des heures noires, où j'étais découragé, écœuré, mais je suis resté, je me suis accroché au pouvoir parce que c'était mon devoir. Je n'avais pas d'armes pour lutter contre les Allemands quand ils molestaient notre pays. Je n'avais que les ressources de ma volonté et de mon intelligence et j'avais à protéger quarante millions de Français.

Pouvais-je hésiter à m'exposer, par certains propos qui n'engageaient que moi, quand je pensais ainsi pouvoir être utile à notre pays ? Ils étaient nombreux ceux, autour de moi, qui avaient compris mes intentions, car j'expliquais souvent mon attitude au cours de réunions avec mes collaborateurs, les hauts fonctionnaires en qui j'avais confiance, et quand je ne craignais pas des fuites possibles, car il y avait des oreilles allemandes ou pro-allemandes un peu partout. Telle était mon action, faite de réalisme politique ; c'était la seule qui pouvait alors être pratiquée.

Veut-on observer comment les Soviets, alors qu'ils savaient, pendant qu'ils étaient les alliés des Allemands, que la guerre était fatale et prochaine entre eux, se comportaient à l'égard de leur adversaire du lendemain ? On verra des exemples saisissants où Staline et Molotov n'ont pas craint de prononcer certaines paroles ou de faire certains gestes qui pouvaient surprendre ensuite, mais qui étaient alors utiles à leur patrie et à leur armée. Il leur fallait gagner du temps pour se préparer mieux à la guerre. Il me fallait, à moi, réduire les risques et essayer d'atténuer les souffrances que nous faisaient subir les occupants. Il faut situer mes propos dans le temps où je les ai tenus pour les admettre, les comprendre et les approuver.

Je vais répéter encore ce que j'ai dit à Vichy aux instituteurs le 3 septembre 1942 : « Je suis allé loin dans mes propos, aussi loin qu'on puisse aller, et, pour que vous me compreniez bien, j'accepte pour ma personne de courir tous les risques, pourvu que je puisse faire courir à la France sa chance. »

Je voudrais que cette phrase accompagnât toujours celle du « souhait » que j'ai formulé. Il n'y aurait alors plus de doute sur le mobile qui l'a inspirée, mais la bonne foi n'est pas monnaie courante dans les périodes où la passion aveugle parfois les plus sages. J'enfoncerai donc le clou, car on ne peut rien contre la vérité, et il n'est au pouvoir de personne de changer mes sentiments.

On a le droit de douter de mon intelligence, de mon sens politique, mais douter de mon patriotisme, c'est me faire l'injure la plus grave.

Il est douloureux, j'en ai fait la cruelle expérience, de servir sa patrie quand elle est malheureuse, mais n'est-ce pas alors lui donner le meilleur gage de son dévouement et de son amour ? Pourquoi donc aurais-je moins aimé mon pays que ceux qui m'accusent ?

N'ai-je pas, mieux que beaucoup d'autres, le devoir et des raisons de l'aimer : je l'ai souvent servi, et souvent représenté ! Je suis aujourd'hui privé de ma liberté, mais je viens d'apprendre que le patriotisme est la seule forme de religion qui résiste à l'emprisonnement. C'est en écrivant ces lignes que j'éprouve ce sentiment dans ma cellule.

On a le droit de douter de mon intelligence et de mon sens politique — mais douter de mon patriotisme est me faire la plus grave injure.

Il est douloureux, j'en ai fait la cruelle expérience, de servir sa patrie quand elle est malheureuse. Mais n'est-ce pas alors lui donner le meilleur gage de dévouement et d'amour —

Pourquoi donc aimerais-je moins mon pays que ceux qui m'accusent ! N'ai-je pas mieux que beaucoup d'autres le droit et des raisons de l'aimer — je l'ai tant servi et si souvent représenté.

On peut tout contre moi. Je suis privé de ma liberté — mais j'ai appris que le patriotisme est la seule forme de religion qui résiste à l'emprisonnement. C'est en écrivant ces lignes que j'éprouve ce sentiment dans ma cellule —

L'ACCUSATION

« Laval et Pétain font alliance ouverte avec l'Axe...
La rage de Laval ne connaît plus de bornes... »

Cependant, malgré les menaces à l'adresse des parents rendus responsables de leurs enfants réfractaires, ceux-ci se font de plus en plus nombreux ; l'armée du maquis se constitue.

Laval et Pétain préfèrent voir la flotte se détruire : elle reste à Toulon plutôt que de jouer un rôle militaire au profit de la France et de ses alliés...

En vain ont-ils fait alliance ouverte avec l'Axe... la défaite de l'Allemagne apparaît certaine : de plus en plus, la France espère... la rage de Laval ne connaît plus de bornes...

LAVAL RÉPOND

Tels sont les chefs d'accusation par lesquels se termine ce document, dont la lecture m'a blessé l'âme. Il ressemble beaucoup plus à l'article passionné et méchant d'un journal de combat qu'à un acte judiciaire.

Même si les faits et les propos que j'ai réfutés un par un semblaient parler contre moi, comment ne s'est-on pas demandé à quel mobile étrange j'avais pu obéir ? Comment aurais-je pu en arriver à cette chute après avoir occupé de si hautes fonctions ? Il ne peut y avoir qu'une explication possible : la passion que les événements ont provoquée et l'ignorance des faits.

Il ne fait aucun doute que la réquisition des ouvriers pour l'Allemagne a fourni au Maquis les effectifs les plus considérables. Je n'ai jamais cessé de l'affirmer aux Allemands et j'ai dit souvent à Sauckel qu'il était le plus grand recruteur d'hommes pour la Résistance. Les ouvriers français acceptaient de travailler en France ; ils refusaient de partir pour l'Allemagne.

Les menaces aux parents, les sanctions contenues dans les lois et rappelées dans les circulaires ne sont pas d'initiative française. Quand elles furent édictées, elles représentaient toujours, après d'âpres discussions, le minimum des exigences allemandes, et elles furent toujours prises pour éviter des menaces ou des sanctions allemandes autant que l'intervention des tribunaux allemands. Quand le Gouvernement dut se résoudre à cette législation et à ces règlements, c'est qu'il n'était pas en son pouvoir de s'y soustraire. Quand une loi était édictée en Allemagne, elle était toujours appliquée. Quand une menace était faite chez eux, elle était toujours exécutée après que l'infraction eût été commise. Quand nous légiférions sous la contrainte des Allemands pour les empêcher de réglementer eux mêmes, c'était avec l'intention de camoufler nos défaillances volontaires. *Je n'ai jamais connu aucun exemple de parents, de médecins, frappés en application de ces textes. Je n'ai jamais reçu aucune réclamation à ce sujet. Mais parce que les textes existaient, je pouvais dire aux Allemands qu'ils recevaient une rigoureuse application et que les résultats du recrutement n'en étaient pourtant pas améliorés. Je ne suis d'ailleurs pas sûr que le texte visé soit celui que j'ai signé.* J'aimerais qu'on me soumit une circulaire portant ma signature manuscrite. J'en ai adressé à chaque préfet régional et il est aujourd'hui facile d'en avoir une.

La rigueur même dans la circulaire visée dans l'acte d'accusation, qui ne fut pas appliquée, me permit, quinze jours après son envoi aux préfets, exactement le 30 juillet 1943, de leur donner l'ordre d'arrêter toute l'opération qui était en cours, et les départs d'ouvriers pour l'Allemagne cessèrent complètement pour ne reprendre en 1944 qu'à une cadence très ralentie.

Il serait donc injuste de me faire aujourd'hui grief d'un acte que le Gouvernement a accompli dans le but de soustraire des dizaines de milliers de Français à la violence des tribunaux allemands. Il serait d'autant plus injuste de me tenir rigueur de ces textes qu'en fait ils ne furent jamais appliquées et qu'ils me permirent, comme je viens de le montrer, d'interrompre une opération commencée.

Par des textes théoriques inappliqués : alléger les souffrances des Français

Quand à l'envoi des réfractaires vers le maquis, il n'avait pas été prévu par les Allemands, mais j'ai toujours donné l'instruction de ne pas les rechercher ; ils le savaient bien et ils étaient nombreux ceux qui venaient me voir jusqu'à mon domicile, ou même à mon bureau à Vichy. Il y en avait dans mon village et j'aurais sévèrement blâmé les inspecteurs et les gardes chargés de ma sécurité s'ils les avaient inquiétés. Ce contraste entre la rigidité des textes et la faiblesse de leur application prouve à l'évidence l'erreur et l'injustice commises dans l'acte d'accusation.

On peut blâmer ces méthodes ; je n'en voyais aucune autre pour nous défendre contre les excès allemands. Nombre de hauts fonctionnaires payèrent de leur liberté l'esprit intelligent de tolérance que, d'accord avec moi, ils apportaient dans l'interprétation de ces lois. Des préfets, que j'appellerai comme témoins, malgré toutes mes protestations, furent déportés, et, parmi les griefs des Allemands relevés contre eux, celui dont je viens de parler était le plus fréquent.

C'est par des paroles et par des textes théoriques que j'ai pu limiter les risques de l'occupation et alléger les souffrances des Français. Je pouvais supposer que, dans l'ignorance des faits, on me les reprocherait un jour, mais je ne doutais pas de voir, après mes explications, mon intention approuvée et mon action comprise.

Le sabordage de la flotte

Ma défense est-elle plus difficile quand il s'agit de l'accusation portée contre moi « d'avoir, avec Pétain, préféré voir la flotte se détruire elle-même à Toulon plutôt que de jouer un rôle utile à la France et à ses alliés » ? Ma réponse est très simple au contraire, pour la seule et bonne raison que je n'ai jamais eu à m'occuper de la flotte de Toulon, sauf le 27 novembre 1942 pour avoir, lorsque l'événement était accompli, reçu la communication du ministre allemand Krug von Nidda m'avisant qu'elle était cernée par une troupe allemande.

C'est l'amiral Darlan qui avait toute la flotte, y compris celle de Toulon, sous son autorité et sous son contrôle, jusqu'au jour où, se rendant à Alger, il y fut surpris par le débarquement anglo-américain.

Ensuite, ce fut le Maréchal qui s'attribua, en parfait accord avec moi, le rôle de chef de toutes nos forces militaires, aériennes et navales.

Je n'eus donc pas à intervenir pour donner des ordres à la flotte de Toulon. Je continuai, comme je l'avais fait lorsque l'amiral Darlan était à Vichy, à diriger tous les ministères civils, sans avoir aucunement à m'occuper des questions militaires ; celles-ci, après le franchissement de la ligne de démarcation par l'armée allemande, le 11 novembre 1942, furent d'ailleurs très réduites puisque l'armée fut dissoute. La flotte, au contraire, semblait avoir été préservée, mais ce fut pour une courte durée.

27 novembre : 4 h 30 du matin à Châteldon, le téléphone sonne. Une division blindée allemande encercle la flotte à Toulon

Dès que je fus informé par Krug von Nidda, à quatre heures et demie du matin, à Châteldon, le 27 novembre, que depuis une demi-heure notre flotte était cernée par une troupe allemande qui devait s'emparer de nos navires, je protestai avec indignation contre une telle agression. Je me précipitai à Vichy pour conférer avec le Maréchal et les ministres. L'amiral Leluc essaya d'obtenir une communication téléphonique avec l'amiral Marquis, préfet maritime de Toulon, et nous apprîmes que les explosions sur les bateaux avaient commencé vers quatre heures et se succédaient sans interruption. Le sabordage était complet. L'amiral de Laborde, chef d'état-major de la Marine, qui était à son poste de commandement sur le *Strasbourg*, refusait de quitter son navire et allait sombrer avec lui, lorsqu'il accepta de descendre, sur l'ordre que lui en fit donner le Maréchal ; il avait le Maréchal pour chef et c'est de lui seul qu'il acceptait ses instructions.

A aucun moment, ni sous aucune forme, je n'ai donné l'ordre à l'amiral de Laborde de saborder nos navires de guerre. Cet ordre de sabordage avait été donné à toutes nos escadres après l'armistice par l'amiral Darlan ; il avait dû être renouvelé, mais à coup sûr il n'avait jamais été révoqué. Chaque capitaine avait la mission impérative de ne jamais laisser tomber son navire aux mains d'une puissance étrangère, quelle que soit cette puissance étrangère. Avant l'armistice, le Gouvernement s'était engagé vis-à-vis de l'Angleterre à ne jamais livrer la flotte aux Allemands. Ceux-ci, dans la convention de Rethondes, qui nous laissait notre flotte, avaient exigé qu'elle ne pourrait jamais être mise au service des ennemis de l'Allemagne. C'est ce double engagement qui avait déterminé, en juin 1940, le Gouvernement et l'amiral

Darlan à donner l'ordre de sabordage de toutes nos unités de guerre lorsqu'elles seraient exposées à tomber aux mains d'une puissance étrangère.

D'Alger ou de Londres, il était facile de parler de la cause des Alliés, comme il est plus commode de le faire en 1945, de Paris, quand les Allemands n'y sont plus, mais à moins de vouloir la rupture de l'armistice avec toutes les conséquences dramatiques qu'elle devait entraîner pour l'ensemble des populations françaises, il était impossible au gouvernement français d'agir ainsi que l'aurait souhaité l'acte d'accusation.

Cela lui était impossible, non pas seulement parce qu'il avait signé l'armistice et pris des engagements, mais parce que la France était tout entière occupée, sans armes, sans force, à la discrétion du vainqueur d'hier. Une telle décision nous eût conduits à faire crucifier la France.

S'il était impossible au Maréchal, seul responsable du commandement de la flotte, d'agir autrement, les navires, eux, pouvaient tenter de s'échapper. L'opération était périlleuse — impossible ont dit les techniciens. Certaines unités la tentèrent pourtant.

C'est le cœur angoissé que j'appris l'affreuse nouvelle. Notre flotte restait l'orgueil de notre pays. J'avais prêté jadis, comme chef du Gouvernement, mon appui ardent au ministre de la Marine pour arracher, en bousculant parfois les règles parlementaires, les crédits aux Chambres pour la construction de navires du type *Dunkerque*. J'avais une lettre de Charles Dumont, alors ministre de la Marine, m'exprimant sa reconnaissance pour mon action, que je conservais comme un des plus beaux témoignages de mon activité au service de la France. Le sabordage de notre flotte de Toulon m'apparut comme l'un des plus grands drames de notre défaite. Tout notre effort naval était à reprendre, nos plus belles unités venaient de disparaître ; le sabordage portait en lui, avec ses pertes pour longtemps irréparables, le symbole de notre détresse.

Voilà ma réponse à l'accusation. Me prêter l'intention d'avoir voulu la perte de nos navires, c'est une injure de plus qui m'est faite, mais ce ne peut être un grief à retenir contre moi. Je mesure mieux encore maintenant comme il est triste de servir sa patrie quand elle est malheureuse.

Mon refus de l'offre d'alliance faite par Hitler

J'ai fait justice, dans une précédente note, de ce chef d'accusation que j'avais, avec Pétain, fait alliance ouverte avec l'Axe. Je n'ai jamais envisagé que nous puissions apporter une collaboration militaire à l'Allemagne. Je n'ai jamais conçu que nous puissions contracter une alliance avec elle. J'ai montré, en répondant aux précédents considérants, que le but principal de ma politique extérieure a consisté à maintenir la France en dehors de la guerre. C'est pourquoi, après avoir résisté aux pressions allemandes, après les événements de Mers-el-Kébir, de Dakar, de Madagascar, j'ai repoussé l'offre qu'ellle nous fit le 8 novembre 1942 d'une alliance *durch Dick und Dünn*, qu'on peut traduire dans ce cas par « à la vie, à la mort ».

Je n'ai jamais obéi aux sommations qu'elle nous fit de déclarer la guerre à l'Angleterre et à l'Amérique.

Si j'avais été interrogé, j'aurais sans doute apporté une contribution intéressante à l'histoire de notre pays pendant l'occupation.

J'aurais pu rappeler notamment que, lorsque l'amiral Darlan était au pouvoir et que je n'y étais pas, en mai 1941, il s'était rendu à Berchtesgaden pour y conférer avec Hitler sur un vaste projet de collaboration militaire et de véritable alliance avec l'Allemagne. C'est à ce moment que certains généraux français prisonniers furent libérés pour accomplir des missions spéciales.

Il s'agissait alors d'entreprises militaires communes qui étaient envisagées pour reprendre nos colonies. Bizerte et la ligne de chemins de fer de Tunisie devaient être ouvertes au trafic allemand pour assurer le ravitaillement de l'armée commandée par Rommel.

L'amiral Darlan demandait, en contre-partie de cette collaboration militaire et de ce renversement d'alliance, la libération de nos prisonniers, la réduction des frais d'occupation, la suppression de la ligne de démarcation.

C'est sans doute la situation dans laquelle nous nous serions trouvés si j'avais accepté l'offre d'alliance qu'Hitler nous fit plus tard, le 8 novembre 1942.

Ces pourparlers, qui demeurèrent secrets, n'eurent aucune suite. La situation de l'armée Rommel, qui avait été compromise, s'était rétablie, et les raisons allemandes de négocier avaient disparu.

Je n'aurais sûrement pas donné mon agrément à un tel projet, que j'ai connu beaucoup plus tard, si j'avais été au pouvoir. Je voulais bien faire la paix avec l'Allemagne pour en obtenir des avantages pour la France. Je ne l'aurais jamais faite au prix du sang répandu en commun, c'est-à-dire au prix d'une collaboration militaire. L'Allemagne eut sans doute des velléités de reprendre les pourparlers, car j'ai appris, lorsque je me trouvais en Allemagne, que l'amiral Darlan devait aller revoir Hitler en 1941, mais l'élément anglophile l'emporta alors à la Wilhelmstrasse. Hitler poursuivait son rêve de *Mein Kampf* d'une entente avec l'Angleterre aux dépens de la France.

***

Je ne parle pas du Maréchal. Son affaire est jugée. Je n'en parle pas dans la mesure où les extravagances de langage de l'un de ses défenseurs à mon endroit ne seront pas évoquées, car je ne permets à personne de dire que j'ai voulu l'alliance ou une collaboration militaire avec l'Allemagne, parce qu'une telle affirmation est une grossière offense à la vérité.

« J'ai vécu des heures sombres »

J'ai connu et j'ai vécu pendant l'occupation des heures sombres. Pour ne pas agir ou pour moins agir, pour écarter certains menaces, faire tomber ou atténuer certaines contraintes, j'ai parlé ou j'ai écrit. J'ai fait d'autant plus de promesses que j'étais moins décidé parfois à les tenir. En face d'hommes comme Hitler, Oberg ou Sauckel, je n'avais d'autres ressources que ma ténacité et ma patience. Je n'avais d'autre force que mon pouvoir de négocier ou de convaincre.

J'ai usé de ces moyens de toute mon intelligence et de toutes les manières. J'avais constaté la mauvaise foi de mes interlocuteurs et la brutalité de leurs méthodes. J'ai mis en œuvre toutes les ressources de mon esprit, de mon cœur, et toutes celles que me donnait un expérience politique déjà vieille. J'ai lutté à chaque heure du jour et souvent de la nuit, pour assurer une soudure difficile, réduire des prélèvements, empêcher des réquisitions, des départs d'ouvriers, faire rentrer des prisonniers, sauver des condamnés. J'ai voulu, en un mot, maintenir la france, lui conserver ses cadres, son armature et sa vie. Je n'ai pu l'empêcher de souffrir, d'être violentée, meurtrie, mais je lui assuré un minimum de vie pour lui permettre d'attendre sa libération et de pré-

parer sa renaissance. J'ai fait de mon mieux, mais qui donc, en face d'un occupant aussi dur, aussi impitoyable, aurait pu faire mieux ? Il aurait, me direz-vous, sauvé son honneur. Oui, peut-être, s'il en avait eu une certaine conception, mais sans doute aurait-il fait crucifier la France. J'ai de mon honneur une autre idée. Je le confonds avec l'intérêt de ma patrie. Mon honneur, à moi, consistait à tout faire pour éviter de livrer notre pays à un Gauleiter ou à des aventuriers, à ne pas déclarer la guerre aux Anglo-Saxons, à ne pas nous allier à l'Allemagne, et j'ai atteint mes buts. Mon honneur consistait à alléger les souffrances des Français, et des dizaines de milliers d'hommes et de femmes me doivent la vie, des centaines de milliers d'autres la liberté.

Vous discutez aujourd'hui mes moyens ? Vous reprenez des paroles qui eussent été impies si elles n'avaient pas eu pour objet exclusif de me permettre de mieux défendre notre pays ? Vous en produisez d'ailleurs que je n'ai jamais prononcées.

Vous contestez ma méthode ? Vous pouvez en discuter comme on le fait d'un système politique, c'est votre droit, mais vous excédez ce droit quand vous osez parler de trahison. Cela, c'est un outrage. Vous êtes le plus fort, vous pouvez me frapper, mais mon pays m'a fait monter trop haut pour que vous me fassiez descendre si bas. Vous pouvez tout aujourd'hui, sauf effacer le sacrifice que j'ai fait à la France, et séparer mon âme de ma patrie.

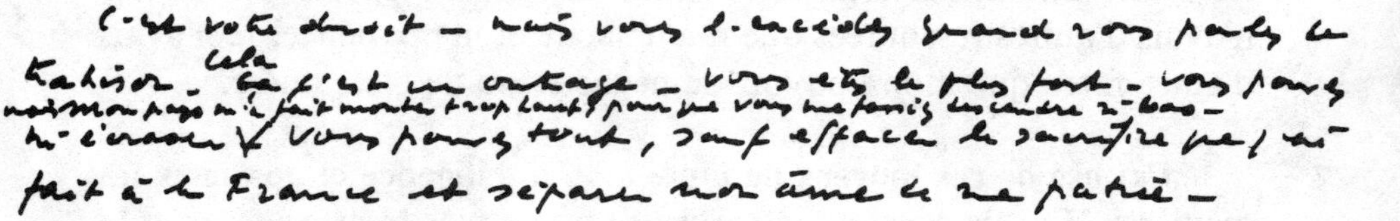

L'ACCUSATION

(basé sur un « faux » témoignage de M. de La Pommeraye
[fonctionnaire — Secrétaire Général du Sénat]
au procès Pétain)

Un témoignage inattendu :
« Voilà comment on renverse la République ! »

L'inculpation dont Laval est l'objet du chef d'attentat contre la sûreté intérieure de l'État se trouve singulièrement renforcée par la déposition de M. de La Pommeraye, Secrétaire Général du Sénat, relatant la phrase échappée à Laval, après le vote du 10 juillet 1940, et la signature des actes constitutionnels promulgués le lendemain : « Voilà comment on renverse la République ». Après cela, que valent ses arguties consistant à dire qu'on ne saurait de ce chef retenir aucun grief contre lui et attendu que les actes en question étaient nuls, faute d'avoir été pris en conseil des ministres et qu'il le savait bien ?

Pour ce qui est de la seconde inculpation, M. de La Pommeraye a également rapporté un propos ne laissant aucun doute sur le genre de collaboration qu'envisageait Laval dans ses rapports avec le vainqueur : « Il faut que nous adaptions notre constitution aux institutions des Allemands ».

LAVAL RÉPOND

Il est étrange que M. de La Pommeraye ait attendu cinq ans pour apparaître soudainement dans mon affaire, appelé au cours du procès Pétain par un juré à qui il avait fait sans doute ses confidences.

Laval dénonce le double mensonge de ce « témoin »

J'ai déjà dit au procès Pétain que mes rapports avec M. de La Pommeraye n'étaient pas bons. Cela ne suffit pas pour expliquer son acharnement contre moi. J'ai jugé souvent importunes les immixtions de M. de La Pommeraye dans nos entretiens politiques, entre sénateurs, dans les couloirs de la Haute Assemblée et je le lui ai dit quelquefois. J'étais alors dans une position plus forte, mais je n'accepte pas que ce fonctionnaire à la retraite vienne aussi tardivement soulager sa conscience pour accabler la mienne. Il satisfait peut-être une de ses vengeances mesquines pour mon attitude d'autrefois à son égard, sans mesurer assez aujourd'hui l'énormité de son propos. Si j'avais à recommencer ma vie, je ne plaisanterais plus avec des gens comme M. de La Pommeraye.

Quand j'ai été confronté avec lui à l'audience, j'ai simplement opposé la réalité de mes sentiments à l'intention sérieuse qu'il mettait dans un propos que j'ai cru fantaisiste et que je n'ai même pas voulu contredire.

Aujourd'hui, M. de La Pommeraye récidive, et sa mémoire ou son service de renseignements ayant de nouveau fonctionné, il m'accuse d'avoir désiré pour notre pays, un régime semblable au régime allemand.

Je ne me soucie plus du serment qu'il prête — car outre que sa passion d'apparence tranquille peut l'aveugler, il peut aussi se tromper, et le serment n'apporte pas toujours avec lui l'exactitude et la sincérité.

A ses allégations fantaisistes, je vais opposer les paroles que j'ai prononcées le 10 juillet 1940 et qui ne peuvent, elles, être contredites, parce qu'elles furent prononcées devant l'Assemblée Nationale, qu'elles furent sténographiées et qu'elles ont aujourd'hui un caractère officiel :

> « Aucune brutalité, aucun régime de force ne pourra faire fléchir la fierté de notre race. Si nous sommes résolus, si nous voulons nous refaire une autre âme, de ce grand mal qu'a été la défaite un grand bien peut sortir pour notre pays...
>
> » ... Quand on fait une constitution, à moins d'être léger, on ne peut pas envisager une constitution qui ne soit pas l'expression des mœurs, l'expression des désirs, l'expression de la volonté d'un pays, car on ferait œuvre vaine : on ferait une œuvre qui serait purement

artificielle et qui serait emportée par les évènements. Ce n'est pas là l'œuvre à laquelle nous vous convions...

» ... La constitution envisagée ne peut pas être une constitution réactionnaire. Dans l'état où se trouve la France, étant donné le tempérament français, on ne peut plus regarder vers le passé et y retourner. C'est vers l'avenir qu'il faut aller. Il faut donner au monde du travail, et pas seulement sous la forme électorale que nous avons connue, des droits, de vrais droits sous un contrôle impartial, celui de l'État...

» ... Il y a autre chose à quoi nous pensons ; nous pensons aux patrimoines moral auquel nous tenons, nous pensons à la famille, aux droits de la personne humaine et tout ce qui fait la raison de vivre... »

Je pourrais poursuivre les citations de cette nature, mais celles-ci suffiront. Mes paroles sont assez claires pour ne laisser place à aucune fausse interprétation. On y relève à chaque ligne la pensée contraire à celle que me prête M. de La Pommeraye. Je ne m'inclinais pas devant le nazisme ou devant le fascisme puisque je disais : « Aucune brutalité, aucun régime de force ne pourra faire fléchir la fierté de notre race », et j'ajoutais : « Nous ne voulons pas imposer à la France une constitution qui ne serait pas l'expression de sa volonté, car on ferait ainsi une œuvre vaine qui serait emportée par les événements. »

Je n'envisageais pas une constitution réactionnaire et mon langage était plus net encore lorsque j'affirmais « qu'on ne peut plus regarder vers le passé et y retourner ».

Peut-on plus franchement marcher vers la république et condamner la dictature ? Le doute n'est plus permis lorsque j'ajoute : « Nous pensons au patrimoine moral auquel nous tenons, nous pensons aux droits de la personne humaine et tout ce qui fait notre raison de vivre. »

Un langage qui n'a jamais varié

Comment pourrait-on voir dans ces paroles la préfiguration du régime allemand ? Comment pourrait-on déceler dans ces propos le désir d'imiter, je ne dis pas servilement, mais même d'imiter de loin la politique du vainqueur allemand ?

Ces paroles sont les seules qui puissent m'être opposées parce que seules elles portent le caractère officiel et non contestable de mes déclarations devant l'Assemblée Nationale. Elles sont aussi expressives que probantes. Que peuvent compter en face d'elles les propos faux ou fantaisistes rapportés par M. de La Pommeraye ?

Une objection peut m'être faite. « Vous disiez cela devant l'Assemblée Nationale pour surprendre son vote, mais après, vous ne parliez pas ainsi. » *Mon langage n'a jamais varié.*

Ma première déclaration publique sur notre politique intérieure, je l'ai faite à Paris, le 25 mai 1941, à M. Heinzen, représentant en France de la *United Press.* C'est d'ailleurs dans cette déclaration que l'accusation relève le passage sur l'Alsace-Lorraine.

Qu'ai-je-dit ce jour-là, près d'une année après la réunion de l'Assemblée Nationale ? J'ai précisé ma pensée :

> « Les libertés ? Elles ne sauraient être menacées dans un pays qui en fut le berceau. La démocratie ? Si c'est celle que nous avons connue, qui nous a fait tant de mal... nous n'en voulons plus et nous ne voulons pas qu'on nous demande de nous battre pour elle. Mais une République neuve, plus forte, plus musclée, plus réellement humaine, cette République nous la voulons et nous la construirons. Ceux qui dans mon pays peuvent rêver d'un retour en arrière se trompent. La France ne peut pas et ne veut pas reculer. Avec tous les grands États d'Europe, elle devra remplir deux tâches : bâtir la paix d'abord, et ensuite, pour briser le chômage, les misères et les désordres, construire le socialisme. »

Le 5 juin 1943, dans un message radiodiffusé, parlant de la paix future, et bien que le territoire français fût alors occupé tout entier, j'avais l'audace de dire :

> « L'individualité des peuples devra être respectée. Aucun pays ne pourra imposer ses mœurs, sa religion, son régime aux autres pays. Mais, n'en doutez pas, tous les régimes auront un trait commun. Ils seront à base populaire. Le travail aura partout la primauté qui lui revient, et sans laquelle toute institution politique serait vaine puisque l'adhésion profonde des masses lui manquerait. »

Comment pourrait-on retrouver dans tous ces propos la volonté d'imiter le régime allemand ? N'est-ce pas plutôt le langage si souvent exprimé depuis la Libération — et n'étaient-elles pas prophétiques ces phrases qui sont, sous des formes variées, si répandues aujourd'hui ?

Comment ne pas sentir en les relisant qu'elles portent l'affirmation d'une doctrine républicaine : « Une République neuve, plus forte, plus musclée, plus réellement humaine ».

Comment ne pas voir dans ces mots une condamnation de la politique du Maréchal : « Ceux qui dans mon pays peuvent rêver d'un retour en arrière se trompent. La France ne peut pas et ne veut pas reculer. »

J'ajouterais au cours des débats d'autres citations puisées dans d'autres discours, pour qu'il soit établi de la manière la plus nette, et une fois pour toutes, que je n'ai jamais accepté ni même envisagé aucune transaction possible sur le principe républicain.

Avant son arrestation par les S.S. Laval a tenté de réunir l'Assemblée Nationale

Mon dernier geste, avant d'être contraint par les Allemands de quitter Paris, ne fut-il pas précisément de tenter de préparer la réunion de l'Assemblée Nationale ?

Après le débarquement en Normandie, la défaite en France des Allemands paraissait certaine. Leurs armées reculaient sans cesse et il était évident qu'ils devraient bientôt abandonner Paris. J'avais eu l'occasion, à maintes reprises, de protester auprès de l'ambassade d'Allemagne contre les déportations des Français, et, en particulier, contre celles des hommes politiques. J'avais souvent demandé le retour de certains d'entre eux et j'avais insisté spécialement en faveur du Président Herriot. J'avais fait valoir la nécessité de convoquer le Parlement pour qu'il se réunisse en Assemblée Nationale. Des circonstances exceptionnelles avaient motivé la réunion du 10 juillet 1940 qui avait permis l'attribution de pouvoirs réguliers au maréchal Pétain et au Gouvernement de la République. De nouvelles circonstances devraient mettre un terme à ces pouvoirs, et il me paraissait indispensable que l'Assemblée nationale recouvrât par des voies normales les pouvoirs qu'elle avait délégués.

C'est le mercredi 9 août, à huit heures du matin, que je suis arrivé à Paris.

Trois problèmes me préoccupaient :

1° — le ravitaillement de la capitale.

2° — la négociation avec le gouvernement allemand d'une convention pour que Paris ne soit pas défendu.

3° — la convocation de l'Assemblée Nationale.

Ainsi j'aurais eu le moyen de rendre compte des conditions dans lesquelles le Gouvernement avait été amené à agir pendant l'occupation et, ce qui me paraissait encore beaucoup plus important, les pouvoirs légaux et constitutionnels de la France eussent été régulièrement transférés. C'était là, à mon sens, la seule façon, après le bouleversement de la guerre, de créer un climat de concorde et d'union dans le pays.

Dès les premières heures de la matinée, je convoquai à Matignon les bureaux du Conseil Municipal et du Conseil Départemental de la Seine. Je fis part de mes intentions aux membres, dont la plupart étaient d'anciens élus, sénateurs ou députés, et le lendemain 10 août je fis publier le communiqué suivant :

> Arrivé hier de Vichy, le Président Laval a reçu M. Taittinger, président du Conseil Municipal de Paris, et M. Constant, président du Conseil Départemental de la Seine, accompagnés des bureaux des deux assemblées. Il leur a dit les raisons de son retour à Paris et sa volonté de rester au milieu de la population parisienne.

Le vendredi 11, à dix-huit heures, après m'être entretenu avec d'anciens parlementaires qui se sont ralliés à ma façon de voir, je reçus à Matignon les quatre-vingt-sept maires de Paris et des communes de la banlieue de la Seine (la majorité de ces derniers étaient d'anciens élus). Ceux-ci, à l'unanimité, m'exprimèrent leur confiance en me remettant une motion dont voici le texte :

> Les membres de l'Union des Maires de la Seine adressent au Président Laval, chef du Gouvernement, l'hommage de leur affectueuse et fidèle amitié. Ils lui disent leur confiance entière en son action, persuadés qu'il trouvera dans son amour pour la patrie blessée les voies de salut qui conduiront le pays vers sa résurrection. Profondément dévoués à sa personne, ils sont heureux de pouvoir donner par leur cohésion l'exemple de la discipline et de l'union et n'ont pour seule ambition que de servir le pays.

Peu après la réception des maires, je reçus longuement l'ambassadeur Abetz. Je lui fis valoir tous les arguments en faveur du retour du Président Herriot. L'ambassadeur se rendit à mes raisons en m'indiquant que je pouvais, si je le voulais, aller annoncer moi-même au président de la Chambre qu'il était libre. C'est ainsi que le 12 ou le 13 août 1944, j'allai à Nancy, me proposant de ramener le Président Herriot à Paris. Je l'informai des démarches que j'avais faites, du résultat que j'avais obtenu et de mon désir de faire convoquer l'Assemblée Nationale suivant les formes légales prévues dans la loi de 1875. *Après une longue détention, le Président Herriot fut justement et, je le pensai aussi, heureusement surpris de la nouvelle que je lui apportais. Il pouvait craindre en effet d'être, en raison des méthodes allemandes et des circonstances militaires, déporté en Allemagne. Au lieu de la direction de Berlin, c'est la route de Paris qui lui était ouverte.*

De mon côté, j'avais obtenu la garantie de l'ambassadeur d'Allemagne que je pourrais rester à Paris. J'avais refusé catégoriquement de partir vers l'Est. Comme chef du Gouvernement, et quels que pussent être les risques à courir, j'estimais n'avoir point le droit d'abandonner mon poste avant d'avoir fait procéder à un transfert régulier de mes pouvoirs. Devant mon attitude décidée et ma résolution de ne pas céder aux demandes de l'ambassadeur d'Allemagne, celui-ci me donna son accord.

Le Président Herriot s'installa à la Préfecture de la Seine, en attendant que lui soient remis les locaux de la Présidence de la Chambre, encore occupés. (L'ordre fut donné aux services allemands d'évacuer les locaux pour le jeudi 17 au soir.)

Je devais m'enquérir également au sujet du président du Sénat, M. Jeanneney, qui se trouvait dans la région de Grenoble. Sur le conseil de M. Herriot, je vis M. Blondeau, conseiller d'État, directeur du cabinet du Sénat, et je lui demandai, ce qu'il me dit être disposé à faire, de se préparer à partir pour aller chercher M. Jeanneney. Il était impossible de communiquer par téléphone avec Grenoble, tous les circuits téléphoniques étaient coupés. M. Blondeau n'eut pas à faire son voyage. (Je ferai d'ailleurs citer comme témoins M. Herriot et M. Blondeau.)

Dans le même temps, je négociai avec les Allemands et le consul de Suède pour épargner à Paris des destructions inutiles. Le même jour, vers vingt-deux heures, l'ambassadeur vint m'annoncer que la *Wehrmacht* donnerait l'ordre à ses troupes de ne pas défendre Paris. Par deux vigoureuses interventions, j'avais empêché la veille la destruction des centrales électriques et téléphoniques de la capitale.

Coup de théâtre : Les Allemands arrêtent Herriot et Laval

Quelques moments plus tard, vers vingt-deux heures trente, je fus informé, par un appel téléphonique de l'un des inspecteurs mis à la disposition de M. Herriot, que la police allemande venait d'arriver à la Préfecture de la Seine et se disait chargée de reconduire M. Herriot à Maréville, près de Nancy, où j'étais allé le chercher quelques jours auparavant. Je me rendis immédiatement à la Préfecture de la Seine pour protester contre cette nouvelle arrestation, et j'expliquai au capitaine Nosseck que la mission dont il était chargé constituait pour moi la plus grave offense. Je m'opposai à l'exécution et je priai, par téléphone, M. Abetz, ambassadeur, de venir conférer avec moi et avec M. Herriot à la Préfecture. L'un et l'autre, nous élevâmes une énergique protestation contre un tel procédé et un tel manquement à la parole donnée. L'ambassadeur tenta d'expliquer qu'il avait pris sur lui, en accord avec les services de police, de faire libérer M. Herriot, mais qu'il venait de recevoir de son gouvernement l'ordre formel de rapporter sa décision. Il s'en excusait, mais prétendait ne rien pouvoir faire pour se soustraire à cet ordre. Dans le but de gagner du temps et dans l'espoir de faire revenir le gouvernement allemand sur sa décision, je remis une lettre à l'ambassadeur, adressée à Hitler. Je remis également à Abetz la lettre de protestation suivante :

Paris, le 17 août 1944

Monsieur l'Ambassadeur

J'ai été informé par vous que je pouvais annoncer au Président Herriot qu'il était libre. Je suis allé à Nancy pour le lui dire et je l'ai ramené à Paris.

La nouvelle de son arrestation et de son nouveau transfert à Nancy ou en Allemagne, que je viens d'apprendre, m'affecte profondément.

Si cet ordre était maintenu, il constituerait pour moi la plus grave offense. On ne manquerait pas de m'imputer une duplicité qui, vous le savez, n'a jamais été dans mon caractère.

Je devrais vous demander de me considérer comme prisonnier au même titre que le Président Herriot et, dans tous les cas, vous me placeriez dans la nécessité de renoncer immédiatement à l'exercice de mes fonctions.

Veuillez agréer, Monsieur l'Ambassadeur, l'assurance de ma très haute considération.

Pierre Laval

M. Herriot écrivit en même temps la lettre qui suit :

Paris, le 16 août 1944

A Son Excellence
l'Ambassadeur d'Allemagne à Paris

Après avoir été informé à Nancy par M. le Président Laval que j'étais libre, sans aucune démarche de ma part, après avoir été ramené à Paris où, pour des raisons de prudence et d'intérêt général, je me suis privé de cette liberté qui m'était annoncée, sans commettre le moindre acte qui puisse m'être reproché, je suis de nouveau emmené je ne sais où avec ma femme qui a volontairement et courageusement suivi mon sort.

Je n'ai aucun moyen de résister à la force lorsqu'elle s'oppose à la parole donnée. Mais je laisse cette protestation solennelle entre les mains de M. le Président Laval, chef du Gouvernement, en le priant de la transmettre à M. l'ambassadeur d'Allemagne à Paris.

Édouard Herriot

Il fut alors convenu que M. et Mme Herriot passeraient la nuit à la Préfecture et que le lendemain 17, dans la matinée, ils iraient à l'ambassade où ils seraient, me dit l'ambassadeur, garantis contre une nouvelle intervention de la police allemande, avant que vienne la réponse de Berlin à la lettre que j'avais remise. Je devais moi-même aller les rejoindre à l'ambassade le lendemain à midi — ce que je fis.

C'est le matin du 17 que le préfet de police, M. Bussière, me téléphone pour m'aviser du départ pour l'Est de Déat, Darnand et de Brinon.

L'ambassadeur me dit avoir reçu le matin même des instructions qui ne permettaient pas de laisser séjourner à Paris M. Herriot et qu'il devait dans la journée même être reconduit à Maréville. Je protestai de nouveau avec vivacité et M. Abetz m'informa alors que les mêmes instructions lui enjoignaient de me faire partir, le jour même, avec les membres du Gouvernement, à Belfort. Il me précisa que le Maréchal devait partir également et que le ministre allemand, M. Renthe-Fink, était chargé de l'aviser et de faire exécuter l'ordre. Je rappelai alors l'engagement que l'ambassadeur avait pris vis-à-vis de moi. Je lui précisai que j'avais annoncé publiquement ma volonté de ne pas quitter Paris, que j'accomplissais un devoir impérieux, que j'en acceptais tous les risques pour ma personne, et j'ajoutai que le gouvernement allemand n'avait aucun droit de disposer de ma personne et de celle des ministres. Je lui dis que j'avais l'intention de convoquer un conseil des ministres, dans l'après-midi, et que je lui ferais part de la réponse du Gouvernement. A la réunion, tous les ministres présents approuvèrent la protestation que j'avais faite et le refus de partir que j'avais opposé. J'écrivis aussitôt une lettre à l'ambassadeur, à laquelle il répondit en disant qu'il userait au besoin de la contrainte pour faire exécuter l'ordre qu'il avait reçu. Je réunis de nouveau les ministres pour les mettre au courant, et ils approuvèrent les termes de la lettre que j'adressai à l'ambassadeur d'Allemagne, dans laquelle je lui faisais connaître que le Gouvernement cessait l'exercice de ses fonctions. Quelques ministres, MM. Cathala, Grasset et Chasseigne, me firent connaître leur intention de ne pas partir et réussirent à se cacher. **Dans la soirée, vers dix heures, l'ambassadeur allemand se présentait à l'Hôtel Matignon avec le chef de la police allemande — des voitures de la Gestapo stationnaient devant la porte — et vint me notifier l'ordre. C'est dans ces conditions que je dus quitter Paris. Les deux préfets et les deux présidents des assemblées de Paris et de la Seine étaient présents. Je remis aux uns et aux autres des instructions avant de monter dans ma voiture. Précédés et suivis par des voitures de la Gestapo, nous fûmes emmenés vers Nancy où je devais retrouver le Président Herriot. De là, nous fûmes dirigés sur Belfort, où le Maréchal devait nous rejoindre deux jours plus tard.**

L'ACCUSATION

Additif brusqué à l'acte d'accusation :
Laval a avili et humilié la France

Lorsque le Gouvernement ordonna d'interrompre brusquement l'instruction afin que Laval soit " jugé " avant les élections du 21 octobre, le Procureur Général Mornet fit signifier à Laval dans sa cellule, le 18 septembre, un additif à l'acte d'accusation qui se terminait ainsi :

" Le système de défense de Laval est tout entier fondé sur le fait qu'à son avis aucun homme sensé ne pouvait en 1940 douter de la victoire de l'Allemagne. « Dans ces conditions », dit-il, « j'ai fait la seule politique possible, celle qui consistait à s'entendre avec le vainqueur. »

" « Au surplus », ajoute-t-il, « tout ce que j'ai concédé, les Allemands l'auraient imposé de force. J'ai jugé plus habile de me donner l'apparence de le faire de mon propre gré, afin d'obtenir des compensations. »

" « Enfin », ne cesse-t-il de répéter, « si je n'avais pas été là, la situation de mes compatriotes eut été cent fois pire. La France me doit sa reconnaissance. »

" Sans insister sur le peu de fondement des allégations de Laval au sujet des prétendus avantages dont sa politique aurait été la rançon, un point est certain : cette politique nous a mis dans une position avilissante, chose impardonnable dont la portée comme le caractère ne pouvaient pas échapper à ses auteurs. Elle nous a causé un préjudice moral et matériel dont la France, malgré ses immenses sacrifices et sa contribution à la victoire commune, supporte aujourd'hui les conséquences.

" C'est le crime justement reproché à l'homme, qui sous l'égide et le drapeau de Pétain, a été l'agent principal d'une collaboration dont on peut dire que, sans la résistance de l'immense majorité des Français, jointe au martyre comme à l'héroïsme de tous ceux qui sont tombés, elle eût marqué d'une tache ineffaçable la page la plus triste de notre histoire. "

Réponse de Laval à l'accusation d'avoir humilié la France en lui causant un préjudice moral et matériel dont elle supporte aujourd'hui les conséquences...

Le problème est bien posé. Il aura donc suffi de quelques interrogatoires pour arriver à cette conclusion. L'additif est plus clair que l'acte d'accusation. On y relève les griefs, mais on y laisse percevoir la défense.

La France humiliée ?

A l'hypothèse de ma culpabilité, telle qu'elle est présentée, j'ai déjà répondu par des notes. J'ai opposé à l'accusation, non pas seulement des arguments, mais des faits. Après avoir lu mes réponses, aucun homme de bonne foi ne pourra contester leur justesse, leur pertinence et leur force. Il n'a pas dépendu de moi que l'instruction soit plus complète. Sa clôture inattendue et brusquée ne m'empêchera pas d'apporter à l'accusation une réfutation éclatante et définitive. Mon procès ne peut se terminer sans que toute la lumière soit faite, parce que mon innocence doit apparaître en même temps que la vérité.

La conclusion de l'additif peut être ainsi résumée. C'est parce que j'ai cru en 1940 à la victoire de l'Allemagne que j'ai fait avec le vainqueur une politique d'attente. (C'est pour éviter des contraintes certaines que j'ai fait des concessions, pour obtenir des compensations, et si je suis resté au pouvoir, c'était pour éviter le pire.) Cette politique a avili la France et elle nous a causé un préjudice moral et matériel dont nous payons les conséquences. Voilà le crime qui m'est reproché. Et l'accusation ajoute : « Sans l'héroïsme de ceux qui sont tombés et sans la résistance de l'immense majorité des Français, cette collaboration aurait marqué d'une tache ineffaçable la page la plus triste de notre histoire. »

En adoptant le plan de l'accusation, il suffisait, comme l'instruction avait le devoir de le faire (et je l'ai écrit au Garde des Sceaux), d'établir notamment le bilan de mon activité et de dire si elle avait été néfaste ou profitable à la France. **C'est précisément ce qu'on n'a pas voulu et j'ai dû, de ma cellule, sans dormir, avec ma seule mémoire, faire l'effort nécessaire pour opposer la réalité à l'ignorance des faits. On a même refusé de me laisser voir les ministres qui sont à Fresnes et qui pourraient me renseigner.** Privé du droit naturel de me défendre, j'ai néanmoins, sur les problèmes essentiels, et en tout cas sur tous les chefs d'accusation, fait éclater la vérité. Mais j'ai l'ambition d'aller un pas plus loin en montrant dans chaque domaine quelle a été la vie de la France sous l'occupation. Ce sont des pages d'histoire que j'ai le devoir de présenter pour défendre les milliers de fonctionnaires qui, en suivant mes consignes, ont contribué à réduire les souffrances des Français, et même quelquefois à bâtir pendant que l'ennemi et la guerre détruisaient tout autour de nous.

Est-ce parce que mes démonstrations étaient trop claires qu'on les a brutalement interrompues, en précipitant subitement les débats ? Il ne suffit pas de parler aujourd'hui du peu de fondement de mes allégations pour leur enlever leur caractère d'évidence. Il eût été plus logique, et, j'ose le dire, plus honnête d'essayer d'en prouver la fausseté quand j'offrais, au contraire, d'en établir la véracité. Je n'avais rien à redouter de la lumière et tout à espérer d'une justice qui se fonde sur la vérité.

Il y a un mot, un mot atroce, que je suis heureux de ne plus retrouver dans l'additif. Sans doute on y relève le crime que j'aurais commis d'avoir humilié la France, mais la simple esquisse qui y est faite de ma défense semble indiquer que mon attitude et mes réponses ont déjà frappé mes interlocuteurs. On dit bien que les nouveaux éléments recueillis ont aggravé les charges qui pesaient déjà sur moi, mais la lecture de l'additif m'a montré au contraire la fragilité de l'accusation et j'y ai répondu.

Le vrai crime contre la France

Il me reste à dire ce que je pense de l'humiliation que j'aurais imposé à la France, et à répondre au reproche de lui avoir, par ma politique, causé un préjudice matériel et moral dont elle supporte aujourd'hui les conséquences.

Le crime n'est pas de s'être trouvé là quand l'humiliation est venue de notre défaite, le crime, c'est d'avoir lancé la France dans une guerre dont on pouvait prédire d'avance qu'elle était perdue, puisqu'on ne l'avait préparée ni militairement ni diplomatiquement.

Mon crime, si c'en était un, serait d'avoir accepté pendant l'occupation des charges qui incombaient à ceux qui étaient responsables de nos malheurs. Mon erreur a été d'accepter d'être le « syndic » d'une faillite que j'ai tout fait pour éviter.

Le vrai crime, c'était de n'avoir pas assez tôt prévu le danger redoutable que représentait Hitler, et le crime plus grand encore, si on l'avait prévu, c'était de n'avoir rien fait pour l'empêcher de nuire — avec cette circonstance aggravante qu'on avait, au contraire, tout fait pour l'encourager à mettre le feu à l'Europe.

Ces crimes, je ne les ai pas commis, et je les ai dénoncés avec indignation dans les dernières années et surtout les derniers mois qui ont précédé la guerre. Qu'on relise les procès-verbaux des séances de la Commission des Affaires étrangères du Sénat et le compte rendu du Comité secret de mars 1940, et on sera édifié sur mon attitude [1].

Je voulais que notre pays vécût en bon voisinage avec l'Allemagne. Je préconisais, en 1931, le rapprochement et l'entente avec elle, et, en 1935, le bon voisinage ; mais dans le même temps, parce que je connaissais l'ambition démesurée de Hitler, la puissance sans cesse croissante de son armée, parce que je savais qu'il voulait bâtir le Grand Reich et assurer l'hégémonie allemande sur l'Europe, je pratiquais une véritable politique d'encerclement de l'Allemagne. C'est dans ce but que j'avais signé avec Mussolini les Accords de Rome, c'est pour cette raison que j'avais facilité la réconciliation de l'Italie avec la Yougoslavie, que j'avais fait accepter par l'Autriche le concours militaire éventuel, pour sa défense, de la Tchécoslovaquie, de la Yougoslavie et de la Roumanie. C'est dans ce but que j'avais négocié et signé le pacte franco-soviétique.

Le crime, c'est d'avoir brisé les Accords de Rome. Aucune raison n'est valable pour expliquer et justifier cette faute dont les conséquences devaient être aussi funestes que précipitées. La remilitarisation de la Rhénanie fut le premier signal de l'action dévastatrice de Hitler ; elle fut la conséquence directe de la rupture des accords politiques et militaires que j'avais signés avec l'Italie.

A partir du moment où Mussolini, par dépit, se jeta dans les bras de Hitler, le drame ne pouvait tarder à se produire. L'Autriche fut annexée. L'Italie, la première, payait chèrement l'erreur qu'elle venait de commettre. Elle avait désormais des frontières communes avec l'Allemagne.

Le crime fut d'aller à Munich pour dire à Hitler qu'il n'avait rien à craindre des puissances de l'Occident, qu'il pouvait tranquillement digérer l'Autriche ; et, par surcroît, on lui offrait les Sudètes, mais l'ogre avait un grand appétit. L'Autriche ne lui suffit pas, et, avec les Sudètes, il annexa la Tchécoslovaquie.

Après Munich, on ne fit rien pour renouer avec Rome. On fit pire.

1. Ces documents sont longuement cités dans « Pierre Laval devant l'Histoire » aux pages 94 et suivantes et 102 et suivantes.

On m'empêcha de reprendre dans ce but des contacts avec Mussolini, alors que celui-ci, se rendant compte du danger que courait son pays, m'en avait fait officieusement exprimer le désir. Je relirai à l'audience le compte rendu de la séance secrète du Sénat. J'ai dans mon interpellation, en mars 1939, fait allusion à l'entretien que j'avais eu à ce sujet avec M. Daladier, président du Conseil.

On ne se préoccupa plus de la Russie. On négligea tous les avantages et tous les moyens de défense qu'on pouvait tirer du pacte franco-soviétique. On bouda les Soviets. On ne leur permit même pas d'envisager que leur armée pût pénétrer en territoire polonais pour y combattre l'armée allemande si celle-ci attaquait la Pologne.

Le crime fut de pratiquer vis-à-vis de la Russie une politique qui devait nécessairement, obligatoirement, conduire les Soviets à rechercher un accord direct avec l'Allemagne.

L'opposition de leurs doctrines ne pouvait alors empêcher Staline et Hitler de s'entendre. C'est ce que nos gouvernements eurent le tort de ne pas comprendre. Il est des besoins impérieux et plus immédiats que certaines luttes idéologiques.

Hitler avait appris de Bismarck, et la défaite de 1918 le confirmait, que l'armée allemande ne peut pas victorieusement combattre à la fois sur le front de l'Est et sur le front de l'Ouest.

Il voulait attaquer d'abord la Pologne pour lui reprendre, et même au-delà, les terres polonaises que le Traité de Versailles avait enlevées à l'Allemagne.

Hitler savait diviser ses adversaires. Il était tranquille à l'Ouest ; il lui fallait un compromis à l'Est. Il ne voulait pas avoir à lutter contre l'armée soviétique. Staline voulait la paix. Il connaissait les visées de conquête de Hitler sur l'Ukraine et le Caucase. Il savait la puissance militaire de l'Allemagne. Il ne pouvait plus compter sur la politique de sécurité collective. Munich, où il n'avait pas été invité, avait détruit Genève, et il pouvait craindre que les puissances occidentales n'aient abandonné à Hitler l'Est de l'Europe.

Ainsi, l'un et l'autre n'hésitèrent pas à signer, le 23 août 1939, l'accord de Moscou.

L'accord de Munich explique l'accord de Moscou.

On connaît la suite. La Pologne fut attaquée — vite écrasée — et la guerre fut déclarée par la France seule, ou presque seule, puisque la Grande-Bretagne n'était pas prête.

C'est parce que les ministres français ne surent pas concevoir l'intérêt de notre sécurité et de notre politique extérieure que nous fûmes entraînés dans une effroyable aventure qui pouvait être évitée, non seulement pour nous, mais pour l'Europe.

J'ai pu dire en mars 1940, à la séance secrète du Sénat, aux applaudissements unanimes, que le Gouvernement nous avait engagés dans la guerre « avec une grande légèreté ».

Comment m'imputer l'humiliation de la France ? Lorsque j'ai quitté le pouvoir en janvier 1936, nous nous disputions à Genève la première place en Europe avec l'Angleterre. Notre pays était heureux, prospère. Son budget venait d'être équilibré, sa monnaie était saine. Nous jouissions de toutes les libertés. Nous avions une armée, une flotte, un Empire, et les caisses de la Banque de France regorgeaient d'or. La rive gauche du Rhin était démilitarisée.

Qui a donc attiré le malheur sur nous ? Hitler, sans doute, mais nous pouvions le neutraliser et le maîtriser. Pourquoi des hommes inconséquents l'ont-ils protégé et encouragé ?

Je ne fus pas de ceux-là. Je les dénonçai. Je hurlai mon indignation. J'avais prévu, et je l'avais dit maintes fois, que la politique qu'ils faisaient nous conduirait à la ruine et à l'humiliation. Notre pays doit et devra lutter peut-être longtemps pour retrouver la place qu'il avait dans le monde — mais comment peut-on me reprocher une humiliation que d'autres lui ont fait subir ?

Le 3 septembre 1939, lorsque le Gouvernement a demandé le vote des crédits, j'aurais voulu obtenir une séance secrète pour éclairer mes collègues. J'en fus empêché. On s'engageait et on engageait la France dans une guerre dont on pensait, et on le disait presque, qu'on ne la ferait pas. Je n'ai jamais vu autant d'inconséquence et de faiblesse qu'au début de ce qu'on appela bientôt « la drôle de guerre ».

Pourquoi tant d'ingratitude ?

Pourquoi donc et comment donc aurais-je humilié la France ?

En acceptant en 1940, par patriotisme, de défendre notre pays en face du vainqueur ?

L'accusation soutient que j'ai fait cette politique qui m'est reprochée parce que je croyais en 1940 à la victoire de l'Allemagne. Il est certain qu'en 1940, et longtemps après encore, on pouvait croire à la victoire de l'Allemagne. Si, à la force de ses armes, elle avait su ajouter une politique habile et claire, il est évident qu'elle pouvait gagner la guerre et qu'elle l'aurait gagnée. L'Amérique n'était pas dans le conflit et la Russie était son alliée. Mais nous, que pouvions-nous faire ? Notre pays était occupé. Nous étions dominés par le vainqueur.

Quand il s'agit de la France, j'ai tous les égoïsmes et toutes les ambitions.

Je souhaitais une paix qui nous laissât intacts notre territoire et notre Empire. Je voulais réduire au minimum les sacrifices imposés à notre pays par l'occupation.

Était-ce un crime ? Quant au langage que j'ai tenu à Hitler à Montoire, il n'était pas celui d'un vaincu. Je ne me suis pas humilié. J'avais pris l'habitude dans toutes les conférences internationales de parler le langage de la fierté qui convient pour exprimer le point de vue d'un pays fort et respecté. Devant Hitler à Montoire, je suis allé jusqu'à quasiment nier notre défaite lorsque je lui ai rappelé le courage de nos soldats, nos victoires passées, et que je lui indiquai que le sort des armes dans l'avenir pouvait nous être de nouveau favorable.

Je discutai de nos droits comme un Français doit le faire quand il parle au nom de la France.

Non, je n'ai pas humilié mon pays. Je ne le pouvais pas et je n'aurais pas su le faire. J'ai défendu ses intérêts avec passion. C'était ma seule raison d'être au gouvernement. Je déplorais notre malheur, mais je ne doutais pas de l'avenir de notre pays. L'Allemagne avait bousculé des frontières, mais la Russie restait intacte et l'Angleterre n'était pas battue.

Par le jeu naturel d'une politique cohérente, nous pouvions espérer contrebalancer avec ces pays l'hégémonie de l'Allemagne. Je savais qu'elle laisserait un jour tomber ses armes et qu'elle serait incapable d'organiser l'Europe sans nous.

Je n'acceptais pas les injustices qu'elle avait créées en Europe, mais il fallait du champ devant nous. Il fallait reprendre tout le patient et solide travail d'organisation de défense des nations qu'elle avait subjuguées et qu'il fallait faire revivre. Non, je n'avais pas et je n'ai jamais eu l'âme d'un vaincu. Je ne l'ai pas pour moi-même, je l'ai encore moins pour la France.

J'ignorais à ce moment jusqu'où pouvait aller la sauvagerie d'un régime et d'un parti qui niaient et qui piétinaient les droits de la personne humaine. C'est assez dire que je n'aurais pas donné mon adhésion à un système qui n'aurait pas sauvegardé toutes nos traditions et tous nos intérêts.

Pour apprécier ma politique pendant l'occupation, il faut distinguer deux périodes. Je n'avais plus, quand je revins au gouvernement en 1942, les idées que j'avais défendues en 1940.

La guerre avait évolué. La Russie et l'Amérique luttaient contre l'Allemagne.

En 1940, le gouvernement allemand, au moins jusqu'à l'expulsion des Lorrains par le Gauleiter Bürckel, avait fait preuve de la correction qu'on peut attendre d'un vainqueur qui respecte son ennemi.

En 1942, et je ne pouvais m'y tromper après l'entretien que j'avais eu avec Gœring, l'Allemagne entendait nous traiter avec dureté, sans ménagements et sans égards pour les rapports futurs entre nos deux pays.

Pourquoi suis-je revenu au pouvoir ? Je l'ai déjà dit, pour défendre et protéger notre pays.

Oui, si c'est un crime que j'ai commis, je l'ai commis contre moi-même et contre les miens. Comment peut-on me reprocher le sacrifice que j'ai consenti à ma patrie ? Comment peut-on pousser plus loin l'ingratitude ?

Il est évident, après tout ce que j'ai dit et tout ce qui me reste à dire et qu'une instruction complète aurait révélé, que ma présence au gouvernement a permis de sauver la vie à des dizaines de milliers de Français et la liberté à des centaines de milliers d'autres.

Il n'est pas un domaine où je ne puisse démontrer, établir et prouver que l'occupation aurait été beaucoup plus cruelle, plus meurtrière, si je n'avais pas été là.

C'est la partie de mon action, celle qui n'apparaît pas, celle que je ne pouvais faire connaître quand les Allemands étaient là, sans risque d'en compromettre alors les résultats. Mais il y a la partie positive, celle qui m'a permis de faire vivre la France. J'imagine qu'on a, depuis la Libération, fait faire des rapports sur le ravitaillement, les finances, la production industrielle et agricole, les transports, les postes, bref sur tous les domaines où s'exerçait l'activité de l'État. Si l'on était honnête, on ferait publier des bilans et des statistiques au lieu de parler comme d'un vieux refrain de la « trahison de Vichy ». Je ferai parler les chiffres et les faits lors des débats ; mais peut-être redoute-t-on certaines comparaisons [1] ? Moi, je ne redoute rien d'une opinion mieux informée.

1. *Note de la main de Pierre Laval :* En 1941, un Commissariat aux prisonniers fut créé. Il fonctionna sous mon contrôle à partir de 1942. Une Maison du prisonnier fut créée dans chaque département, un centre d'entraide dans chaque commune importante. Tous les

J'ai trop travaillé, j'ai trop lutté, j'ai trop souffert. Je veux qu'éclate la vérité.

Des hommes courageux, des fonctionnaires probes de tout rang n'ont pas craint de servir pendant cette période douloureuse de l'occupation. Des ministres, des secrétaires généraux, de grands préfets — je devrais les citer presque tous — n'avaient comme moi que le souci du bien de leur pays et ils ont été frappés ou sont menacés de l'être. Pourquoi cet ostracisme ? Il ne peut provenir que de l'ignorance des faits ou du désir de laisser entretenir dans notre pays des divisions ou des haines. Pourquoi détruire un appareil administratif que j'ai tout fait pour préserver ? Pourquoi confondre les serviteurs de la France avec une poignée d'hommes qui se sont mis volontairement au service de l'Allemagne ? La France n'a-t-elle pas besoin de tous ses enfants, de tous ceux qui sont honnêtes et courageux, pour participer à son redressement ?

Quand je scrute ma conscience, elle ne me reproche rien. Aucun raisonnement, aucune menace, aucun jugement ne peuvent troubler son âme. Elle est pure de toute souillure de l'ennemi.

On me reproche d'avoir humilié la France ? Pourquoi ne pas reconnaître plutôt tout ce que j'ai dû endurer et souffrir pour elle ?

Je pourrais reprendre ce grief sous une autre forme.

N'était-il pas logique et n'était-il pas souhaitable qu'il y eût en France un gouvernement pour contenir les exigences du vainqueur ? Je n'avais pas de liens avec le gouvernement de Gaulle, mais on peut très bien imaginer que nous eussions pu être d'accord, lui à Londres ou à Alger, pour participer à la Libération et la hâter, et moi à Vichy ou à Paris, pour protéger notre pays, maintenir notre administration, nos cadres, nos finances, notre économie.

Une dernière hypothèse — même si elle paraît absurde.

Si les Allemands avaient les premiers inventé la bombe atomique et s'ils avaient gagné la guerre, au lieu de la perdre, que me reprocherait-on ? Alors, on me féliciterait peut-être d'avoir tenu jusqu'au bout dans l'intérêt de la France. On ne se soucierait pas du lourd fardeau que

rapatriés reçurent un costume et une paire de chaussures. Chaque famille reçut une allocation. Dix-huit millions de vêtements et des centaines de milliers de tonnes de vivres furent envoyés dans les camps. Le budget annuel de ce commissariat était de quatre-vingts millions. Le Gouvernement autorisa à Paris la réquisition de deux immeubles et pour toute la France, il y eut un personnel de trois cents fonctionnaires. J'apprends aujourd'hui que le ministère des Prisonniers a un budget de quatre milliards au lieu de quatre-vingts millions, réquisitionne des dizaines d'immeubles et embauche des milliers de nouveaux fonctionnaires. Je crains qu'il n'en soit ainsi dans bien des domaines.

j'ai porté et des souffrances morales que j'aurais pu subir. Je serais, selon la formule de Léon Blum, « l'homme clairvoyant à qui l'événement a donné raison ».

Je n'en serais ni meilleur, ni pire, mais je serais traité comme un homme qui a droit à la reconnaissance de son pays. Je préfère n'avoir pas été cet homme clairvoyant.

SCHÉMA GÉNÉRAL
pour les Ministres et Secrétaires d'État

Dès qu'il reçut, le 10 septembre 1945, l'acte d'accusation, Laval rédigea rapidement ce tableau complet et détaillé de chaque branche du gouvernement et de l'administration française pendant l'Occupation.

Étant donné les résultats acquis pendant ces années difficiles, cet exposé constituait une justification de l'action d'un très grand nombre de hauts fonctionnaires injustement frappés.

Dès le 20 septembre, avec Jacques Baraduc, nous avons demandé aux personnes dont les noms figuraient sur cet important document de préparer chacun pour sa partie un rapport complet.

Après l'assassinat de Laval, et au fil des ans, plusieurs milliers de pages de témoignages, rapports et annexes furent déposés à la Fondation Hoover. Ils m'ont permis de constituer l'an dernier les 12 tableaux synthétiques figurant en annexe de la biographie de : « *PIERRE LAVAL DEVANT L'HISTOIRE* ».

I. Les Prisonniers
II. Défense du Franc et de l'Épargne
III. Agriculture et Ravitaillement
IV. Organisation de la Production
V. Énergie : Charbonnages, Carburants de remplacement
VI. Reconstruction et Protection des Communications : SNCF, P.T.T., Marine Marchande
VII. Santé (Sports)

VIII. Solidarité Nationale : Le Secours National, le S.I.P.E.G., La Croix Rouge Française
IX. Instruction Publique : Protection des universités, écoles, bibliothèques, livres — Théâtre, cinéma
X. La Police — La Gendarmerie — La Garde
XI. Protection des Travailleurs Français en Allemagne (Déportés du S.T.O.)
XII. Défense par Pierre Laval des Francs-Maçons et des Juifs

A partir de l'automne 1984, les historiens et les étudiants de tous les pays auront accès à l'ensemble des archives en dépôt dans la « Tour Hoover » à l'Université de Stanford, en Californie.

I. — Avant la guerre

Situation de la France fin 1935
(Notes à faire faire par de Sardan et Boissard)

Le 7 juin 1935, P.L. [1] arrive au pouvoir. Le déficit budgétaire dépasse dix milliards-or, le franc est en péril. Les prix montent, la production baisse.

Sept mois après, au 31 décembre 1935, la France est le seul grand pays du monde dont le budget est équilibré (neuf millions-or de plus-value). La rente de 3 % a atteint le pair, ce qui devait permettre la conversion de la dette. L'augmentation de la dette publique depuis 1914 est enrayée pour la première fois depuis le redressement financier de 1926.

La production nationale (acier, automobiles, produits chimiques, etc...) atteint un record depuis la crise de 1929-30. Exemple : les constructions navales, pour la marine de guerre, passent de quinze millions neuf cent cinquante mille tonnes en 1934, à quarante-deux millions sept cent quatre-vingt-trois mille tonnes en 1935, pour retomber à vingt-six millions cinq cent quarante-quatre mille tonnes en 1938 (année avant la guerre).

La France était alors le seul pays du monde dont la monnaie fût indexée sur l'étalon-or : le dollar valait quinze francs. L'or afflue de Londres et de Washington, or grâce auquel la France peut acheter aujourd'hui des vivres et du matériel aux U.S.A.

1. Pierre Laval emploie dans ce schéma la troisième personne, tantôt il écrit P.L., tantôt Laval ou Pierre Laval.

L'indice des prix de gros, de 576 en 1930, baisse à 332 en 1935, pour remonter à 634 en 1938. Grâce à cette baisse, l'ouvrier et le fonctionnaire auront un pouvoir d'achat qu'ils n'ont jamais connu depuis.

II. — Après la défaite

Plan général de la défense de la France sous l'occupation

1° — Unité du Territoire : Alsace-Lorraine (demander note Cannac). Revendications de l'Axe (demander note Rochat).

2° — Le Franc, l'Épargne, la Fortune mobilière et immobilière de la France (Ministère des Finances) (note Cathala).

3° — La Production, les Travaux Publics, Chemins de fer, les Communications (Postes, Télégraphes, Téléphone) (notes collaborateurs Bichelonne).

4° — Lutte pour limiter les départs d'ouvriers (notes collaborateurs Bichelonne, Weinmann) : Lois protectrices. Lutte pour les salaires. Ravitaillement. Cantines d'usines (note Lagardelle).

5° — Les Prisonniers : Puissance protectrice. Avantages. Les libérations. Les retours. La législation. Les tonnes envoyées. Les milliards versés aux familles. (Notes Scapini, Pinot, Masson, Moreau).

6° — Le Ravitaillement (notes Bonnafous, Chasseigne) : La lutte contre le marché noir allemand. La lutte pour réduire les prélèvements officiels. La restitution du blé en 1943 pour soudure, etc.

7° — Agriculture (note Cathala) : L'augmentation des surfaces cultivées. La protection du cheptel. Protection de la population rurale contre la déportation.

8° — Justice : Maintien des cadres de la Magistrature (note Cannac). Statuts des magistrats.

9° — Armée, Marine, Aviation (notes Bridoux, Bousquet) : Protection des cadres. Financement après occupation zone Sud. Délégation de soldes à toutes les familles des mobilisés d'Afrique du Nord. Dépôt d'armes Bousquet, Armée secrète.

10° — Protection de l'Administration préfectorale et de la Police (notes Hilaire, Bousquet) : Neutralisation des partis extrêmes de la Collaboration. Ministère de l'Intérieur.

11° — Éducation Nationale (note Hilaire) : Beaux-Arts. Monuments historiques. Théâtres. Cinéma.

12° — Solidarité Nationale (notes Pillon, de Mun) : Secours National. S.I.P.E.G. Croix-Rouge.

13° — Santé Publique (note Grasset) : Natalité. Mesures prises. Résultats. Préventoria, etc.

14° — Commissariat aux Sports, Jeunesse. Réalisations (notes Pascot, Olivier-Martin).

***

Voici les schémas à suivre pour ceux qui feront ces notes :

I. — Défense de l'Unité du Territoire (Note Rochat)

Après la défaite de 1940, Pierre Laval, en face des revendications allemandes, italiennes, espagnoles, n'a qu'une préoccupation : défendre l'unité du territoire et de l'Empire.

1° — Montoire. Premier résultat : Hitler n'accordera pas le lendemain à Franco le Nord du Maroc français que nous n'avions pas la possibilité de défendre à l'époque.

2° — A Montoire, et depuis, P.L. s'est toujours servi de la tentative de réconciliation franco-allemande pour écarter les revendications italiennes.

a) Il luttera contre l'établissement de la ligne de démarcation du Rhône après novembre 1942, et obtiendra le retrait des postes déjà installés qui auraient paralysé la vie et rendu plus difficile la constitution du maquis de ces régions (voir ma déclaration du 7 juin 1943).

b) Lors de la première débâcle italienne, en 1943, réinstallation des autorités françaises à Menton. C'est la première ville française menacée d'annexion où flottera notre drapeau avant l'arrivée des armées américaines et françaises.

3° — Après Montoire, et avant le 13 décembre 1940, P.L. avait obtenu le principe du rattachement à l'administration française du Nord et du Pas-de-Calais, et de l'assouplissement de la ligne de démarcation. Ces deux résultats devaient être rendus publics le 22 décembre 1940.

Revenu au pouvoir en avril 1942, dans des conditions beaucoup plus dures et un climat bien plus mauvais, P.L. cherchera à atteindre ces deux buts, et au bout de quelques mois, le 1er mars 1943, le Nord et le Pas-de-Calais seront enfin rattachés à l'administration française, les barrières douanières seront repoussées à la frontière belge, où sera assuré par l'administration française le contrôle des personnes et des marchandises, et la ligne de démarcation sera supprimée, facilitant ainsi les échanges de lettres, communications, etc. (d'où constitution plus aisée de l'Armée secrète et de la Résistance).

4 — Enfin, l'Alsace-Lorraine.

a) Soixante-douze protestations officielles et solennelles sont faites par le gouvernement français de 1940 à 1944 à Wiesbaden.

b) P.L. obtient la grâce des « notables » alsaciens condamnés par l'Allemagne pour espionnage, résistance, etc. Or, ce fait, étant donné que les Allemands les considéraient comme Allemands, montre en lui-même que le Gouvernement les a toujours considérés comme Français.

c) Protection des Alsaciens-Lorrains exemptés par P.L. du S.T.O. et des départs pour l'Allemagne. Bousquet les embauche dans ses services de l'Intérieur.

d) Protection des repliés alsaciens, personnes et sociétés. Le Gouvernement a réussi à faire admettre que les sociétés, bien qu'en zone occupée, resteraient françaises, avec toutes les conséquences.

e) L'Université de Strasbourg, ainsi que toutes les institutions alsaciennes, sont encouragées et subventionnées par le Gouvernement.

Parlant de l'intégrité du territoire et de l'Empire, P.L. a dit publiquement, malgré la défense des Allemands :

En 1941 : « Quelle paix serait meilleure que celle qui garantirait notre indépendance, l'intégrité de notre territoire métropolitain et de notre Empire ? » (Déclaration à la presse américaine, 21 mai 1941.)

En 1942 : « Quelle est mon ambition ? Elle est simple, très simple. Je veux tout faire pour diminuer aujourd'hui les souffrances de la France et pour sauver demain notre territoire et notre Empire. » (Aux instituteurs de l'Allier, 3 septembre 1942.)

« Français de notre Empire, vous tous qui m'écoutez ce soir, en Afrique, en Asie, dans les îles du Pacifique... A vous qui habitez ces terres lointaines, je vous dis : nous ne vous abandonnons pas. Vous resterez Français. » (20 avril 1942, allocution au pays.)

II. — Défense du franc, de l'épargne, de la fortune mobilière et immobilière de la France (Note Cathala)

Régime institué par les Allemands pour mettre en coupe réglée nos réserves et nos ressources.

Défense du franc. — Inflation 1941-1942 et mesures prises par le Gouvernement au cours de l'été 1942, qui sauvent le franc. — Confiance des Français dans les finances de l'État. La Bourse monte pendant les années d'occupation pour ne retomber qu'après la Libération. Pour la première fois depuis 1900, le 3 % franchit le pair sous l'occupation. (Indices statistiques.)

Défense contre acquisition par les Allemands d'une partie de la fortune immobilière de la France (loi sur les autorisations préfectorales, enquêtes préalables). (Statistiques.)

Même politique pour éviter les prises de participation dans les sociétés anonymes françaises. Nous devons protéger le capital malgré lui. Toutes les autorisations sont refusées par l'Office des changes et les Finances. Les seules cessions importantes sont les mines de Bor en 1940 et 1941 sous le ministère Darlan, Havas 47,6 % (mai 1941), Francolor 51 % (mai 1941), Société Mumm 51 % (1941), Carburants Français 33 % (mai 1941). J'ai réussi à neutraliser toutes les tentatives de cession en 1942, 1943 et 1944.

Protection des titres étrangers en France malgré demandes allemandes. (Statistiques).

Protection des milliers de fonctionnaires, receveurs, percepteurs, etc. sur tout le territoire.

1942. Relèvement des pensions : anciens combattants, allocations familiales des prisonniers, Alsaciens-Lorrains, fonctionnaires.

1943. Échelle de l'indemnité des fonctionnaires : État, départements, communes.

1944. Double mois.

Efforts pour maintenir les prix en harmonie avec les salaires.

Les prix, virtuellement stabilisés en 1942-1943, montent depuis la Libération.

Le Gouvernement provisoire trouvera tout un appareil en place, ce qui permettra, dès la Libération : emprunt de Libération, échange des billets, rentrée d'impôts.

Tout cela eût été impossible si le Gouvernement était parti.

Les fruits de notre politique d'économie pour sauver le franc et les possibilités d'emprunt pendant l'occupation sont aujourd'hui compromis par le Gouvernement actuel dont la politique financière démagogique va conduire à la catastrophe.

III. — Production Industrielle, Travaux Publics, Communications (Notes collaborateurs Bichelonne)

Usines dont la production est réservée à la France en tout ou en partie : dix mille quatre cent cinquante en totalité. Nombre d'ouvriers ainsi protégés contre la déportation. (Statistiques.)

Barrages

Entretien, nouvelles constructions.

Charbon

Mes efforts pour augmenter la part réservée au circuit français. Distributions 41, 42, 43. (Pas de distribution en 1944 après la Libération.)

Travail en France

Accord Speer qui limite les départs pour l'Allemagne. Dix mille usines classées *S.*

Législation

Protection du travail.

S.N.C.F.

Millions de voyageurs français transportés, millions de wagons de marchandises chargés pour consommation française. La moyenne journalière de voyageurs français transportés de 1940 à 1944 est de ???

La moyenne journalière de wagons chargés pour le circuit français est de vingt-trois mille cinq cents.

Postes, Télégraphes et Téléphones

Pas de censure, ce qui facilite la constitution de l'Armée secrète.

P.L. a sauvé toutes les centrales de Paris, que l'armée américaine trouve intactes.

IV. — Ministères du Travail (Note Lagardelle-Terray)

Service du travail obligatoire

Lutte pour instituer les départs par classes et pour limiter le nombre de classes. Exceptions au profit de l'économie française. Chantiers de jeunesse, etc.

Lutte pour limiter les départs (voir note). Le problème de la main-d'œuvre française en Allemagne, 30 juillet 1944, et ma réponse aux considérants 14 à 21).

Total des demandes unilatérales Sauckel (de 1942 à 1944) 2 060 000

Départs effectifs 641 500

Contre-partie obtenu par le Gouvernement :

Les femmes sont exemptées, cent dix mille prisonniers rentrent, permission de quinze jours pour de nombreux travailleurs, dont quarante-cinq mille restent en France.

Deux cent cinquante mille prisonniers travailleurs deviennent ouvriers libres.

16 octobre 1943, suspension des départs.

7 juin 1944, arrêt des départs.

Réalisation des services Bruneton en Allemagne pour adoucir le sort des travailleurs (voir note Bruneton).

Comparer avec Belgique, Hollande, d'où partent quatre-vingts travailleurs pendant qu'il en part treize de France.

Lutte pour obtenir l'augmentation des salaires

Augmentation chaque fois que c'est possible. Dures négociations avec l'Hôtel Majestic, secteur après secteur.

Les cantines d'usines

Ravitaillement, contrats de cultures, etc.

Législation

Lois sur le chômage, indemnités pour limiter les départs.

V. — Prisonniers (Notes Scapini, Pinot, Masson, Moreau)

1° — France puissance protectrice : avantages ; Allemagne ; mission Scapini.

2° — Nombre lors de l'armistice : trois millions.

Nombre rentrés moisson 1940 : un million (libérés des *Frontstalags* avant les transferts de deux millions en Allemagne).

Par la suite pères de familles nombreuses, combattants des deux guerres, spécialistes, etc, Relève, soit au total : un million.

3° — Évadés (protection, zone Sud) : quatre-vingt mille.

4° — Vivres envoyés de France dans les camps (statistiques) :

Kilos de vivres	86 845 250
Tabac	4 141 600
Savon	262 750

Pièces de vêtements 18 350 000

5° – Milliards dépensés et versés aux familles (statistiques) :
34 000 000 000 allocations
5 000 000 000 prêts d'honneur
2 000 000 000 livret du prisonnier

6° – Commissariat :
Réalisations.
Législation.
Centres d'entraide.
Journal, seul de zone occupée contrôlé directement par moi.
Aucune propagande collaborationniste.

VI. – Ravitaillement (Notes Bonnafous, Chasseigne)

Résultats obtenus : 1940-41-42-43-44.

Toutes les réunions des préfets sont consacrées presque exclusivement au ravitaillement.

1942 : Charbin, ministre du Ravitaillement de Darlan, avait accepté des Allemands réduction de la ration pain. En avril 1942, P.L. refuse. Comment il a pu assurer la soudure en 1942 et 1943.

En 1943, P.L. obtient (deuxième entrevue avec Goering) :

Arrêt marché noir officiel allemand. Fermeture comptoirs. Interdiction des ventes par les Français aux Allemands. Restitution de deux millions de quintaux pour soudure avril 1943 (coupure de l'Afrique, sécheresse).

Les Allemands ne veulent pas laisser annoncer ce résultat, *car leurs alliés italiens ont moins que nous.*

Le 5 juin 1943, dans un discours radiodiffusé, j'ai pu dire : « Des ordres viennent d'être donnés à toutes les autorités d'occupation d'éviter tous rapports avec les vendeurs illégaux. Toute personne qui soustrait des marchandises rationnées afin de les vendre (aux autorités d'occupation) est un ennemi du peuple... »

Effort pendant débarquement. Troupeaux de cheptel de Normandie envoyés à Paris par les routes bombardées.

Stocks de sécurité accumulés par P.L. et Cathala, qui seront distribués à Paris du 17 au 28 août, sinon famine.

VII. — Agriculture (Note Cathala)

Malgré absence prisonniers et rareté engrais :

Production record — Pommes de terre
Blé, colza, etc.

Lutte contre les terrains incultes.

Comparer avec la baisse actuelle.

Production du cheptel : la France est le seul pays qui a conservé le sien. Statistiques : *cf.* Hollande, Pologne, où tout a été pris.

Protection de la population agricole contre déportation (accord Backe-Laval, janvier 1944 : aucun départ jusqu'à la moisson, c'est-à-dire Libération).

Législation protectrice.

VIII. — Justice (Note Cannac)

Tribunaux civils, correctionnels, Cours d'appel, Cassation, Conseil d'État ont fonctionné sur tout le territoire (statistiques des affaires).

Lutte de tous les jours contre intrusion allemande. Elle réussit presque toujours.

Personnel : magistrats, greffiers, etc. Lutte pour l'augmentation des salaires.

Le gouvernement provisoire trouvera à la Libération tout cet appareil en place. C'est lui qui brisera les cadres que j'ai tout fait pour maintenir.

Voir mes allocutions aux procureurs et aux présidents de Cours d'appel.

Rappeler aussi 1943. Soudure ne devait pas se faire, campagne pour détruire fermes, batteuses, meules et granges (mauvais Maquis). Nécessité d'une action judiciaire contre ce mauvais Maquis, qui n'a rien à voir avec les abus de la Milice contre le bon Maquis en 1944. (Statistiques paysans tués ou blessés, etc.)

Vingt-deuxième année. — N° 12. Le Numéro : 50 centimes. 30 AVRIL 1923.

Les Échos Parisiens

FONDATEUR :
: Marc IKEL ::
: 1879-1922 ::

ABONNEMENTS :
Un an.......... 15 *fr.*
Étranger........ 20 »

JOURNAL DES TROIS PALAIS

PARAISSANT LES 10, 20 et 30 DE CHAQUE MOIS

CTUALITÉS JUDICIAIRES, MUNICIPALES, POLITIQUES, LITTÉRAIRES, ÉCONOMIQUES

JOURNAL D'ANNONCES JUDICIAIRES ET LÉGALES

Téléphone : Central 72-71 — DIRECTEUR : Lucien THIBOUST — 14, Rue Cadet, Paris (9e)

En passant Galerie Marchande

Me PIERRE LAVAL

Par M. le Bâtonnier HENRI-ROBERT

A quoi bon écrire quelques lignes près du portrait physique de Pierre val ? Dans ce grand Palais de Justice nous vivons tous réunis, il est facile apprécier les mérites et les qualités de compagnons de travail.

Nous connaissons et nous aimons val : il a du talent, du cœur et de la auté. N'est-ce pas en trois mots faire la fois son juste éloge et son portrait oral — et ressemblant ?

***

Il est encore jeune : il n'a pas abordé cap de la quarantaine. Né le 28 juin 83, à Châteldon, dans le Puy-de-Dôme, l'énergie, la volonté et les belles qua- s de travail des enfants du Plateau ntral. Mais regardez-le passer, fumant éternelle cigarette, dans la Galerie archande, accompagné du fidèle René ganaud et de l'excellent directeur des *hos Parisiens*. Entre ces deux amis de issante stature vous verrez un homme taille moyenne, d'un léger embon- int, les cheveux noirs, le teint bistré, yeux bridés, souriants et malicieux, semblant à un fils de l'Extrême- ient, venu du pays de Mme Chrysan- me pour étudier les choses de l'Eu- pe...

M. PIERRE LAVAL

Dessin de G. P. Cipriani

1923. A 39 ans, Pierre Laval est déjà un des grands du Palais.

Juillet 1931. Chef du Gouvernement, Pierre Laval se rend à Berlin avec Briand, « pèlerin de la Paix », pour tenter de fortifier la position du Chancelier Brüning contre la menace du raz de marée nazi (voir la troisième partie : « Témoins devant l'Histoire », p. 40-41). De gauche à droite : Curtius, ministre des Affaires étrangères, Brüning, Chancelier du Reich, Pierre Laval, Président du Conseil, A. Briand, ministre des Affaires étrangères.

Octobre 1931. Pendant que retentissent les 21 coups de canons — les premiers pour un homme d'Etat français depuis le voyage de La Fayette (1824-1825) — Pierre Laval quitte l'Ile-de-France sur une vedette pour gagner le port de New York.

Quelques minutes plus tard, le départ de la triomphale « ticker-tape parade » à travers Broadway.

2 mai 1935. Laval est accueilli par Litvinov en gare de Moscou. Après deux jours de conversations avec Staline, le pacte franco-soviétique est conclu. En moins de quatre mois après la signature à Rome de l'alliance franco-italienne, Pierre Laval avait terminé sa politique d'encerclement du Reich, politique amorcée par Barthou avant son assassinat à Marseille en 1934.

14 juillet 1942. Pétain accueille le Chef du Gouvernement avant le défilé militaire d'éléments de l'armée d'armistice commandés par le général de Lattre de Tassigny à Clermont-Ferrand.

25 septembre 1942. La réunion des préfets de la zone sud vient de s'achever après l'exposé de Laval (voir page 246, des paroles inédites de Pierre Laval). On remarquera l'adhésion compréhensive et réfléchie des préfets (voir témoignage Popineau page 205, 3ᵉ partie).

Eté 1942. Laval est allé à Compiègne accueillir un train de prisonniers. C'est à l'occasion des paroles qu'il prononça ce jour-là que le procureur général Mornet allait confectionner un faux (voir page 144 de la « Défense de Laval »).

Un des entretiens de Pierre Laval avec l'ambassadeur du Japon à Vichy. Ces conversations ont permis à l'amiral Decoux, avec de faibles effectifs, de maintenir en Indochine la souveraineté française pendant toute la durée de la guerre.

Le Président Mongibeaux... n'accepte ce rôle que pour devenir Président de la Cour de cassation.

Le greffier Fancho lit le réquisitoire...

... Pendant ce temps, les avocats « requis » sans dossier écoutent, consternés, le réquisitoire.

Naud « supplie » la Haute Cour de reprendre l'instruction bâclée. On minute son intervention...

Baraduc a dix minutes pour s'exprimer...

Laval, indigné, regarde les jurés.

Malgré la fatigue, les nuits sans sommeil de Fresnes et du dépôt... Laval a imposé le silence...

Pendant une suspension d'audience, le chef des gardes semble dire à Laval :
« Ne prêtez pas attention aux injures... »

Le Procureur général Mornet interpelle grossièrement Laval.

Naud et Laval avant l'expulsion.

Laval a été expulsé. Deux gardes occupent sa place.

Deux des cinq témoins de l'accusation, Lebrun (à gauche), La Pommeraye (au centre), se concertent avec un des jurés, le député René Renoult (à droite), avant leur déposition. Un cas flagrant de nullité.

Le général Doyen oubliant sa « collaboration » à la commission d'armistice de Wiesbaden... dépose contre Laval.

Léon Noël, le sixième témoin appelé par l'accusation, refuse de déposer en l'absence de « l'accusé ».

IX. — Protection de l'armée, aviation, marine (Notes Bridoux, Bousquet)

Armée d'armistice. Maintien des cadres.

Après coup de force allemand novembre 1942, appui complet du Gouvernement, soldes, etc.

Délégations de soldes payées en France aux familles des combattants de l'armée du général de Gaulle malgré opposition des Allemands.

Protection de l'Armée secrète.

Travail de Bousquet.

Affaire des dépôts d'armes que je couvre.

X. — Ministère de l'Intérieur (Note Hilaire)

1° — Administration préfectorale : Deux secrétaires généraux : Bousquet, Hilaire.

1942, action républicaine : radicaux-socialistes.

Défense de l'administration préfectorale : P.L. nomme partout des préfets républicains, préfets régionaux, départements, sous-préfets, secrétaires généraux, etc.

P.L. révoque, en 1942-43, personnel pro-allemand protégé par les Allemands (note Hilaire). Lutte contre ingérence allemande et candidats P.P.F., R.N.P., etc., Milice.

Nombre de préfets déportés pour avoir obéi aux consignes gouvernementales (voir note Hilaire).

Le Gouvernement maintient malgré l'occupation l'armature administrative du pays, que de Gaulle laissera détruire : préfets, secrétaires généraux, intendants, etc.

2° — Police : G.M.R. Même politique (note R. Bousquet). Aucune action contre Armée secrète. P.L. assure la protection des dépôts d'armes en zone Sud. (Note R. Bousquet sur protection Armée secrète et Maquis.)

A l'arrivée de Darnand, archives brûlées par Bousquet avec mon consentement.

Impossibilité pour Darnand de placer des Miliciens dans les cadres préfectoraux.

Préfecture de police de Paris (note Bussière).

Arrestations Azéma, Bucard, etc.

XI. — Éducation Nationale, Beaux-Arts (Note Hilaire)

Maintien des cadres.
Universités.
Écoles.
Instituteurs : lutte pour améliorer leurs conditions de vie, salaires. Maintien immense majorité des cadres. (Statistiques).
Protection musées : seul pays d'Europe où rien n'est pris.
Monuments historiques : Patrimoine sauvé, sauf monuments détruits par bombardements.
Théâtres.
Cinéma : production autonome ; réalisations françaises.
Littérature.

XII. — Solidarité nationale (Notes Pillon, de Mun)

Effort pour :

1° — les prisonniers et leurs familles.
2° — les sinistrés.
3° — les réfugiés.
4° — les déportés et leurs familles.

Total des dépenses budgétaires de 1940 à 1944 (demander Cathala). Crédits budgétaires d'autant plus difficiles à obtenir que l'Allemagne était partie prenante (indemnités d'occupation) et se désintéressait de tous ces problèmes.
Aide aux Secours national : résultats.
Aide au S.I.P.E.G. : résultats.
Aide à la Croix-Rouge : résultats.
Aide aux autres organismes.
Cas Marcel Déat : opposition de quatre années, ministre pendant trois mois. N'assiste pas aux conseils à Vichy. Articles d'opposition contre moi dans *L'œuvre.*

Allemands désirent qu'il contrôle la Solidarité nationale, mais je l'évite. Le ministère ne devient qu'une façade. En effet, Croix-Rouge autonome, Secours national autonome, S.I.P.E.G. directement rattaché à P.L., prisonniers (*cf.* lettre Moreau) directement rattachés à P.L.

XIII. — *Santé Publique (Note Grasset)*

Réussite de la politique de natalité : en 1942-1943 et 1944, les naissances, qui étaient tombées à quatre cent quatre-vingt-dix mille en 1940, sont en augmentation :

1942	541 173
1943	589 200
1944	600 000

Et ce, malgré l'exil de deux millions d'hommes jeunes, les bombardements et l'occupation.

Mesures prises pour encourager natalité : ces premières mesures sont de mars 1941, la courbe monte dix mois après.

XIV. — *Commissariat aux sports et jeunesse (Notes Pascot, Olivier-Martin)*

Créations malgré occupation.

Terrains : nombre de communes qui reçoivent des crédits ou des terrains. A la Libération, dix mille trois cents terrains étaient aménagés ou en chantier.

Équipement : pour la France, pour les prisonniers.

Protection des Chantiers de jeunesse.

Conclusion

En face d'un occupant dont la dureté augmentait avec les revers militaires, j'ai conservé à la France ses cadres, son armature et sa vie.

P.L.

TROISIÈME PARTIE

TÉMOINS DEVANT L'HISTOIRE

Au 31 décembre 1983, 448 déclarations et attestations, constituant plusieurs milliers de pages, avaient été déposées à la Fondation Hoover. Certaines d'entre elles étaient demeurées secrètes pendant trente ans ; d'autres vont être rendues publiques d'ici à la fin de l'année aux États-Unis. A cette date, les historiens et les étudiants de tous les pays pourront consulter l'ensemble dans la célèbre Tour Hoover, au centre de l'Université de Stanford, en Californie. En dehors de la multitude des faits rappelés dans ces témoignages, lorsqu'on se penche comme je l'ai fait sur ce vaste ensemble, une constante surprend : parmi tous les témoins, hauts fonctionnaires, camarades politiques, modestes secrétaires, qui ont eu Laval pour chef et ont travaillé avec lui dans une certaine intimité, aucun ne l'a désavoué et, encore moins, trahi.

Ainsi que l'a écrit le Président Hoover, qui avait reçu Pierre Laval aux États-Unis en 1931, ces témoignages « apportent tous la conviction irréfutable, quant au problème fondamental ».

Dans cet ensemble considérable, j'ai été amené à choisir une cinquantaine de documents et à tenter d'extraire, de chacun, un ou deux passages caractéristiques.

A.D.

LA PROTECTION DE PARIS
(et de la Seine)

Pierre Taittinger

Président du Conseil Municipal de Paris pendant toute la durée de l'Occupation.

Auteur du livre : « Et Paris ne fut pas détruit ».

... « Chaque fois que des difficultés se sont élevées, j'ai été rendre visite à M. Laval, soit à Vichy, soit à Paris et, dans toute la mesure de ses forces, il a facilité l'accomplissement de ma tâche.

Le combat que nous avons mené pendant quatre ans était un combat sans lustre et sans gloire. Il s'agissait de procurer le bois indispensable à la cuisson des pains dans les fournils des boulangers ; il s'agissait, également, de faire venir jusqu'à Paris le lait si nécessaire pour nos petits enfants, nos vieillards et nos malades. Nous avions à résoudre le difficile problème du ravitaillement en pain de la capitale. Nous avions, enfin, à aller glaner en province les ressources en viande indispensables, elles aussi, à l'existence de nos travailleurs. Nous avions à nous occuper des questions de charbon, de gaz et d'électricité, et sans cesse à lutter contre les autorités allemandes qui, non contentes de vivre sur notre pays, le mettaient effroyablement au pillage, pour les besoins intérieurs du Reich.

Nous avons trouvé aide, appui, compréhension, auprès de M. Laval. Ayant occupé à l'Hôtel de Ville un poste de commandement en des heures tragiques, je considère comme un devoir de loyauté élémentaire de lui rendre un public hommage. »

... « Laval a beaucoup fait pour la population parisienne. A maintes reprises, nous l'avons intéressé au sort de nombreux membres de la Résistance, tombés aux mains de la Gestapo. Grâce à lui, nous avons pu éviter un certain nombre d'exécutions capitales.

Il a joué une partie dangereuse, celle qui a été jouée par maint homme de gouvernement en Prusse, après 1807, au lendemain d'Iéna. C'est un rôle peut-être peu glorieux, mais il sera dit un jour qu'il a été utile, et que, pour notre pays, il a évité le pire.

Il est de bon ton, à l'heure actuelle, de se taire. Il est de bon ton, également, d'accabler ceux qui sont poursuivis par la vindicte publique, mais Paris n'est pas lâche, Paris sait se souvenir. » ...

20 Décembre 1945
Dépôt n° 6 — 7 pages.

Victor Constant

Sénateur de la Seine, Président du Conseil Général et du Conseil Départemental de la Seine.

Il conclut ainsi son long témoignage :

... « Au seuil de la tombe, où me convoque l'âge et m'appelle l'amer désir de connaître le jugement de l'histoire, dégagé dans le recul du temps des médiocres et dangereuses interventions des hommes, je m'incline avec tout le respect qu'on doit aux morts qui me survivent, et je salue la mémoire de celui qui, le 16 avril 1938, me suppliait de ne pas voter pour la guerre [1], et le 17 août 1944 me conjurait de continuer à défendre Paris et sauver la France. »

6 Juillet 1953
Dépôt n° 187 — 12 pages.

Louis Sellier

Député de la Seine, Vice-Président du Conseil Municipal de Paris :

... « Lorsque les autorités allemandes eurent enlevé de force le Président Pierre Laval, achevant ainsi la décapitation de la France, ce n'est pas seulement aux Préfets de la Seine et de Police que Pierre Laval a remis les pouvoirs gouvernementaux, mais aux deux Présidents édilitaires, celui du Conseil Municipal de Paris et celui du Conseil Départemental de la Seine.

1. La phrase exacte de Laval recevant le témoin au Sénat le lendemain de son élection était : « Ne votez pas pour le Gouvernement. Il nous conduit à la guerre et ne la prépare pas. »

Si, dans les ultimes et dramatiques journées qui ont précédé la libération de Paris, et qui s'encadrent entre le 17 et le 20 août 1944, notre Président Pierre Taittinger a pu, providentiellement, convaincre le Général allemand von Choltitz, Gouverneur militaire de Paris, de ne pas exécuter les ordres de destruction de la capitale qui lui avaient été réitérés par Hitler, c'est parce que :

— le prestige du corps édilitaire parisien était grand ;
— et qu'avant d'être déporté, le Président Pierre Laval avait songé à l'investir de ses propres pouvoirs de chef de Gouvernement.

Même en quittant la France sous la contrainte des S.S. allemands, le maire d'Aubervilliers manifestait encore aux municipalités françaises, à celle de Paris en particulier, la vigilante sollicitude qu'il leur avait assurée, sans défaillance, pendant tout le temps où il a assumé lui-même, au seul bénéfice du pays, ce lourd pouvoir qui l'a conduit au martyre. »

5 Avril 1950
Dépôt n° 117 — 14 pages

Amédée Bussière

Préfet de Police de Paris (de 1942 à la Libération). Lieutenant aviateur de chasse (1914-1918). Croix de Guerre, plusieurs citations et Légion d'Honneur à titre militaire... Ancien Préfet de l'Aisne puis du Pas-de-Calais.

A chaque séjour à Paris, Bussière faisait seul, avec le chef du Gouvernement, le trajet Gare de Lyon-Matignon et assistait souvent aux dures conversations avec les officiels allemands. Son témoignage est, de ce fait, important. Voici sa description de Pierre Laval, négociateur :

... « Son pouvoir qui s'est exercé avec succès sur l'ambassadeur Abetz qui, il serait injuste de ne pas l'affirmer, défendit avec chaleur ses thèses devant Ribbentrop et son chef, était soumis à de fortes épreuves lorsqu'il abordait des adversaires coriaces et butés, comme notamment le Général Oberg, commandant supérieur des S.S. et le führer au S.T.O. Sauckel.

« Sur eux, la magie du verbe ne suffisait plus... Le Président les étudie tandis que le combat commence ; Le Président, d'un air « correctement » dédaigneux, ne dit ni oui, ni non ; insensiblement, il les attire dans une controverse qui les embarrasse. Les opposants déconcertés, rétorquent. Pierre Laval fait appel à ses réserves de diplomatie et d'astucieux stratagèmes ; il fait des contre-propositions, consent même des concessions, mais avec des sous-entendus qui sont autant de pièges ; il brouille les cartes, soulève des objections inattendues qui frappent par leur logique ; il dramatise les responsabilités encourues ; il mène son jeu avec tant d'adresse, de persévérante ténacité, que les ennemis, débordés, perdant pied, seront obligés, souvent pour sauver la face, de composer avec lui, soit en abandonnant leurs prétentions, soit en les limitant, soit en lui accordant des sursis, des délais, dont il saura profiter. » ...

Son témoignage se termine ainsi :

... « Que mon témoignage, malgré sa concision et son imperfection, modeste contribution à la vérité, soit un hommage de solide attachement à la mémoire du grand homme d'État, fusillé ignominieusement pour avoir défendu sa Patrie avec la plus noble des passions ! Qu'il soit aussi l'expression de ma déférente admiration à Mme Pierre Laval et à Josée de Chambrun, qui gravissent le calvaire avec tant de sublime dignité. »

8 Octobre 1951
Dépôt n° 138 — 22 pages

Les maires des 87 communes de la Seine...

Le 11 août 1944, à dix-huit heures, les 87 maires de Paris et des communes de la banlieue, en majorité d'anciens élus, se réunirent à l'Hôtel Matignon. Pendant plus de deux heures, Laval leur rendit compte de sa « gestion » et leur annonça qu'il partait dans la nuit pour ramener à Paris Édouard Herriot, président de la Chambre des Députés, afin de tenter avec lui de réunir l'Assemblée Nationale.

Voici la motion votée à l'unanimité par les 87 maires présents :

« Les membres de l'union des maires de la Seine adressent au Président Laval, chef du gouvernement, l'hommage de leur affectueuse et fidèle amitié. Ils lui disent leur confiance entière en son action, persuadés qu'il trouvera dans son amour pour la patrie blessée les voies de salut qui conduiront le pays vers sa résurrection.

« Profondément dévoués à sa personne, ils sont heureux de pouvoir donner, par leur cohésion, l'exemple de la discipline et de l'union, et n'ont pour seule ambition que de servir le pays. »

L'original du document signé est conservé par la Fondation Josée et René de Chambrun. (Une photographie figure à l'Annexe H (p. 376) de « Pierre Laval devant l'Histoire ».)

LA PROTECTION DE LA FRANCE
– LES PRÉFETS –

Georges Hilaire

Secrétaire Général pour l'Administration
« Chef des préfets ».

Témoignage clef rédigé par Georges Hilaire avec le concours de plusieurs Préfets de Région et Secrétaires Généraux de préfecture dont plusieurs déportés.

Conclusion d'un exposé collectif de 39 pages :

Pierre Laval n'a cessé, malgré les attaques de double origine dont il fut constamment l'objet, les premières émanant de l'ennemi ou de ses agents, les secondes émanant des milieux conservateurs :

1° De réintégrer, de maintenir, de nommer ou de promouvoir une grande majorité de hauts fonctionnaires et chefs de service, patriotes et républicains.

2° De leur prescrire la défense de l'indépendance et de la souveraineté administratives françaises, et la défense des intérêts français contre l'occupant.

3° De veiller à la pratique d'une politique de conciliation républicaine et de préparer le retour aux institutions traditionnelles.

11 Mai 1946
Dépôt n° 219 — 39 pages initialisées.

Jean Chaigneau

Préfet régional de Nice
Arrêté par la Gestapo le 14 mai 1944. Déporté.

... « Le Président Laval, qui laissait à ses préfets une latitude extrême, savait bien que dans l'application des textes dont certains portaient en eux la trace des exigences du vainqueur, nous apportions toutes les ressources de notre intelligence pour les interpréter avec le plus de douceur possible. Une de ses circulaires au sujet de la main-d'œuvre se terminait par les mots : « Ces mesures devront être appliquées paternellement. » Sa satisfaction était grande et belle à voir chaque fois qu'il comprenait que l'un d'entre nous était arrivé à tromper l'ennemi, car lui non plus ne « les aimait pas »...

... « Dans les mesures prises contre les Juifs, contre les francs-maçons, toujours nous le trouvions à nos côtés ou devant nous, pour nous couvrir dans l'action que nous menions, afin que lesdites mesures aient le moins d'efficacité possible... [1] ».

15 Juillet 1947
Dépôt n° 31 — 12 pages.

Alfred-Roger Hontebeyrie

Préfet régional de Montpellier.

... « Ce jour-là, à Vichy — nous étions alors fin 1943 —, le Président Laval me donna comme instructions de tout faire et de tout mettre en œuvre pour sauver les Israélites qui pouvaient demeurer dans la région de Montpellier. Ce fut grâce à son appui que, lorsque l'armée allemande prit des mesures de police dans les départements maritimes, je pus évacuer tous les Juifs dans les départements de l'Aveyron et de la Lozère. Son intervention, que j'avais sollicitée, empêcha le S.D. de toute immixion dans cette opération. »

13 Mars 1952
Dépôt n° 154 — 8 pages.

1. Une quarantaine de témoignages, dont les numéros de dépôt suivent, traitent, en particulier, de ce qu'a fait ou tenté de faire Pierre Laval pour assurer la protection des Juifs :

Nos 1, 3, 9, 12, 22, 23, 31, 40, 41, 61, 70, 71, 72, 76, 95, 99, 101, 106, 119, 130, 138, 154, 170, 218, 258, 360, 361, 362, 363, 364, 365, 366, 368, 392, 398, 401, 415.

Jean Popineau

Préfet de la Vienne en 1941, puis de la Dordogne de janvier 1943 à juin 1944.

... « Le Président Laval nous parlait de son attachement à sa patrie en des termes particulièrement émouvants et qui ne pouvaient pas tromper. Nous sentions qu'il y mettait toute son âme, tout son cœur. Nous arrivions parfois à ses conférences lassés et découragés par les difficultés que nous rencontrions dans nos départements, mais nous en sortions réconfortés et soutenus par la sincérité avec laquelle Pierre Laval nous avait parlé. Nous voyions en lui le Français de vieille souche, profondément enraciné à la terre de son pays, encore davantage dans les jours malheureux et tourmentés que dans les années paisibles, méprisant une impopularité qu'il savait impossible d'éviter dans des circonstances aussi tragiques et qu'il nous invitait à partager avec lui, mais n'ayant jamais cessé un seul instant de n'avoir en vue sous tous les rapports que l'intérêt supérieur du pays dont il supportait, avec le Maréchal, l'écrasante responsabilité... »

8 Mars 1942
Dépôt n° 153—. 9 pages manuscrites.

Marc Freund-Valade

Préfet régional de Limoges... (a vécu le drame d'Oradour...).

Long et remarquable exposé de ce « grand » Préfet qui débute par ces mots :

« Maîtres absolus de la presse et de la radio après s'être emparé du pouvoir en France, le Général de Gaulle et certains éléments groupés autour de lui se sont évertués à faire croire qu'ils avaient, seuls, incarné la résistance à l'oppresseur et, seuls, sauvé leur pays.

Mais le succès de cette... légende ne peut être qu'éphémère. Le Maréchal Pétain et le Président Laval appartiennent à l'Histoire. C'est elle qui les jugera avec le maximum de justice quand les passions se seront éteintes. C'est l'Histoire qui rétablira la vérité ! »

Il écrit notamment :

... « L'appui du Président Laval m'était particulièrement nécessaire dans ma tâche difficile. Je n'ai jamais réclamé son secours en vain.

Les mesures que j'ai prises après l'affreux drame d'Oradour, ma protestation véhémente et solennelle m'ont valu la reconnaissance du Président Laval. En prononçant, au cimetière du village martyr, l'oraison funèbre, j'étais en parfaite communion de pensée avec lui. »

Une des annexes de ce témoignage est le texte intégral de son oraison funèbre au cimetière le 12 juin 1944 :

... « Dans cette enceinte sacrée où dorment les morts, aucune parole de haine ne saurait être prononcée sans offense à Celui dont les croix qui nous environnent rappellent le sublime sacrifice.

Qu'il soit cependant permis au représentant du Chef de l'État et du Gouvernement de la France d'élever la voix pour renouveler ici la protestation solennelle qui a été faite auprès de la puissance occupante.

Le sac d'Oradour-sur-Glane et le massacre de ses habitants révoltent la conscience qui demeure saisie d'épouvante.

La langue française ne connaît pas de mot assez fort pour qualifier cet acte, mais celui qui s'y est livré a commis un crime, même contre sa propre patrie... »

6 Octobre 1952
Dépôt n° 169 — 19 pages.

Michel-Henry de Villeneuve

Ancien Préfet des Côtes-du-Nord, arrêté et déporté par les Allemands en mai 1944.

Légion d'Honneur au titre de déporté résistant.

... « Lorsque le Président Laval, qui connaissait la France et son administration comme personne d'autre, sentait que l'un de ses représentants allait être en butte à la colère de l'occupant, il l'appelait et le changeait de poste, même contre son gré. Il a ainsi évité à des quantités de mes collègues la prison ou la déportation.

J'ai, moi-même, été appelé par lui quelques jours avant mon arrestation, et c'est sur mon refus exprès de quitter mon poste parce que je me considérais comme lié à la population des Côtes-du-Nord et désirais partager son sort, que les Allemands m'ont arrêté, alors que le Président Laval avait tout fait pour m'éviter cette déportation.

Si les Allemands avaient connu l'action menée par la très grande majorité des représentants de l'administration, à tous les échelons, ce ne sont pas seulement onze préfets qui auraient été arrêtés le 11 mai 1944, mais la totalité des préfets, des sous-préfets et des chefs de services des préfectures et sous-préfectures.

Les Allemands n'ont compris qu'à la Libération combien l'hostilité et la haine de l'occupant avaient constitué un support moral qui avait permis à l'administration française de tenir sous les coups terribles qui lui furent portés pendant l'Occupation. »

9 Octobre 1951
Dépôt n° 143 — 6 pages.

Jacques Henry

Ancien Préfet de la Creuse. Nommé en 1943 Préfet régional de la Corse.

... « Lorsque j'étais encore Préfet de l'Isère et que j'exposais au Président Laval combien étaient dures les discussions incessantes que les Préfets ne cessaient de soutenir avec les Feld-Kommandants :

“ Que diriez-vous si vous aviez à discuter avec une brute comme M. Sauckel ! ” me répondit-il.

Le jour où il m'annonça que le haut-commandement italien refusait de me laisser rallier Ajaccio, sur le vu de “ mauvais renseignements ” fournis par les Allemands, je reconnus que je n'étais pas surpris par cette méfiance.

“ — Que voulez-vous, Monsieur le Président je ne puis m'entendre avec eux. Je ne les aime pas. »

Alors, haussant doucement les épaules, le Président me répondit :

“ — Et moi, croyez-vous que je les aime ?

C'est par cette phrase, si révélatrice en sa simplicité, que je veux terminer ce témoignage. »

20 Janvier 1951
Dépôt n° 86 — 8 pages.

Albert Vabre

Ancien Préfet de la Mayenne

... « Fin février 1944, alors que j'étais préfet de la Mayenne, j'eus avec le Président un entretien à Vichy. Il m'interrogea sur la situation de mon département. Je m'efforçais de la lui dépeindre sous son vrai jour : la lassitude des populations, leur hostilité grandissante envers son gouvernement et sa personne. Pierre Laval m'écouta en silence, puis me dit en substance : " Je sais tout ce que vous venez de me dire ; je n'ai pas la possibilité de faire connaître au pays le combat de toutes les heures que je mène pour sa sauvegarde. Mais vous, qui me connaissez bien, tâchez de le faire comprendre à vos administrés. Et si je reste pour eux l'homme le plus détesté de France, que m'importe ! L'essentiel pour moi, c'est qu'ils souffrent matériellement le moins possible de l'effroyable drame que nous vivons. "

29 Mars 1954
Dépôt n° 214 — 8 pages.

Henry Cado

Ancien Directeur Général de la Police nationale (avril 1942-décembre 1943).

... « En avril 1942, M. Henry Cado, alors Préfet de l'Aisne, a été appelé par Bousquet à exercer auprès de lui les fonctions de Directeur Général de la Police nationale (...). L'enquête extrêmement minutieuse à laquelle il a été procédé n'a pas permis d'établir qu'à un moment quelconque Cado ait agi dans un sens contraire des intérêts français.

(...) « Les faits confirment la réalité de l'action anti allemande menée par Cado en plein accord d'ailleurs avec Bousquet et concrétisée par son renvoi du Ministère à la demande des Allemands.

« Dans ces conditions, il n'a pas été établi un fait quelconque susceptible de constituer à l'encontre de Cado le crime d'intelligence avec l'ennemi.

« Classement ;

« 13 Juillet 1949. »

Telles sont les appréciations portées par les juges de la Libération sur l'action du Directeur Général de la Police nationale d'avril 1942 à Décembre 1943, dont le seul mérite a été d'exécuter les consignes qui lui étaient données par le président Pierre Laval. »

9 Octobre 1952
Dépôt n° 170 — 3 pages.

Georges Darbou

Préfet du Vaucluse, puis délégué des préfets de la zone Sud auprès du Chef du Gouvernement.

... « Je puis certifier que tous mes camarades préfets, dont une quinzaine furent arrêtés le 14 mai 1944 par la Gestapo, trouvèrent toujours auprès du Chef du Gouvernement un appui et une aide totaux lorsqu'ils venaient lui confier les difficultés et les drames que les services de police allemands multiplièrent dans les mois critiques, jusqu'à la libération du territoire.

(...) « La grande idée de Pierre Laval, qui était aussi celle du Maréchal était qu'il fallait absolument maintenir une administration française jusqu'à la libération du territoire par les troupes alliées et, a-t-il déclaré devant moi à plusieurs reprises, " jusqu'à ce que le Général de Gaulle donne au pays la sienne. "

« Je puis ajouter qu'il ne se faisait pas d'illusions sur le sort qui l'attendait sans doute un jour. Mais ce rôle, peu spectaculaire, disait-il, il le devait à son pays de le jouer jusqu'à l'extrême limite, c'est-à-dire jusqu'à ce qu'il en soit empêché par la force. Il ne pouvait faire de doute qu'en cas de son départ, c'est à un gouvernement Doriot, Darnand, Deat qu'eût échu le pouvoir et Pierre Laval avait toutes les raisons d'entrevoir, dans cette hypothèse, avec une prise de position aux côtés et aux ordres des Allemands, une déclaration de guerre aux Alliés et une réaction du patriotisme sanglante, sous la botte de l'occupant.

« Pierre Laval a déclaré, à plusieurs reprises, devant moi qu'il avait trop de reconnaissance à son pays pour ne pas, au prix de sa popularité et de sa vie, tenter d'empêcher cela. »

18 Novembre 1948
Dépôt n° 76 — 3 pages.

DES EXEMPLES
PARMI UN GRAND ENSEMBLE

E. Stoeber

Bâtonnier de l'ordre des avocats à Colmar.

... « Au mois de mars 1943, j'ai été prévenu de ce qu'un certain nombre de personnalités alsaciennes avaient été condamnées à mort à Strasbourg le 10 mars pour faits de résistance par le Tribunal Militaire Suprême du Reich.

...« Je me décidai à demander une audience à Monsieur Pierre Laval, alors Chef du Gouvernement de l'État français, qui me reçut à Vichy le 26 mars 1943.

... « Monsieur Laval accepta sans difficulté de faire une démarche en faveur de mes amis. Il me dit par deux fois : " Je ferai le maximum. "

... « Après deux interventions de Monsieur Pierre Laval auprès de l'ambassade d'Allemagne, tous les condamnés virent finalement leurs peines commuées en réclusion. A l'heure actuelle, ils sont, d'après mes renseignements, tous libérés et revenus en France. Ce résultat est dû, pour une large part, aux interventions de Monsieur Pierre Laval. »

Attestation rédigée le 13 Octobre 1945,
portée à Jacques Baraduc à Paris deux jours avant l'exécution...

Colonel Émile Bernon

Commissaire du Pouvoir chargé par Laval d'organiser la libération de tous les internés administratifs pour « délit d'opinion ».

... « La commission de libération des internés administratifs avait été créée par le Président Laval en janvier 1943 pour que chaque interné administratif ait la faculté légale d'adresser une requête pour faire étudier son cas dans un délai déterminé d'un mois, à l'expiration duquel une décision de libération ou de maintien devait être proposée au Chef du Gouvernement.

... « Ce fut ainsi que, sur un total de 25 000 internés administratifs environ, y compris les hébergés et les trafiquants du marché noir, 20 000 internés politiques environ (communistes, syndicalistes, gaullistes), dont 14 000 environ en zone Sud, furent libérés par le Président Laval sur ma proposition. » ...

A Fresnes, Octobre 1945.
Le Colonel Bernon avait demandé à sortir de Fresnes pour témoigner au « procès »... ou les témoignages « à décharge » étaient interdits...

Jean Jardin

Directeur du Cabinet de Pierre Laval d'avril 1941 à octobre 1943, Chargé d'Affaires de France à Berne de novembre 1943 à août 1944 :

... « Les hommes les plus opposés à la politique de Pierre Laval ont souvent dit que celle-ci était défendable jusqu'au débarquement en Afrique du Nord et qu'elle ne l'était plus ensuite. Il fallait partir le 8 novembre ou, au moins, le 11 novembre 1942.

... « C'est ne pas comprendre les buts qui furent ceux du Président Laval car s'il fallait faire vivre la France demi-occupée, en relation encore avec son Empire et avec les deux Amériques, que ne fallait-il pas tenter pour la faire vivre alors qu'elle était totalement occupée et coupée du monde ? Le Président Laval accepta cette tâche quels qu'en fussent les risques, chaque jour grandissants, pour sa population, sa réputation et sa vie.

... « Le Président vécut ces deux années du martyre français (1942-1944) dans un isolement tragique... Il ne pouvait laisser apercevoir son attitude qu'indirectement, par exemple, en donnant de l'avancement, ou en nommant aux postes les plus délicats les préfets les plus habiles à protéger les Français, tout en sauvant la face devant l'occupant... »

9 Octobre 1945 [1]
Dépôt n° 18 — 8 pages.

1. Déclaration sous forme de lettre manuscrite à Me Jacques Baraduc, écrite pendante le procès.

Dinu Hiott

Ministre de Roumanie en France (1940-1944) :

... « Grande fut ma stupéfaction d'apprendre, en automne 1944, que le Gouvernement Provisoire considérait les anciens gouvernants de Vichy comme des traîtres. Il serait malséant pour un étranger d'émettre des avis sur la politique intérieure d'un pays. Néanmoins, je ne puis m'empêcher de dire que la politique suivie par les hommes politiques que j'ai connus à Vichy ne correspondait nullement au tableau officiel qu'on en a fait dans les premières années qui ont suivi la Libération.

... « Dans mes contacts avec le Ministère des Affaires étrangères, j'ai toujours trouvé beaucoup de compréhension au sujet des citoyens roumains d'origine juive, dont j'avais à défendre les intérêts. Grâce à une intervention du Chef du Gouvernement, Pierre Laval, j'ai réussi à faire partir bon nombre de ceux-ci vers la Roumanie, dans des wagons de voyageurs mis à la disposition de la Légation. » ...

4 Avril 1949
Dépôt n° 100 — 4 pages.

Charles Rochat

Secrétaire Général du Ministère des Affaires étrangères pendant toute la durée de l'Occupation.

... « J'ai souvent reparlé à Laval de la phrase : " Je souhaite la victoire de l'Allemagne, parce... " depuis qu'il la prononcée. Ce qu'il voulait, lors de son retour au pouvoir en 1942, c'était créer, vis-à-vis des Allemands, un " climat de confiance " à la faveur duquel il pourrait mieux résister aux exigences toujours plus grandes de Berlin.

... « C'était là pour lui une opération politique, essentielle à son action future.

... « En ce qui concerne les Juifs..., c'est une question que Laval traitait généralement à Paris, avec les services du ministère de l'Intérieur. Mais, en toute occasion, je l'ai vu s'élever avec indignation contre les mesures, qualifiées pour lui d'inhumaines et d'odieuses, que ne cessaient de réclamer les Allemands et auxquelles certains de ses ministres (Platon, Darquier de Pellepoix) ne résistaient pas, à son gré, avec assez d'énergie. »

... « Lorsque les Juifs étrangers furent visés en 1942, il convoqua, à ma demande, dans son bureau, le représentant à Vichy de l'ambassade d'Allemagne et protesta dans les termes les plus vifs.

... « Je mis aussitôt le Nonce, tant en sa qualité de Doyen du Corps Diplomatique que de représentant du Saint-Siège, au courant des exigences allemandes, et je convoquai tous les chefs de mission des pays dont les ressortissants juifs étaient menacés, leur conseillant soit de faire agir directement leurs gouvernements à Berlin, soit de rapatrier, dès que possible, leurs nationaux menacés. » ...

Avril 1947
Dépôt n° 22
Déclaration manuscrite avec une courte note explicative.

Jacques Guérard

Secrétaire Général du Gouvernement (1942-1944) :

... « A une date que je crois être le 12 novembre 1942, je reçus à Vichy le Grand Rabbin Hirschler. Il me demanda avec émotion " si le Gouvernement Laval continuait malgré les événements d'Afrique " — nous étions à quelques jours du débarquement anglo-américain en Afrique du Nord — et, sur ma réponse affirmative, me dit les paroles suivantes, que je rapporte textuellement car elles sont gravées dans ma mémoire :

" ... Je suis rassuré... Pour moi, tous les Juifs sont mes enfants. Mais je connais bien M. Laval et je sais ses difficultés. *Les Juifs français n'oublieront jamais ce qu'il a fait pour eux.* "

7 Mars 1947
Dépôt n° 258 — 2 pages.

Maréchal Pétain

Le Maréchal Pétain est mort à l'Ile d'Yeu le 23 juillet 1951. Entre sa condamnation et jusqu'à sa mort il a reçu ses avocats, Maîtres Isorni et Lemaire. Ceux-ci avaient préparé avec lui sa défense au cours du printemps et de l'été 1945 au Fort de Montrouge. Ils s'étaient naturellement souvent entretenus avec lui de Pierre Laval. Le 3 Octobre 1951, deux mois après la mort du Maréchal, Jacques Isorni et Jean Lemaire ont remis la lettre suivante à René de Chambrun en lui demandant de la déposer à la Fondation Hoover :

« Nous vous adressons cette lettre, car nous considérons de notre devoir de conscience de vous apporter notre témoignage.

Au cours des entretiens que nous avons eus avec le Maréchal Pétain, en vue de sa défense, celui-ci ne nous a pas caché qu'il considérait le Président Laval comme un remarquable négociateur, dont la présence au Gouvernement était indispensable en certaines circonstances.

Bien que leurs sentiments et leurs positions ne fussent pas toujours les mêmes, le Maréchal a considéré que le Président Laval était nécessaire à la défense des intérêts français devant les exigences de l'ennemi et qu'il était seul en mesure d'assurer cette protection de nos intérêts nationaux.

Il est, en effet, évident que, face aux Allemands, il a été un exemple d'habileté, de ténacité et de finesse digne des plus grandes traditions de notre diplomatie.

Mais, au-delà des divergences, ce qui rapproche et, en outre, éclaire toutes les entreprises politiques de cette époque douloureuse, c'est ce jugement que portait l'ancien chef de l'État sur son Président du Conseil si injustement accusé :

" je n'ai jamais douté de son amour de la patrie "

Nous pensons que ce jugement, étayé par la connaissance que nous avons de cette période de la vie française et par nos observations personnelles, pourra peut-être vous aider dans l'œuvre historique que vous avez entreprise.

C'est la raison même de notre déclaration. »

Signé : Jacques Isorni Jean Lemaire
3 Octobre 1951
Dépôt n° 139 — 2 pages.

Louis-Dominique Girard

Ancien chef du Cabinet Civil du Maréchal Pétain :

... « Il m'est apparu que le Président Laval jouait la partie que j'avais vue jouer autrefois par Stresemann. Nous étions cette fois les moins forts et nous n'avions que la négociation pour soutenir la cause française. Le Chef du Gouvernement s'y employait avec un zèle inlassable. Son espoir était que les adversaires encore aux prises dans la lutte en viendraient un jour à rechercher un compromis et son effort visait, comme celui du Maréchal, à faire en sorte que la France fut en état d'intervenir efficacement quand les circonstances le permettaient.

... « On a dit beaucoup de choses erronées au sujet des rapports du Maréchal et du président. Il m'a toujours paru que les deux hommes tiraient de leurs origines terriennes tous les éléments d'une entente profonde et réelle, en dépit des entraves que leurs entourages s'employèrent maladroitement à dresser sur le chemin de leur mutuelle confiance. »...

5 Octobre 1949
Dépôt n° 111 — 7 pages.

Emmanuel Berl

Homme de lettres :

... « Quand la guerre vint, et le désastre, je me cachai en Corrèze. Je ne vis donc pas M. Laval quand il devint Chef du Gouvernement et « dauphin ». Une fois, cependant, je dus envoyer ma femme à Vichy. Il le sut. Il voulut la voir, quoiqu'il en fut alors à ménager ses minutes. Cette ultime preuve d'affection et de bonté, je n'ai même pas pu l'en remercier avant son atroce fin. »

10 Mars 1954.
Dépôt n° 204 — 4 pages.

Raymond Lachal

Directeur Général de la Légion Française des Combattants :
Grand blessé de guerre de 14-18. Légion d'Honneur, Médaille Militaire, Député de Puy-de-Dôme.

... « Fin mai 1942, Pierre Laval m'appela à Vichy et me pressentit pour le poste de Directeur Général de la Légion Française des Combattants. Il s'agissait, me déclara-t-il, de ramener dans de sages limites l'action politique entreprise par certains éléments exaltés de ce groupement qui, sous prétexte de " Révolution Nationale ", menaient une action nuisible à l'union des Français. Instituée par la Loi du 29 août 1940, la Légion Française des Combattants devait, à l'exemple de l'American Legion ou de la British Legion, grouper en une seule association tous les anciens combattants qui s'étaient rassemblés, depuis 1918, en de nombreuses sociétés rivales ;

... « En 1942, Pierre Laval désirait voir la Légion continuer à défendre son idéal initial — " servir la France avec honneur " — et usa de toute son influence pour inculquer à certains de ses cadres son vieux républicanisme. Comme il le fit pour l'ensemble des Français, il lutta sans cesse pour servir de bouclier aux légionnaires souvent traqués par les occupants. »

17 Février 1948
Dépôt n° 50 — 6 pages manuscrites.

Claude Lewy

Député — Avocat à la Cour
Ancien Maire d'Orléans :

... « C'était en juin 1940, à Bordeaux, après l'évacuation d'Orléans et avant la signature de l'Armistice ». Que faut-il faire ? ", demandai-je à Pierre Laval. " Rester et durer ", me répondit-il. " Je ne crois pas aux gouvernements en exil. Un gouvernement cesse d'exister dès qu'il quitte le territoire national. Sous l'ennemi, il existe encore. Il fait marcher les rouages. Donc, il peut agir ". Après un silence, il reprit : " Que l'Allemagne gagne la guerre ou qu'elle la perde, nous avons maintenant moins que jamais le choix : il faut s'entendre avec elle. Si elle gagne, ce sera notre seule chance de survie. Car je ne crois pas à la permanence ni même à la longévité du nazisme. Quinze ou vingt ans plus tard — ce n'est rien en histoire ! —, l'Europe aura de nouveau soif de liberté. Si la flamme française a été préservée, même en veilleuse, c'est à elle que viendront se ranimer les flambeaux éteints. A elle seule, car, en dehors d'elle, il n'y aura plus rien. Précisément, parce que nous aimons toujours, plus que jamais, ce en quoi nous avons cru — notre pays, la République, le progrès — il ne faut pas tout anéantir dans un suicide. Donc, il faut exister pour l'instant avec l'Allemagne. »

16 Juin 1955
Dépôt n° 294 — 6 pages manuscrites.

Jean Perré

Général, ancien Directeur-Général de la Garde, à Vichy :

... « En septembre 1945, transféré à la prison de Fresnes, je rencontrai le Président à la promenade. Durant ces quelques heures, nous parlâmes du passé. Au moment où, le gardien venant me chercher, je prenais congé de lui, il me dit : " Pour qu'on ne m'entende pas, on me tuera peut-être... mais il ne se passera pas trois ans avant qu'on regrette de ne plus m'avoir pour faire la politique qui s'imposera. " Telles sont les dernières paroles que j'ai entendues d'un homme que je n'avais pas approché sans préventions et dont je pense maintenant qu'un des plus sûrs honneurs de ma vie est d'avoir été son collaborateur et d'avoir acquis une confiance qu'il ne gaspillait pas. »

22 Février 1951
Dépôt n° 129 — 10 pages.

Yves Bouthillier

Ancien Ministre des Finances (5 juin 1940 — 17 avril 1942) :

... « J'ai été, si je l'écris ici, c'est parce que le fait est notoire, un des auteurs de la décision du 13 décembre. Le Président, je le sais, a nourri contre moi une explicable rancune.

« Je ne pense pas que ce soit servir la mémoire du Président Laval que de ruser avec les mots pour définir sa politique. Quand un homme d'État a joué sa partie avec l'ardeur, la carrure et le désintéressement d'un Laval, le meilleur hommage à lui rendre est de dire ce qu'il a fait et pourquoi il l'a fait.

« Devant les Allemands, il parlait en homme fier de représenter la France. Il ne disait pas : " Marchez avec nous, vous verrez les services que nous vous rendrons ", mais : " Le Führer est un grand homme, parce qu'il a compris qu'il ne ferait pas l'Europe sans la France. " Il fut alors, assurément, animé par une foi. " Mon secret, me confia-t-il à Vichy en novembre 1940, est de me croire grand. Plus la situation est périlleuse, plus l'interlocuteur m'apparaît comme inaccessible, plus je me sens grand. " Que l'on ne s'y trompe pas, le Président Laval fut de la race des grands sincères, de ceux qui pensent ce qu'ils disent et qui croient à ce qu'ils font. »

31 Mars 1949
Dépôt n° 140 — 10 pages.

Jean Montigny

Avocat, ancien député de la Sarthe :

... « Chargé de la direction de l'Information et de la Presse jusqu'au 13 décembre 1940, je communiquais quotidiennement au Président Laval les bulletins d'écoute des radios étrangères, et notamment ceux de la B.B.C. Quand je les apportais, je guettais ses réactions devant les attaques violentes de la radio gaulliste. Si passionnée que fût l'invective et injuste la critique, elles le laissaient impassible. Ce calme provenait non seulement d'une rare maîtrise de soi, mais aussi du sentiment, qu'il laissait parfois transparaître, que si excessive que fût l'éloquence de de Gaulle, il voyait dans son action comme un complément de la sienne : il avait un tel amour de son pays qu'il jugeait utile que ses intérêts fussent défendus dans le camp adverse en même temps que lui-même s'efforçait de les préserver face aux Allemands. A ses yeux, chaque politique formait implicitement la contre-assurance de l'autre et, pour violemment opposées qu'elles parussent, les thèses de Laval et de de Gaulle auraient dû sembler à tous inspirées d'un patriotisme égal. Hitler, lui, le comprit...

« ... Rien ne le prédisposait à une sympathie quelconque pour les Allemands et le régime hitlérien : la nécessité de négocier avec eux était, à coup sûr, pour lui, une pénible obligation et un grand sacrifice. De retour d'une visite au Maréchal von Brauchitsch, il ne cacha pas sa douleur d'avoir dû, lui, homme d'État français, se présenter en demandeur devant un officier allemand, et cela, au Château de Fontainebleau, si riche pour nous de souvenirs historiques. »

22 Février 1950
Dépôt n° 116 — 7 pages.

Dominique Canavaggio

Journaliste, ancien Directeur des services politiques du « Paris-Soir » de la zone libre :

... « La politique de Laval à l'égard du Troisième Reich était inspirée de deux principes, en apparence contradictoires, mais en réalité étroitement solidaires :

1. Obtenir le maximum en accordant le minimum.
2. Ne jamais découvrir ses batteries. " Quand on fait une politique ", avait-il coutume de me dire, " il ne faut pas la crier sur les toits. "

... « Comme nous déjeunions, un jour de Juillet 1940, en tête-à-tête, chez Ricoux, un petit restaurant situé sur les bords de l'Allier et que je l'interrogeais sur les perspectives d'avenir, il me répondit brusquement :

— " Ils sont plus forts que nous, mais nous, nous sommes plus malins qu'eux... Nous les roulerons ! "

« Ce fut, du reste, la seule confidence aussi crue qu'il me fit. J'eus même l'impression qu'il regrettait presque de me l'avoir faite, car il évitait soigneusement des propos qui pourraient plus tard se retourner contre lui. Mais le mot était lâché. Le Président venait de me donner la clef qui allait me permettre de comprendre le sens profond de sa politique. »

6 Novembre 1950
Dépôt n° 131 — 18 pages.

Gaston Jacquemin

Ancien sous-Préfet de Reims.

Auteur du livre « La Vie Publique de Pierre Laval » — (Plon éd. 1973) :

... « J'ai conservé de mes sept entrevues avec le Président Laval le souvenir d'un homme simple et bon, d'un Français lucide et clairvoyant, d'un homme d'État conscient du tragique de l'heure et des terribles dangers qu'il bravait courageusement pour le bien de son pays.

« Je suis heureux de lui rendre aujourd'hui le témoignage modeste d'un Français et d'un fonctionnaire qui s'honorera toujours d'avoir gagné sa confiance. »

23 Août 1947
Dépôt n° 33
6 pages manuscrites.

Paul Creyssel

Avocat à la Cour, Député de la Loire de 1932 à 1940.
Secrétaire Général à l'Information :

... « Comprenez-moi bien, m'a dit Pierre Laval en avril 1942, quand il a repris le pouvoir. La France est occupée. Je suis aux prises avec un interlocuteur difficile. Il me faut négocier pour que le pays vive. Quand vous parlez, les Français vous écoutent (...) mais ce qui est sûr, c'est que les Allemands vous entendent et tirent de ce que vous dites des conclusions qui peuvent me servir ou me gêner. Je n'ai qu'une consigne à vous donner et elle tient dans une phrase courte : suivez mon jeu, comprenez-le, ne le gênez jamais et essayez, si vous le pouvez, de le rendre moins difficile.

« ... Gagner du temps, c'était le leitmotiv de sa confidence. Tous les stratagèmes lui étaient bons pour sauver, en toutes circonstances, quelque chose ou pour récupérer en partie ce qu'il n'avait pu éviter de céder.

« Rapporter mes entretiens avec Pierre Laval serait écrire le journal de sa lutte ingrate et ignorée avec l'Allemand. Ignorée, en effet. Car il m'était interdit, par les conditions mêmes de mon action, d'en faire état. En somme, il m'invitait à faire sa propagande en m'abstenant de dire tout ce qui m'aurait permis de le rendre intelligible et sympathique aux Français maltraités par l'occupant. Il acceptait délibérément de passer pour ce qu'il n'était pas. (...) Il connaissait, et d'avance acceptait, son risque personnel. Je crois pourtant que ce vieil idéaliste, plein d'une confiance *profonde* dans la justice du peuple, n'a jamais perdu l'espoir d'être compris et approuvé, le jour où il pourrait s'exprimer librement. »

22 Juillet 1948
Dépôt n° 67 — 5 pages.

Jules Artur

Commissaire de la Marine :

... « Je fus reçu par Pierre Laval à son bureau des Champs-Élysées, le 29 septembre 1941, un peu plus d'un mois après l'attentat de Versailles. De sa voix, plus sourde que jamais, et que j'entends encore, il me déclara : " J'ai reçu les deux premières des dix balles qui m'attendent... parce que les Français ne comprendront pas ce que je tenterai lorsque je reprendrai le pouvoir. — Pourquoi le reprendre puisque vous mesurez par avance l'incompréhension politique et l'ingratitude de vos compatriotes qu'une propagande radiophonique exaspère dans leur romantisme ? — Parce que ce sera mon devoir, quoiqu'il doive en advenir et m'en coûter. "

« ... Je me souviens aussi que dans l'un de nos tout premiers entretiens, et alors qu'il était question pour le Président Laval de reprendre le pouvoir, dès avril 1941, il me dit en souriant : " Je serais suivi par les Français si je montais en haut de la Tour Eiffel et, avec un micro, je leur criais : ' Allo, allo, Français, ici Pierre Laval. Je compte reprendre le pouvoir pour rouler les Allemands. ' Les Français qui m'écoutaient auraient applaudi vigoureusement en criant : ' Bravo, Laval ! ', mais en oubliant qu'il y avait un million et demi d'oreilles allemandes pour écouter mes paroles !... ". »

3 Février 1948
Dépôt nº 49 — 4 pages

Louis Pagès

Ancien premier adjoint au maire d'Aubervilliers :

... « Pierre Laval connaissait l'activité des résistants d'Aubervilliers. Je ne l'ai jamais entendu blâmer la résistance. Il disait toujours : " Attention, hein, qu'ils ne fassent pas d'imprudences, ça va loin ! ". Aubervilliers, qui s'honore d'avoir été un des plus puissants et actifs réseaux de résistance, a mené toute son activité sous la bienveillante ignorance de son Maire, Pierre Laval. »

6 Février 1947
Dépôt nº 17
7 pages manuscrites.

Roger Perdriat

Rédacteur en chef de « La Dépêche de Toulouse » :

« Je souhaite la victoire de l'Allemagne, car sans elle le communisme s'installerait partout en Europe. »

« Quand le Président Laval eut prononcé cette phrase qui heurta les Français j'allai le voir et le trouvai assez abattu.

— Que pense-t-on de mon discours ? me demanda-t-il.

— Vous le devinez aisément.

— Ma popularité n'a pas dû grandir, évidemment... Au poste que j'occupe, il faut parler pour ne pas agir...

Pierre Laval me fit alors cette réflexion :

— Les Français croient-ils donc que si les Allemands étaient vainqueurs, je resterais au pouvoir ? Mais, la victoire de l'Allemagne, c'est Doriot au pouvoir, et moi, avec vous, avec Sarraut, au poteau. Comment donc peuvent-ils supposer que je souhaite la victoire de l'Allemagne. Il n'est tout de même pas difficile de comprendre pourquoi j'ai ainsi parlé. »

10 Juin 1947
Dépôt n° 14 — 8 pages.

Eugène Frot

Député du Loiret.
Ancien Ministre.

« Grâce à une autorisation de Pierre Laval, je pus rencontrer, à la fin de septembre 1942, George Mandel, alors détenu au Fort du Portalet. Je dois à la vérité de dire que, s'il eut des mots assez durs à l'égard de diverses personnalités politiques de première importance, Mandel n'en eut aucun à l'égard de Pierre Laval, dont il me parla en termes bienveillants et amicaux. Il précisa à un moment donné : "« Bien sûr, je ne peux pas être d'accord avec sa politique, mais c'est un honnête homme, et il fait ce qu'il croit être son devoir. " Puis un léger sourire erra sur son visage fatigué et il ajouta : "« Il faut bien que quelqu'un fasse cette besogne momentanée. "

15 Mars 1955
Dépôt n° 256 — 7 pages.

Georges Riché

Directeur de Banque.

Résistant, très actif dans les « Maisons de prisonniers de Paris ».

A rencontré Pierre Laval pour la première fois en 1942 pour lui demander d'intervenir en faveur d'amis, membres d'un réseau de renseignement, arrêtés par la Gestapo.

« Je fus reçu pour la première fois par Pierre Laval peu de temps après le débarquement (américain en Afrique du Nord) de novembre 1942. Je me souviens avec précision de la réponse qu'il me fit lorsque je lui demandai pourquoi il n'avait pas mis à profit le débarquement pour se retirer du pouvoir. "« Je dois rester ici, me dit-il, pour défendre les prisonniers en congé de captivité, les évadés, les Alsaciens-Lorrains et les autres Français, car les Allemands vont devenir très durs. " (...)

(...) « Les relations entre Pierre Laval et les Allemands m'ont semblé être celles de duellistes à coups de Jarnac. Je l'ai vu tantôt tenir tête, tantôt esquiver, bien souvent excédé et fatigué en fin de journée par la résistance qu'il semblait toujours opposer aux demandes allemandes. Il me dit un jour que les Allemands lui reprochaient de passer son temps à dissoudre les questions, ce qui, ajouta-t-il, n'était déjà pas si mal quand on ne voulait pas avoir à les résoudre.

« J'ai constaté qu'il était dominé et même passionné par son rôle de chef du gouvernement, responsable de la protection des Français contre l'emprise croissante des services Allemands. »

14 Mai 1946
Dépôt n° 11 — 9 pages.

André Berthon

Avocat à la Cour, ancien député du Var.
A défendu de nombreux syndicalistes.

« Je connais Pierre Laval depuis une quarantaine d'années ; au début de notre vie professionnelle, une sympathie commune nous a rapprochés. (...) J'ai été presque toujours séparé politiquement de Laval, mais j'obtenais toujours de lui une audience attentive non seulement en raison de notre amitié, mais aussi parce qu'il était juste, bienveillant et humain. (...) C'est dans cet esprit qu'au cours de la dernière guerre, je fus souvent reçu par Pierre Laval, soit à Paris, soit à Vichy. C'est à lui uniquement que je m'adressais lorsque j'étais prié, soit comme avocat, soit comme ancien député, soit comme conseiller général du Var, de m'intéresser à une infortune ou de sauver quelqu'un en danger. (...)

(...) J'ai à cœur, tout particulièrement, de vous dire que lorsque Gabriel Péri, détenu depuis de longs mois à la prison de la Santé, fut emmené par les Allemands, averti par son avocat du danger que courait son client, je me précipitai près de Pierre Laval qui, alors, n'était pas au gouvernement. Le jour même, il se dépensa sans compter. Malheureusement, j'avais été informé trop tard du danger que courait Péri. Nous apprenions quelques jours plus tard qu'il avait été fusillé au Mont-Valérien le matin même du jour où j'avais été informé de sa situation.

« Je puis affirmer sous serment que Pierre Laval ne s'était pas préoccupé des conséquences politiques que pouvait avoir la grâce de Péri. Il venait à son secours avec le désir, non pas de sauver un communiste, mais de sauver un être humain. »

8 Décembre 1947
Dépôt n° 42 — 6 pages.

René Chateau

Député de Charente-Maritime, ancien normalien, agrégé de philosophie, journaliste.

... « L'important, pour le moment, est que je me maintienne, tant bien que mal, jusqu'au traité de paix. Si je tiens jusqu'à la paix, je la gagnerai. Il n'y a que le traité de paix qui compte, maintenant. La paix, voyez-vous, je vais vers ce but comme un halluciné. « Pierre Laval, qui m'a fait souvent confidence de ses épreuves ou de ses espoirs au cours de nombreux entretiens que j'eus avec lui entre 1940 et 1944, n'a été traitre ni à son pays, ni à la République. C'était seulement un homme lucide et pratique, qui méprisait les grandes théories, les longues pensées. D'autres ont pu, en 1940, former un grand rêve et ils ont eu la chance, quatre ans plus tard, de le voir se réaliser. Laval n'a pas rêvé. Il n'a pas voulu rêver si loin. Il s'est contenté, en 1940, de faire le bilan de la situation et de chercher les moyens urgents d'y remédier. Ces moyens n'ont pas été spectaculaires, ni romantiques. Mais il ne leur a demandé que d'être immédiatement efficaces, pour qu'ils puissent soulager des maux immédiats. » ...

8 Décembre 1948
Dépôt n° 80 — 8 pages.

André Guénier

Secrétaire Particulier de Pierre Laval de 1932 à 1944 :

... « Jamais le Président Laval n'a soupçonné le régime inhumain et les atrocités auxquelles étaient soumises les personnes arrêtées et transférées vers l'Est. J'affirme que s'il en avait eu connaissance, aucune des considérations, pourtant graves, qui le faisaient se cramponner à la barre du pays, n'aurait gardé de valeur. Il aurait dénoncé le fait à la face du monde civilisé et se serait refusé à tout contact avec les représentants du gouvernement d'un pays se livrant à de tels actes de barbarie. Et nul de ceux qui ont approché Pierre Laval ne pourra me contredire, sans parjurer sa foi. »

11 Mai 1949
Dépôt n° 106
18 pages manuscrites.

André Guénier (suite)

... « Le Gouvernement français ne disposait d'aucun moyen d'information sur le sort réel des Juifs déportés et sur l'existence des camps d'extermination. Les Allemands avaient pris soin de tenir secrets leurs procédés et quiconque les avait décelés était condamné à ne plus revenir chez lui. (...) Ce qui nous apparaissait, en France, c'était l'arrestation brutale des mères de famille juives que les Allemands enlevaient, laissant au foyer *tous* les enfants, même en bas âge. Il se produisait des scènes déchirantes avant que les services sociaux français (Assistance Publique, Croix Rouge, etc.) aient le temps d'intervenir pour hospitaliser ou placer les enfants privés de leurs parents. La protestation de Pierre Laval a consisté à demander que les bébés et les jeunes enfants ne soient pas cruellement séparés de leurs mères et que les Allemands se préoccupent de leur sort puisqu'ils leur enlevaient leurs parents ! Il ne s'agissait donc nullement de livrer de nouvelles victimes juives à la répression allemande. »

17 Août 1967
Dépôt n° 366
6 pages manuscrites.

Maurice Renand

Inspecteur des Finances
Directeur des services administratifs à la Présidence du Conseil :

... « Le Président Laval savait merveilleusement juger et utiliser les hommes et, si rien ne l'agaçait plus que les mouches du coche, il estimait et défendait de toutes ses forces ceux qui s'acquittaient de leur mieux du rôle qu'il leur avait assigné.

« Cet homme, en effet, qu'on m'avait dépeint comme extraordinairement méfiant, dissimulé, retors, m'a frappé, au contraire, dès l'abord, par son charme spontané, par sa simplicité, son langage direct et sa délicatesse de cœur. Certes, il n'était ni bavard, ni expansif, mais quel homme d'État conscient de ses responsabilités l'eût été, dans ce Vichy cancanier, peuplé de bavards à la tête légère et d'intrigants menant double ou triple jeu ?

« C'est pourquoi, même dans ses instructions à ses subordonnés, il ne pouvait pas toujours être suffisamment explicite ; il fallait le comprendre à demi-mot, comme lui-même savait si bien le faire. Certains s'y trompaient.

« ... L'une de mes plus grandes surprises, en lisant l'acte d'accusation, fut d'y découvrir que Pierre Laval était représenté comme un ennemi juré de la République. C'est bien mal avoir connu l'atmosphère de Vichy, où le Président Laval et son entourage passèrent toujours pour les suppôts d'un parlementarisme abhorré.

« Ce républicain et ce parlementaire convaincu, que j'ai vu en lutte quotidienne avec les extrémistes de tous bords, qu'ils fussent légionnaires, miliciens, PPF, déatistes ou autres, était accusé d'avoir cherché à renverser la République et tendu au pouvoir personnel.

« Cet homme, que l'acte d'accusation représente comme ayant poursuivi de sa vindicte personnelle tous les persécutés de l'Occupation, j'ai été, au contraire, le témoin de la lutte incessante qu'il a menée pour alléger leur sort, qu'il s'agisse de Juifs, de francs-maçons ou de communistes.

« Ce Français, que l'on qualifie de traître à sa Patrie, je l'ai toujours vu, au cours des seize mois que j'ai passés auprès de lui, agir à ses risques et périls au mieux de ce qu'il estimait être le véritable intérêt de son Pays. »

19 Mai 1947
Dépôt n° 23 — 10 pages.

Marcel Guillaume

Membre du secrétariat particulier de Pierre Laval :

... « Tout au long des chefs d'accusation, on essaie de démontrer que Pierre Laval voulait renverser la République. Lorsque l'on sait combien le Président était attaché aux traditions parlementaires, combien, par exemple, il a dû batailler pour reconstituer, après avril 1942, les Conseils Généraux d'autrefois sous le nom de Conseils Départementaux, lorsque l'on a suivi les longues audiences durant lesquelles, avec chaque préfet, il épluchait, un à un, les noms des candidats au Conseil Départemental, faisait rayer d'office les " ultras " et ajouter d'anciens Conseillers Généraux, qu'ils fussent au besoin, ainsi que cela s'est passé quelquefois, des francs-maçons repentis, alors, on a le droit de se révolter contre de tels mensonges.

« ... Nous avions, nous, préfets et sous-préfets de la zone Sud, des instructions extrêmement précises pour qu'en aucun cas, ni les noms des Juifs, ni ceux des Alsaciens-Lorrains ne puissent tomber entre les mains des Allemands. Les préfets qui, par crainte, faillirent à cette mission durant toute l'Occupation, se comptent sur les doigts d'une seule main.

« ... Toute la politique de Pierre Laval était axée sur ce principe : devancer toujours l'Allemand pour éviter ses initiatives malheureuses et brutales et, par des mesures spectaculaires, mais sans aucune portée pratique, contrecarrer, coûte que coûte, ses projets.

« ... En ce qui concerne les atrocités commises par les Allemands, le Président Laval ne perdait aucune occasion de les relever et de protester contre elles. Le lendemain du massacre d'Oradour-sur-Glane par la division allemande " Das Reich ", le hasard voulut que j'assiste à un déjeuner auquel le Président avait brusquement convoqué Bœmelburg, le chef de la Gestapo de la zone Sud. Ce dernier s'extasiait sur quelque histoire faussement romantique où il était question de collaboration entre Français et Allemands, lorsque le Chef du Gouvernement, qui guettait le moment propice, lui dit à brûle-pourpoint : " Et si, pour continuer ce chapitre de la collaboration, nous parlions maintenant d'Oradour ? " L'autre blêmit et Pierre Laval poursuivit gravement : " Vous avez commis là une faute capitale au sujet de laquelle vous nous devrez des comptes. Ce n'est plus l'Allemagne que vous venez de célébrer qui a agi hier à Oradour, c'est Gengis Khan. »

1er Décembre 1947
Dépôt n° 40
9 pages manuscrites.

Henri Chevalier

Groupe Spécial de Protection :

... « Affecté au mois de novembre 1943 au Groupe Spécial de Protection, mes fonctions me firent approcher en plusieurs occasions le Président Laval à Châteldon.

« ... Le Président Laval connaissait parfaitement la présence de réfractaires dans la région de Châteldon et à Châteldon même, puisqu'il en recevait très souvent. Des instructions approuvées par le Président avaient été données à tout le service de sécurité et aucun de ces réfractaires ne fut jamais inquiété. D'ailleurs, des gardes du G.S.P. étaient des réfractaires au S.T.O. et le Président ne l'ignorait pas. »

22 Avril 1948
Dépôt n° 55 — 2 pages.

Julien Méneret

Fonctionnaire à la Sûreté Nationale :

... « Détaché à l'Hôtel du Parc, à Vichy, à la disposition du Chef du Gouvernement, j'ai été reçu en juillet 1942 par le Président Pierre Laval qui, avant de me faire connaître quelles seraient mes attributions, me tint ce propos : " Le Général de Gaulle joue une carte. La France est ainsi représentée sur les deux tableaux. Quel que soit le vainqueur, notre pays pourra faire entendre sa voix. C'est cela qui compte avant tout pour la France. "

« ... Jamais le Président Laval ne me chargea de procéder à une enquête quelconque contre la Résistance française ou tout autre service des Alliés, dont certains membres bien connus ne furent jamais inquiétés, tant par le Président Laval que par les services de police relevant de son autorité.

« Le Président se montrait particulièrement inquiet de l'action menée ouvertement en zone occupée, avec plus de prudence en Zone Libre, par des groupements politiques à la tête desquels se signalait le P.P.F. de Jacques Doriot (...). C'est ainsi, notamment, qu'il me dit un jour : " Ils veulent Doriot. Qu'ils le prennent. Ils iront tous travailler en Allemagne. Ils combattront aux côtés des Allemands contre les Alliés. " »

19 Juin 1948
Dépôt n° 64 — 7 pages.

Raoul Monmarson

Journaliste, attaché au Cabinet de Pierre Laval.

« Pierre Laval fut le syndic d'une faillite. On oublie trop ce que fut la France en 1940 : un pays vaincu, un pays occupé, avec des armées entières et puissantes pesant sur son sol, des généraux ennemis dictant leurs lois souveraines. (...) Il fallait atténuer, négocier, temporiser, promettre, réduire, jouer. On a souvent dit de Pierre Laval qu'il était un " maquignon ". C'est ce maquignon qui a sauvé la France.

(...) J'ai servi Pierre Laval avec tout mon cœur, parce que j'ai eu la constante certitude qu'à travers lui, je servais mon pays. Je ne l'aurais jamais fait si, à un moment quelconque, je m'étais aperçu d'un calcul personnel, d'une ambition, d'une abdication, d'une lâcheté. Pierre Laval n'a jamais songé qu'à la France. C'est pourquoi tous ses collaborateurs lui demeurent si passionnément fidèles. »

14 Juillet 1948
Dépôt n° 70 — 4 pages.

André Thoumieux

Avocat à la Cour à Pau puis à Paris.

Avocat de la C.G.T. dans le Sud-Ouest, venu à Vichy le 3 mai 1942 pour demander à Laval qu'il ne connaît pas la libération d'un groupe de communistes syndicalistes internés au camp de Gurs — Il obtient immédiatement satisfaction, plaît à Laval qui lui demande de joindre son cabinet pour s'occuper des questions ouvrières et l'aider dans la dure lutte qu'il va entreprendre contre Sauckel.

Devient dès le 15 mai chargé de mission pour les questions ouvrières au cabinet de Pierre Laval.

« Pierre Laval n'a pas accepté l'exigence allemande comme les princes italiens ou allemands acceptèrent l'occupation napoléonienne. S'il n'a pas lancé aux Français malheureux les appels de Fichte à la nation allemande, ses discours, chaque fois qu'ils purent être libres, reflétèrent la même hantise et les mêmes espoirs qui se fondaient dans une même ligne de résistance : réduire le mal inévitable et éviter le pire. »

Thoumieux fait plus loin ce résumé :

« C'est là que je mesurai l'habileté et le patriotisme de Pierre Laval, avec qui je demeurais en contact permanent. Car l'ouvrier français résistait aux objurgations de la Propaganda Staffel, aux pressions allemandes et aux menaces de ses complices doriotistes. Ainsi fut décidée la relève, puis le S.T.O.

Si le Gouvernement de Pierre Laval avait, comme on le lui a reproché, abandonné à son sort le monde ouvrier, il n'eût pas été possible à des millions de travailleurs de fuir la relève. La loi allemande avait limité les salaires. Nous devions donc lutter par des moyens obliques. Ainsi fut mise en œuvre, par le ministre du Travail et le Chef du Gouvernement, un ensemble de mesures qui permirent aux ouvriers de subsister : jardins, ouvriers, cantines d'usines, bonifications indirectes, primes, etc. »

« ... Tel est le témoignage que je devais à la mémoire chaque jour plus vivante de celui que bientôt la France reconnaîtra comme l'un de ses meilleurs serviteurs.

Il émane d'un homme qui fut, certes, l'adversaire déterminé du Président Laval jusqu'à la guerre, mais qui, ayant travaillé à ses côtés, fut conduit à reconnaître que ce politique du réel avait pris l'exacte mesure des possibilités de son pays. »

2 Mars 1952
Dépôt n° 151 — 5 pages.

Paul Morand

Ambassadeur de France :

... « 22 juin 1942 — A la fin du jour, j'entre dans le petit salon d'angle à trois fenêtres de l'Hôtel du Parc à Vichy et je trouve le Président seul à son bureau.

— « Lisez cela ».

« Le Président me tend le texte de l'allocution qu'il prononcera demain à la radio. Il m'observe, tandis que je lis. En rencontrant la phrase : " Je souhaite la victoire de l'Allemagne... ", ma figure a dû marquer la surprise car il dit :

— « Alors, vous aussi ? »

— « Monsieur le Président, vous ne pouvez pas laisser cela. Que ne mettez-vous : " Je souhaite que l'Allemagne ne soit pas vaincue ", ce qui est votre vraie pensée : l'arrêt de la guerre et l'arbitrage de la France.

— « Lisez donc cette phrase jusqu'au bout : " Je souhaite la victoire de l'Allemagne car si elle était vaincue, le bolchevisme se répandrait partout en Europe ".

— « Monsieur le Président, la mauvaise foi ne mettra pas une virgule après " la victoire de l'Allemagne " ; elle mettra un point.

— « Vous êtes formidable ! Croyez-vous que je n'y aie pas pensé ? Est-ce que vous vous imaginez que cela me ferait plaisir de voir les Allemands gagner la guerre ? Mais si j'aime mieux, moi, les payer en paroles qu'en actes, parce que cela coûte moins cher, parce que c'est ce qui coûtera le moins cher à la France ? Une phrase comme celle-là, ça peut valoir le retour de cent mille prisonniers ; une politesse à la radio, cela me permet de refuser à cette brute de Sauckel les travailleurs qu'il me demande par centaines de mille pour l'Allemagne. »

11 Octobre 1951
Dépôt n° 144 — 6 pages.

Philip W. Whitcomb

Journaliste, ancien directeur de « l'Associated Press » pour la France.

« Je rencontrai Laval à Paris, chez lui, peu de temps après le 13 décembre 1940. Il m'expliqua ce qu'il entendait par le mot " collaboration " : il s'agissait d'essayer de négocier avec l'Allemagne sur un pied d'égalité, comme en temps de paix, et non pas entre vainqueur et vaincu. Il parla pendant une demi-heure de la nécessité vitale qu'il y avait de maintenir et de renforcer toute l'administration gouvernementale en France...

« Il déclara que la sécurité sociale et les dispositions concernant la santé publique étaient indispensables pendant les années de guerre et devaient être renforcées à cause des difficultés de l'heure présente... Les chantiers de jeunesse dans les Pyrénées, dans les Alpes et ailleurs, qui remplaçaient le service militaire habituel, étaient pour Laval une autre voie vers une France forte d'après guerre. Il continua en nous donnant un exposé précis sur la police, sur les chemins de fer (entièrement nationalisés en France), le ministère des prisonniers (le nombre de ces derniers s'était élevé à 2 millions) qui avaient été emmenés en Allemagne (le gouvernement français parvint à en récupérer près d'un million), l'armée française métropolitaine de 100 000 hommes autorisés par l'armistice que devait commander de Lattre de Tassigny, l'armée coloniale qu'il déclara être à pleins effectifs, les services administratifs des villes et des communes, et les autres postes du Gouvernement. On était étonné de la facilité qu'il avait pour les chiffres et pour les faits. Sa foi fanatique dans l'importance de la machine administrative était visible. Il nous fit remarquer que le système administratif de la France lui avait permis de traverser des siècles de changements sociaux et des défaites militaires terribles et nous assura que ce serait de nouveau ce système qui sauverait la France. »

3 Février 1955
Dépôt n° 250 — 9 pages.

Dayras

Secrétaire Général du ministère de la Justice pendant l'Occupation.

... « Pendant toute la durée de l'Occupation, les juridictions ont pu fonctionner normalement, permettant la continuité de la vie judiciaire dans notre pays. Cette continuité, malgré les pires difficultés, a sauvegardé les droits et les intérêts de ceux de nos compatriotes qui ont dû s'adresser aux tribunaux en matière civile, commerciale ou administrative. Au pénal, elle a permis d'assurer la répression des délits par des magistrats français, appliquant les lois françaises.

... « La continuité du service public de la justice a présenté plus d'avantages encore à partir du mois de novembre 1942, lorsque la France tout entière a été occupée. A ce moment, Pierre Laval a eu le souci — plus encore peut-être qu'il ne l'avait eu jusqu'alors — de ne pas ébranler cette partie de l'édifice qui restait debout. Bien mieux, il a fait tous ses efforts pour lui donner une plus grande solidité...

... « Par une action qui s'exerçait à la fois sur le plan moral et sur le plan matériel, Pierre Laval a pu sauvegarder l'existence et la cohésion du corps judiciaire. Et cet appareil ainsi maintenu par lui a été trouvé en place par le nouveau gouvernement, au moment de la Libération ; il a pu continuer à fonctionner sans heurt, et avec continuité. A cet égard, l'effort accompli n'a pas été vain...

... « Dans le domaine des juridictions d'exception, Pierre Laval n'a jamais pris d'initiative répressive. Il n'a légiféré que sur l'existence impérieuse des Allemands, lorsqu'après de longs attermoiements, cette exigence se faisait inéluctable. Il a su mettre en jeu les ressources infinies d'une force d'inertie inspirée par le patriotisme le plus vigilant, d'abord pour gagner du temps, ensuite pour minimiser ce que l'occupant attendait de lui. C'est grâce à cette attitude que les cours martiales n'ont été instituées qu'en janvier 1944 et n'ont reçu une compétence étendue que dans les derniers mois de l'Occupation (Mai 1944). »

Note préparée pour Pierre Laval.
Remise à Fresnes, 1945 — et confisquée. Retrouvée par René de Chambrun... dans les archives de l'accusation en 1970 aux Archives Nationales.

Dépôt n° 353 — 9 pages photographiées.

DEUX DÉCLARATIONS DE PERSONNALITÉS ÉTRANGÈRES LE CHANCELIER BRÜNING ET LE GÉNÉRAL EISENHOWER

Les lecteurs de « Pierre Laval devant l'Histoire » ont appris comment, grâce à ses liens d'amitié avec le Général Marshall, Secrétaire d'État américain, René de Chambrun put obtenir dès l'hiver 1947-1948, que les archives secrètes du Reich, découvertes par l'armée américaine, sur lesquelles figurait le nom de Laval, soient communiquées à sa fille.

En postface à son livre, René de Chambrun a pu ainsi faire figurer les « jugements sévères » des chefs nazis démontrant la résistance continue de Laval à leurs demandes et à leurs pressions.

Il me paraît superflu de les reproduire... Par contre, je crois devoir faire deux exceptions concernant un Allemand, le Chancelier Brüning qui fut le dernier homme d'État allemand à lutter de toutes ses forces contre l'avènement du nazisme ; la seconde exception concerne le Général Eisenhower, commandant en chef des armées alliées.

Brüning réussit à s'enfuir en 1933 évitant une arrestation certaine et se réfugia aux États-Unis. Il écrivit à René de Chambrun le 3 janvier 1950 la lettre dont j'extrais le long passage suivant :

> « ... Lorsque j'ai rencontré Mr. Laval, il était convaincu qu'à moins que la France et l'Allemagne n'arrivent bientôt à une entente constructive et pacifique, une nouvelle catastrophe ne manquerait pas de ravager l'Europe. Il m'a parlé plusieurs fois dans ce sens. Il s'exprimait non seulement comme un homme animé de sentiments humanitaires, mais aussi comme un grand Français. Il défendait avec ténacité les intérêts de son pays comme je défendais ceux du mien. Dans sa tentative de faire progresser des rapports constructifs

entre la France et l'Allemagne en 1931, Mr. Laval fut très handicapé par la composition de sa majorité parlementaire ; il m'en parlait librement comme je lui parlais de mes propres difficultés avec le Parlement allemand. Nous étions convaincus tous deux que la seule possibilité pouvant permettre de surmonter l'antagonisme politique qui avait séparé nos deux nations pendant de nombreuses générations était une appréciation réaliste des facteurs psychologiques et économiques de l'époque dans les deux pays.

« Le patriotisme de Mr. Laval était fondé sur ses vues réalistes. Ses propos personnels dans nos négociations — ainsi que l'a si bien relaté Madame de Chambrun dans sa narration de l'incident lors de ma visite au Gouvernement français, en juillet 1931, étaient empreints d'une grande lucidité et de l'espoir d'une compréhension finale et durable entre les Gouvernements français et allemand de l'époque qui seraient dans l'intérêt et à l'honneur des deux nations.

« Tandis qu'il s'efforçait de sauvegarder les intérêts de son pays à ce moment, comme il l'a fait d'ailleurs plus tard, il a évité tout ce qui pouvait lui gagner l'approbation facile des nationalistes extrémistes en France. Même lorsque la situation parlementaire rendait impérieuses des paroles plus dures au sujet des relations entre la France et l'Allemagne, sa vision de l'avenir était telle qu'il eut l'obligeance de me lire les principaux passages de ses discours au parlement français par téléphone avant de les prononcer et pour me demander si certaines expressions ne rendraient pas ma position devant le parlement allemand trop difficile, me permettant ainsi de préparer la presse allemande et d'éviter une réaction qui aurait compromis notre objectif commun de compréhension mutuelle entre nos deux pays, comme base de l'évolution pacifique de l'Europe.

« Mr. Laval fut l'un des rares hommes d'État européens que j'ai connus qui, au cours de l'été 1931, a très exactement apprécié le danger du nazisme grandissant en Allemagne, bien qu'il ne l'ait jamais exploité — comme beaucoup d'autres hommes politiques européens l'ont fait — pour tenter de garder ou de conquérir le pouvoir pour lui-même. Il n'a pas davantage " flirté " avec les nazis comme beaucoup d'autres l'ont fait en France, et qui, plus tard, parce qu'ils avaient su se dégager de leurs responsabilités dans la catastrophe, ont pu prétendre qu'ils avaient toujours été fermement opposés au nazisme. Je suis convaincu que si Mr. Laval avait toujours été Premier Ministre en avril 1932, le Gouvernement français aurait été plus réceptif à l'accord sur le désarmement intervenu dans son principe et dans ses modalités à Genève, entre les États-Unis, la Grande-Bretagne, l'Italie et l'Allemagne (accord dont il n'est prudemment fait aucune mention dans les publications officielles). Car si Mr. Laval a toujours été un grand patriote, il était aussi un pacifiste réaliste qui, pour mener à bien cet idéal d'évolution politique de l'Europe, n'aurait pas alors craint d'affronter une impopularité passagère.

« Puis-je vous demander d'être mon interprète auprès de

Madame de Chambrun pour lui dire combien j'ai été profondément touché de la piété filiale et du courage avec lesquels elle a défendu la mémoire de son père.

Sincèrement vôtre,
Heinrich BRÜNING. »
Dépôt n° 380 — Lettres à RC.

Le Général Eisenhower à qui René de Chambrun avait écrit au mois de novembre 1948 lorsque parurent ses « Mémoires de Guerre » où il avait fait une allusion à Pierre Laval, le qualifiant de « vassal » du « Führer », le Général Eisenhower lui répondait *le 2 décembre 1948 :*

« Mon cher Chambrun, Le 2 décembre 1948.

« Je n'ai pas besoin de vous dire combien j'apprécie votre lettre si complète et si modérée me présentant des faits qui ne m'étaient pas connus jusqu'à présent. Les paroles dont je me suis servi ne reflétaient qu'une opinion répandue à l'époque durant laquelle se sont déroulés les événements auxquels je me réfère.

« ... Je suis entièrement d'accord que je ne dois pas m'ériger en juge, dans un sens ou dans un autre. En conséquence, je viens de donner des instructions à mes éditeurs d'éliminer de toutes les éditions futures de " *CROISADE EN EUROPE* ", la phrase que vous mettez en cause.

« Je le regrette si vous pouvez penser que j'ai injustement et absolument sans le vouloir pu porter atteinte à la réputation d'un homme. Bien plus je veux déplorer toute déclaration de ma part qui pourrait vous chagriner, vous que je tiens dans la plus haute estime personnelle.

Très sincèrement,
Dwight D. Eisenhower.
Dépôt 380 — Lettres à RC.

APRÈS « APOSTROPHES »

Après son passage à l'émission télévisée « Apostrophes » le 15 juillet 1983, un grand nombre de personnes ont spontanément apporté à René de Chambrun de nouveaux témoignages. Parmi ceux-ci, le lecteur prendra connaissance (page 359) de la déclaration importante d'Henri Tard, Huissier Audiencier de la Haute Cour, sur « l'assassinat judiciaire ». Je complète ce document par trois autres témoignages venus de :

1. René Rœhrbein, un Alsacien, déserteur de l'armée allemande, condamné à mort et venu avec un camarade voir Laval à Châteldon.
2. Roger Hanin, dont le père, juif, employé des P.T.T. à Aubervilliers, communiste, obtint de Laval un changement d'identité et le maintien dans ses fonctions pendant la durée de l'Occupation.
3. Paul Slusarensky, de l'administration pénitentiaire, qui fut spécialement chargé de la « haute surveillance » de Pierre Laval à Fresnes...

René Rœhrbein

Alsacien, déserteur de l'armée allemande et condamné à mort, est reçu par Laval à Châteldon le 13 octobre 1943 :

...« Après avoir rencontré une première fois le President Laval en son château de Châteldon, j'obtins un deuxième rendez-vous avec lui à la mairie de Châteldon. Alors que le Président Laval savait de notre rendez-vous de la veille que j'étais porté déserteur par les Allemands, il nous fit avoir, à mon camarade et à moi, par Monsieur le Maire de Châteldon, les papiers qu'il nous fallait pour nous mettre en règle...

« ... Nous étions deux déserteurs, réfractaires et Monsieur le Président Laval, personnellement, nous a sauvés. Sans lui, que serions-nous devenus ? » ...

25 Juin 1983
Dépôt « Apostrophes ».

Roger Hanin

Artiste dramatique :

... « Croyez que je n'oublie pas. Et si ma lettre, parmi tant d'autres, peut apporter quelque apaisement à votre douleur, j'aurais l'impression d'avoir payé un peu de la dette que je dois au père de votre épouse que je vous demande de bien vouloir assurer de mon profond respect... »

30 Août 1983
Dépôt « Apostrophes ».

Cette lettre adressée à René de Chambrun vient confirmer ce que Roger Hanin écrivait dans son livre de souvenirs, « L'Ours en Lambeaux », (Encre éd., 1983), paru quelques semaines auparavant :

« ... La chance que mon père, Joseph Lévy, eut de n'avoir pas été envoyé en camp de concentration, il l'a due à Pierre Laval (...). Celui-ci avait pu faire établir pour mon père, contrôleur des Postes à Aubervilliers, une carte d'identité au nom de Joseph Leroy. Joseph Lévy a pu avoir de faux papiers pendant l'Occupation, des fiches de salaire au nom de Joseph Leroy et il a exercé sa fonction de contrôleur des Postes durant toute la guerre. (...) Je dois à la justice et à la vérité d'affirmer que sans Pierre Laval, mon père n'aurait pas eu de travail, pas de salaire. Sa vie aurait été dangereuse, peut-être même aurait-elle fini tragiquement. » (pages 176-178.)

Paul Slusarensky

... « En 1945, l'on me désigna comme surveillant à Fresnes pour la surveillance du Président Laval...

... « J'ai suivi le Président depuis son arrivée jusqu'à sa mort. J'ai rencontré un homme formidable. Il avait confiance en moi.

Nous parlions de longs moments, hors des heures d'avocats... Il écrivait des pages et des pages, même pendant une bonne partie de la nuit. " C'est pour ma défense car ", me disait-il, " mon procès sera escamoté et je désire que l'on sache la vérité. " »

16 Novembre 1983
Dépôt « Apostrophes ».

Apportant à Paris à René de Chambrun son témoignage spontané, Monsieur Paul Slusarensky lui montra son cahier qu'il appelait : « Celui des invités à Fresnes ».

Sur une page, Pierre Laval avait écrit le 2 septembre 1945 : « A Paul, pour le remercier de sa courtoisie et de son tact. »

Le procès n'avait pas encore commencé. Au cours de sa dernière nuit, il remit à M. Slusarensky une page manuscrite à l'adresse de tous les gardiens, ainsi libellée :

« Je ne veux pas quitter cette maison sans reconnaître que le personnel, du plus haut au plus humble, a été bon pour moi, et parfois même touchant, comme s'ils avaient réalisé ma condition et l'immense injustice qui pesait sur moi ; ils m'ont prouvé par leur tact qu'ils avaient des sentiments humains. J'ai retrouvé chez eux toute la sensibilité française. Pourquoi n'existe-t-elle pas chez ceux qui me persécutent ! »

P. L.
Nuit du 14 au 15 Octobre 1945.

Je ne veux pas quitter cette maison sans reconnaître que le personnel, du plus haut au plus humble, a été bon pour moi, et parfois même touchant — comme s'ils avaient réalisé ma condition et l'immense injustice qui pesait sur moi, ils m'ont prouvé par leur tact qu'ils avaient des sentiments humains. J'ai retrouvé chez eux toute la sensibilité française. Pourquoi n'existe-t-elle pas chez ceux qui me persécutent !

L. L

QUATRIÈME PARTIE

LES PAROLES INÉDITES DE PIERRE LAVAL [1] 1942-1944

Les exposés faits par Pierre Laval, hors la présence de tout Allemand, à l'occasion des réunions importantes à Vichy (Préfets, Cadres Supérieurs de l'État, des Ministères, Maires de province, Hauts Magistrats, etc.) ne devaient pas être sténographiés afin d'éviter les fuites. Nous avons décidé, Jacques Guérard, secrétaire général du Gouvernement, et moi, qu'une secrétaire, Mademoiselle Sellier, se placerait, à l'insu de Laval et de l'auditoire, derrière un des paravents au fond de la grande salle des banquets de l'Hôtel du Parc où se tenaient habituellement les réunions, toutes portes closes.

Le même dispositif fut mis en place à Paris, à trois reprises : le 21 janvier 1943, à Matignon, lors de la réunion des Préfets de la zone occupée ; le 10 Juillet 1943, Salle Wagram, lors de celle des 3 000 représentants des prisonniers ; enfin, le 20 septembre 1943, à l'Hôtel de Ville, où étaient réunis les 87 maires de la banlieue, le Conseil Municipal, Départemental, et les Hauts Fonctionnaires de la Mairie et de la Préfecture de la Seine.

L'ensemble des dix-sept exposés qui suivent dans leur ordre chronologique, représente un grand nombre de pages. J'ai cru devoir, à regret, pour alléger leur présentation, résumer entre des parenthèses, çà et là, des points sur lesquels Laval revenait parfois puisqu'il se trouvait souvent en présence d'auditeurs différents.

---

1. Seule l'allocution aux Maires du Cantal — 9 Novembre 1943 — a été reproduite en annexe de « Pierre Laval devant l'Histoire ».

AUX INSTITUTEURS
DE L'ALLIER, DU PUY-DE-DÔME ET DU CANTAL

(le 3 septembre 1942)

A l'Hôtel du Parc. Présents : Pierre Laval, Abel Bonnard, Ministre de l'Éducation Nationale, le Recteur de l'Université de Clermont-Ferrand, des Inspecteurs d'Académie du Centre... Plus de 300 Instituteurs (principalement de l'Allier, du Puy-de-Dôme et du Cantal).

Pierre Laval : « Je ne sais pas si ce que je vais vous dire sera bien exprimé, mais — ce matin le Maréchal et tout à l'heure le Ministre, vous ont parlé de très haut ; je voudrais vous parler de plus près.

« J'ai sur les épaules une responsabilité redoutable :

« C'est un temps de malheur, de grand malheur et les Français ne le savent peut-être pas assez.

« J'ai toujours été contre la guerre. Quand on doit la subir, c'est triste, mais quand on la fait et que, d'avance, on sait qu'on ne peut pas seul remporter la victoire, alors c'est beaucoup plus grave.

« J'ai vécu au Parlement. J'ai été souvent Ministre, quelquefois Chef du Gouvernement. J'ai connu l'injustice et l'ingratitude des foules et c'est toujours lorsque j'accomplissais le mieux mon devoir vis-à-vis de la France que j'étais le plus discuté et le plus combattu. »

L'ALLIANCE ITALIENNE, PIERRE ANGULAIRE DE LA PAIX EUROPÉENNE, JUSQU'À L'ARRIVÉE DU FRONT POPULAIRE (Mai 1936)

« Je vais vous rappeler 1935. J'avais été le collaborateur et l'ami de Briand. J'ai essayé d'organiser la paix en Europe et j'ai pensé que la première chose à faire était de rapprocher la France de l'Italie. J'ai pensé que c'était le premier maillon d'une chaîne qui pourrait nous conduire un jour à une entente avec l'Allemagne.

« J'ai fait un accord très favorable à la France puisqu'il comportait de la part de l'Italie la levée de son hypothèque sur la Tunisie. J'ai entendu dans les couloirs du Palais Farnèse, à Rome, des fonctionnaires italiens, parlant de Mussolini, dire : " S'il y avait eu un Parlement ici, il aurait été chassé aujourd'hui ", et quand je suis rentré à Paris le lendemain, au lieu de constater le résultat heureux d'un accord qui donnait à la France des avantages inespérés, j'ai trouvé sur mon chemin la critique, la calomnie.

« On vous mentait quand on vous disait que combattre le fascisme italien, c'était travailler pour la paix. On vous mentait quand on vous disait que d'essayer de négocier des accords avec l'Italie, c'était travailler pour la guerre. On vous mentait quand on vous laissait croire que la France ne serait pas seule au début dans la guerre en Europe. »

LA PREMIÈRE RENCONTRE LAVAL-ABETZ (Juillet 1940)

« Au mois de Juillet 1940. — Je retrace ici à grands traits des souvenirs. — C'était dans une salle voisine de celle-ci. Un journaliste vint me trouver de la part de l'Ambassadeur d'Allemagne et me dit : " L'Ambassadeur Abetz désire vous voir. " Il me montra une lettre qui ne mentionnait pas mon nom. Elle indiquait simplement que l'Ambassadeur désirait s'entretenir avec quelques personnalités politiques françaises, mais, dans le commentaire oral qui m'en était fait, le journaliste disait : " C'est vous qu'il désire voir. "

« J'ai renseigné immédiatement le Maréchal et je suis allé dans la nuit à Paris. Aller à Paris pour la première fois depuis l'Armistice, après le vote de l'Assemblée Nationale, eh bien, ce n'était pas drôle.

« J'ai participé, pendant de longues années, à beaucoup de négociations internationales. J'avais coutume de parler au nom d'une France victorieuse et forte. Pour la première fois, je devais représenter la France battue et dans le malheur.

« L'Ambassadeur que je n'avais jamais rencontré n'a pas eu un mot inamical mais on se méfiait. Et, quelques jours après, j'allais à Fontainebleau, conduit par l'Ambassadeur, voir le Maréchal von Brauchitsch qui commandait les Armées d'Occupation. Dans la voiture, Abetz me dit : " Ce n'est pas juste. "

— Qu'est-ce qui n'est pas juste ? répondis-je.

— Que ce soit vous qui soyez là. Vous n'aviez pas mérité cela, de vous voir le représentant de la France, reçu dans une ville française par un maréchal allemand.

« Et il m'a cité deux noms de personnalités qu'il aurait voulu voir, l'une ou l'autre à ma place.

« Je lui ai dit : " C'est donc que la paix sera dure ? "

— Peut-être, a-t-il répondu.

« J'ai travaillé depuis, chaque jour, du mieux que j'ai pu. »

Hitler n'aimait pas spécialement la France. Il l'a prouvé en écrivant un certain livre qui a fait quelque bruit. Il est venu à Montoire et je peux vous répéter quelques-uns de ses propos :

... MONTOIRE...

— « Je vous offre la collaboration. Si vous l'acceptez, nous ferons la paix aux dépens de l'Angleterre. Vous pouvez refuser la collaboration. C'est votre droit. Vous pouvez préférer attendre la fin de la guerre. Vous pouvez même espérer l'épuisement final de l'Allemagne. Dans ce cas, je vous préviens, je ferai une paix différente et si, entretemps, l'Angleterre m'offre une paix de compromis, je n'ajouterai pas aux souffrances de l'Allemagne pour ménager la France. »

J'ai répété au Conseil des Ministres, deux jours après, ces paroles. Le Maréchal a entendu les mêmes propos. Il en a entendu d'autres et, puisque je parle de Montoire, je pourrais rappeler un souvenir qui, peut-être, vous intéressera.

Le Chancelier Hitler indiquait la cadence à laquelle se fabriquait le matériel de guerre, le nombre de tanks, d'avions, de sous-marins. Alors le Maréchal lui a dit : « Ah ! je comprends — parce que le Maréchal pensait aux difficultés de paiement — c'est le système du Docteur Schacht. »

Hitler lui répondit : « Non, Monsieur le Maréchal. Quand j'ai pris le pouvoir il y a sept ans, j'ai trouvé sept millions de chômeurs. Je les ai mis au travail. Ils ont travaillé pendant dix heures et onze heures par jour. Voilà comment j'ai reconstitué la puissance de l'Allemagne. »

C'était une dure leçon pour nous, Français, qui écoutions, car j'avais encore dans l'oreille le tumulte des meetings populaires en France où on construisait la paix pendant qu'on organisait la grève dans les usines où il aurait fallu, puisqu'on allait vers la guerre, essayer de tout faire pour tenter d'assurer la victoire. On a fait le contraire.

LAVAL À HITLER : « VOUS POUVEZ NOUS MEURTRIR... NOUS SOUFFRONS... MAIS UN JOUR, NOUS NOUS RÉVOLTERONS »

J'ai dit à Hitler : « Monsieur le Chancelier (c'était au premier entretien), vous êtes le plus fort. Vous pouvez aujourd'hui nous meurtrir. Nous souffrirons, mais parce que c'est une loi de la nature, un jour nous nous révolterons et, à une date que je ne peux fixer, ça recommencera. Je suis venu ici pour autre chose. »

— « Moi aussi », a-t-il répondu. « Je ne veux pas imposer à la France une paix de vengeance. »

Voilà Montoire.

Puis d'autres événements se sont produits. Un en particulier dont j'ai été la victime — mais moi ça ne compte pas...

[Laval relate ses conversations d'Avril 1942 avec le Maréchal et Darlan et les circonstances dramatiques de son retour au pouvoir. Il explique comment il a dû aussitôt engager le dur combat contre le « Gauleiter » de la main-d'œuvre Sauckel pour obtenir l'annulation de l'Ordonnance autorisant la réquisition des hommes et des femmes de vingt à soixante-cinq ans dans toute l'Europe occupée au profit des usines du Reich, et il poursuit :]

... « Pour obtenir l'annulation de l'Ordonnance Sauckel, j'ai parlé, j'ai fait un discours en Juin. Vous devez vous en souvenir. J'ai été loin, disant des mots qui n'engageaient que moi, qui ne coûtaient rien aux Français, qui m'aidaient à les défendre. J'ai été aussi loin qu'on peut aller et pour que vous me compreniez bien, vous qui êtes des instituteurs, j'accepte pour ma personne de courir tous les risques pourvu que je puisse faire courir à la France sa chance [1]. (Applaudissements.)

Vous êtes instituteurs. Vous apprenez l'Histoire aux jeunes enfants. Moi, j'ai été sur les bancs de l'école communale dans mon village qui n'est pas loin d'ici. J'ai occupé, depuis, des postes impor-

1. La phrase exacte du « souhait » avec son contexte prononcée par Laval le 22 juin 1942 était : « L'Allemagne lutte contre le communisme. Des combats gigantesques se déroulent à l'Est, de Petsamo au Caucase. Je souhaite la victoire de l'Allemagne, parce que sans elle, le Bolchevisme s'installera partout en Europe. »

tants. Le destin, de nouveau, m'a placé à la tête du Gouvernement de la France. Quelle est mon ambition ? Elle est simple, très simple. Je veux tout faire pour diminuer aujourd'hui les souffrances de la France et pour sauver demain notre territoire et notre Empire. (Applaudissements.)

Je ne veux pas que les instituteurs, dans les générations qui viendront plus tard, puissent apprendre aux jeunes de leur époque que nous avons appartenu, nous, à une génération de vaincus. Nous serions déshonorés. Et j'ai fait et j'ai agi, et ont fait et agissent comme moi tous ceux qui croient que tout doit être tenté pour maintenir notre territoire et notre Empire.

Je parle quelquefois, jamais en public (je veux dire par là qu'on ne peut pas publier ce que je dis toujours) parce que notre pays est occupé et que la diplomatie ne se fait pas sur la place. On sait où cela conduit quand on fait de la diplomatie sur la place publique. C'est là où nous sommes — pas à cette réunion — mais dans le malheur.

Je n'ai rien à cacher. Je suis prêt, toujours, à répondre à toutes les questions, à toutes les interrogations. Pourquoi aurais-je à cacher quelque chose, puisque c'est la France que je défends ?

J'AI PARLÉ DE VOUS LORS DE LA SÉANCE SECRÈTE DE L'ASSEMBLÉE NATIONALE

J'ai parlé un jour devant l'Assemblée Nationale. C'était dans une séance secrète. J'ai parlé de vous, les instituteurs de France. J'en ai dit du bien et j'en ai dit du mal. J'ai dit du bien de ceux qui, dans ma jeunesse, — et dont j'ai conservé le souvenir émouvant et affectueux — m'ont aidé à devenir ce que je suis, et puis, j'ai dit du mal de ceux qui oubliaient trop souvent de parler de la Patrie. C'est vrai, eh bien, moi, voyez-vous, j'ai été jeune, enthousiaste, très à gauche, plus à gauche que beaucoup d'entre vous, et puis l'expérience de la vie est venue. J'ai compris. N'ayons aujourd'hui qu'un but, un objectif, un seul : la France. Elle est malheureuse, très malheureuse, mais elle a un beau passé, et doit conserver une grande figure. Elle est notre pays. Eh bien, ensemble, nous devons la sauver, si vous, instituteurs, vous comprenez bien que je n'ai pas d'autre objectif, que je n'ai que ce but vers lequel je me dirige comme un somnambule. Demain, on verra. Je ne sais pas de quoi demain sera fait, moi, mais il y a un demain que je veux préparer avec vous. Ce sera ma fierté... »

[L'assistance se lève et acclame M. Pierre Laval]

RÉUNION DES PRÉFETS DE RÉGION DE DÉPARTEMENT ET DES PRÉFETS DÉLÉGUÉS DE LA ZONE SUD

(le 25 septembre 1942)

A l'Hôtel du Parc :

Présents : René Bousquet, Secrétaire Général à la police ; Georges Hilaire, Secrétaire Général à la Préfectorale ; et l'ensemble des Préfets.

[Après un long exposé de René Bousquet sur la Police et ses discussions avec Oberg]

LA LUTTE LAVAL CONTRE SAUCKEL

« ... Je vais vous parler de ma lutte avec Sauckel pour réduire les prélèvements de main-d'œuvre, puis nous parlerons du Ravitaillement, du problème des Juifs, de l'Église, des Francs-Maçons, de vos tâches puisque c'est la première fois que je vous vois réunis tous ensemble.

« ... Ma première conversation avec Sauckel a eu lieu au début du printemps à l'Ambassade d'Allemagne. Bichelonne était avec moi. Il y avait en Allemagne environ 150 000 volontaires avec des contrats de travail. Sauckel a exigé la livraison immédiate d'un minimum de 350 000 ouvriers.

« ... Je lui ai répondu que notre Pays était un pays à faible natalité, que nous avions encore en Allemagne 1 250 000 prisonniers. Je lui ai dit : “ M. Sauckel si en 1918, la France s’était tournée vers l’Allemagne et vous avait demandé 350 000 ouvriers, sans faire naître dans l’esprit du peuple allemand la moindre espérance, quelle aurait été votre réponse ? Quelle aurait été votre attitude ? ”

« Sauckel a été prisonnier en France pendant cinq ans. Je lui ai dit : Je sais bien que le Chancelier, depuis l’évasion du Général Giraud, a décidé de supprimer toutes les facilités qui étaient accordées jusqu’alors aux prisonniers français et de n’envisager désormais aucune libération de prisonniers, même à titre individuel, en aggravant même les conditions de la captivité des officiers supérieurs, mais, si vous ne m’aidez pas à créer en France des conditions psychologiques favorables pour assurer le recrutement de la main-d’œuvre, je suis sûr d’échouer. Nous avons une terre fertile. Elle manque de bras pour la travailler. Or, s’il est de l’intérêt de la France qu’elle soit cultivée, c’est aussi de l’intérêt de l’Allemagne, puisque l’Allemagne prélève une certaine part sur nos récoltes.

« J’ai développé d’autres considérations qu’il serait trop long de répéter ici. M. Sauckel m’a dit : “ Je rendrai compte au Chancelier Hitler ”, et quelques jours après, j’ai appris que la demande du Gauleiter Sauckel était réduite à 150 000 ouvriers spécialisés, en échange desquels le Chancelier Hitler consentait à la libération de 50 000 prisonniers cultivateurs, tenant compte de l’ensemble de mes arguments.

« Alors, j’ai fait une déclaration à la Radio. Je suis allé très loin dans mes propos. Je les avais tous médités, ces propos, et tout ce que j’ai dit et tout ce que j’ai fait, je l’ai dit et fait dans l’intérêt exclusif de la France.

« ... 17 000 spécialistes seulement sont partis sur les 150 000 demandés par l’Allemagne...

« Nous sommes à l’époque dure des échéances difficiles.

« Me trouvant à Paris, un dimanche il y a deux mois, on a apporté sur ma table la traduction d’un article de “ Pariser Zeitung ” qui reproduisait l’ordonnance du Gauleiter Sauckel dont on parlait ce matin dans les journaux.

« Cette ordonnance instituait, dans tous les pays administrés par l’Allemagne, la semaine de quarante-cinq heures et le droit pour l’Allemagne de réquisitionner directement le nombre de travailleurs, hommes ou femmes, qui lui était nécessaire.

ABETZ, LUI, A COMPRIS

« J'ai vu l'Ambassadeur et je lui ai dit :

« — " Si c'est ça la politique de collaboration, moi je ne peux pas et je ne veux pas la faire. "

« Il a compris. Il comprend toujours, car il fait partie de ces quelques Allemands influents qui sont d'accord pour tenter une politique de réconciliation entre nos deux pays.

« Puis, j'ai revu le Gauleiter Sauckel à mon avant-dernier voyage. Je l'ai vu longuement : de 2 heures à 10 heures du soir... Il a été convenu que l'ordonnance Sauckel ne s'appliquerait pas davantage — bien qu'ils soient administrés par Bruxelles — aux départements du Nord et du Pas-de-Calais. Il a été acquis que seuls des accords intervenus entre M. Sauckel et moi s'appliqueraient à la France et c'est la raison pour laquelle nous avons adopté la loi du 4 Septembre qui fixe l'obligation du travail, pose un certain nombre de principes et qui doit placer la France dans une situation privilégiée par rapport aux autres pays d'Europe occupés par l'Allemagne.

« Notre pays est dans une situation beaucoup plus grave que les Français ne se l'imaginent. Nous avons subi une défaite dont nous avons seulement mesuré l'importance en Juin 1940.

« Le moment que nous vivons est difficile. Il va être plus dur encore car la guerre va se prolonger, s'aggraver. Il faut que nous ayons du courage et de la sagesse, vous et moi, pour tous les Français.

[Pierre Laval parle alors longuement du ravitaillement : blé, viande, marché noir, etc., puis il en vient aux problèmes des Juifs et de l'Église.]

LES JUIFS

« Le problème Juif est hélas pour les Allemands un problème passionnel. J'étais opposé à la loi qu'Alibert a fait signer au Maréchal avant le 13 Décembre. Je n'ai jamais été antisémite. Avocat, j'ai eu des Juifs comme collaborateurs. Mon premier acte, en revenant au pouvoir, a été avec Bousquet de supprimer la police anti-juive. Une violente campagne de presse a été déclenchée contre nous dans les journaux de Paris.

« Des Évêques ont protesté. Le Nonce est venu me voir.

« Je ne suis pas suspect vis-à-vis de l'Église. Je crois bien que, de tous les Chefs de Gouvernement, celui qui s'est toujours montré le plus libéral vis-à-vis de l'Église, c'est votre serviteur. Parce qu'il faut une morale et que la religion est un besoin impérieux de l'homme.

L'ÉGLISE

« Nous sommes dans un pays catholique. L'Église a un grand rôle à jouer. J'ai toujours voulu qu'il y ait de bons rapports entre l'Église et l'État. Je suis le premier de notre génération à avoir fait une visite au Pape. J'en ai conservé un souvenir émouvant et grave. J'ai vu l'ancien Pape Pie XI qui était un grand Pape. J'ai parlé librement avec lui des rapports de l'Église et de l'État. J'ai dit : " Nous nous sommes trompés. Et nous étions d'accord sur tous les problèmes que nous avons ensemble envisagés. "

« Que l'Église, par ses Évêques, exprime dans des manifestes ses sentiments de charité chrétienne, je n'y vois pas d'inconvénient. Dans la vie, chacun doit remplir sa mission : celle des Évêques, c'est celle qu'ils font et la mienne, c'est de faire ce que je fais.

« Quand l'Archevêque de Toulouse a publié son mandement — il est bien fait d'ailleurs, c'est un modèle pour ceux qui ont à rédiger des proclamations, il est magnifique — je l'ai admiré, mais j'ai fait venir le représentant du Nonce et je lui ai dit :

« — " Le papier est joli. L'intention, pas mauvaise. Mais il faut faire attention aux mauvais réflexes qui peuvent venir des Allemands. Ces proclamations risquent d'aggraver le sort des Juifs étrangers et même Français. "

« Il y a trois ou quatre jours, nous avons été informés que nous devions remettre à Paris 8 000 Juifs français pour les faire partir en Allemagne. Bousquet a protesté. Aucun Juif français n'a été livré.

« Je vous demande de ne pas faire de l'antisémitisme.

LES FRANCS-MAÇONS

« Le Cabinet du Maréchal n'aime pas les Francs-Maçons. J'ai vécu avec eux et je fais ce que je peux pour les protéger.

« Il y a des Maires francs-maçons que je refuse de relever de leurs fonctions.

« Le Maire de Rouen est franc-maçon et il remplit son devoir d'une manière magnifique sous les bombes. Sous les bombardements, il fait figure de grand Français et c'est moi qui ferais figure de petit Français si je le relevais.

« Le Maire de Vitry-le-François est franc-maçon. Il a eu sa ville détruite deux fois. Il est encore là pour servir ses compatriotes. Eh bien, moi, je serais mauvais Français si je lui faisais du mal.

« Il faut faire preuve de souplesse et d'intelligence.

« Il y a pour les Francs-Maçons la Commission de Dérogations. Elle est bien présidée. Elle est très impartiale et elle va, n'en déplaise à l'Amiral Platon, accorder de multiples dérogations.

« On me reproche ma mollesse. On dit que depuis que Laval est là, il n'y a plus de Révolution Nationale.

« Moi, j'ai vu ça avec un certain scepticisme, parce que " Révolution Nationale ", c'est deux mots. Ces deux mots sont très beaux mais pour moi, ils n'ont pas de sens.

LE DEVOIR DES PRÉFETS

« Et maintenant, avant de vous quitter, je veux vous dire ceci : Vous êtes les plus hauts fonctionnaires de la France. Vous avez connu les partis politiques d'autrefois. Vous avez conservé des relations. Il faut les continuer mais vous ne devez avoir qu'un but, un seul : servir. Nous ne vivons pas une époque comme les autres. J'ai besoin de votre concours et de votre concours sans réserve. Je veux non seulement que vous soyez des préfets comme on entend en général ce terme mais je veux que vous soyez des agents d'exécution, convaincus et confiants dans ce que nous essayons de faire.

« Je veux que vous ayez la certitude qu'en vous demandant cela, je ne vous demande rien d'autre que de vous engager à servir la France car je n'ai pas d'autre but et pas d'autre idéal que celui de servir et de défendre mon pays.

« Si vous voulez me donner votre dévouement, moi je vous apporte mon esprit de sacrifice.

« Je ne sais pas si je me suis bien exprimé, si je me suis bien fait comprendre, mais si votre visite à Vichy n'avait eu que cet objet de me permettre d'échanger avec vous ces quelques paroles, pour moi, elle aurait été nécessaire.

« Nous allons vers un hiver rigoureux. Vers les temps difficiles.

« Je l'ai dit ce matin : je ne sais pas combien de temps durera la guerre.

« Si vous voulez servir, je serai votre chef, c'est-à-dire votre ami. Si vous ne me comprenez pas, alors vous accomplirez un geste noble en vous en allant.

« Mais je suis sûr que vous avez compris et je suis sûr que vous voulez servir.

« En tout cas, il y a une chose dont vous pouvez être sûrs c'est que vous n'aurez jamais à rougir des ordres que vous recevrez de moi. » (Applaudissements.)

RÉUNION DES PRÉFETS DE RÉGIONS, DES DÉPARTEMENTS ET DES PRÉFETS DÉLÉGUÉS

(le 21 janvier 1943)

A l'Hôtel Matignon. Présents : Monsieur Cathala, Ministre des Finances, Monsieur Bonnafous, Ministre du Ravitaillement et l'ensemble des Préfets.

Pierre Laval : « Nous avons eu la semaine dernière à Vichy une réunion parallèle à celle d'aujourd'hui où se trouvaient les Préfets Régionaux, Départementaux et les Préfets Délégués. Ce fut une bonne réunion de travail. Nous avons, au cours de deux séances, sinon réglé, du moins examiné un certain nombre de questions importantes touchant au ravitaillement, à la main-d'œuvre et encore à d'autres questions.

LE COMBAT POUR LA SOUDURE DU BLÉ

Aujourd'hui, je voudrais demander à M. Bonnafous, Ministre du Ravitaillement, de vous parler plus particulièrement de la question du blé. Nous avons des préoccupations au sujet de la soudure prochaine. La récolte a été moins bonne que celle de l'année dernière. C'est environ 64 millions de quintaux qu'on avait récoltés l'année dernière, sur lesquels l'Allemagne avait prélevé 5 millions 1/2 de quintaux. Cette année, sans savoir à combien s'élèvera la récolte, puisque les statistiques comportent toujours une part de fantaisie, il n'en est pas moins vrai qu'elle sera certainement très en deçà de celle de l'année précédente. Cette année également, les Allemands, au lieu de nous demander 5 millions 1/2 de quintaux nous en demandent 8 millions.

IL FAUT S'ACCROCHER AUX 5 MILLIONS 1/2 DE QUINTAUX SUR NOTRE RÉCOLTE TOTALE MÊME SI ELLE EST INFÉRIEURE À 64 MILLIONS

Jusqu'à présent, nous avons résisté et j'ai pu obtenir, malgré leurs demandes, que nous ne fassions de livraisons que sur la cadence annuelle de 5 millions 1/2 de quintaux. Mais nous glissons sur une pente dangereuse s'ils exigent brusquement la différence. J'espère l'éviter. Nous expédions, en ce moment, seulement 50 000 quintaux par mois au lieu des 100 000 qu'ils nous demandent. Et ils ne disent rien. Mais j'ai, de mes rapports avec eux, une petite expérience qui me permet d'affirmer qu'un jour, ils pourront dire quelque chose. Nous n'aurons pas, cette année, l'appoint qui venait de l'Afrique du Nord. Soit, pour l'année dernière, un million 1/2 de quintaux de blé qui se sont ajoutés au moment de la soudure à celui de la métropole. Cette année, il n'en est pas question. D'ailleurs, la récolte en Afrique du Nord a été mauvaise et cette année, c'est nous qui aurions dû venir au secours de l'Afrique du Nord pour 400 000 quintaux environ.

On s'est montré généreux dans les attributions aux paysans, aux producteurs, quant aux rations. Je l'ai fait pour les encourager et aussi parce que je me suis dit que quoique fasse le Gouvernement, si on ne leur donne pas de rations suffisantes, ils les prendront. Nous serons peut-être amenés à envisager des mesures de réduction en ce qui concerne les propriétaires qui ont des métayers. Le propriétaire d'une ferme a droit, comme propriétaire de sa ferme, à la même ration que le paysan-métayer. Je trouve cela un peu excessif. Je ne le trouverais pas excessif si nous disposions de quantités suffisantes, mais nous risquons d'être aux prises avec de grandes difficultés.

Nous aurons à nous occuper de l'action qui doit être faite pour que la collecte soit régulièrement assurée. Nous aurons aussi à envisager des sanctions. Je vous l'ai déjà dit : de bons Préfets ne sont pas nécessairement des Préfets populaires ; vous n'êtes pas candidats aux élections. A cet égard, le Ministre vous annoncera des modifications aux règlements qui vous permettront d'avoir une action beaucoup plus efficace. Vous aurez à vous préoccuper aussi des boulangers, des meuniers. Ce sont des artisans que vous connaissez bien. Il faudra vous occuper des meuniers d'une manière active. Nous nous occuperons aussi de la viande. Il y a beaucoup trop d'abattage clandestin.

LE VIN

Il y a également la question du vin. Là encore, nous aurons des difficultés pour assurer les rations qu'on avait promises aux Français parce qu'il y a une série d'agissements des propriétaires comme des commerçants. Les Allemands ne sont pas complètement innocents. J'ai de grosses difficultés avec eux en ce moment à ce sujet.

Je vous demande de faire un très gros effort dans le domaine du ravitaillement parce que c'est au moins un terrain sur lequel tous les Français devraient se mettre d'accord. Il faut donc que tous les Préfets se mettent à la besogne pour accentuer encore ce qu'ils ont déjà fait et pour faciliter la tâche du Gouvernement qui est délicate en beaucoup de points, mais qui en ce domaine est essentielle. »

[MM. Bonnafous et Cathala font alors des exposés complets et répondent à plusieurs questions des Préfets...]

A la question des contraintes à exercer, Pierre Laval répond : Pour le blé, il faut les deux. Que vous fassiez de la persuasion, que vous fassiez de la propagande, que vous utilisiez tous les moyens et toutes les amendes à votre disposition. Vous arriverez à convaincre beaucoup de braves gens qui se rendront compte que leurs agissements pourraient nuire à la santé des enfants. Je ne suis pas du tout convaincu par la démonstration que le Ministre des Finances vient de vous faire en ce qui concerne les sanctions, avant et après le mois d'avril 1942. On a tout essayé dans ce pays ; on a débuté par une réglementation à laquelle les Français n'étaient pas accoutumés et à laquelle, par tempérament, ils sont opposés. Cela n'a pas rendu tout ce que l'on pouvait attendre et, un jour, parce que nous étions aux prises avec les difficultés de la soudure, on a desserré les liens et, à ce moment, un événement psychologique s'est produit, qui n'a pas eu de lendemain. Les paysans ont été reconnaissants des mesures qui avaient été prises.

Nous ne sortirons pas de nos difficultés autrement que par les procédés en usage dans les pays qui se sont heurtés au même problème. La persuasion est plus agréable, mais la sanction est inévitable. Il y a un tel dérèglement dans les prix que les paysans sont appâtés par de telles offres. Faites donc de la persuasion tant que vous pourrez. Il y a des différences entre les régions. Dans la mienne, en particulier, en Auvergne, si vous vous contentez de faire des discours et du sentiment, ils diront : « C'est un brave homme, il n'est pas méchant », mais ils garderont tout, leur blé comme leurs pommes de terre. Il faut faire de la persuasion mais il faut faire de la contrainte. Nous n'avons plus le droit maintenant de nous abandonner au libre arbitre, à la décision des autres. Le Gouvernement a des charges qui lui sont propres. Nous devons assurer un minimum vital à ceux qui ne produisent rien.

LE MARCHÉ NOIR « ALLEMAND »

En matière de marché noir, si vous ne faites pas de contrainte, les Allemands qui vous épient, s'en apercevront. J'ai eu une séance dure, très dure, au Quartier Général d'Hitler, en Prusse Orientale. J'étais venu avec un dossier formidable qui prouvait que, partout, des Allemands participaient au marché noir. J'ai subi un assaut extrêmement véhément de la part du maréchal Goering. « En France », m'a-t-il dit, « c'est le marché noir. On ne connaît que le marché noir. A Paris, ce sont des restaurants de luxe. On croirait que tous les Parisiens sont des millionnaires ». J'ai répondu comme il convenait. J'ai laissé mon dossier. Je sais depuis hier qu'un représentant du Gouvernement allemand a reçu l'instruction de son ministre d'étudier ce dossier. C'est l'énoncé de tous les faits qui se sont passés dans tous vos départements où les Allemands sont intervenus pour enlever un dossier à un Juge d'Instruction, etc. J'ai fait de telles protestations, j'ai dit que je refusais de gouverner un pays dans ces conditions. Je crois qu'ils ont enfin compris, mais ça a été dur.

DÉNONCEZ LES AGENTS ALLEMANDS À LEURS KOMMANDANTURS. JE VOUS COUVRE...

A partir d'aujourd'hui, dénoncez aux Kommandanturs chaque cas où des officiers ou agents allemands font du marché noir et si vous avez une difficulté, dites que vous êtes couverts par moi.

Il ne me déplairait pas d'avoir un incident avec les autorités d'occupation sur un fait comme celui-là. Ce serait la démonstration que le Gouvernement n'est pas libre de lutter contre le marché noir allemand.

[Suivent des exposés de MM. Bousquet et Bichelonne.]

AUX CADRES DU MINISTÈRE DE L'AGRICULTURE ET DE LA « PROPAGANDE » PAYSANNE

(le 20 février 1943)

A l'Hôtel du Parc. Présents : M. Bonnafous, Ministre de l'Agriculture, M. Marion. L'ensemble des cadres du Ministère de l'Agriculture et des délégués départementaux à la « propagande » paysanne.

Pierre Laval : Vous venez d'entendre les déclarations de vos représentants et celle de M. Bonnafous.

Les uns vous ont parlé de la propagande nécessaire au profit des livraisons des campagnes vers les villes et M. Bonnafous a particulièrement insisté sur la nécessité de faire un effort pour que les paysans comprennent leur devoir en ce qui concerne le ravitaillement du pays. Et ces déclarations se rejoignaient les unes les autres, puisqu'en définitive, si la misère s'installe dans les villes, c'est le communisme qui en sera partout le bénéficiaire.

C'est la première fois que je parle devant vous. J'avais vu Dorgères, Grandin, souvent, et Grandin me rappelait (ou Dorgères, je ne sais plus), que contrairement à ce que disait Marion, c'est bien en 1941 qu'on a créé l'organisation, mais c'est en octobre 1940 que le principe de cette propagande nécessaire chez les paysans a été décidé par moi, après un entretien avec certains d'entre vous.

Elle est indispensable, cette propagande.

·

CE QUE PRENNENT LES ALLEMANDS

Les Allemands prennent beaucoup de choses, c'est vrai. Mais en France, on croit généralement que si nous souffrons, c'est parce que les Allemands mangent tout. Ce n'est pas vrai. Ils prennent beaucoup, beaucoup trop. Je lutte chaque jour pour qu'ils prennent moins et ma tâche est rude. Je vais vous donner des chiffres. Comme vous êtes délégués de la « propagande », j'aime mieux dire de « l'information » dans les milieux paysans, ces chiffres peuvent vous servir.

[Laval donne des chiffres précis pour le blé et l'ensemble des céréales.]

COMMENT GAGNER LA BATAILLE DE LA VIANDE ?

En ce qui concerne la viande — je crois que vous devez aussi connaître tous les chiffres, parce qu'ils vous permettront dans vos discussions de pouvoir informer vos interlocuteurs. J'ai souvent demandé aux Allemands l'autorisation de publier ces chiffres dans la presse. Ils ne l'ont jamais permis. En tout cas, je m'arroge le droit de vous permettre de les répéter partout, s'ils ne sont pas imprimés. Nous avons, l'an dernier, livré 135 000 tonnes de viande aux Allemands. Cette année, ils nous ont demandé 200 000 tonnes. Ici encore, je m'emploie avec Bonnafous pour réduire cette exigence et l'abattage clandestin, qui s'explique un peu par l'insuffisance de nos récoltes en fourrage, dépasse toutes les limites permises. A telle enseigne que toutes les impositions qui sont faites aux départements pour le ravitaillement général provoquent, de la part des Préfets et des corporations, des protestations véhémentes en raison de l'impossibilité pratique de livrer autant de têtes de bétail qu'il leur en est demandé et l'on constate que, dans telle ou telle région — je ne parle que de la Zone Libre, mais il en est de même pour la Zone Occupée — les tickets ne sont pas honorés. Les tickets représentent pour chaque consommateur français un minimum indispensable pour vivre. Or, on ne peut pas toujours honorer les tickets ! Et, quand je pense qu'il y a des paysans, des commerçants et des consommateurs qui s'accommodent de cette violation de nos lois et de nos règlements pour l'abattage clandestin, je suis épouvanté devant l'abaissement moral de notre pays dans ce moment douloureux de son histoire ! Je le dis comme je le pense.

Un jour, Leroy-Ladurie a trouvé ingénieux de faire vendre les broutards.

Je ne suis pas Ministre de l'Agriculture. On ne m'a jamais offert de l'être. Je le déplore — vous allez me croire très prétentieux — mais c'est peut-être le seul poste que j'aurais occupé avec quelque facilité, parce que je suis paysan de mon naturel et par mes goûts, et peut-être un peu par mes études — ça, je le dis doucement pour ne pas étaler une érudition qui vous ferait sourire.

Alors, j'ai protesté. J'ai dit : « Mais on est complètement fou ! Quand on a une écurie, une étable, qu'est-ce qu'on fait quand on est un paysan ? Mais on doit vendre d'abord les vieilles vaches, c'est l'A.B.C. du métier ! On ne vend pas ce qui représente l'avenir ! »

Enfin, on a fait ça et on a arrêté pile un jour, quand heureusement j'ai été prévenu.

L'ABATTAGE CLANDESTIN : UN CRIME CONTRE LES CITADINS

Eh bien, cet été, nous aurons les plus grandes difficultés en ce qui concerne l'alimentation en viande des Français. Alors, aidez-nous. Faites-leur comprendre qu'il ne faut pas faire d'abattage clandestin, que c'est un crime qu'on commet contre les enfants des villes, contre les vieillards des villes, contre les ouvriers qui travaillent, contre les humbles. Les riches, eux, se défendent toujours !

Pour les pommes de terre — je ne sais pas pourquoi, j'avais comme une sorte d'instinct que nous manquerions de blé et c'est une constatation que j'ai faite que la pomme de terre remplace un peu le pain, (quelquefois même, dans certains pays, elle ne le remplace pas complètement mais elle constitue la base de la nourriture comme en Allemagne). Alors, j'ai soigné plus particulièrement la collecte des pommes de terre. J'ai convoqué les Préfets des deux zones, j'ai parlé dans cette salle, dans d'autres endroits, je crois même que j'ai été éloquent en parlant de la pomme de terre. J'ai dit : « Faites un gros effort » et on l'a fait.

Nous avons récolté cette année — toujours les statistiques — 14 millions de tonnes de pommes de terre.

L'an dernier, les Allemands ne nous ont pas demandé de pommes de terre. J'ai même pu obtenir d'eux qu'ils nous donnent des semences de pommes de terre et maintenant, je m'efforce de conserver ce que nous avons produit.

Les impositions faites par le Ravitaillement général pour honorer les tickets s'élèvent à 2 300 000 tonnes de pommes de terre. Eh bien ! Grâce à la propagande — peut-être y avez-vous contribué. Les Évêques, dans certains départements, ont même prêché en chaire pour dire aux paysans : « Donnez des pommes de terre ! C'est pour Jésus-Christ ! ». Eh bien, les paroissiens ont compris que cet appel qui leur venait de l'Église était un appel auquel ils devaient répondre. La Légion a aussi fait un gros effort pour la collecte des pommes de terre. Les instituteurs, les Inspecteurs d'Académie, j'ai tout mis en mouvement pour la collecte des pommes de terre. Nous avons réussi à collecter, sur 2 300 000 tonnes, plus de 1 800 000 tonnes de pommes de terre !

« ILS » COMMENCENT TOUJOURS PAR DIRE : « NEIN... IMPOSSIBLE »...

Pour les pommes de terre, pour la viande, pour les veaux, pour tout, nous avons la même difficulté fondamentale avec les Allemands : *les prix*. Je suis obligé d'intervenir sans cesse... Ils commencent toujours par dire : « Nein... Impossible... » puis ils finissent par céder totalement ou partiellement.

Alors moi je dis aux paysans : « Vous payez un impôt. Il n'est pas trop lourd entre nous soit dit — jusqu'à présent tout au moins. Cette année, il est un peu plus lourd. Eh bien, l'impôt se présente sous un autre aspect. Vous vendrez moins cher au Ravitaillement général les pommes de terre ; ce sera une forme d'impôt. Et puis, pour le reste, eh bien, vous ferez comme vous pourrez.

Ils y vont souvent fort, d'ailleurs, car j'ai vu vendre — on m'a dit qu'on vendait — les pommes de terre 1 000 francs et jusqu'à 1 500 francs les 100 kilos. On a même dépassé ces chiffres et ça n'est pas à l'honneur de la classe paysanne. Je suis trop paysan et j'aime trop la terre pour ne pas me montrer sévère vis-à-vis de ceux qui agissent ainsi.

« LES PORCS... LES PORCELETS... JUSTIFIERAIENT UNE BROCHURE »

Pour les porcs, je disais à Bonnafous qu'on devait faire une petite brochure sur ma bataille pour leur prix. Depuis que je suis au Gouvernement, j'ai toujours demandé la taxation des porcelets. Je n'ai jamais pu l'obtenir. On invoque une raison ou une autre.. Je continue à me battre.

J'apprends encore aujourd'hui que le prix des porcelets monte si haut que le prix des porcs gras est très au-dessous. Un cochon de 100 kilos, bien engraissé, coûte moins cher, à la taxe, qu'un porcelet qu'on va engraisser. Eh bien, voulez-vous que je vous dise que, dans un pays où l'on fait de telles constatations, c'est qu'il y a quelque chose qui ne marche pas et qui est désaxé et que si j'étais responsable de cette disparité des prix anormale, je ne serais pas digne d'occuper le poste que j'occupe. Mais je suis innocent. Je n'y peux rien et je viens de dire tout à l'heure à Bonnafous : il faut recommencer la lutte, et, s'il le faut, j'interviendrai, mais je veux qu'on taxe les porcelets parce que je veux que tout le monde en France puisse manger. Or, si je ne réussis pas, la viande de cochon, qui est honnie par les Musulmans, ne sera pas honnie par les Français, mais leur sera interdite par son prix !

J'ai vu chez moi des gens dont on m'a dit qu'ils offraient un cochon pour 10 000 francs. C'est honteux ! Dans mon village, dans ma région, c'était l'habitude, tous les ans, de tuer un cochon et d'échanger des denrées pour la valeur du cochon. Eh bien, que voulez-vous que pensent ces gens puisqu'ils ne peuvent plus manger, non pas un cochon, mais même la moitié d'un cochon. Les Allemands nous empêchent de monter les salaires, le prix de la vie monte et je me trouve désarmé et impuissant.

Voilà un des aspects de la bataille que tous les jours nous devons livrer. La tâche peut paraître modeste, un peu terne, mais elle est noble. Elle constitue la défense des intérêts vitaux de notre pays pour lequel nous devons donner le meilleur de nous-mêmes. Ensemble, nous devons tout faire pour le sauver. Aimons-le avec passion et n'ayons pas aujourd'hui d'autre idéal ! » (Applaudissements unanimes.)

AUX REPRÉSENTANTS DES PRISONNIERS RAPATRIÉS A LA SALLE WAGRAM A PARIS

(le 10 juillet 1943)

Sont présents : Les Directeurs et les cadres bénévoles des Maisons de Prisonniers, des Centres d'Entr'aide, etc. [La salle est pleine, 3 200 personnes dont certaines sont assises dans les travées.]

L'assistance se lève à l'entrée de M. Laval. Il l'invite à s'asseoir et s'assied également.

IL Y A TROIS ANS — LE 10 JUILLET — A LA MÊME HEURE, DANS UNE SALLE DE THÉATRE, COMME AUJOURD'HUI...

...Depuis la défaite, je pensais sans cesse à vous, comme je pense tous les jours à ces centaines de milliers de nos compatriotes qui sont encore derrière les barbelés. Je pense à la France que nous devons ensemble relever ; je pense à eux, sans qui elle ne pourra pas être définitivement sauvée.

(M. Laval regarde sa montre.)

Le 10 juillet 1940, le 10 juillet 1943 sont pour moi deux dates... Il est quatre heures. Il y a trois ans, à la même heure, dans une salle de théâtre comme aujourd'hui — et c'est très triste — je parlais au nom de la France. C'était au Casino de Vichy. Je demandais aux représentants du pays, aux Sénateurs, aux Députés, de voter une résolution — vous la connaissez — qui mettrait un terme à l'activité du Parlement. Il y a trois ans, je ne savais pas, quand je parlais le 10 juillet 1940, que trois années s'écouleraient et que, dans une autre salle de théâtre, je parlerais à des prisonniers français libérés et que d'autres encore seraient captifs.

J'ai toujours eu horreur de la guerre, une horreur profonde... On ne choisit pas ses origines. Les miennes sont populaires. J'ai vécu toute ma jeunesse dans des milieux populaires. J'ai toujours eu l'instinct, la certitude que la guerre était mauvaise, et qu'elle ne payait jamais, même quand la France était victorieuse. J'ai représenté notre pays souvent. Depuis longtemps, j'ai occupé les postes les plus hauts, mais je n'ai jamais changé d'idée, j'ai toujours eu horreur de la guerre.

VOUS NE VERREZ JAMAIS MA SIGNATURE AU BAS D'UNE AFFICHE DE MOBILISATION.

Je me rappelle qu'en 1935, j'étais Chef du Gouvernement. Mon mandat allait expirer, mon mandat de Sénateur. J'avais eu la coquetterie, alors que je croyais faire une politique courageuse (c'était la période des décrets-lois), de faire sanctionner cette politique en deux endroits, l'un à Paris et l'autre dans mon pays d'origine, à Clermont-Ferrand, et je me souviens que, dans un petit village, une commune socialiste, où le Maire, un brave homme, avait groupé autour de lui des Délégués de toute sa région, j'avais dit : « Vous ne verrez jamais ma signature au bas d'une affiche de mobilisation. » (Longs applaudissements.)

Si j'ai tenu ce langage, ce n'était pas par lâcheté, puisque je parlais au nom d'un pays qui est naturellement courageux. J'ai pu dire un jour à Genève devant les représentants de tous les pays du monde : « Je parle au nom d'un pays qui ne redoute pas la guerre, mais qui la hait. »

Mes compatriotes ont compris ce que signifiait ce langage. Ils savaient que la politique que je faisais était celle qui avait précisément pour objet de préserver notre pays de la guerre. On ne peut faire la guerre, à mon sens, que pour deux raisons : un peuple peut faire la guerre quand il a faim ; un peuple doit faire la guerre quand il se défend. En 1939, nous n'avions pas faim et nous n'avions pas à nous défendre puisque nous n'étions pas attaqués. Le Front Populaire n'avait préparé la guerre ni militairement, ni diplomatiquement, l'Allemagne était l'alliée des Soviets, l'Angleterre n'était pas prête et l'Amérique était neutre.

AU SÉNAT, LE 3 SEPTEMBRE 1939

Puisque j'égrène des souvenirs, je me rappelle une autre séance, celle du Sénat, le jour où on nous demandait de voter des crédits, des crédits de guerre, sans dire d'ailleurs qu'on avait déclaré la guerre. J'avais à ce point la certitude que nous allions commettre une faute irréparable que d'instinct je me suis levé. Mais les protestations et les vociférations ont couvert ma voix. Je voulais protester, non pas contre le vote de crédits, car je n'ai jamais refusé de crédits à l'Armée, mais contre une déclaration de guerre. Nous n'avions pas de raisons pour déclarer la guerre, et je savais que, la déclarant, nous la perdrions.

J'ai parlé souvent devant les Sénateurs et je me rappelle que je leur disais que la guerre serait un crime, puisque nous ne pouvions pas la gagner parce que, dans le même temps, ceux qui la rendaient inévitable pratiquaient en France une politique intérieure et extérieure qui nous mettait dans l'impossiblité de nous défendre.

Vous avez été prisonniers, vous avez été faits captifs après des combats ou sur les routes, en cheminant dans cette atroce retraite. Je vais vous dire, comme je l'ai dit à d'autres, quand nous avons commencé la guerre, savez-vous combien nous possédions d'avions de bombardement : nous en avions neuf pour commencer la guerre, et les Allemands en avaient au moins, ils n'ont jamais donné de chiffres, 2 500, et, quand j'ai dit que nous en avions neuf, nous ne les avons eus qu'après deux mois de déclaration de guerre.

Nous n'avons pas fait la guerre quand l'Allemagne a remilitarisé la Rhénanie, nous n'avons pas fait la guerre quand l'Autriche a été annexée, nous n'avons pas fait davantage la guerre quand la Tchécoslovaquie a été annexée. Quand avons-nous fait la guerre ? Pour le corridor de Dantzig. Je n'apprends rien à personne ; vous l'avez lu dans les journaux du moment. Tous les peuples du monde étaient d'accord pour reconnaître que le corridor constituant la plus grossière malfaçon du Traité de Versailles. Chacun se disait que l'on devait chercher et trouver une formule de transaction entre la Pologne et l'Allemagne.

Vous êtes français. Vous avez du bon sens, quoique je doute quelquefois maintenant du bon sens de nos compatriotes. (Applaudissements.)

Nous faisons la guerre pour le corridor de Dantzig.

On me disait en 1939, vous êtes lié vis-à-vis de la Pologne. Vous avez été lié par des engagements. Il y avait des accords secrets franco-polonais, et, si vous étiez honnête, vous deviez respecter votre signature. Écoutez. Vous, Français, qui avez été soldats et prisonniers : ces accords secrets, qui remontaient, me disait-on, à 1921 et qui auraient été signés par M. Millerand, ont été si secrets que j'ai été Chef du Gouvernement en 1931, Ministre des Affaires étrangères en 1934, Chef du Gouvernement en 1935, et je ne les ai jamais connus. (Vive sensation.)

Ce que je vous dis, à vous, je l'ai dit et répété aux séances secrètes de la Commission des Affaires étrangères du Sénat. Hélas, sans succès. Pas un écho ne répondit à mes paroles, et nous sommes allés vers la guerre, et nous l'avons perdue.

BORDEAUX - JUIN 1940.

Puis Bordeaux est arrivé, juin 1940.

A ce moment-là, il est triste, le spectacle de la France. Vous l'avez connu et vous l'avez vécu : les troupes mélangées aux foules qui étaient souvent bombardées ; moi, je l'ai vécu dans mon village et à Bordeaux. Une question se posait alors : celle de savoir si la France pouvait et devait continuer le combat. Je suis civil, je n'ai pas de compétence particulière. Deux hommes étaient qualifiés pour donner un avis : l'un s'appelait le Général Weygand, généralissime, et l'autre s'appelait le Maréchal Pétain. L'un et l'autre ont dit : « Il faut cesser le combat. » Et, à ce moment-là, je me demandais comment nous pourrions sauver notre pays, s'il pouvait être sauvé, et comment nous pourrions le faire échapper aux dures conséquences de la défaite.

Je voudrais que chaque Français, faisant honnêtement son examen de conscience, essaye de se reporter à ce moment tragique de juin 1940 pour juger sainement et avec honnêteté des événements qui sont survenus depuis.

[Laval fait alors un long exposé des événements qui se sont succédés avant et après le 13 décembre 1940 et des circonstances de son retour au pouvoir en avril 1942.]

Vous avez souffert de la guerre comme soldats, moi, comme représentant de la France : plusieurs fois j'ai vu son spectre hideux entrer dans mon Cabinet et toujours je l'ai chassé, par tous les moyens. (Applaudissements.) Depuis trois ans, je travaille pour ne plus le voir ; cela, c'est le but lointain. Mon but de chaque jour c'est de tenter de réduire les souffrances de la France.

QUE FERIEZ-VOUS À MA PLACE ?

Des difficultés nouvelles surgissent parce que la guerre continue et des Français s'imaginent que cela va s'arranger facilement, que dans quelques semaines ou dans quelques mois tout sera terminé, qu'ils connaîtront de nouveau la facilité. Moi, je vais vous dire il n'est pas souhaitable que nous retrouvions ce que nous avons connu jadis. C'est parce que la France était trop heureuse, peut-être, qu'elle n'a pas pris garde aux moyens qu'elle devait employer pour préserver son bonheur. Le destin m'a placé ici. J'ai une tâche très lourde que je m'efforce d'accomplir de mon mieux, un fardeau chaque jour plus écrasant. Je demande aux Français des sacrifices. C'est le moins que je puisse faire. Je représente la continuité de la France. Nous avons encore un Gouvernement. Alors, à ceux qui critiquent et à ceux qui ne sont pas d'accord, je pourrais aussi poser des questions, et leur dire : « Que feriez-vous à ma place ? » Ils n'en savent rien. (Applaudissements.)

Nous avons un tel orgueil naturel que n'importe quel Français, à lui seul, constitue un Gouvernement.

Pour le ravitaillement, j'ai dit dans mon dernier message : « Nous avons consommé 527 000 tonnes de viande pour l'année écoulée. » Quelques Français ont fait le calcul : 527 000 tonnes divisées par 40 millions. « ... Laval se moque de nous, nous n'avons jamais touché la ration correspondante. » La vérité vraie, c'est que j'avais oublié de dire que c'étaient les tonnes de viande en poids vif et qu'il fallait ramener à 40 % de ce chiffre la quantité de marchandise distribuée par nos services. En politique intérieure, cela me serait égal qu'on me critique, parce que beaucoup de critiques sont valables, et que, dans toute critique, un Chef de Gouvernement peut trouver les éléments d'un redressement.

Il y a un domaine qui devrait être interdit à la critique, c'est le domaine de la politique extérieure. J'ai été au Gouvernement je ne sais combien de fois. J'ai participé avec des hommes politiques de tous les pays aux conférences internationales, et je suis un des rares à connaître à la fois, pour les avoir rencontrés : Hitler, Mussolini et Staline. J'ai des souvenirs. On ne me conteste pas une certaine expérience. Peut-on contester mon patriotisme ? Non, et je vais vous dire pourquoi : « J'ai soixante ans. J'ai eu dans la vie tout ce qu'un homme politique peut avoir, les postes et les honneurs. J'ai même connu, par surcroît, ce qui fait la preuve de ma vie, la calomnie et la diffamation qui ont honoré mon patriotisme. (Applaudissements.)

Que voulez-vous que j'aie comme ambition ? Je ne peux en avoir qu'une. Elle est simple : défendre, sauver mon pays. Je sais bien qu'on n'est pas populaire quand on traverse une période de malheur, et qu'on représente l'autorité du Gouvernement. Je sais tout cela. Mais il y a une chose qui me réconforte. Vous m'applaudissez, vous êtes gentils, mais je n'en demande pas tant. Parce que, voyez-vous, j'ai tout connu dans ma jeunesse, quand j'étais tout jeune, que j'étais candidat socialiste dans la banlieue parisienne, je les ai connues les acclamations des foules, j'ai été choyé et adulé comme pas un homme politique ne l'a été par la foule.

J'ai tout connu. Les mêmes quelquefois m'ont hué. Et alors, savez-vous pourquoi je souffrais ? Je souffrais parce que, moi, j'avais la notion que c'est au moment où j'accomplissais le mieux mon devoir, où je défendais le mieux mon pays, que je n'étais pas compris par ceux qui s'adressaient à moi. (Applaudissements.)

Je vous ai parlé à bâtons rompus, mais je suis content d'avoir parlé à des prisonniers. Vous, vous avez souffert moralement, vous étiez séparés de vos familles, de vos enfants, de vos femmes, vous pensiez à la France. On ne l'aime jamais autant que quand on croit l'avoir perdue. On pense à son clocher, on pense à son village, on pense à ses camarades d'enfance, on fait des projets d'avenir.

Eh bien, moi, je n'ai qu'un seul projet, celui qui me fait vivre et me soutient — car je puise en moi ma propre satisfaction — c'est qu'un jour l'Histoire enregistre que j'aurais été, parmi les Français de cette période douloureuse entre toutes, un ouvrier de bonne volonté, qui voulait défendre et sauver son pays. (Longue ovation, la salle debout, chante la Marseillaise.)

ALLOCUTION DU PRÉSIDENT LAVAL DEVANT LES CHEFS DE GROUPES DES CHANTIERS DE JEUNESSE AU CHATEAU DE CHAZERON

(le 4 août 1943)

N.B. Dans l'austère château historique de Chazeron, devenu « L'École des Chantiers de Jeunesse du Maréchal », Laval va parler pendant près de deux heures devant ces jeunes « fer de lance » de la « Révolution Nationale qui chantent « Maréchal, nous voilà ! ». Au risque de surprendre son auditoire, Laval demeurera républicain tout au long de son discours. Il ne fera pas de concession (même verbale) à la Révolution Nationale. C'est la raison pour laquelle j'ai inclus ce discours dans les dix-sept textes choisis... Les passages qui suivent sont extraits d'une vingtaine de pages dactylographiées sans interlignes que M. Creyssel, Secrétaire d'État, avait fait sténographier à ma demande téléphonique de Paris. C'est avec le discours aux Artisans le plus long texte déposé à la Fondation Hoover.

***

M. Creyssel : Vous avez ici, Monsieur le Président, 10 Chefs de Groupes pris dans toutes les provinces des Chantiers de Jeunesse. Ils ont subi un stage de trois jours et sont arrivés au terme du stage. Ils ont entendu une conférence sur les questions paysannes, une conférence sur les questions ouvrières et la Charte du Travail, une conférence sur le communisme tel qu'il est et deux conférences, l'une sur la politique intérieure et l'autre sur la politique étrangère.

Ils se croyaient satisfaits. Mais ils ont appris que vous veniez et alors ils n'ont pas envie de me voir longtemps à cette place.

Pierre Laval : Qui a fait la conférence sur les questions paysannes ?

M. Creyssel : C'est M. Brasseur, que vous avez vu tout à l'heure.

Pierre Laval : Vous avez fait une conférence sur quoi M. Brasseur ?

M. Brasseur : Sur la politique agricole de la Révolution Nationale, les principes de la politique agricole, et, ensuite les moyens et les réalisations. J'ai examiné les différentes lois qui avaient été établies par le Gouvernement depuis trois ans.

M. Creyssel : Chaque conférence était suivie d'une discussion.

Pierre Laval : Qui a fait la conférence sur la Charte du Travail ?

M. Creyssel : Roger Gaillard, Adjoint de Chasseigne.

Pierre Laval : Et sur la politique intérieure et étrangère ?

M. Creyssel : J'ai fait moi-même ces deux conférences.

Pierre Laval, en souriant : Maintenant, ma cigarette est finie. Il faut que je me lève.

Voilà. Je n'ai pas envie, aujourd'hui, étant donné la température, de vous faire une longue déclaration. Et pourtant, je me rends compte que la raison qui a déterminé M. Creyssel à vous grouper ici, dans cette maison, pour vous faire entendre des conférences et faire naître chez vous — ce qui n'était pas utile je crois puisqu'il existe — cet esprit de camaraderie, m'oblige à mon tour de vous parler.

Je suis content qu'on ait traité devant vous les sujets qu'on vient d'énumérer : conférences sur les paysans, l'agriculture française, la Charte du Travail, la politique intérieure...

COMMENTAIRE DE PIERRE LAVAL SUR L'AGRICULTURE

J'ai demandé tout à l'heure à M. Brasseur ce qu'il avait dit au sujet des paysans. J'aimerais vous parler de cette question parce que c'est un sujet qu'il me serait agréable de traiter devant vous et je crois que je le ferais d'une autre manière que celle que vous avez entendue. Non pas que je veuille critiquer. Mais je déborderais le cadre des lois dans lequel s'est placé M. Brasseur pour aborder celui des lois qui devraient être faites et je ne me soucierais pas des actes accomplis, mais plutôt de ceux qui restent à accomplir.

Je suis paysan, et je n'en rougis pas. Je ne m'en glorifie pas non plus. Je le suis parce que je suis né dans un petit village. J'ai vécu au milieu de paysans. J'aime la terre. J'ai même fait quelque chose de plus sensationnel : quand j'étais jeune, j'ai voulu, en m'instruisant, avoir un certificat de botanique générale, de botanique agricole. Ce sont de vieux souvenirs qui remontent loin dans le passé. Et j'ai toujours eu une ambition que je n'ai jamais pu satisfaire : c'est d'être Ministre de l'Agriculture. C'est vrai. Mais j'ai pensé que si on m'avait nommé Ministre de l'Agriculture, comme j'étais avocat et Maire d'Aubervilliers, on aurait ri. On aurait eu tort, parce que je ne sais pas si j'ai bien réussi dans les postes que j'ai occupés, mais j'ai comme une quasi-certitude que j'aurais réussi comme Ministre de l'Agriculture.

Je suis très frappé par l'insuffisance du Ministère de l'Agriculture. Ça vous choque que je dise ça ? On a trop l'esprit fonctionnaire et, aujourd'hui même, je voyais le Préfet régional de Clermont et je l'invitais pour samedi prochain à un déjeuner auquel je convie en même temps le Directeur des Services Agricoles, le Directeur du Génie Rural, un Professeur d'arboriculture, le Directeur de l'École Normale, le Directeur de l'Institut des Recherches Agronomiques qui se trouve sur la route de Pont-du-Château à Clermont, et je compte bien avoir avec eux une conversation utile pour notre pays.

On fait trop de démagogie chez nous. Vous le savez. Je voudrais que vous n'en fassiez pas trop vous-même. Et cependant, étant donné le caractère des Français, je suis bien obligé de constater, à l'âge que j'ai, que c'est un des seuls leviers pour intéresser les Français. C'est très triste, mais en matière agricole, on ne fait pas assez. Si en Auvergne, on fait quelque chose : l'Institut de Recherches Agronomiques. Vous ne savez peut-être pas ce que c'est. On y fait des travaux formidables. On apprend à déceler les meilleures graines, les meilleurs plants, les meilleures manières de traiter les récoltes et l'Institut fait profiter au maximum les paysans de ses recherches. Quand je dis au maximum, c'est une formule exagérée car il y a un tel désordre dans les services agricoles que, d'une manière générale, on ne sait pas utiliser au maximum le travail de ces savants modestes.

Je vais vous dire quelque chose qui vous fera sourire.

Je vais déclarer que, désormais, un paysan n'aura plus le droit de se servir de son taureau pour n'importe quelle vache : ça vous paraît étrange. Eh bien, réfléchissez que dans nos régions, et spécialement dans celle-ci, il y a une maladie très répandue chez les bovins, et les vaches sont très improductives parce qu'on ne fait rien pour soigner cette maladie. Un paysan modeste, avec deux ou trois bêtes, perd son temps et son argent.

Alors c'est très simple. Je veux organiser la saillie des bovins comme celle des chevaux. Alors, là les militaires ne sourient plus quand on leur parle de chevaux. C'est un domaine qui leur est particulièrement cher.

J'ai chargé un homme spécialisé de faire tout un travail, toute une étude, car j'estime que l'État doit faire des sacrifices dans ce domaine et je suis convaincu que je vais augmenter — ne riez pas — au moins d'un tiers la valeur du cheptel bovin. Un de mes interlocuteurs me disait l'autre jour : « Ça nous intéresse, mais nous aimerions assez que ce ne soit pas l'État qui s'en occupe. La Corporation voudrait faire quelque chose. Nous avons décidé de dépenser deux cent mille francs pour faire un Institut de Recherches qui n'existe pas. On l'a fait pour les plantes, mais on n'a jamais rien fait pour les animaux. »

J'ai répondu :

« Vous ne quitterez pas Vichy sans que je vous aie donné 500 000 francs pour créer ce laboratoire vétérinaire. »

Et j'attends de ce laboratoire des résultats appréciables. Ce sera un modèle qu'on répandra ensuite dans tous les départements.

Je ne conçois pas — je le dis aux Ministres chaque fois que j'en ai l'occasion, que ce soit celui de l'Agriculture ou de l'Éducation Nationale — que les instituteurs soient autorisés à enseigner dans les campagnes, s'ils ne sont pas capables d'apprendre aux enfants à tailler un arbre fruitier ou à greffer. De même que je ne comprends pas qu'un instituteur puisse enseigner dans les campagnes s'il ne sait pas diriger une ruche d'abeilles et apprendre aux enfants comment on dirige une ruche d'abeilles.

Vous pouvez sourire, mais le Ministre qui attachera son nom à cette réforme aura rendu à la France un immense service.

J'ai aussi le sentiment que nous devons avoir la prévoyance, cette année, de fabriquer en quantité industrielle des pâtes alimentaires. Pourquoi ? Parce que je ne sais pas ce que seront les récoltes prochaines, comment se développera la guerre, s'il n'y aura pas d'interruption dans les transports et je crois qu'il est sage d'avoir des stocks de sécurité importants.

Et pour faire de bonnes pâtes, il faut bluter à 70 % car, si on blute à 80 % on fait des pâtes noires, ce qui est une couleur pas très agréable, mais, en plus, les pâtes pourrissent.

Pour en revenir aux paysans qui demandent des subventions, je vais dire au Directeur du Génie Rural du Puy-de-Dôme de refuser toute subvention à tout paysan qui ne commencera pas par faire une fosse à fumier, parce qu'il faut que nous puissions parer à l'insuffisance des engrais par la prévoyance. Il se perd des centaines de millions de tonnes d'engrais en France parce qu'on ne prévoit rien.

Quel est le devoir d'un Ministre, des Administrations qu'il a sous son contrôle et de tous ceux qui ont la charge d'assurer le contrôle de l'Agriculture ? c'est de substituer leur prévoyance à l'imprévoyance générale...

... Tout ce que vous pourrez apprendre aux Français concernant la culture de notre terre est très important.

... Je remercie M. Brasseur de ce qu'il fait et je lui demande de continuer.

COMMENTAIRES SUR LA CHARTE DU TRAVAIL
ET LES QUESTIONS SOCIALES.

Vous avez parlé de la Charte du Travail...

Quant à la Corporation, je l'ai dit au Maréchal il n'y a pas longtemps, je considère que la réforme qui a été faite est bonne. Je ne dis pas que le choix des syndics soit toujours le meilleur, mais c'est une machine en rodage. Je suis convaincu qu'un jour — les Français veulent la liberté et aiment déposer un bulletin dans une petite boîte : s'il y a un domaine dans lequel le vote ne sera jamais nocif c'est le domaine corporatif — les syndics représentant leur profession, — il faudra dans ce domaine certainement revenir à la pratique du vote.

La Corporation paysanne et l'armature qu'elle représente à mes yeux est une réforme essentielle.

Je n'en dirai pas autant de la Charte ouvrière, de la Charte sociale — j'ai bien le droit de critiquer — Pourquoi ? Parce que j'ai le sentiment que la Corporation paysanne, que la Charte de cette Corporation a été faite par des gens connaissant le monde paysan et j'ai comme une vague idée qu'il n'en est pas de même en ce qui concerne la Charte ouvrière, la Charte du Travail.

Eh bien, dans ma jeunesse — on me le rappelle quelquefois d'ailleurs dans les polémiques — j'ai été avocat. Je crois que c'est moi qui ai totalisé le plus grand nombre de syndicats ouvriers dans ma clientèle ; j'ai été l'avocat des inscrits maritimes, des dockers dans les ports, j'ai été l'avocat des postiers, des instituteurs, j'ai été l'avocat des chauffeurs de taxis, des laitiers emballeurs... j'arrête la liste. J'ai vécu au milieu d'eux. Je connais bien la psychologie des ouvriers, je connais bien leurs réflexes.

Eh bien, là, on a voulu faire une sorte de cocktail dans la Charte du

Travail où on a confondu le Syndicat, la Corporation, que sais-je encore ? Les familles professionnelles. C'est tellement compliqué que j'ai préféré ne pas aller jusqu'au bout de mon examen et j'ai dit au Maréchal :

« Il faut l'appliquer telle qu'elle est. Il ne faut pas revenir dessus. On jetterait le trouble dans les esprits. Mais il ne faut pas se dissimuler qu'aucune Charte ne tiendra si elle n'est pas l'expression du désir du Monde du Travail. Il faut que les ouvriers sachent que l'outil qui leur est donné ne peut pas et ne doit pas se tourner contre eux. Il faut que la Charte ait comme objectif d'empêcher la lutte des classes, cette lutte nocive qui fait du mal non seulement à ceux qui la pratiquent, mais à l'ensemble du Pays. »

Enfin, je ne veux pas aller trop loin dans cet examen de la Charte du Travail, mais je suis convaincu — comme je le dis quelquefois au Maréchal — que l'homme qui l'a faite, bien qu'il ait été secrétaire de Syndicat, n'était pas particulièrement qualifié pour la faire parce qu'il n'avait pas une connaissance suffisante du monde ouvrier. Je vous parle franchement : il s'agit de M. Belin. Il était Ministre à l'époque, mais c'était un fonctionnaire des Postes. Il avait beau être Secrétaire-adjoint de la C.G.T., le fait qu'il n'ait jamais travaillé dans une usine ou participé aux revendications ouvrières faisait qu'il avait la mentalité des Syndicats de fonctionnaires, mais pas la pleine connaissance des désirs et de la psychologie des ouvriers...

Pour la Charte du Travail, on fait par exemple des Comités sociaux : on dit que c'est l'État qui va désigner les délégués ouvriers. Ça c'est une bêtise, c'est complètement idiot de s'imaginer qu'un ouvrier aura confiance dans un de ses camarades choisi par un fonctionnaire ou par le Gouvernement. Je ne vois pas du tout pourquoi il ne serait pas élu. Qui est-ce que ça gêne ? Je vous dis que le Français aime un petit bulletin, eh bien, voilà encore un domaine où le bulletin n'est pas nocif.

Il faut que le Gouvernement ait un droit de veto, c'est-à-dire que si, d'une manière systématique, on veut mettre des communistes pour torpiller et empêcher de fonctionner la Charte du Travail, alors, le Gouvernement doit avoir un mot à dire.

Mais beaucoup de ces petites réformes dont je parle seront faites lorsque nous serons plus libres. J'ai eu l'occasion de m'en expliquer avec le Maréchal...

« CRITIQUE » DE LA « RÉVOLUTION NATIONALE » !...

Au point de vue de notre politique intérieure, je veux vous dire deux mots.

On me reproche souvent de manquer de fermeté. Je ne suis pas énergique, je suis un mou. Je ne fais pas la révolution nationale.

Oui, mais j'ai soixante ans. J'ai été souvent au Gouvernement. Je crois bien connaître mon pays et, si je faisais précisément ce que je ne veux pas faire, c'est-à-dire si je me livrais à des actes de fermeté excessive ou même à des actes de fermeté tout court, trop souvent et d'une manière trop répétée, il y a une révolution qui se produirait, et j'aime mieux vous dire qu'elle ne serait pas « nationale », mais que ce serait une révolution tout court.

Eh bien, quand un pays est, comme le nôtre, malade et quand il est occupé par deux armées étrangères : l'Allemande et l'Italienne, je ne conçois pas que nous soyons suffisamment libres pour créer les institutions de notre choix et nous livrer entre nous à des discussions âpres ou passionnées sur le sort que nous devrons nous faire à nous-mêmes.

Des temps viendront où nous le pourrons, mais ces temps ne sont pas révolus, ce qui ne signifie pas que le Gouvernement n'a pas le devoir de ne pas laisser porter atteinte à l'essentiel de son action et de ne pas laisser mettre en péril un certain nombre de principes qui doivent être à la base de toute Rénovation nationale. J'en conviens. Mais, là encore, je l'ai dit l'autre jour, la France est comme une vieille maison de bois. Si vous enlevez la pièce maîtresse sous prétexte de la réparer, vous pouvez tenir pour acquis que toute la maison s'en ira.

Les critiques ne manquent pas, les conseils non plus.

Des gens s'agitent. Il est admis et acquis que dans tous les pays, il y a toujours des hommes qui ne sont pas au Gouvernement et qui voudraient se trouver à la place de ceux qui y sont. C'est naturel.

Eh bien, je n'y suis pas par plaisir. Mon plaisir, j'aimerais mieux le prendre ailleurs et autrement. J'y suis parce que j'estime que c'est mon devoir et j'y resterai parce que j'estime que c'est mon devoir.

Je n'ai qu'une ambition, une seule : c'est celle de défendre mon pays de la manière que je jugerai la plus intelligente et la plus efficace et personne ne m'empêchera d'aller droit de suivre ma route, parce que l'expérience que je crois avoir acquise et la notion que j'ai de l'intérêt de mon Pays m'ont permis de m'assigner des buts que je veux atteindre.

[Après un long exposé sur la politique extérieure et la situation présente, Laval termine...]

CONCLUSION

Voilà nos difficultés présentes.

Le Chef du Gouvernement français, dans le moment présent, a un devoir difficile à remplir. Mon métier est dur, beaucoup plus dur encore que vous ne le pensez.

Je ne suis pas sensible, heureusement pour notre pays. L'ingratitude des foules, ça m'est égal, parce que, si j'étais sensible, je ne serais pas digne d'être Chef du Gouvernement.

Les peuples sont comme des enfants : il faut quelquefois les défendre malgré eux. Eh bien, c'est ce que je m'efforce de faire. Mais, quand les Français se livrent à des manifestations intempestives sous les formes les plus variées, ils ne réalisent pas le mal qu'ils peuvent faire à leur pays.

Autrefois, on se battait de village à village. Vous n'avez qu'à regarder comment est construit ce château, on s'est battu autour de ce château. Puis, on s'est battu de province à province, de pays à pays. Maintenant, on se bat de continent à continent : c'est une loi naturelle de l'évolution des hommes. Un continent est en train de s'organiser.

Alors, on dit : « C'est l'Allemagne qui va diriger l'Europe. » Vous savez, pour nous diriger, c'est très difficile. L'Allemagne ne pourra jamais diriger l'Europe sans la France. Pourquoi ? Parce que j'ai un tel orgueil d'être Français, une telle fierté de mon Pays, une telle confiance dans l'intelligence française, que de la libre compétition des peuples en Europe la France n'a rien à craindre et qu'elle retrouvera un jour, si ses enfants le veulent, sa place naturelle, c'est-à-dire la première. Vous m'avez compris ?

Alors, vous, vous êtes la jeunesse, une jeunesse enthousiaste qu'un Chef humain [1], généreux, sentimental — c'est ce qu'il y a de beau dans votre affaire — s'efforce de diriger. Eh bien, n'ayons, ensemble, qu'un but : notre Pays, et ne négligeons rien pour le bien servir.

---

1. Pierre Laval fait allusion au Chef des Chantiers de Jeunesse, le Général (à la retraite) de La Porte du Theil, qui assistait à la réunion.

DISCOURS DE PIERRE LAVAL AUX CHEFS DE LA LÉGION DES COMBATTANTS [1]

(le 10 août 1943)

Dans la Salle des « Banquets » de l'Hôtel du Parc à Vichy, à l'issue du déjeuner.

Présents : Le Général Campet, Chef d'État Major du Maréchal, Jardel, son Secrétaire Général, Raymond Lachal, Directeur de la Légion des Combattants, les Directeurs départementaux et cent soixante cadres. Au total environ 200 personnes.

Pierre Laval : Si vous le permettez, je vais rester assis. Il n'y a pas de journalistes : je vais vous parler librement.

Tout à l'heure, en plaisantant, quand je voyais notre ami Raymond Lachal faire le tour de la table et distribuer des louanges, j'ai dit que j'avais la certitude que je serais omis. Mais c'est naturel.

MA TÂCHE EST DIFFICILE... UN EXEMPLE...

Je voudrais aujourd'hui être à votre place. Je serais moins gêné pour parler. Mais je vais m'efforcer de le faire comme Chef du Gouvernement.

1. Instituée par la loi du 29 août 1940, la Légion française des Combattants devait, à l'exemple de l'American Legion et de la British Legion, grouper en une seule association tous les anciens combattants qui s'étaient rassemblés, depuis 1918, en de nombreuses sociétés rivales.

Il y a une chose que vous voulez bien reconnaître et cela me suffit : c'est ma bonne volonté, c'est la volonté que j'ai de défendre du mieux que je le peux notre pays. Cela me suffit.

Mais, c'est difficile, c'est très difficile.

Je ne dis pas que vous méconnaissiez le moment que nous vivons, mais je voudrais quand même le rappeler.

Nous avons été battus et nous ne sommes pas pleinement libres, c'est le moins qu'on puisse dire.

Je vais vous citer un exemple pour vous montrer combien il est difficile de diriger et de gouverner en ce moment les Français : j'ai reçu ce matin, comme tous les matins, des Préfets, des Chefs de Services, des Délégations, le Ministre d'Allemagne et, entre deux visites importantes, j'ai reçu le Président de la Fédération Départementale des porcs et des porcelets. Ça vous paraît peut-être curieux ?

Eh bien, j'ai souvent protesté contre l'impossibilité dans laquelle je me trouvais de mieux organiser notre défense au point de vue de la vente des porcs. Je disais : « C'est impossible, quand on vend les petits porcs 100 F le kilo, de taxer à 25 F le kilo les porcs gras, car si un porc coûte 100 F le kilo quand il pèse 30 kilos, ça fait 3 000 F ? Alors, quand vous l'avez élevé, engraissé, et qu'il pèse 100 kilos, vous le vendez 2 500 F !... »

Je me suis battu pendant un an et j'ai fini par obtenir des autorités allemandes l'autorisation de taxer le prix des porcs. Ils sont taxés 27 F 50 le kilo. Et les mêmes qui venaient me demander la taxe viennent me demander aujourd'hui de la retirer parce que la taxe n'est pas partout respectée...

A Puy-Guillaume, il y a trois semaines, à la foire, on a amené des petits porcs et on les a vendus 90 et 100 F le kilo. Un gendarme est arrivé — s'ils étaient tous comme celui-là les choses iraient mieux — et il a dit, en sortant le Journal Officiel :

« Aujourd'hui, les petits porcs seront vendus 27 F 50 le kilo. »

Il y en a qui avaient acheté des petits porcs 90 et 100 F le kilo : ils se sont fait rembourser et les autres ont acheté à raison de 27 F 50.

Il y a longtemps que ça n'était pas arrivé. Le gendarme était l'objet d'une ovation de la part des acheteurs.

Mais je suis tranquille : aux marchés qui ont suivi, aucun porcelet n'aura été vendu à la taxe. C'est un pays difficile à gouverner ! Nous aimons la liberté. Nous nous admirons nous-mêmes. Nous nous croyons très forts dans tous les domaines.

Alors, il faut que j'obtienne des Allemands de relever la taxe, mais tout de même on ne sera pas content. Voilà un détail, et si je l'ai cité, c'est pour vous montrer combien ma tâche est ingrate.

LES CARTELS... SOUS FORME DE CERTAINES CORPORATIONS ONT REMPLACÉ LE PARLEMENT

Tout à l'heure, Lachal nous parlait des Comités d'Organisation : j'ai donné moi-même le signal des applaudissements contre ces organismes. Il parlait des cartels, c'est la même chose.

Mais ça prouve quoi ? Les Gouvernements qui se sont succédés depuis 1940 ont dû très vite, très rapidement, mettre en œuvre une organisation pour parer au plus pressé. Mais les Comités d'Organisation Professionnels tels qu'ils fonctionnent ne sont pas autre chose pour la plupart d'entre eux — pour un trop grand nombre d'entre eux — que l'expression exacte de la puissance des cartels.

On a tué l'ancien régime, dans une salle voisine : dans la salle du grand Casino, le 10 juillet 1940.

Mais cette journée avait été précédée, vous n'en doutez pas, d'un travail qui avait duré des jours et des jours. Je convoquais tous les jours les sénateurs et les députés dans un cabinet séparé du cabinet du Maire de Bordeaux par un couloir. Ce cabinet avait peut-être trois ou quatre mètres de long sur deux de large : c'était un cabinet de téléphoniste, autant qu'il m'en souvienne.

Eh bien ! les « trusts » ont remplacé d'une certaine manière le Parlement.

Quand un Français a un petit papier, sur lequel il a écrit un ou plusieurs noms et qu'il le met dans une boîte en bois, il est content, c'est un fait. Et, pour obtenir le droit de mettre ce petit papier dans une boîte, il a fait des révolutions sanglantes.

La boîte de bois, le petit papier, ont fait beaucoup de mal à la France. Mais il faut quand même retenir ce penchant des Français pour le droit de vote.

Or, moi, je trouverais naturel, légitime, indispensable, que les Comités d'organisation professionnels — je parle des chefs — ne soient pas arbitrairement désignés par les Ministres et j'aimerais qu'ils soient l'objet d'une élection par leurs pairs, car les critiques que vous faites, je n'aurais pas à les subir comme Chef du Gouvernement, et si les hommes que les électeurs désignaient étaient mauvais, ils n'auraient à s'en prendre qu'à eux-mêmes.

LE MARÉCHAL A EU QUELQUES BONNES IDÉES

Le Maréchal a eu quelques bonnes idées : les bonnes idées sont toujours des idées simples. Il a voulu que la paysannerie de la France soit organisée et on a fait la Corporation Paysanne.

Eh bien, telle qu'elle est, je la trouve bonne : c'est une mécanique qui a besoin d'être rodée, car les choix quelquefois, souvent même, ont été arbitraires.

Est-ce que vous seriez choqués si les syndics départementaux et même locaux étaient désignés par les hommes de la terre, par les paysans eux-mêmes ?

Quelques voix dans la salle :

— Pas du tout, pas du tout !

Je suis de Chateldon. Je connais le syndic de ma commune. C'est un brave homme et, pour le remercier de l'effort qu'il fournit, j'ai demandé pour son fils qui est dans les Chantiers de Jeunesse, qu'on le mette en congé pedant 21 jours pour le récompenser des sacrifices qu'il fait pour tous les autres.

Eh bien, si les syndics étaient élus par les paysans — il faut le faire — ils en auraient une autorité accrue et, quand ils parleraient aux représentants du Pouvoir Central, ils seraient plus forts.

PAR CONTRE... LA CHARTE DU TRAVAIL EST F..TUE COMME L'AS DE PIQUE !

J'en arrive maintenant à la Charte du Travail. Elle est f..tue comme l'as de pique !

Ce que je dis là, je l'ai dit l'autre jour en parlant aux jeunes gens des Chantiers de Jeunesse à Chazeron.

Eh bien, là encore, pourquoi est-elle mal faite ? Parce qu'elle a été faite par un fonctionnaire ! Ce fonctionnaire était Secrétaire adjoint de la C.G.T. mais il était quand même fonctionnaire : il s'appelait Belin. Il s'appelle encore Belin. Eh bien, il n'a jamais su ce que c'était qu'un ouvrier.

Moi, je vous en parle avec une grande liberté de langage. Je ne sais pas si vous savez qui je suis, mais on m'a tellement injurié et calomnié dans la vie qu'au travers des injures et des calomnies il est tout de même resté quelques notions sur ma véritable existence. Quand j'étais jeune, j'étais socialiste, et je le suis resté par surcroît, parce que c'est dans ma nature. Et j'étais avocat. Et, comme avocat, je totalisais le maximum d'organisations professionnelles dans ma clientèle : j'étais avocat des inscrits maritimes, j'étais avocat des dockers de tous les ports de France, j'étais avocat des instituteurs, des postiers, des chauffeurs de taxi, des bouchers naturellement. J'ai connu des chapeliers, des casquettiers — Un monsieur... qui est aujourd'hui Commissaire du Peuple adjoint aux Affaires Étrangères à Moscou.

J'ai connu tous les usages professionnels. J'ai vécu la vie intime des syndicats ouvriers.

AUSSI LONGTEMPS QU'ON N'AURA PAS DONNÉ AUX OUVRIERS LE DROIT DE DÉSIGNER LEURS DÉLÉGUÉS...

Eh bien ! on a commis une faute lourde ! cette faute rend la Charte inapplicable. Aussi longtemps qu'on n'aura pas compris que les ouvriers sont des hommes — c'est une loi naturelle de l'homme, qui veut s'élever et qui manifeste sa révolte parce qu'il travaille pendant que d'autres ne font rien — qui veulent désigner eux-mêmes leurs délégués, aussi longtemps qu'on n'aura pas donné aux ouvriers le droit de désigner leurs délégués dans les Comités sociaux, retenez bien ce que je vous dis, il n'y aura jamais d'application vraie et honnête de la Charte du Travail.

Il y a avec nous Monsieur Jardel — il ne parle pas souvent, mais il parle bien — qui dit : « C'est dans la Charte. » Eh bien, je regrette beaucoup, mais on ne l'applique pas. Et la preuve, c'est que lorsque je dis ça à des militants ouvriers, eh bien, ils sont enthousiastes. Ce sont des notions simples, très simples. Alors, les paysans doivent élire leurs délégués à la Corporation, les ouvriers doivent élire leurs délégués dans les Comités sociaux.

Je vais plus loin : on doit organiser un système électif dans la commune. Car on parle souvent de « Révolution Nationale », mais on ne dit jamais ce qu'on entend par « Révolution Nationale ».

DES IDÉES SIMPLES... ET RÉPUBLICAINES

Je voudrais vous mettre dans la tête un certain nombre d'idées claires au lieu de vous laisser perdre votre temps à chanter les cantiques pour la Révolution Nationale, je voudrais vous donner des notions simples pour essayer de réaliser vraiment une vraie *Rénovation Nationale* sans Révolution.

Eh bien, dans la commune, vous pouvez encore faire une élection : elle est plus difficile, car il ne faut pas qu'on retombe dans les défauts de l'ancien régime. Alors, la famille, alors, la corporation, alors, les contribuables, nous trouverons des formules. Mais il y a une chose qu'il faut éviter : c'est que le bulletin de vote serve à désigner directement ceux qui ont la lourde charge de diriger le pays.

Il faut que ce soit l'expression de tous les intérêts conjugués de la Nation qui dans ces cellules initiales auront d'abord choisi leurs hommes qui, ensuite, pourront avoir des représentants pour parler au nom des intérêts supérieurs de notre pays.

Je ne sais pas pourquoi je vous parle de cela, moi, après tout je n'en suis pas chargé. J'ai d'autres difficultés quotidiennes et multiples. Je vous dis ça parce que, quelquefois, on dit :

« Laval ? Qu'est-ce que c'est que ce Laval ? C'est un ancien parlementaire ! C'est un homme de l'autre régime ! Est-ce qu'il a des idées bien saines ? Est-ce qu'il a la conscience bien pure ? Est-ce qu'il n'a pas une arrière-pensée de nous ramener à ce qui existait avant ? »

Eh bien, regardez-moi bien en face. Je connais quelques-uns d'entre vous. Je ne vous connais pas tous. Mais ceux d'entre vous qui me connaissent doivent savoir que depuis que je suis dans la vie publique, j'ai eu pour me guider un certain nombre d'idées simples. Je vais vous dire lesquelles :

Je crois à l'intelligence et au travail, je ne crois pas au nombre.

Il y a une autre idée simple que j'ai eue : j'ai été obstinément, passionnément, d'une manière maladive, contre la guerre.

Vous qui êtes des anciens combattants, ne soyez pas blessés, ne soyez pas choqués. Un jour, M. Léon Blum a pu dire en parlant de moi : « Je ne conteste pas à Laval d'être pacifiste, je le lui reproche. Pacifiste, il le serait jusqu'à la lâcheté. »

Eh bien, il se trompait. Je ne serais pas pacifiste jusqu'à la lâcheté. J'ai eu l'honneur et le bonheur de naître dans un grand et beau pays qui s'appelle la France, qui est le plus beau de tous les pays de la terre, qui est le paradis sur la terre d'Europe. Mon pays n'est pas lâche.

J'ai dit un jour, en parlant aux prisonniers à Paris — j'ai répété la formule dont je m'étais servi à la tribune de la Société des Nations dans un moment difficile — : « Je parle au nom d'un pays qui ne repousse pas la guerre, mais qui la hait. »

A QUOI A SERVI LA GUERRE ?...

Eh bien, avais-je tort de parler ce langage ? Pas du tout. La preuve que je n'avais pas tort, c'est que beaucoup d'entre vous portez sur votre corps les mutilations que la guerre vous a fait subir. Et quel en a été le profit pour la France ? Vous êtes pour la plupart ceux de l'autre guerre et vous avez connu la dernière.

Eh bien moi, je porte aujourd'hui sur mes épaules — c'est une formule que j'ai employée quelquefois — le fardeau des fautes des autres.

Est-ce que vous vous rendez compte ? Avez-vous compris le moment que nous vivons ?

Je n'ai pas le sentiment que vous l'ayez pleinement réalisé. Et vous ne pouvez pas pleinement le réaliser parce que vous ne savez pas tout.

Eh bien, le moment est dur, très dur actuellement.

A la salle Wagram, j'ai rappelé des événements importants de la politique extérieure de la France pendant les années qui ont précédé la guerre et j'ai dit :

« On me représente comme un ennemi forcené de l'Angleterre, on dit que je suis anti-anglais. Je vais vous dire la vérité : Je suis Français 100 % et pour que vous me compreniez bien, je n'aime que mon Pays. »

On m'a acclamé et j'étais vexé, et j'étais blessé de voir l'enthousiasme que provoquaient de tels propos parce que je les ressentais, ces applaudissements, presque comme une injure. En avaient-ils douté jusque-là ?

IL EST COMMODE DE S'EN ALLER COMME M. QUEUILLE DE LE FAIRE...

Ça serait commode de faire une politique de démagogie. Moi, je n'accepterai jamais de la faire. Il est commode aujourd'hui de s'en aller ; il est commode, comme M. Queuille vient de le faire, de quitter la France ; il est commode à d'autres d'avoir quitté la France et, de l'autre côté où ils ne courent pas beaucoup de risques, d'exciter les Français et de leur dire : « Vous souffrirez mais les bombardements sont nécessaires. »

Eh bien, moi, je trouve qu'il est plus naturel et qu'il est plus normal de rester ici pour défendre les Français.

Mais quand j'ai des difficultés — j'en ai souvent, j'en ai eu récemment, j'en ai en ce moment — avec les autorités d'occupation, les représentants du Gouvernement allemand, je pense à ceux qui nous ont mis dans la situation où nous sommes et je me dis que je subis un sort qui n'est pas juste car c'est eux qui devraient être à ma place pour enregistrer les demandes et pour subir les exigences et pour tenter chaque jour de les réduire.

Mais il n'y a jamais rien de logique dans la vie des hommes. Alors, je suis là, aux côtés d'un homme magnifique qui a un âge que beaucoup d'entre vous n'atteindront sans doute pas.

Alors, est-ce que vous voulez comprendre un peu ces difficultés et ne pas grossir les quelques petites défaillances que vous pouvez constater ici ou là dans vos départements ; vous dites : « On nous attaque, on nous brime, on nous injurie. » Je sais ça, moi, j'ai quelque gêne à vous le dire. On a ajouté plus récemment dans mon inventaire l'attentat contre ma petite cousine de Clermont-Ferrand.

Je connais tout cela, mais ce sont les risques de l'époque. Vous n'auriez aucun mérite si vous n'aviez aucun risque. Vous ne seriez pas des grands Français, ceux que je veux que vous soyez, ceux que vous êtes, si vous n'aviez que des satisfactions ?

VOUS VOUS PLAIGNEZ DES PRÉFETS...
TACHEZ DE LES COMPRENDRE...

Vous avez des Préfets dont vous vous plaignez, c'est possible, c'est bien possible, mais tâchez, vous, de comprendre combien leur tâche est rude. Je ne crois pas qu'il y ait un Ministre de l'Intérieur qui ait fait plus de mouvements préfectoraux que ceux que j'ai faits, et il y en a encore qui vont suivre.

Vous dites que la Police n'est pas sûre. Ce n'est pas Bousquet qui la fabrique. Il l'a prise comme elle était. On a fait beaucoup de changements, mais elle n'a pas les moyens matériels dont elle devrait disposer pour remplir son rôle. Ça ne dépend pas de nous.

[Après un pressant appel au travail en commun et à la compréhension entre les préfets, leurs collaborateurs et les chefs de la Légion],

Pierre Laval conclut :

Regardez-moi bien. Je ne redoute rien. Je ne crains rien. Je n'ai qu'un simple objectif, un seul but : tout faire pour essayer de sauver mon pays.

Et, s'il y a en France des braves gens — vous en êtes — qui veulent m'aider — vous le voulez — n'ayez aucune crainte, aucun scrupule ni aucune inquiétude, quand vous travaillerez avec moi, sachez, mais sachez-le bien, sachez-le au plus profond de votre être, vous travaillerez pour la France et moi, je travaillerai pour vos enfants.

(Les délégués, debout, acclament le Chef du Gouvernement.)

PAROLES PRONONCÉES A L'HÔTEL DE VILLE DE PARIS. PRÉSENTS : LES MEMBRES DU CONSEIL MUNICIPAL, LES 87 MAIRES DE LA SEINE, LES CONSEILLERS DÉPARTEMENTAUX, LES FONCTIONNAIRES DE LA PRÉFECTURE DE LA SEINE ET DE L'HÔTEL DE VILLE.

(le 29 septembre 1943)

Messieurs les Présidents, Chers Amis,

Je devrais être ému de venir dans cet Hôtel de Ville qui, pour moi, évoque tant de souvenirs, mais je n'ai pas le droit d'être ému. Je dois toujours conserver mon sang-froid. Plus les événements sont durs, plus ma tâche est difficile et plus je dois faire preuve de sagesse et de calme. Quand je suis ici, dans cette maison, au fond, il me semble que c'est une conversation que je reprends ou que je continue. Nous sommes en septembre 1943. Je pourrais évoquer 1927, 1935. Toutes les batailles électorales, je les ai vécues dans cette salle, avec vous et je parlais à ce moment-là un langage que je veux reprendre aujourd'hui. Je vous disais toujours : j'ai horreur de la guerre, j'en ai une horreur impulsive, maladive et j'avais le sentiment, à cette époque, quand je m'adressais aux Maires de la Banlieue, aux délégués sénatoriaux, que nous étions menacés par une catastrophe. Je voyais venir le danger. Il s'est abattu sur nous.

[Laval fait alors un long exposé sur la politique étrangère des années 1934-1935 pendant lesquelles il était Président du Conseil et Ministre des Affaires Étrangères. Il rappelle comment il a construit une chaîne autour du Reich d'Hitler pour rendre la guerre impossible. Il en vient à ce tableau complet de ses rapports avec l'Angleterre.]

Je n'ai jamais eu de sentiments anti-anglais même lorsque j'ai trouvé l'Angleterre sur notre route pour empêcher la France de réaliser une entente nécessaire avec ses voisins l'Italie par exemple.

Je n'ai pas fait la géographie, moi ! Nous sommes les voisins de l'Allemagne, nous sommes les voisins de l'Italie, et nous serons, quoi qu'il advienne, toujours les voisins de l'Allemagne et toujours les voisins de l'Italie.

Eh bien ! j'avais pensé que nous devions régler tous nos litiges avec l'Italie et que nous devions ainsi, après avoir réglé ces litiges, après avoir fortifié la position de la France en Europe, trouver le chemin de l'entente et du règlement de nos litiges avec l'Allemagne.

Ce qui me permet de vous parler avec cette liberté, c'est que voyez-vous, je tiens toujours le même langage. Je ne vous fais pas un cadeau en vous disant ce que je vous raconte là, car, quand je parle aux Allemands, je tiens le même langage ; quand je parle aux Italiens, je parle le même langage ; quand je parlais aux Anglais, je tenais le même langage ; quand je parlais aux Américains, je disais la même chose. Et ce qui fait ma force, parce que, ma force, elle est faite de la simplicité de la direction de la politique que je veux suivre.

Eh bien ! j'ai constaté dans ma vie publique que les Anglais se sont presque toujours opposés à une entente de la France avec l'Allemagne ! Ils se sont presque toujours opposés à une entente de la France avec l'Italie.

Le 3 février 1935, j'ai été à Londres comme Ministre des Affaires Étrangères. L'Allemagne avait bousculé les clauses militaires du Traité de Versailles. Comme je n'aime pas la guerre et ne voulais pas la faire, il n'entrait pas dans mes pensées de rechercher un conflit avec l'Allemagne, mais bien de trouver une formule d'un accord définitif avec elle. Pour cela, il fallait que la France soit forte par elle-même et par ses alliances en Europe. A Londres, il a été convenu, spécifié que ni la France ni l'Angleterre n'aborderaient l'Allemagne sans un accord préalable. Je rentre à Paris. Quelques semaines à peine s'écoulent, et j'apprends un jour qu'un accord naval vient d'être signé entre l'Allemagne et l'Angleterre ! Je convoque l'Ambassadeur d'Angleterre et je lui dis que je ne trouvais pas de mots pour qualifier ce manquement à la parole donnée. Je ne lui reprochais pas l'accord naval avec l'Allemagne, mais je protestais contre la procédure d'un Gouvernement qui s'était engagé vis-à-vis de la France à ne pas traiter avec l'Allemagne sans un accord préalable avec la France.

SEPTEMBRE 1931 - JE SUIS RÉVEILLÉ A 1 H DU MATIN

En 1931, Ministre de l'Intérieur, j'habite place Beauvau. Il est une heure du matin, le téléphone sonne : « C'est le Chargé d'affaires d'Angleterre qui veut vous parler. » Il n'est pas d'usage qu'un Ambassadeur téléphone au Chef du Gouvernement auprès duquel il est accrédité, à une heure du matin. Sir Ronald Cambell me dit : « Monsieur le Président, je suis chargé par mon Gouvernement de venir vous demander un secours et un conseil. »

Je vous écoute : « Demain matin ou ce matin, puisque la matinée est déjà commencée, les guichets de la Banque d'Angleterre vont fermer si la France ne vient pas au secours de l'Angleterre. Il nous reste – et il me dit un chiffre, mettons 3 F 50 dans les caisses de la Banque d'Angleterre. » J'étais assez fier, car nous n'avions pas l'habitude d'être ainsi traité, et l'Angleterre, au point de vue financier, a toujours eu, dans le monde, un certain prestige.

« Combien de milliards voulez-vous ? Je ne peux pas réunir un Conseil des Ministres cette nuit, et toute indiscrétion pourrait porter à votre crédit un tort irréparable. Je prends sur moi d'ouvrir tout grand les coffres de mon pays. Combien de milliards vous faut-il ? Vous les aurez ce matin. Je vous prie de faire à Washington la même démarche, et si Washington fait une réponse défavorable, quoi qu'il advienne, je maintiens mon offre. »

J'ai accompagné l'Ambassadeur jusqu'au perron ; il a mis mes mains dans les siennes et m'a dit : « Mon cher Président, mon pays n'oubliera jamais. » Et cependant, je vous demande si quelqu'un a été plus calomnié par l'Angleterre que votre serviteur. (Applaudissements.)

Voulez-vous un autre souvenir sur l'Angleterre ?

LE PLÉBISCITE DE LA SARRE

A propos de la Sarre. Lorsque nous avons eu à régler le problème sarrois, vous vous rappelez, on devait au bout d'un certain délai faire voter les Sarrois pour leur faire choisir leur régime. Mon opinion était contraire à celle de certains Français d'un patriotisme sincère, mais maladroit, qui s'imaginaient que les Sarrois voulaient voter français. Or la Sarre était une province prussienne pour ceux qui connaissent le pays. Et puis, en tout cas, comme je voulais éviter la guerre, je ne voulais rien faire qui puisse créer dans l'avenir une nouvelle cause de conflit entre les deux pays.

A la Chambre, j'ai déclaré que le problème de la Sarre n'était pas un problème franco-allemand ; que c'était un problème international problème créé par la Société des Nations, et qui devait être réglé par elle, et que le plébiscite devait se faire de la manière la plus correcte avec un contrôle international et j'avais suggéré qu'un corps de police international soit chargé d'assurer le contrôle et la sécurité du plébiscite.

Je me souviens qu'à Genève, rencontrant M. Eden, je lui dis : « Nous avons à régler le problème de la Sarre. » Il avait lu ma déclaration à la Chambre. Il me dit : « Monsieur le Président, j'ai une mauvaise nouvelle à vous donner : mon Gouvernement n'accepte pas de prendre sa place dans le corps de police internationale. » C'était grave, parce que nous pouvions avoir des incidents avec l'Allemagne, et j'ai déclaré à M. Eden : « Votre Gouvernement est libre de faire ce que vous venez de dire, mais je vous préviens que, s'il maintient sa décision, vous assisterez demain aux obsèques de la Société des Nations, et je dénoncerai au monde la responsabilité de l'Angleterre pour les désordres qui pourraient s'ensuivre. » Et le lendemain, vous auriez pu lire dans les journaux la note ainsi conçue : « Le Conseil de Cabinet s'est réuni hier dans l'après-midi, à Londres, en séance extraordinaire. » C'est tout. Car le soir du même jour où j'avais tenu ce propos à M. Eden, je reçus sa visite, et il m'a dit : « J'ai une bonne nouvelle à vous annoncer, Monsieur le Président, mon Gouvernement accepte de prendre part au corps de police internationale pour contrôler le plébiscite dans la Sarre. »

Je vous dis tout cela. Ce sont des souvenirs que j'évoque, mais ils nous sont communs. Ils font partie de l'histoire de nos rapports avec l'Angleterre.

J'ai toujours constaté, par ailleurs, et je ne fais pas son procès, car je n'ai de haine pour aucun peuple, et si je disais toute ma pensée je vous dirais même que j'ai de l'admiration pour le peuple anglais, pour son sens national et que je déplore que le peuple français n'ait pas toujours les mêmes réactions. Mais c'est un fait que chaque fois que la France a voulu rechercher en Europe l'équilibre, la stabilité et l'ordre, l'Angleterre a toujours agi de telle façon qu'elle restait maîtresse et arbitre des destins de l'Europe.

Tantôt elle apportait son concours à la France, tantôt à l'Allemagne, mais elle s'est toujours opposée à un accord entre la France et l'Allemagne. Je le dis sans aigreur. Je ne mets aucune amertume dans mes propos, mais je m'adresse à des Français et je voudrais qu'ils n'aient, comme moi, pas plus d'amertume contre les Anglais, mais qu'ils aient la notion claire des véritables intérêts français, et qu'ils se disent toujours que la France ne doit se déterminer que par son propre intérêt. (Applaudissements.)

Il y a très longtemps que j'ai constaté, ceux d'entre vous qui sont parlementaires s'en souviennent, que la mode pour la politique française était d'aller se faire sacrer à Londres. On était très fier quand on avait l'investiture du Cabinet Britannique, alors on pouvait être Ministre Français.

UN DERNIER SOUVENIR « FRANCO-ANGLAIS »

Un jour, en 1931, ce sera mon dernier souvenir sur l'Angleterre, à l'occasion du moratoire Hoover. M. Snowden, le même qui avait manqué d'égards pour notre ami Chéron, dans une conférence à laquelle assistaient les Américains, les Anglais, les Français, et même les Allemands — le Chancelier Brüning y était — m'a posé cette question. Il s'agissait de prêts formidables qui avaient été faits par les banques aux villes allemandes et aux États allemands. L'Allemagne faisait faillite et ne pouvait pas payer. La France n'avait rien prêté heureusement. M. Snowden me dit : « Je vous demande que les banques françaises prennent leur part des pertes supportées par les banques anglaises. » Il parlait anglais et moi pas. Je me suis fait répéter la question et j'ai répondu par cette autre question : « M. Snowden, si les banques anglaises avaient encaissé des bénéfices, est-ce que vous leur proposeriez de partager ? » Je voudrais simplement que les Français se disent : « Défendons nos intérêts puisqu'ils savent si bien défendre les leurs. » (Vifs applaudissements.)

[Après un exposé des difficultés intérieures — résistance aux exigences allemandes — ravitaillement, salaires, etc., Laval termine cette allocution qui a duré une heure et demie.]

J'ai fait un exposé peut-être trop long des faits que j'ai vécus et de mes difficultés d'aujourd'hui. Beaucoup de choses se sont passées dans cette guerre. Je voudrais qu'un homme parmi vous se lève et me dise : « Voilà ce qui va se passer. » Je le féliciterais. Moi, je n'en sais rien. Je sais seulement une chose, ce sont les dangers que court chaque jour la France. Je sais seulement la nécessité de nous prémunir contre ces dangers.

Nous sommes en 1943. J'ai 60 ans. Nous avons vécu dans un pays qui ne devait pas faire la guerre parce qu'il était le paradis sur la terre d'Europe.

J'ai parlé souvent en France, chaque fois que j'en ai eu l'occasion, aux Préfets, aux ouvriers, aux prisonniers qui sont rentrés, aux Maires, à tous les délégués venus à Vichy. Je n'ai pas voulu tarder plus longtemps à venir m'entretenir avec vous. C'est d'ailleurs par vous que j'aurais dû commencer.

Il y a une chose que je voudrais vous dire avant de vous quitter, du fond du cœur. Vous, dont j'ai été l'élu pendant toute ma jeunesse, vous n'aurez jamais à rougir de moi car c'est pour la France que je travaille.

[Longue ovation. L'assistance, debout, acclame Pierre Laval jusqu'à son départ de la salle.]

LA RÉUNION DES PROCUREURS GÉNÉRAUX [1]

(le 18 octobre 1943)

A l'Hôtel du Parc : sont présents le Garde des Sceaux M. Gabolde, les Procureurs Généraux auprès des Cours d'Appel et ceux des grandes villes.

DES AMENDES POUR SOULAGER LES TRIBUNAUX

Pierre Laval : Ce matin, nous avons eu l'occasion de parler des affaires qui relèvent de votre compétence. J'ai trouvé que celles-ci étaient trop nombreuses et que la tâche de la justice était entravée par la multiplicité de ces dossiers. Je pense aussi que nous devrions, puisque nous avons la possibilité d'appliquer des amendes, nous substituer à la justice pour réprimer le marché noir. C'est plus rapide, et plus simple. Comme je voudrais tout de même des garanties, je demanderais à M. le Garde des Sceaux, en accord avec M. de Sailly et M. Bousquet, d'esquisser la nouvelle procédure qui pourrait être mise en œuvre pour réduire, autant que faire se pourra, le nombre des affaires de marché noir qui sont soumises aux tribunaux.

J'ai écouté toutes les observations que vous avez présentées, même les critiques aimables et dissimulées que vous avez faites aux

1. Une réunion de tous les Premiers Présidents des Cours d'Appel s'est tenue à Vichy le 12 novembre 1943. Voir p. 284.

magistrats. Vous pourrez donc y faire face, puisque vous serez désormais non pas seulement ceux qui découvrent le délit mais ceux qui le suppriment. Aujourd'hui, j'ai convoqué le Ministre du Ravitaillement et les fonctionnaires responsables pour tenter de résoudre une série de problèmes avec vous.

[Pierre Laval continue son exposé sur les façons de réprimer le marché noir pratiqué par les Allemands contre le ravitaillement général destiné aux Français. Il donne la parole à Max Bonnafous, Ministre du Ravitaillement qui parle longuement de la hausse illicite des prix. Lorsque M. Bonnafous en arrive à parler des attaques des fermes isolées et des incendies des récoltes par certains maquisards, Pierre Laval fait une distinction entre trois catégories de maquisards...]

Pierre Laval reprend à propos de la composition des maquis :

TROIS SORTES DE MAQUISARDS

Il y a trois sortes de maquisards : les réfractaires du travail qui sont allés dans les bois et les fermes pour échapper à Sauckel contre lequel je n'ai cessé de lutter. Je viens d'obtenir pour eux une amnistie. Ils peuvent aller travailler dans les usines françaises classées « S-Betrieb » à la suite des accords Bichelonne-Speer. Ils seront certains désormais d'être prémunis contre un éventuel départ pour l'Allemagne et je vous autorise à le dire et à le faire dire.

Et puis, il y a l'armée secrète. Elle est composée de braves Français qui, souvent, se sont mal battus et n'ont pas eu l'occasion de se battre en 1940 et qui veulent se battre aujourd'hui avec des armes qu'on parachute et dans beaucoup de cas, les cadres de cette armée s'aperçoivent qu'ils ont couvé des œufs de canard — Vous savez ce que c'est que de couver des œufs de canard ? — Ils s'aperçoivent qu'ils découvrent des terroristes qui font un travail qui va exactement à l'encontre de leur idéal et de l'idéal de l'armée secrète (pillage des fermes, des récoltes, vols)... Alors le trouble descend dans leur conscience.

Enfin, il y a dans le Midi les brigades de l'armée rouge espagnole.

UN IDÉAL QU'IL FAUT RESPECTER

Les vrais résistants, les cadres de l'armée secrète ont un idéal qu'il faut respecter mais les brigades rouges, encadrées par le parti communiste, peuvent faire du mal à la France.

Un grand nombre de Français croient à un communisme qui s'humanise. Ils croient qu'il y a un communisme qui s'embourgeoise. Qu'il y a un communisme qui pourrait s'adapter à nos vies et à nos intérêts. Si vous le pensez, je vous plains, car vous risquez d'avoir un jour des réveils cruels. Le communisme, tel que je l'ai vu à Moscou, n'est pas un régime pour la France. Je n'ai pas vu pendant mon séjour un seul sourire sur aucun visage, dans les rues de Moscou. J'avais reçu — parce qu'on est hospitalier en Russie, même en Russie bolchévique — un accueil aussi chaud que possible, et je me souviens qu'à mon retour à la gare de Niegarelow, les journalistes français qui m'accompagnaient se sont précipités sur moi alors qu'il y avait encore les oriflammes rouges et la musique, au milieu des vivats de l'Armée Rouge, pour me saluer à mon départ et m'ont dit : « Qu'est-ce que vous pensez du régime soviétique ? » et spontanément, sans réflexion, tristement, j'ai dit à ces journalistes qui pourraient le redire, car ils vivent encore : « De tout mon cœur, je souhaite que mon pays ne connaisse jamais ce régime. »...

AUX MAIRES DE LA RÉGION DU SUD-EST (PROVENCE, BOUCHES-DU-RHÔNE, MARSEILLE, GARD, VAUCLUSE)

(le 6 novembre 1943)

Pierre Laval : « J'aimerais vous parler comme j'ai l'habitude de le faire aux Maires qui, depuis quelques mois, ont coutume de venir rendre visite au Maréchal.

J'ai vu passer dans cette salle les délégations de presque toute la France. Aujourd'hui, c'est la délégation des Maires de la Provence : le Gard, les Bouches-du-Nord, le Vaucluse, si j'ai bien compris la composition de votre délégation.

TOUT FAIRE POUR PROTÉGER LA FRANCE DE LA GUERRE

Le Maréchal et le Docteur Grasset que vous venez d'entendre, et moi-même n'avons pas de responsabilité dans les malheurs de notre Pays.

J'ai toujours été contre la guerre. Je viens, par mes origines politiques, des partis de gauche. J'étais socialiste dans ma jeunesse, je le suis resté par le cœur et par l'esprit, et j'ai conservé, de mon passage dans ce milieu, la haine de la guerre. Elle ne paie jamais.

La France est le paradis sur la terre d'Europe. Nous ne devions pas faire la guerre. Un pays doit faire la guerre quand il est attaqué et se défend : nous n'étions pas attaqués. Un pays peut faire la guerre quand il a faim pour manger : nous n'avions pas faim. Un pays peut aussi faire la guerre pour défendre son honneur quand il est en cause : notre honneur n'était pas en jeu.

J'ai soixante ans. Depuis longtemps déjà, je participe, avec des éclipses, à la direction politique de la France. J'ai occupé beaucoup de postes. J'ai été souvent Ministre, quelquefois Président du Conseil : j'ai toujours eu un objectif, un seul : « Tout faire pour protéger mon Pays de la guerre... »

Laval expose tout ce qu'il a fait pour s'opposer au conflit.

... « Nous comptions sur les Polonais. La Pologne comptait sur la France. L'Angleterre comptait également sur l'armée française. Mais l'armée française — qui avait peut-être encore d'autres insuffisances — avait notamment celle du matériel.

Un pays n'est fort et n'est enthousiaste pour se battre, et il ne peut vaincre que quand il lutte pour un idéal, et quand il a des armes.

Nous sommes entrés dans la guerre sans avions modernes de bombardement. J'ai dit un jour que nous en avions neuf, je me suis trompé, j'étais mal informé : nous avons eu neuf avions modernes de bombardement, deux mois après l'entrée en guerre. Les Allemands en avaient, à ce moment-là, au moins 2 500, les Stukas.

CERTAINS ME CONDAMNENT A MORT

Nous avons perdu la guerre, et aujourd'hui, syndic d'une faillite créée par beaucoup qui ne pensaient pas comme moi — il faut avoir un bon moral pour faire ce que je fais pour nous tous, pour la France — certains me condamnent à mort alors qu'ils ont un objectif : rendre à la France le Front Populaire qu'elle avait perdu.

Mais, alors, moi, j'ai le droit de me tourner vers eux et de leur dire : « en 1939, quand vous avez déclaré la guerre, la France était dans le Front Populaire. Alors, c'est pour retrouver ce que vous aviez que vous avez accumulé les ruines, les souffrances ? Ce n'était pas la peine »...

DE GAULLE N'A PAS ACCEPTÉ LA DÉFAITE

« De Gaulle n'a pas accepté la défaite, ça ne manque pas d'une certaine grandeur. Il a dit " La France n'est pas battue "... et des hommes l'ont suivi ; qu'il soit allé là-bas par ambition ou orgueil, ça le regarde, mais que d'autres l'aient suivi par patriotisme ou par enthousiasme, c'est une certitude... je n'incrimine pas les intentions de ceux qui l'ont suivi... »

Et, quelle est mon ambition à moi, ma seule ambition ? M'efforcer par tous les moyens de sauver pour notre pays tout ce qui peut être sauvé.

DÉFENDRE LA VIEILLE CIVILISATION CHRÉTIENNE DANS LAQUELLE NOUS AVONS ÉTÉ ÉLEVÉS

... « Voyez-vous, vous êtes du midi de la France, des régions ensoleillées. Vous êtes des hommes : on ne pense pas, on ne raisonne pas toujours sous le soleil, comme ailleurs. Vous êtes de la région phocéenne, de la région de Marseille, un des plus vieux vestiges des civilisations connues des hommes. Mais c'est parce que nous la connaissons. Avant, n'en doutez pas — car l'histoire de l'homme est plus vieille que celle que nous connaissons, elle ne remonte pas à cinq ou six mille ans, mais à des milliers d'années — il y a eu, avant la civilisation phocéenne avant Rome, avant l'Égypte, avant la Chine, avant la Grèce, pour parler des civilisations connues, il y a eu des civilisations peut-être plus belles que la nôtre. Je le dis quelquefois, il semble que l'homme qui construit avec son cerveau des civilisations magnifiques, tout d'un coup, par je ne sais quel mobile, quelle raison, revient à une sorte d'état sauvage, et que, de ses mains brutales, il détruit ce que son cerveau avait construit. J'ai peur que nous ne vivions une de ces époques de l'Histoire de l'homme où, après avoir connu une civilisation comme notre vieille civilisation chrétienne, l'homme n'en arrive au stade de détruire de ses mains brutales ce que son cerveau avait édifié.

Eh bien ! avec simplicité, mais avec ténacité et avec persévérance le paysan que je suis, qui ne sait pas tout, qui sait surtout qu'il est ignorant de tout ce que l'homme ignore et qui est plus vaste que ce qu'il connaît, voudrait s'efforcer par tous les moyens de défendre la vieille civilisation chrétienne dans laquelle nous avons été élevés. » (Applaudissements.)

« Alors, je vois l'égoïsme s'installer chez nous et quelquefois la haine.

J'ESSAIE DE FAIRE COMPRENDRE AUX ALLEMANDS...

Vous êtes des Maires, vous êtes, comme le disait tout à l'heure le Docteur Grasset, dans vos communes, les hommes autour de qui se fixent toutes les forces, vous avez de grosses responsabilités, vous accomplissez vaillamment votre devoir : moi, j'en ai un plus grand parce que je suis au sommet. J'ai des difficultés que, peut-être, vous n'apercevez pas. Nous ne sommes pas un pays libre, vous l'avez compris, cela ! La France est occupée : c'est la conséquence de la défaite. Vous comprenez que nous ne sommes pas libres : je peux vous citer des exemples, ainsi les salaires : eh bien ! Je ne suis pas libre de fixer les salaires, je dois m'entendre avec les autorités d'occupation et j'essaie de leur faire comprendre que, quand elles m'empêchent d'apporter de l'ordre sous cette forme, elles travaillent non seulement contre la France, mais même contre l'Allemagne, et il m'arrive chaque jour de parler le langage qu'ils devraient parler quand ils s'adressent à la France.

Grasset vous parlait d'un terrorisme qui n'a rien à voir avec la résistance... Eh bien ! ça existe, le terrorisme ! c'est l'avant-garde du communisme, n'ayez pas de doute.

TROIS SORTES DE MAQUIS...

Il y a trois sortes de gens qui se battent dans le maquis : il y a les réfractaires. Ils sont allés dans les bois, dans les fermes, pour échapper à la foi commune du travail obligatoire — je viens d'obtenir pour eux une amnistie ; ils peuvent aller travailler dans une usine française. Ils seront sûrs désormais d'être prémunis contre un éventuel départ pour l'Allemagne, et je vous autorise à le dire.

Et puis, il y a l'armée secrète, composée de braves Français patriotes qui se sont mal battus en 1940 et qui veulent se rebattre aujourd'hui. Cette armée veut se battre avec quoi ? Je n'en sais rien, avec des armes qu'on parachute. Et puis, tout d'un coup, les cadres de cette armée, tout comme Giraud depuis quelques mois, constatent qu'ils ont couvé des œufs de canard. Vous savez ce que c'est que de couver des œufs de canard. Ils s'aperçoivent qu'ils sont au contact de terroristes qui font un travail qui va exactement à l'encontre de ce qu'est l'idéal de l'armée secrète. Alors, le trouble descend dans la conscience des hommes de cette armée secrète. Ils ne veulent pas qu'on les confonde avec les terroristes : ceux de l'armée rouge en Espagne, des Brigades Internationales. J'ai des renseignements : ces derniers sont l'armée du désordre qui espère trouver dans nos villages, le moment venu des effectifs pour essayer de démolir ce qui faisait le meilleur des forces de notre pays. Voilà la vérité.

Eh bien, je reste quand même optimiste. Après ce que je viens de vous dire, ça doit vous étonner. Mais j'ai de l'optimisme et j'ai de la confiance parce que j'ai foi dans mon vieux pays et dans le vieux bon sens français...

Quand vous en aurez assez vu, quand vous en aurez assez entendu, quand vous aurez été assez molestés, quand vous comprendrez enfin que c'est vers la lumière que vos yeux doivent s'ouvrir à ce moment-là, je suis sûr qu'on respectera en France l'autorité d'un Gouvernement.

J'ai confiance que ce jour viendra. En attendant, ma tâche est rude. Je ne vous dis pas que je ne dors pas, je mentirais, je dors comme un enfant, ce qui prouve que j'ai la conscience tranquille. Mais j'ai à me battre tous les jours contre les allemands qui ne comprennent pas, contre des Français qui me critiquent et qui se découragent. Quelquefois même, c'est encore beaucoup plus compliqué. Je voudrais bien tout de même n'être pas considéré comme un paillasson sur lequel on vient s'essuyer les pieds, en disant : « Celui-là nous sert maintenant, on verra après. » Dans vos régions, tout le monde est ministre de l'intérieur ou ministre des affaires étrangères. Dans vos villages, on parle et on jacasse. Eh bien ! interpellez quelqu'un au hasard et dîtes-lui : « Qu'est-ce que tu ferais à la place de Laval ?...

En quatre coups de cuillère à pot, il vous dira : « Je ferais ça, puis ça, puis ça... et tout serait réglé. » Eh bien ! Je voudrais que vous emportiez d'ici une certitude, c'est que je n'ai qu'une seule ambition : réduire les souffrances présentes de la France et préparer son avenir.

COMPRENEZ-MOI BIEN... TOUS LES JOURS JE SUIS EXPOSÉ A UNE BALLE...

Comprenez-moi bien. Pourquoi est-ce que je suis encore là ? Je pourrais être chez moi, tranquille. Je n'ai pas beaucoup de besoins, je suis un simple, mais j'ai de quoi les satisfaire si j'en avais. Je pourrais regarder les autres qui nous ont mis dans la situation où nous sommes et attendre qu'ils nous sortent du gouffre. j'ai eu l'imprudence, ou l'audace, ou le courage, d'essayer de venir vous sortir du guêpier. tous les jours, je suis exposé à une balle. L'autre jour, en revenant de Châteldon, c'est 35 kilos de nitro-glycérine qui étaient cachés dans un tas de sable. J'y ai échappé parce que le Bon Dieu était ce jour-là avec moi et qu'un cantonnier avait découvert ce dépôt. Voilà la récompense que je peux avoir chaque jour.

Alors, j'ai le droit de vous regarder bien dans les yeux, vous tous qui représentez chacune des communes de votre région, pour vous dire : « Si moi, je défends la France, vous avez le devoir de la défendre avec moi. Si vous avez des difficultés, elles sont moindres que les miennes. Si j'ai du courage, pour essayer de sortir de l'ornière, ayez-en. Je ne vous demande rien, pas de reconnaissance, je la puise en moi, et au déclin de ma vie, ma récompense, ce sera d'avoir essayé de sauver mon Pays. » (Applaudissements unanimes des Maires, debout.)

AUX MAIRES DU CANTAL

(le 9 novembre 1943)

A l'Hôtel du Parc, présents : Pierre Laval, le Sénateur-Maire d'Aurillac et 262 autres maires du Cantal.

[Après un long exposé sur les origines de la guerre déclarée avec beaucoup de légèreté Pierre Laval termine] :

« L'Allemagne et la Russie venaient de se partager la Pologne, et nous sommes entrés presque seuls dans la guerre, et nous l'avons perdue. Pourquoi ? Parce que cette guerre n'est pas une guerre comme les autres, elle n'est pas une guerre pour la défense de notre patrie. Elle est une guerre passionnelle de fanatisme, où des idéologies se dressent les unes contre les autres. »

« Je parle dans un vieux pays de liberté (qu'il a momentanément perdue, mais qu'il retrouvera un jour que je souhaite prochain) et j'affirme que nous sommes entrés dans ce conflit mondial pour des idées qui n'étaient pas les nôtres.

« Que la Russie ait son communisme chez elle, cela la regarde, mais qu'elle garde son communisme.

« Que l'Allemagne ait son national-socialisme chez elle, çà la regarde, mais qu'elle garde son national-socialisme.

« Que l'Amérique et la Grande-Bretagne caressent des idéologies antifascistes, ça les regarde. Mais nous qui sommes Auvergnats, qui ne connaissons pas le fascisme, qui n'avons jamais subi l'empreinte d'aucune autre race que de la vieille race de notre terroir, personne ne nous obligera à accepter ces idéologies. Nous sommes entrés en guerre et nos jeunes gens sont partis pour des idéologies et non pas pour défendre le Puy-de-Dôme ou les prés du Cantal.

« Toute ma vie, vous le savez, vous, a été un apostolat de la paix. J'ai été maire, député, sénateur, ministre souvent ; socialiste, je l'ai été et je le suis resté au plus profond de mon cœur. Le Maréchal a dit un jour qu'il fallait supprimer la condition prolétarienne : comme il a raison ! J'ai été souvent calomnié et injurié et j'ai toujours senti que c'est lorsque j'étais le plus calomnié et le plus injurié que j'accomplissais le mieux mon devoir vis-à-vis de la France. J'ai connu parfois des moments douloureux parce que ceux parmi les classes laborieuses dont j'avais l'estime et l'amitié, on leur arrachait cette estime et cette amitié qu'ils avaient pour moi parce que je ne servais pas les desseins de ceux qui leur mentaient tous les jours, de ceux qui les trompaient et qui, après les avoir désarmés, les menaient tout droit à la guerre.

« Les femmes ont des enfants, les pères ont de la peine pour les élever, et puis, un jour, des politiciens sans conscience les jettent dans la fournaise... Voilà pourquoi j'ai toujours haï la guerre. Elle ne paie pas ; même pour la France — la preuve est faite — quand elle gagne la guerre, elle a beaucoup à souffrir.

« Alors maintenant, qu'est-ce qui se passe ? Chaque jour, chaque matin, chaque Français écoute la radio et il entend les communiqués. On n'aime pas l'Allemagne chez nous, on ne l'aime surtout pas en Auvergne. Notre éducation n'est pas dans ce sens. Nos batailles, pour la plupart, ont été contre eux.

« Mais la vie est difficile et l'histoire de l'homme est compliquée. Or, il se trouve aujourd'hui que, si tout à coup l'Allemagne venait à s'effondrer — croyez-moi, retenez bien mes propos, je vous demande de les enregistrer comme ceux que je vous tenais jadis — le désordre s'installerait peu à peu en Europe. Il s'installerait en Allemagne, dans les Balkans, en Italie. Or, j'aime mon clocher, j'aime mon village, j'aime toutes les pierres de chez moi, mais je ne veux pas que le désordre s'installe chez nous et je voudrais agir de telle façon que l'Allemagne ne soit pas trop forte pour nous étreindre, mais de telle façon que le bolchevisme ne puisse pas lui, nous supprimer. Est-ce que vous m'avez bien compris. Voilà le drame que je vis chaque jour. Hier encore, j'étais à Paris. J'ai eu des conversations avec les Allemands. Elles se sont prolongées tard dans la nuit ; elles n'étaient pas faciles, ces conversations. Elles ne sont jamais faciles. Voyez-vous, j'essaie chaque jour de faire le maximum pour que nous subissions le minimum de dommages, et, lorsque le soir vient, j'ai l'impression souvent d'être pris entre les deux branches d'une tenaille, et quelquefois je me demande avec tristesse quelle branche — l'allemande ou la française — m'a fait ce jour-là le plus souffrir, mais jamais je ne me décourage, car je n'ai qu'une ambition, qu'un but, un seul, vers lequel je me dirige comme une espèce de somnambule, essayer de tout faire pour sauver notre pays en réduisant chaque jour ses souffrances, faire que la terre qui appartient aux pères reste encore à leurs enfants et qu'elle s'appelle toujours la terre de France.

« Alors, vous qui êtes des hommes de bon sens, des hommes de raison, vous qui êtes de la France ce qu'il y a de plus pur parce que vous venez des sommets de notre pays, parce que vous représentez la vieille Gaule d'où sont partis autrefois les cris d'espoir et de salut de notre pays, je vous demande, même si vous ne comprenez pas toujours (parce que nous ne sommes pas libres et que je n'aime pas parler — aussi je ne sais pas pourquoi je vous ai fait aujourd'hui tant de confidences), eh bien ! chaque fois que vous serez dans vos villages, je vous demande de vous dire que, quoi qu'il arrive et quoi que je fasse, je le ferai toujours parce que je pense ainsi essayer de sauver notre pays et assurer la paix des foyers et la persistance de la civilisation dans laquelle nous sommes nés et dans laquelle nous devons encore vivre. » (La salle se lève et applaudit longuement [1].)

---

1. Le texte intégral de ce discours se trouve page 360 de « Pierre Laval devant l'histoire », Éditions France-Empire.

RÉUNION DES PREMIERS PRÉSIDENTS DES COURS D'APPEL

(le 12 novembre 1943)

A l'Hôtel du Parc à Vichy sont présents : Tous les Premiers Présidents des Cours d'Appel, le Garde des Sceaux, M. Gabolde, et des hauts fonctionnaires du Ministère de la Justice.

Pierre Laval :

Messieurs,

J'ai eu l'occasion souvent de m'adresser aux élites du Pays. Successivement, dans cette salle ou dans d'autres, j'ai parlé, à des moments émouvants de notre Histoire.

JE NE VOUS PARLERAI PAS POLITIQUE

J'avais hésité toujours à vous demander de venir à Vichy. Comme avocat, j'ai toujours eu le respect de la Magistrature, et, comme Chef du Gouvernement, j'ai toujours eu le respect de son indépendance.

Je ne vous parlerai pas politique.

Ce n'est pas vous parler politique que de vous dire que je n'ai pas voulu la guerre. Ce n'est pas vous parler politique que de dire que, la guerre étant venue, elle a été perdue, et que je me trouve ici comme le syndic d'une faillite.

Je me rappelle qu'en juillet 1940, dans une salle voisine de celle-ci, les représentants du Pays étaient réunis pour voter une résolution aux termes de laquelle ils acceptaient de disparaître et de laisser au Maréchal toute l'autorité pour diriger notre destin. J'étais là. Je suis parti. Je suis revenu et, comme Chef du Gouvernement, je subis les critiques. On dit souvent : « Le Gouvernement est faible ; il manque d'autorité ; il ne sait pas faire face au danger. »

UNE SITUATION CHAQUE JOUR PLUS DRAMATIQUE :

Mais je ne vous apprends rien en vous disant que nous ne sommes pas complètement libres. La France est occupée. Et cependant je dois faire face — comme Chef du Gouvernement et comme Ministre de l'Intérieur — à une situation chaque jour plus dramatique : les attentats sont de plus en plus nombreux.

Autrefois, nous avions l'Armée. On la faisait intervenir quand la Police était insuffisante ou déficiente. Aujourd'hui, nous n'avons plus d'Armée. Les effectifs de notre Police sont limités. Nous n'avons pas le droit de les augmenter sans un accord préalable avec les Autorités d'occupation. Ces effectifs sont insuffisamment armés, et ils sont trop largement utilisés pour des missions statiques : on les emploie pour garder des immeubles, des voies ferrées, des centrales électriques, et, pendant ce temps, je subis les critiques d'une presse qui n'est pas toujours placée sous mon contrôle — puisque je fais allusion à la presse de la zone occupée...

TROP DE LOIS EXCEPTIONNELLES :

Je sais que vous avez travaillé ce matin. Je sais que vous avez suggéré parfois des textes qui pourraient être adopés. Mais nous avons déjà beaucoup de lois exceptionnelles... Trop de lois exceptionnelles.

On m'a soumis un jour, par exemple, un décret mettant « hors la loi » tout individu qui aura tué un représentant de l'ordre. Pris sur le fait, il devra, sans jugement, subir la peine de mort ! Je suis contre.

Les « hors la loi », nous avons connu cela sous la Convention, mais il y avait quand même un simulacre de défense. Certains se levaient pour demander que des noms ne figurent pas sur la liste des « hors la loi ». Il est vrai que le plus souvent ceux qui se dressaient ainsi voyaient leur nom s'ajouter ensuite à la liste des « hors la loi ».

On m'a dit aussi : faites un tribunal ambulant.

Mais Marty est de l'autre côté : vous entendriez à la radio du lendemain que Marty a adopté le texte, et on assassinera légalement des Français de l'Afrique du Nord, et, ensuite, c'est ce texte qu'il apportera avec lui s'il doit venir en France pour procéder à des tueries qu'il qualifierait de « légales ».

LES FRANÇAIS SONT FÉRUS DE LÉGALITÉ :

Les lois d'exception, nous devons les limiter constamment, les Français sont férus de légalité. Je suis très attaché au fait de laisser le maximum de garanties dans l'application des lois les plus rudes.

Quelquefois, la Magistrature fait preuve de faiblesse. Je vais vous citer un exemple : à Arlanc, dans le Puy-de-Dôme, un jour la Brigade de Gendarmerie est assaillie par des maquisards. Les gendarmes sont blessés, l'un d'entre eux est à terre et un des hommes l'achève. Ils ne respectent même pas les lois de la guerre où les blessés sont secourus sur le champ de bataille. On arrête ces hommes. Ils sont déférés devant la Setion Spéciale de la Cour d'Appel de Riom. L'homme qui avait achevé le gendarme est condamné aux travaux forcés. Et, quelques jours plus tard, comme il fallait transférer les condamnés de la Maison Centrale de Riom à une autre Maison Centrale, ils s'évadent.

ON DIT QUE JE MANQUE D'AUTORITÉ

Je pourrais citer d'autres faits de ce genre. Or, à qui s'adressent les critiques ? Au Chef du Gouvernement : on dit qu'il manque d'autorité puisque son autorité ne lui permet pas de faire appliquer la loi à des faits de ce genre et qu'elle ne lui permet pas, lorsqu'ils ont été sanctionnés d'une manière insuffisante, d'empêcher les condamnés de s'évader.

Alors, nous avons examiné par quels moyens légaux, nous pourrions limiter au minimum ces risques graves. Nous avons modifié la composition des Sections spéciales et fait figurer dans ces Sections les représentants des corps qui avaient été victimes de ce genre d'agressions qui n'a rien de commun avec la résistance contre les occupants que je n'ai jamais condamnée.

Entre temps, M. le Garde des Sceaux a convoqué les Procureurs Généraux à Vichy, puis à Paris et ces contacts nécessaires ont été très utiles...

Tout à l'heure, un de vos collègues me rappelait qu'il m'avait rencontré en 1925, à Bergerac, dans les débuts de ma carrière gouvernementale. J'étais Ministre des Travaux Publics ; depuis, j'ai occupé à peu près tous les postes ministériels, j'ai même été Garde des Sceaux..., prédécesseur de M. Gabolde en 1926.

Et aujourd'hui, je suis ici comme syndic de faillite. Je serais mieux chez moi. Je sais à quoi je suis exposé tous les jours, mais j'accomplis mon devoir. Je n'ai aucun mérite. J'ai le devoir de faire ce que je fais parce que je veux essayer de sortir notre Pays de l'ornière.

Je ne peux le faire qu'avec vous sans avoir la moindre pensée de porter atteinte à votre indépendance. Je m'adresse aux Magistrats que vous êtes pour vous dire ceci :

« Aidez-moi, puisque c'est la France que je sers et que je vous demande de servir la France avec moi. »

QUAND LA GUERRE SERA FINIE :...

Quand la guerre sera finie, si nous avons su, chez nous, maintenir l'ordre — laissez-moi vous dire, comme ancien Ministre des Affaires Étrangères ayant participé très souvent aux négociations internationales avec ceux qui pourront être nos interlocuteurs autour de la table de la Paix, laissez-moi vous dire que si la France a su rester unie, maintenir l'ordre à travers ces mauvais défilés, le jour où ses intérêts devront être débattus et défendus elle se trouvera dans une position plus forte.

Il se trouve que, par le jeu des circonstances, la Police et la Magistrature remplissent à mes yeux le même office glorieux que l'Armée pendant la guerre.

Je sais bien qu'il y a des risques, et le plus grand hommage que je puisse rendre à votre Corps, c'est que ces risques, certains des vôtres les ont déjà subis.

Je vous remercie d'être venus. J'avais un scrupule, je vous l'ai dit au début et je vous le répète : je ne voulais pas que cette réunion puisse être considérée, en aucune manière, comme portant atteinte à votre indépendance. Votre indépendance, est la garantie de la Justice. Notre Pays aime la légalité et je veux la défendre !

Nous avons à la tête de la France un homme de 87 ans qui porte en lui tout le prestige du passé. Il représente notre Pays avec l'éclat que nous lui connaissons. Moi, je suis dans l'action et je dois subir les critiques et les coups puisqu'il s'agit de défendre notre Pays. Je vous demande d'être avec moi les soldats qui, dans les moments douloureux, défendent la France, et je suis sûr que nous la sauverons. (Applaudissements unanimes.)

RÉUNION DES DÉLÉGUÉS DU MINISTÈRE DE LA SANTÉ

(le 17 décembre 1943)

Hôtel du Parc : Présents, le Ministre de la santé, le Docteur Grasset, l'ensemble des cadres du ministère et des Hauts Fonctionnaires venus de Paris.

Pierre Laval... Je connais vos préoccupations, vos légitimes ambitions. Je suis tout-à-fait d'accord avec vous en ce qui concerne l'enseignement médical. J'approuve dans leur ensemble les formules dont vous vous serviez tout à l'heure. Mais, vous savez, les traditions sont fortes en France et, jusqu'à présent, c'était le Ministère de l'Instruction Publique — devenu depuis Ministère de l'Éducation Nationale — qui avait le contrôle de cet enseignement. Je crois qu'on va trouver une formule. Les Ministres la recherchent ; ils la trouveront, j'en suis sûr.

L'ENSEIGNEMENT PROFESSIONNEL DOIT RELEVER DE LA « SANTÉ » ET NON DE « L'ÉDUCATION NATIONALE »

Vous allez vous réunir demain. Nous donnerons au monde médical, aux étudiants, cette garantie qu'ils n'avaient pas jusque-là, car c'est bien une garantie pour eux que la valeur de l'enseignement qu'on leur apporte, et je crois que cette réforme que vous aurez inspirée et réalisée produira les meilleurs effets.

LE CAS DES ASSURANCES SOCIALES DONT PIERRE DAVAL EST « L'INVENTEUR »

En ce qui concerne les Assurances Sociales et, d'une manière générale, tous les Services qui, dans le moment présent, relèvent de Ministères différents : soit du Ministère du Travail, soit du Ministère de l'Intérieur, ils pourraient être, en effet, utilement placés sous la direction du Ministère de la Santé Publique. Il faudra prendre cependant quelques précautions. Je n'oublie pas que c'est moi qui ai fait voter la loi sur les Assurances Sociales. Je me rappelle, comme si c'était hier, les bagarres que je devais soutenir avec la Corporation des Médecins. Dans la mesure où les intérêts des assurés sociaux seront sauvegardés, je ne fais pas d'objection à ce que le contrôle de la direction de ces grands établissements sanitaires qui servent si utilement la cause des Assurances Sociales, soit placé sous la dépendance de votre Ministère. Je n'irais pas jusqu'à vous abandonner — en tant que vous représentez les Médecins — la Direction des Assurances Sociales, car nous tomberions bien vite dans des abus. Il y a là, comme pour l'enseignement médical, un examen à faire pour voir sous quelle forme on pourrait rattacher à la Santé Publique le contrôle de certains établissements qui relèvent de la Direction des Assurances Sociales.

Ce que je dis est vrai aussi pour les Services, les Offices, comme l'Office de l'Hygiène Sociale de la Ville de Paris. Il n'est pas douteux que les sanatoria seront mieux dirigés, mieux contrôlés s'ils le sont par les soins des techniciens que vous êtes. Mais, là encore, il faut examiner la question sous son aspect pratique et, pour ma part, je trouve naturel qu'on fasse une ventilation de ces services en tenant compte seulement de l'intérêt de notre pays.

Le Docteur Grasset me rappelait tout à l'heure comme je lui avais demandé de renoncer temporairement à sa profession. Il m'a demandé : « C'est temporaire ? » Mais tout est temporaire. Pour moi aussi, du moins, je l'espère bien. Mais aussi longtemps que je serai là, le Docteur Grasset voudra bien considérer qu'il continue à être avec moi le médecin, non plus des Français, mais de la France. Elle est malade. Elle est douloureusement atteinte...

Après un long exposé sur l'ensemble de la situation présente et des problèmes de santé, rapports du Ministère avec le Secours National, la Croix Rouge, et le S.I.P.E.G., etc. Pierre Laval termine...

Vous êtes de grands fonctionnaires, vous êtes les Directeurs de la

Santé dans les différentes régions. Vous avez des contacts constants avec les médecins qui sont très proches du peuple puisqu'ils soignent les malades.

Je vous demande, de me comprendre, et de me faire comprendre... (Applaudissements.)

PAROLES PRONONCÉES PAR M. PIERRE LAVAL A L'ISSUE DE LA RÉUNION DES MAIRES DE LA RÉGION DE MONTPELLIER

(le 5 février 1944)

A l'Hôtel du Parc : Autour du Préfet de Région, des Préfets des départements de l'Hérault, du Gard, des Pyrénées Orientales, et plus de 200 Maires de villes et de communes...

Pierre Laval : Vos tâches sont bénévoles. Vous récoltez beaucoup d'ennuis et de menaces. Je suis Maire. Je le suis depuis longtemps déjà : je sais combien votre tâche est rude et je veux, comme Chef du Gouvernement, vous dire ma reconnaissance...

SI VOUS AVIEZ ASSISTÉ CE MATIN AU CONSEIL DES MINISTRES...

Nous devons vivre dans le moment présent et ce moment est dur. Si vous aviez assisté ce matin au Conseil des Ministres, vous comprendriez mieux la gravité de l'heure présente...

Cette guerre avait été moins meurtrière pour nous que la précédente : une centaine de milliers de morts, alors que l'autre en avait enregistré un million et demi.

Cette guerre avait été plus courte : elle avait duré à peine quelques mois, quelques semaines, alors que l'autre avait duré quatre ans.

Au mois de juin 1940, il fallait mettre un terme tout de suite à l'avance de l'armée allemande, sinon on pouvait se demander où et comment les choses se termineraient.

Le Maréchal l'a fait, en signant l'armistice.

La France était malheureuse : elle était vaincue.

Mais elle était quelque peu rassurée. C'était en juin 1940... Nous sommes en février 1944 et nul ne peut prédire l'avenir...

LE MARÉCHAL AVAIT BIEN AGI EN JUIN 1940

Le Maréchal avait bien agi en signant l'armistice : aucun homme de bonne foi ne peut soutenir qu'il était possible de faire autre chose. Et je crois qu'aucun homme de bonne foi ne peut non plus prétendre qu'il y avait quelque chose de mieux à faire pour nous que ce que j'ai essayé, en recherchant avec le vainqueur une solution qui comportait pour la France le minimum de risques.

UNE CONFIDENCE SUR LA PREMIÈRE CONSÉQUENCE DE MONTOIRE

Je vais vous faire une confidence : comme vous n'êtes pas journalistes, l'importance est moindre, mais la confidence est totale. Je crois bien ne l'avoir jamais faite au cours de ces conversations : j'ai vu le Chancelier Hitler le 22 octobre, à Montoire. Le lendemain, il allait à Hendaye où il devait rencontrer le Général Franco. Je crois savoir qu'à Hendaye, le Général Franco a formulé quelques demandes nous concernant, dans un pays qui est facile à imaginer pour vous, le Maroc. Hitler a refusé. Vous ne le saviez pas ? C'était le premier résultat du premier entretien que le Chef du Gouvernement allemand venait d'avoir avec le représentant de la France.

Laval parle du débarquement en Afrique du Nord, de l'Armée d'Afrique reconstituée grâce aux libérations de 1940-41 : juin, Mast et des milliers de sous-officiers et de soldats algériens et marocains, des durs problèmes de l'heure, de son rôle de syndic d'une faillite qu'il a tout fait pour empêcher...

SI J'ÉTAIS POPULAIRE...

Nous ne sommes pas ici pour défendre l'Angleterre, ni l'Allemagne, ni les Soviets. Nous sommes ici pour défendre notre vieux pays. Alors, qu'est-ce que je demande aux Français pour les bien défendre ?

Je leur demande d'avoir un minimum de discipline et un minimum de compréhension, mais ça c'est difficile à obtenir, car chaque Français se croit assez malin pour constituer à lui seul un Gouvernement tout entier.

On voudrait qu'un Gouvernement soit populaire. On me dit quelquefois : vous n'êtes pas populaire. Eh bien ! Regardez-moi bien tous. Je m'en moque totalement car si j'étais populaire au poste que j'occupe, je ne serais pas digne de remplir ma mission. (Vifs applaudissements).

Si j'étais populaire, ça voudrait dire que je vous mentirais et que je vous promettrais des choses que, d'avance, je saurais ne pas pouvoir tenir. Je ne tiens pas à être populaire. J'ai dit un jour ici : « Je ne fais pas de la politique au comptant. Je fais de la politique à terme. Ce n'est pas par ambition que je suis là, faites moi au moins cette charité de le croire. Je ne me lève même pas, je suis mal élevé. J'aime vous parler comme çà, assis. Je veux vous parler comme si j'étais dans ma maison, avec des invités que je connaitrais depuis longtemps pour leur dire : « Voilà ce que je pense. Dites moi ce que vous pensez ». (Applaudissements).

A CE PAYS QUI M'A TOUT DONNÉ, IL FAUT BIEN QUE JE DONNE TOUT...

Moi, je suis venu à un moment difficile. J'ai une dette de reconnaissance vis-à-vis de mon pays. Je ne sais pas si j'aurais mieux réussi ailleurs, mais, dans la voie que je m'étais tracée, je suis allé loin, alors je dis : « A ce pays qui m'a tout donné, il faut bien que je donne tout ». Eh bien ! Je lui offre ma foi, mon courage sans limites pour le défendre et je m'efforcerai toujours de mettre tout mon cœur, toute mon intelligence pour le défendre. (Vifs applaudissements). Je peux me tromper, je crois ne pas me tromper. Mais je ne me suis pas trompé sur le but que je m'assigne et qui est d'essayer de réduire chaque jour nos souffrances. Les moyens pour y parvenir, je crois les connaître mieux que vous par l'expérience que j'ai acquise. Alors, vous, ne vous laissez pas tromper sur mon compte. Dites-vous que vous m'avez vu une fois et que je voudrais que vous emportiez seulement d'ici non pas cette conviction, mais cette certitude que, vous, si vous servez votre pays dans les limites de votre commune, moi, je dois le servir dans les limites de la France, et je vous demande de m'aider à le faire ».

(Tous les Maires, debout, applaudissent le Chef du Gouvernement.)

RÉUNION DES MAIRES DE LA RÉGION DE TOULOUSE A VICHY

(le 19 février 1944)

Pierre Laval : J'ai l'habitude, périodiquement, de parler de cette place à des hommes comme vous. Périodiquement, des délégations viennent à Vichy pour rendre visite au Maréchal et j'en profite pour m'entretenir avec elles de la France...

AVEC BRIAND A BERLIN, LE VOYAGE DE LA DERNIÈRE CHANCE

Nous avons connu la victoire. Nous n'en avons pas profité. Nous aurions pu profiter de la victoire pour essayer d'établir la paix sur des bases solides : nous ne l'avons pas fait. Nous n'avons pas su le faire.

Je me rappelle, avec Briand, les tentatives avortées ! Je me rappelle notamment un voyage à Berlin, en 1931 : nous avions essayé — et les Français avaient cru peut-être que nous avions réussi — d'établir la paix. La paix est une œuvre difficile à construire.

J'ai toujours pensé que les seules choses vraies étaient les choses simples. Or, nous serons toujours, quoi qu'il arrive, les voisins de l'Allemagne. Vous êtes, comme moi, pour la plupart, des hommes près de la terre : pour vivre en paix dans son foyer, il ne faut pas vivre en guerre avec ses voisins ! Eh bien ! tout au long de l'histoire, notre pays s'est heurté à son voisin de l'Est.

Il fallait trouver une solution ; on ne l'a pas fait.

Pourquoi avons-nous fait la guerre ? On vous a expliqué que c'était pour la Pologne.

Or, j'ai une mémoire fidèle : en 1921, M. Millerand avait fait un accord politique avec la Pologne qui était accompagné d'un accord militaire secret.

En 1925, Briand avait signé le traité de Locarno. Le traité de Locarno engageait la France, l'Angleterre, l'Allemagne, l'Italie et une garantie nous était donnée pour notre frontière de l'Est. C'est le même jour qu'il signait avec la Pologne un nouveau traité et c'est également le même jour qu'il signait avec la Tchécoslovaquie un nouveau traité. Les trois traités n'étaient pas inclus dans un seul document : ils constituaient trois documents distincts mais ils furent publiés le même jour au Journal Officiel.

J'étais, je m'en souviens, ministre des Travaux Publics à cette époque ; je participais donc aux Conseils du Gouvernement.

Si Briand, en 1925, avait, au nom de la France, contracté un engagement vis-à-vis de la Pologne d'une part, et vis-à-vis de la Tchécoslovaquie d'autre part, c'était comme conséquence des engagements que l'Angleterre, l'Allemagne et l'Italie avaient pris dans le traité dit « de Locarno », vis-à-vis de la France.

Or, que s'est-il passé ?

L'Allemagne a successivement détruit, chaque fois qu'elle l'a pu, l'une après l'autre, les dispositions du traité de Versailles, et un jour, elle a réoccupé militairement la Rhénanie.

PIERRE LAVAL RÉPOND À LA QUESTION : SI VOUS AVIEZ ÉTÉ AU GOUVERNEMENT LORSQUE HITLER A RÉOCCUPÉ LA RIVE GAUCHE DU RHIN, QU'AURIEZ-VOUS FAIT ?

Voici un souvenir : un jour, un journaliste est venu me voir et m'a dit :

— « Si vous étiez au Gouvernement, que feriez-vous ? »

Je répondis :

— « C'est simple. Je demanderais à l'Angleterre si elle est décidée à appliquer le traité de Locarno, et je demanderais à l'Italie la même chose. »

Le journaliste poursuivit :

— « Et si l'Angleterre et l'Italie vous répondaient négativement ? Alors, que feriez-vous ? »

Je dis :

— « Ma réponse est simple. Comme je ne veux pas de la guerre, eh bien, sans me préoccuper ni de l'Angleterre, ni de l'Italie, j'essaierais de conclure un nouvel accord avec l'Allemagne. »

— « Et comment concluriez-vous cet accord ? »

— (Vous voyez que toutes les questions étaient précises).

Je répondis au journaliste :

— « Naturellement, l'Alsace et la Lorraine sont françaises et le resteront. — D'autant mieux que l'Allemagne, à ce moment, n'élevait aucune revendication d'aucune sorte. — Mais nous avons des colonies qui ont été prises à l'Allemagne et qui s'appellent le Cameroun et le Togo. Eh bien ! je dirais à l'Allemagne, pensant à la France, et pensant à elle seule, à son présent et à son avenir, et pour la sauvegarde de toutes nos générations futures : j'accepte de discuter avec vous un nouveau statut colonial et, dans le même temps, j'inviterais l'Angleterre — qui avait pris, elle, beaucoup plus de colonies à l'Allemagne que nous — à faire la même chose. »

Je n'étais pas au Gouvernement, mon propos était sans valeur. Mais, j'ai constaté, en même temps que vous pouviez le constater vous-mêmes, que le traité de Versailles venait de subir une violation flagrante et que le traité de Locarno — qui avait été signé en prévision de cette violation — n'était pas respecté.

Donc, si l'Angleterre et l'Italie n'apportaient pas à la France le bénéfice du traité de Locarno — je parle toujours comme un Ministre des Affaires Étrangères — tous les engagements que Briand avait pris vis-à-vis de la Tchécoslovaquie et vis-à-vis de la Pologne tombaient naturellement et la France retrouvait sa pleine liberté !

Je pense que ces choses vous intéressent. Elles ne constituent pas pour moi quelque chose d'inédit, car j'ai eu maintes fois l'occasion de soutenir cette thèse devant la Commission des Affaires Étrangères du Sénat quand je n'étais pas au Gouvernement.

Nous n'avions donc, vis-à-vis de la Pologne, aucun engagement qui nous contraignait à faire la guerre pour elle.

D'ailleurs, depuis la déclaration de guerre, regardez comment les choses ont évolué :

Nous étions liés avec les Soviets par un pacte qu'on m'a souvent reproché ; les communistes, parce qu'ils trouvaient que je n'avais pas mis assez dans ce pacte ; les autres, parce qu'ils estimaient que j'avais eu tort d'échanger une signature avec Staline.

Moi, je serais allé chez le diable ! — je venais d'ailleurs d'aller chez le Pape la même année — pour défendre la paix et sauvegarder la vie des foyers français ! (Vifs applaudissements.)

Eh bien ! qu'avons-nous vu depuis ? Nous avons vu la Russie —

qui n'avait qu'un seul engagement, celui qui la liait à nous, et par voie de conséquence, aux Alliés — se mettre, à propos de la Pologne, immédiatement et complètement d'accord avec l'Allemagne, pour quoi faire, pour se la partager ?

Et, aujourd'hui, que voyons-nous ? Nous voyons la Russie, alliée des Anglais et des Américains — qui sont entrés dans la guerre, disent-ils, pour protéger la Pologne et qui ne sont pas d'accord sur ce sujet avec la Russie.

Il n'y a que deux pays qui se sont mis d'accord sur la Pologne, je vous l'ai déjà dit, c'est l'Allemagne et la Russie, non pas pour la défendre, mais pour la partager.

ENCORE, ET POUR LA DERNIÈRE FOIS, LAVAL RELATE SON TRISTE PREMIER RETOUR A PARIS

Et puis, j'ai été rappelé quelques jours plus tard au Gouvernement. [Juin 1940]

Alors, qu'est-ce que je devais faire ?

Nous étions battus.

Quand nous étions victorieux, je voulais la paix et l'entente avec l'Allemagne. La France étant blessée et battue, je devais faire la même politique, à plus forte raison : c'est du bon sens ! Et je devais essayer de renouer avec l'Allemagne de telle manière que la France supporte les moindres conséquences de sa défaite.

Si je vous racontais — mais ce serait trop long — comment j'ai renoué avec l'Allemagne, comme un jour, ici — pas dans cet hôtel, mais à l'Hôtel du Parc, au Chantecler, un soir — un journaliste est venu de Paris avec une lettre de M. Abetz pour moi.

Me montrant cette lettre, dans laquelle l'Ambassadeur Abetz disait : « Je désire m'entretenir avec des personnalités politiques françaises », le journaliste précisait : il n'a pas voulu mettre votre nom dans la lettre, ne sachant pas quel accueil vous lui feriez mais c'est vous qu'il désire voir.

Alors, j'ai rendu compte au Maréchal. Je lui ai montré la lettre et le Maréchal m'a dit : eh bien ! oui.

Alors, j'ai répondu :

— « Quand l'Assemblée Nationale aura voté, j'irai à Paris. »

J'ai fait le voyage. A Paris, j'ai vu l'Ambassadeur d'Allemagne. Le premier contact a été correct, mais il a été dur, triste.

Pour la première fois, comme représentant de la France, — je n'ai pas été arrêté parce que les Autorités militaires allemandes étaient prévenues — c'était symbolique, j'ai dû traverser la ligne de démarcation et remonter vers Paris en voyant, tout le long de la route, les villages occupés par l'armée allemande.

J'ai vu M. Abetz. C'est un homme qui, depuis toujours, a voulu un accord avec la France. Il faisait partie du groupe « France Allemagne ». Il parle bien le Français. Sa femme est française et il aime notre pays — il aime d'abord le sien, c'est naturel.

Quelques semaines après, je suis allé rendre visite au maréchal Brautchitch à Fontainebleau et, sur la route — c'est un souvenir que j'ai évoqué parfois — l'Ambassadeur d'Allemagne me dit :

— « Ce n'est pas juste que ce soit vous qui soyez là pour, au nom de la France, aller vous faire recevoir officiellement dans une ville française par un maréchal allemand. Vous n'avez pas mérité ça. Et il m'a cité deux noms : c'est eux qui devraient être là et pas vous. »

Il m'avait dit, quelque temps auparavant, à peu près la même chose en ces termes :

— « Je regrette de vous avoir comme interlocuteur. Ce n'est pas juste ».

Enfin, Montoire est arrivé.

Et là, j'ai vu Hitler et, deux jours après, Hitler rencontrait le Maréchal en ma présence.

Le récit de ces deux entretiens est évidemment important, mais je vous les résume en quelques phrases simples.

Je disais à Hitler :

— « Si vous faites à la France une paix qui ménage à la fois son honneur et qui sauvegarde ses intérêts vitaux, alors tout est possible. Sinon, tout recommencera.

« Vous nous avez battus. Mais, dans le passé aussi nous vous avons battus, et si nous ne pouvons pas nous entendre, à une date et dans des conditions que j'ignore, de nouveau la guerre recommencera Nous nous révolterons.

Et il me répondit :

— « Je suis venu pour autre chose et je ne veux pas imposer à la France une paix de vengeance. »

Il prononça alors le mot de collaboration, sans d'ailleurs en préciser le sens.

LE 13 DÉCEMBRE 1940

Les semaines ont passé. Le 13 décembre est arrivé. Ce jour-là, devant la France, j'ai dû faire figure de traître. On se disait :

— « Pourquoi cet homme, qui a parlé avec Hitler, quitte tout d'un coup le Gouvernement ? »

C'était l'histoire la plus saugrenue, la plus invraisemblable qui avait été présentée ainsi au Maréchal : « Laval a machiné le retour des cendres du Duc de Reichstadt avec Hitler pour vous attirer à Paris dans un guet-apens. »

C'était d'une bêtise ! Les Allemands étaient à 50 kilomètres d'ici. Ils avaient des moyens autres que celui d'attirer le Maréchal à Paris pour réaliser cette menace hypothétique et ridicule !

Pour moi, ce n'était pas grave puisque je me trouvais consigné dans la maison que j'aime bien dans mon village. Mais, lorsque revenu au pouvoir, j'ai dû rencontrer Hitler pour défendre les intérêts de la France, il me reprocha le 13 Décembre avec une certaine vivacité. A quoi, je lui répondis : « Mais, M. le Chancelier, le 13 décembre. J'y étais et j'en ai été la victime ! ». Alors, il a parlé d'autre chose...

[Après avoir relaté son retour au pouvoir et l'entretien le plus dur de sa carrière avec Hitler à Munich au moment du débarquement Allié en Afrique du Nord — novembre 1942 —, Laval en vient à évoquer les difficultés présentes (fin de l'hiver 1944) :]

LAVAL ANNONCE POUR LA PREMIÈRE FOIS LE DÉBARQUEMENT

« Nous sommes à la veille d'un tentative de débarquement qui ne constitue pas pour les Alliés, une nécessité militaire, mais qui constitue pour eux une obligation politique parce que Staline ne veut pas être seul à supporter le poids de la guerre contre l'Allemagne et qu'il estime sans doute que ce qui se passe en Italie ne constitue pas un effort suffisant vis-à-vis de l'effort qu'il doit lui-même fournir...

« Je pourrais être tenté aujourd'hui de jeter le manche après la cognée. J'ai tout fait, tout essayé. Je me suis exposé au maximum car je suis, vous le savez,toujours exposé au maximum mais je me dis : je n'ai pas le droit de m'en aller. Ma tâche, votre tâche, est aujourd'hui plus que jamais de protéger les Français. Nous défendons la France. Nous ne pensons qu'à elle.

« Je veux vous dire aussi : j'ai une telle confiance dans notre pays — je connais comme vous son histoire — et il a connu dans le passé des coups très durs, je ne sais pas s'il en a connu de plus redoutables que celui que nous vivons, mais il s'en est toujours relevé.

Eh bien ! nous ne ferons pas mentir les traditions de nos ancêtres : nous le redresserons ensemble, notre vieux pays. » (Applaudissements unanimes.)

[Les maires, debout, acclament longuement le Chef du Gouvernement.]

PAROLES PRONONCÉES PAR LE PRÉSIDENT LAVAL A L'ISSUE DE LA RÉUNION DES REPRÉSENTANTS DE L'ARTISANAT

(le 26 février 1944.)

Hôtel du Parc présents : Mr. Bichelonne, Ministre de la Production, Monsieur Loyer (Artisanat, Travail)... et environ deux cents artisans...

Pierre Laval : Je m'adresse ici aux délégations qui viennent à Vichy pour saluer le Maréchal, mais j'ai aujourd'hui la sensation qu'en m'adressant à vous — l'Artisanat Français — que je m'adresse vraiment à la France tout entière.

J'AI VÉCU COMME VOUS, LA VIE QUE VOUS VIVEZ TOUS LES JOURS...

Je suis né dans un village qui ressemble à tous les villages de France. Mon père était un artisan, d'origine paysanne. J'ai vécu comme vous, la vie que vous vivez tous les jours dans vos villages, dans vos campagnes.

Nous avons écouté Monsieur Loyer, entendu Monsieur Bichelonne et j'ai été comme vous, et autant que vous, ému par leurs paroles.

Ici aujourd'hui, pour eux, pour moi, vous représentez la France : Le paradis sur la terre d'Europe. Vous représentez vraiment ce vieux pays, cette vieille race où les traditions sont fortes, où la noblesse est une chose naturelle.

Moi je n'ai pas d'origine, je suis comme vous... je suis parti, pour occuper des postes importants, de rien du tout : Eh bien ! pour moi, « rien du tout » c'est toute la noblesse de notre vieille terre.

Je vais évoquer pour vous un ou deux souvenirs sur l'artisanat.

L'HISTOIRE DU PAPIER A LA FORME D'AMBERT

Un jour, un de mes compatriotes, Sénateur du Puy-de-Dôme, le Sénateur Chassaing, très attaché à la défense de sa petite région, celle d'Ambert, me dit :

— « Tu devrais t'intéresser au papier d'Auvergne et on devrait faire une Société, faire revivre cette vieille industrie du papier d'Auvergne. »

Je lui réponds :

— « Qu'est-ce que c'est ? »

Il me dit :

— « C'est un vieux moulin ».

Je réponds :

— « Comme j'ai une imprimerie à Clermont-Ferrand j'achète si tu le veux toute la fabrication de ce moulin — car il n'y en avait qu'un seul qui fonctionnait ».

J'ai rencontré l'artisan et je lui ai demandé :

— « Combien gagnez-vous ? ».

Il devait gagner environ, à ce moment-là, 20 francs par jour. Il avait son jardin, ses pommes de terre, son cochon naturellement.

Je lui ai dit :

— « Vendez votre papier de telle façon que ça vous rapporte plus : Deux,... trois fois plus... »

Il me répond :

— « D'accord ».

J'ai demandé à ma femme de trouver le filigrane, la marque et une marque qui corresponde bien à ce papier.

Elle m'a dit :

« C'est simple : un sabot, puisqu'il travaille en sabots.

Alors la marque de mon papier est devenue un sabot. »

Et maintenant, je vais vous dire quelle est exactement l'histoire de ce papier :

C'était pendant les vieilles guerres de Palestine, en Syrie, au temps de Saint-Louis. On allait délivrer les lieux sacrés et trois Auvergnats —

dont l'un s'appelait Montgolfier (l'ancêtre des Montgolfier actuels) avaient été faits prisonniers.

J'ai oublié le nom des deux autres qui faisaient partie de cette race de « rien du tout » qui sont la vieille et vraie noblesse de notre pays.

Ils avaient été retenus en captivité à Damas et là, on les avait fait travailler dans un moulin où l'on fabriquait du papier. On n'en fabriquait pas encore en Europe.

Ils ont été libérés, par suite de différentes circonstances. Ils sont revenus dans leur village, derrière Ambert, et ils ont reconstitué, tels qu'ils l'avaient vu un moulin comme celui dans lequel ils avaient travaillé. Et c'est ainsi que, pour la première fois, on a fabriqué ce papier en Europe.

Ce papier, c'est le papier à la forme d'Ambert.

Il faut 5 ans à un ouvrier pour acquérir le tour de main qui lui permet de manœuvrer sa forme et son tamis.

Alors, un jour, allant chez Favier — sa maison porte la date de 1500 et quelques — je vis des moulins actionnés par une roue — la roue habituelle des moulins, — cette vieille roue en bois qui fait fonctionner des marteaux qui tapent dans des alvéoles creusées dans le rocher où on met les vieux chiffons et de l'eau (De l'eau de rivière à truites, et non pas de l'eau de ruisseaux à écrevisses, car les écrevisses vivent là où il y a de la vase, tandis que les truites aiment l'eau claire). Et, ensuite, ces chiffons transformés en bouillie, on les met dans une cuve, toujours taillée dans le rocher, avec un peu de résine pour coller cette pâte. Et puis un ouvrier, avec un grand tamis qui représente la dimension du papier, remue la pâte et il doit avoir le tour de main nécessaire pour répartir également sur toute la surface du tamis la même épaisseur de pâte.

Comme un innocent, j'ai pris le tamis. J'avais vu l'artisan faire un geste, j'ai répété son geste et j'ai réussi la feuille. J'ai essayé souvent depuis, j'ai toujours échoué. Mais j'avais réussi le premier essai.

Eh bien, on fait aujourd'hui du papier industriel, on a inventé des machines, mais le papier le plus beau, c'est ce vieux papier d'Auvergne — et je dis ça pour Bichelonne qui représente, lui, la machine : il est le savant sympathique, il représente le progrès, moi je suis le vieux paysan et je me dis que notre système était peut-être moins rapide mais qu'il est plus durable, la preuve c'est que le papier de luxe fait à la machine ne peut pas vivre très longtemps. On en a la preuve aujourd'hui, tandis que le papier fait à la forme c'est du chiffon qui est écrasé mais pas pulvérisé et il dure éternellement comme le parchemin, du moins on le croit car nous n'avons pas encore connu l'éternité.

J'ai foi dans l'Artisanat.

Ce que l'homme conçoit avec son cerveau et réalise avec ses mains — ce qui ne l'empêche pas d'utiliser des machines mues par l'électricité, représente ce qu'il y a de mieux chez nous.

UNE SECONDE ANECDOTE !..

Tenez, pour vous montrer à quel point je me sens près des artisans, l'autre jour, il tombait beaucoup de neige. Je vais peut-être vous surprendre : pour moi il n'y a pas de plus grand crime que la paresse ; je pardonne beaucoup de choses aux hommes quand ils aiment le travail. Alors, des ouvriers n'avaient rien à faire.

Je dis à l'un d'eux :

— « Qu'est-ce que tu fais ? »

Il me répond :

— « Je ne fais rien. »

— « Eh bien, va ramasser de l'osier (des vergetons) sur les bords de l'Allier. Tu sais faire les paniers ? »

Il me dit :

— « Non. »

Et j'ai trouvé à Châteldon un gosse qui savait faire les paniers. Si vous saviez l'admiration et la reconnaissance que j'ai eues pour ce gosse de 18 ans qui pouvait montrer à son aîné qui en avait 26 ou 27, la façon de faire un panier. J'ai pensé : le gosse, il est de la vraie race et de la bonne.

Les instituteurs reçoivent à l'école normale un enseignement qui leur permet ensuite de distribuer l'instruction dans nos villages. Leur enseignement n'est pas toujours très bon, car on leur communique une sorte d'encyclopédie et ils croient quand ils possèdent l'ensemble des connaissances qu'ils doivent savoir, qu'ils savent tout.

Et c'est ainsi — ne me prenez pas pour un clérical, je n'aime pas, à l'excès, les cléricaux, mais j'ai été enfant de chœur quand j'étais petit — qu'un instituteur croit tout savoir, et quand on croit tout savoir on ne sait rien. Alors, ne sachant rien ou presque rien, ils ne croient à rien. Alors qu'un savant, un vrai savant qui sait beaucoup, mais qui sait, lui, qu'il ne sait pas grand'chose, est, peut-être plus un croyant.

Je vous surprends ?

Qu'est-ce que nous sommes sur la terre ? Pas grand-chose. Une minute dans le temps. Un atome dans l'espace. Nous ne sommes rien.

Et savez-vous comment s'expliquent les religions : par ce besoin naturel qu'a l'homme de se demander d'où il vient et où il va. Vous êtes-vous posé la question ?

On va au catéchisme. On s'y intéresse ou on ne s'y intéresse pas, ça dépend des curés.

Et c'est ainsi qu'à toutes les époques, pour toutes les races, chez tous les peuples, dans tous les pays, il y a ce besoin de répondre à cette interrogation muette et constante : d'où est-ce que je viens ? Où est-ce que je vais ?

Mais descendons de ces hauteurs et retombons sur la terre de notre vieux pays.

Regardons le moment que nous vivons :

POURQUOI, JE DIS « MON PAYS »...

Il n'y a rien de plus curieux qu'un artisan, que l'artisan tel que je le conçois et tel que je l'aime. Il est curieux de son naturel et plus il est bon ouvrier, plus il a le sens de créer dans son métier, de voir beau, de faire beau, plus il veut savoir les choses qu'il ignore. Et rien n'est plus captivant, n'est plus intéressant, n'est plus vivant, qu'un entretien avec un vieil ou un jeune artisan de nos campagnes.

Je voudrais être, c'est mon ambition — elle est grande, elle est modeste aussi — le bon artisan, l'artisan sincère et passionné de la défense, laissez-moi dire de « mon » vieux pays que j'aime.

Car on m'a reproché quelquefois, à la Chambre des Députés, de dire « mon » pays.

Un jour, j'étais à la tribune, je disais « mon pays » et des voix à l'extrême gauche — c'étaient des communistes — s'élevaient et disaient :

— « Dites " notre pays ".

Je maintenais "mon pays ".

Parce que je veux que chaque Français emploie la même expression que celle que j'emploie pour parler de la France. (Applaudissements.)

C'est à Genève que j'ai pris cette habitude de dire « mon pays », parce que, là, toutes les nations étaient assemblées et chaque délégué parlait de « son » pays.

Alors j'ai conservé cette habitude qui, pour moi, est chère.

On a fait du mal à mon pays, à notre pays.

Si on avait conservé en France les qualités qui sont les vôtres, celles que rappelait tout à l'heure M. Loyer quand il parlait de l'artisanat de son métier, et aussi de la famille de l'artisan, et quand il parlait de la France, cette terre des artisans.

La France, c'est un très grand pays, qui est riche d'une belle et glorieuse histoire.

J'écoutais M. Loyer et je n'étais pas sûr qu'il exprimait cette fois la vérité quand il disait que nous étions anciens mais encore très jeunes.

Comme je voudrais qu'il ait dit vrai.

LA FRANCE ÉTAIT HEUREUSE, PEUT-ÊTRE TROP HEUREUSE

J'évoque un souvenir :

C'était à Rome. J'étais allé là-bas pour essayer de conclure avec l'Italie un accord qui devait régler nos différends avec Mussolini et rendre la guerre impossible. Comme Chef de Gouvernement, on est un peu prisonnier : on vous donne un programme, vous n'avez pas le droit de déjeuner où vous voulez ; vous ne pouvez vous promener que là où on vous dit d'aller et vous ne devez avoir pour voisins que ceux qu'on vous impose.

Je disais à Mussolini : « Je regrette d'être un officiel ».

J'avais lu la veille dans les journaux italiens les découvertes qu'on venait de faire à Pompei : bains, eau chaude, eau froide, et je disais: « Comme c'est beau et comme je serais content d'aller visiter ces ruines de Pompei qu'on vient de mettre à jour. »

Alors Mussolini, me regarde et me dit :

— « Oui. Mais, Laval, retenez bien ce que je vais vous dire : les civilisations sont toujours mortes d'un excès de confort ».

Oui. Je l'ai dit à l'Assemblée Nationale en 1940 et c'était vrai : « Si la France avait été moins heureuse, moins sûre d'elle, elle aurait traité avec plus de sérieux les choses de la guerre et celles de la paix. »

[Sentant après ces mots la confiance avec son auditoire, Laval révéla pour la première fois (à ma connaissance) le dejeuner du Dimanche 28 Avril 1940 (précédent de moins de deux semaines le Blitz Krieg du 10 Mai). Ce repas réunit autour de Guy la Chambre, Ministre de l'Air, homme lige de Daladier, Pierre Laval, sa femme, Édouard Daladier et Josée de Chambrun. Réalisant qu'il avait déclaré une guerre qui ne pouvait plus être gagnée et voulant tenter de faire la paix, Daladier proposa à Laval de s'associer à lui pour renverser Paul Reynaud, dont le Gouvernement ne disposait que d'une voix de majorité acquise la semaine précédente. *Le lecteur trouvera la narration par Laval plus complète de cette entrevue dans le discours qu'il prononça deux mois plus tard, le 22 Avril 1944, devant les maires de la région du Sud-Est...* Après avoir évoqué d'autres événements importants sur le même ton confidentiel, Laval termina ainsi la plus longue allocution qu'il ait prononcée sous l'Occupation. Il avait parlé aux artisans de France près de deux heures :]

...Nous venons de passer un long, un bon moment ensemble ! Votre fierté à vous, votre orgueil, c'est un travail bien fait. Ce même orgueil est en moi. Ma tâche de chaque jour est lourde. Très lourde... Lorsque le soir vient, si j'ai le sentiment d'avoir en cette journée tout fait pour bien défendre mon pays..., je m'endors content en me disant pour le reste, plus tard on verra...

Il y a longtemps que la pierre sera tombée sur moi, que peut-être on n'aura pas encore compris, mais vous, à qui je me suis adressé aujourd'hui, regardez-moi bien : je suis un homme comme vous, qui n'aime que son pays et je vous demande de le défendre avec moi. (Vifs applaudissements unanimes.)

AUX MAIRES DE LA RÉGION SUD-EST DE LYON

(le 22 avril 1944)

Hôtel du Parc à Vichy — Présents : Le Préfet Régional du Rhône, les Préfets des départements au Sud-Est du Rhône et de nombreux maires (240 environ).

Voici la seconde moitié du dernier discours prononcé par Laval avant le commencement des bombardements intensifs de Mai, préparatoires au débarquement du 6 Juin, qui ont mis fin aux réunions de ce genre.

Le lecteur trouvera *l'importante confidence inédite du déjeûner du Dimanche 28 Avril 1940 qui s'est tenu à la demande d'Édourd Daladier chez Guy La Chambre et qui réunissait Monsieur et Madame Laval, Josée Laval, Édouard Daladier et Monsieur et Madame Guy La Chambre.*

Pierre Laval : « ... Si à la séance du 3 Septembre j'avais pu parler, j'aurais demandé aux Sénateurs de se réunir immédiatement en comité secret. Je leur aurais dit que pour faire la guerre, il faut la faire avec un minimum de chances de la gagner, sinon il vaut mieux rester couché chez soi. Or, nous avions le maximum de chances de la perdre car les « va-t-en guerre » de l'époque, tous ces gens qui étaient magnifiques dans les réunions publiques et me dénonçaient, moi, adversaire passionné, maladif, de la guerre, organisaient les grèves dans les usines, empêchaient la France de se préparer pour assurer sa défense nationale et, dans le même temps, appelaient le malheur sur nous... et, quand il est venu, en 1939 — je l'ai dit quelquefois ici — je l'ai dit aussi dans la fameuse séance secrète où j'ai interpellé Daladier au printemps 1940, nous avions, quand nous avons déclaré la guerre, neuf avions modernes de bombardement. Et j'ai menti de bonne foi : ces neuf avions modernes de bombardement nous ne les avons eus que deux mois après la déclaration de guerre, en face d'une Allemagne qui avait, à ce moment-là, au moins 2.500 avions modernes de bombardement.

On ne fait pas la guerre dans ces conditions. On ne fait pas la guerre quand on ne veut pas la faire, car on ne voulait pas faire la guerre, on voulait bien la déclarer, ça faisait bien sur les journaux, ça cadrait avec les déclarations qu'on faisait dans les réunions populaires, mais on disait : Eh bien, on ne la fera pas, les Allemands n'oseront jamais nous attaquer.

Alors, aujourd'hui ils sont chez nous, les Allemands, et on s'en étonne, et on en souffre. Moi, j'en souffre plus que vous peut-être, mais je ne m'en étonne pas, parce que c'est nous qui les avons invités à venir chez nous.

On voudrait bien qu'ils s'en aillent, mais ils ne sont pas pressés. Ils continuent à faire leur guerre.

Je vais vous dire autre chose — je vais vous faire aujourd'hui une confidence...

Après la séance secrète du Sénat du 14 mars 1940, Guy La Chambre me fait demander par un appel téléphonique à ma femme, si j'accepterais de déjeuner avec Daladier. Je lui dis : « Oui » ; c'était un dimanche — le dernier dimanche d'Avril, dans l'appartement de Guy La Chambre — j'ai donc déjeuné avec Daladier, Guy La Chambre, Mme Guy La Chambre, ma femme et ma fille.

Daladier me dit — car il y avait une raison à cette invitation — « Veux-tu qu'on renverse Reynaud ? ».

Vous savez, c'était l'habitude, lorsqu'on était Ministre d'un Cabinet, on essayait quelquefois de le renverser. Mais moi, je n'étais pas dans le Gouvernement.

Je réponds : « J'accepte ». Et j'aime mieux vous dire que Reynaud, combattu par Daladier et par Laval, ça n'aurait pas pesé lourd dans la balance du Parlement, car j'avais des partisans, ils étaient nombreux, et Daladier en avait encore beaucoup. Je crois que Reynaud aurait été laminé ; seulement les Allemands, qui n'étaient pas au courant de notre entretien, sont intervenus fort inopportunément en envahissant la Belgique un peu après ce moment-là...

J'avais dit à Daladier : « Renverser Reynaud, je suis d'accord, mais pourquoi faire ? »

Il me répondit :

— « Je te demanderai d'entrer dans le Gouvernement comme Ministre des Affaires Étrangères. »

Je dis :

— « Je veux bien entrer dans le Gouvernement comme Ministre des Affaires Étrangères, mais à une condition. »

— « Laquelle ? »

— « Pour faire la paix tout de suite. »

Je poursuis :

— « Il y a une autre condition pour tenter de réussir, il faudrait que le Gouvernement soit présidé par le Maréchal Pétain. »

Daladier me dit : « Tu es fou. »

— « Pas tant que ça. Pour faire ce renversement de notre politique : tu as déclaré la guerre que tu ne peux pas gagner, moi je veux faire la paix ; tu peux la faire avec moi mais il faut trouver pour la France une caution pour expliquer ce renversement.

Daladier me dit :

— « Bon. Mais tu as tort — (je n'ajoute pas son propos sur le Maréchal parce que ça ne serait pas gentil, Tracou est ici et il m'en voudrait — Tu devrais ête le Chef du Gouvernement, toi. »

Je dis : « Impossible. »

— « Nous en reparlerons. »

C'est ainsi que les choses se seraient passées comme je viens de vous le dire, si les Allemands n'avaient pas envahi la Belgique deux semaines plus tard...

Eh bien, voyez-vous, je n'avais pas tellement tort, au moment où on nous faisait voter les crédits militaires au Sénat, de vouloir élever une protestation, puisque quelques mois plus tard, après un dialogue animé, passionné, émouvant devant le Sénat en séance Secrète, Daladier, le Chef du Gouvernement d'alors m'offrait le Ministère des Affaires Étrangères pour faire la paix et éviter la catastrophe qui s'est abattue sur nous...

Vous êtes des Maires, des Français, vous aimez la politique — on a tous cela dans la peau et dans le sang et ceux qui parlent de Révolution Nationale ne supprimeront jamais les élections, c'est impossible chez nous — vous voyez que la guerre n'était pas inscrite dans notre destin comme une nécessité politique.

Mais ce que je reproche à tous les hommes de cette époque, c'est de n'avoir même pas respecté cette garantie qui, pour moi, était sacrée et que je considérais comme essentielle du régime qui a disparu le 10 Juillet 1940 : c'est que la guerre ne pouvait pas être faite sans un vote des représentants du pays. On a déclaré la guerre sans consulter ni la Chambe, ni le Sénat. Vous entendez bien, on est entré illégalement dans cette guerre.

On a violé la Constitution dans ce qu'elle avait de plus noble... Enfin, le passé est le passé.

On arrive en Juin 1940. Ce qui devait arriver, arrive. Nous avons été battus. Ce n'était même pas une défaite, c'était une course éperdue à travers le territoire...

De Gaulle est parti, lui, avec la même rapidité, mais en Angleterre. Il est parti de l'autre côté en disant :

— « Moi, je continue le combat. »

Ce qu'il a fait a de la gueule !

Il a dit : « Je n'accepte pas la défaite. Je veux continuer le combat », comme d'Artagnan. C'est une politique...

Les Français à ce moment-là — vous, chacun dans vos villages, — que pensaient-ils ? En est-il un seul d'entre vous qui, dans son for intérieur, même s'il n'exprime pas sa pensée, même si la politique que je fais pour défendre la France n'est pas celle qu'il désire, en est-il un seul qui ait le droit de blâmer l'Armistice signé par le Maréchal en Juin 1940 ? C'est impossible !

Je me rappelle, au contraire, comme elles étaient longues ces heures d'attente où on voyait l'armée Allemande avancer et l'armistice non encore signé. Quand on voyait sur les routes ces malheureux qui venaient de partout, du Nord, de l'Est, les femmes, les enfants qui venaient vers vos provinces, ces cortèges lamentables de la France défaite parce qu'elle avait eu de mauvais chefs.

On disait : « Vite ! il faut arrêter ça tout de suite. »

Après un bref rappel des événements passés et des problèmes présents, Laval conclut :

Alors, aujourd'hui, vous qui êtes de la Haute-Savoie, vous qui êtes de l'Isère — je ne cite pas les autres départements parce qu'ils sont heureux par rapport à vous et que je parle de ceux plus gravement affectés par la guerre — eh bien ! le drame pour les Français, aujourd'hui, c'est la recherche de leur devoir. Ils ne savent pas. Au lieu de dire : « Le Gouvernement peut se tromper, mais en tout cas, tant pis pour lui, moi, je fais mon devoir, je le suis », le Français veut à lui-même se fixer son propre devoir. Alors, vous avez des gens qui sont dans l'armée secrète et qui disent : « Nous sommes les seuls patriotes, les vrais Français. Laval et ceux qui le suivent sont des traîtres. »

Ils ne se rendent pas compte que vous faites tout ce que vous pouvez pour faire vivre vos villes, vos communes, dans des conditions souvent difficiles, que moi je fais tout pour faire vivre, survivre la France dans des heures tragiques.

Voyez-vous, je suis toujours heureux de recevoir des Maires. Aujourd'hui, cette réception est plus émouvante parce que je prends contact avec une portion de la France particulièrement douloureuse.

Je voudrais vous dire, avec des termes que je ne trouverai pas ma reconnaissance pour votre dévouement. Vous n'y êtes pas tenus. Vous vous exposez, que vous soyez élus ou nommés, vous répondez, je ne dis pas à l'appel du Gouvernement mais à l'appel de votre conscience. Continuez. Emportez seulement chez vous cette certitude, je ne dis pas cette conviction, que nous travaillons ensemble pour atteindre le même but, que nous le faisons avec le même cœur, les mêmes risques, et que nous sauverons notre pays. J'ai foi dans la France.

Il y a un livre que j'aime beaucoup : « Le livre du Templier perdu. » Ça se passe dans votre région, c'est toute l'histoire d'un village de France à travers tous les siècles. On voit, à travers chaque famille et chaque génération, l'aspect de chaque époque.

Nous vivons à une telle époque, nous avons connu les invasions, les guerres de religions — qui sont une sorte de guerre civile— nous sommes à une page douloureuse de notre histoire, mais nous ne serions pas dignes de ceux qui nous ont précédé dans la vie et qui réprésentent toutes les générations avant la nôtre, si nous n'avions pas le cœur bien accroché et la certitude de défendre notre pays, avec l'assurance que nous le sauverons ensemble, parce que nous l'aimons. (Vifs applaudissements.)

ÉPILOGUE

JOSÉE LAVAL RELATE LE DERNIER REPAS AVEC SON PÈRE À L'HÔTEL MATIGNON LE 17 AOÛT 1944 AVANT L'ARRESTATION ET LA DÉPORTATION DE SON PÈRE

Je vais parler d'un déjeuner que j'ai le devoir de raconter, celui du 17 août 1944 à l'Hôtel Matignon. Les convives étaient, outre mes parents, mon mari et moi, le président et Mme Édouard Herriot et l'ambassadeur d'Allemagne, M. Abetz. Il eut lieu, malgré son caractère insolite, avec l'accord complet de ceux qui y assistèrent. Il clôtura la tentative imaginée par mon père de convoquer l'ancienne Chambre et le Sénat en Assemblée nationale, afin d'assurer sans passion et dans la légalité la transmission des pouvoirs. Ce fut le dernier repas pris par mon père sur le sol français avant son arrestation par les Allemands, qui eut lieu au cours de la soirée.

Il y a des moments dans la vie où chaque minute, chaque parole, chaque geste se grave définitivement dans le souvenir de ceux qui les vivent. Ils sont rares.

Après une longue période d'angoisse et d'attente, une page douloureuse de l'histoire de notre pays prenait fin, et nous vivions autour de cette table ce drame avec une intensité particulière, car il avait sur nos vies et sur celles de ceux que nous aimions une puissance toute particulière. J'ajouterai qu'il avait lieu par un merveilleux jour d'été, dans ce bel Hôtel Matignon dont les fenêtres étaient ouvertes toutes grandes sur un des plus beaux parcs du monde.

Les Herriot et Abetz arrivèrent ensemble. Herriot, contemplant le jardin, dit : « La première fois que je vins ici, je vis sur le gazon un merle blanc. » Je lui répondis : « Monsieur le Président, est-ce possible ? N'est-ce pas plutôt comme la grenouille bleue de Paul Fort dont tout le monde parle et que personne n'a jamais vue ? » Il me lança un coup d'œil surpris et content, et nous allâmes dans la salle à manger. Le déjeuner était excellent. Chacun voulait dominer son angoisse et y parvint par la coquetterie. Abetz commença en demandant s'il n'y avait pas à Lyon une statue d'un Allemand. Herriot lui dit : « Ah ! oui, il faut demander cela à ma femme, elle connaît mieux que quiconque l'histoire de notre belle ville. C'est du " bon Allemand " que vous voulez parler. — Ah ! répliqua doucement Abetz, il y a donc un " bon Allemand. " Mme Herriot raconta alors l'histoire de la statue. Je l'ai imparfaitement retenue. Je crois qu'il s'agit d'un riche marchand allemand du XVIe siècle, qui fit beaucoup de bien pour la cité.

Herriot raconta alors comment il avait été reçu docteur *honoris causa* à Oxford en même temps qu'un savant allemand, Max Planck, célèbre pour sa réfutation de la thèse sur la génération spontanée. Les discours de ces cérémonies se font en latin, et le président Herriot se demandait comment Planck « se tirerait » de son discours forcément plein de mots scientifiques. A son étonnement et émerveillement, il commença par des passages du *De natura rerum* de Lucrèce. Herriot demanda si Abetz savait ce que Planck était devenu. L'ambassadeur répondit que, bien que mal vu par le régime, il avait pu traverser en paix ces années.

C'est alors qu'Herriot entra dans le vif du sujet. Il affirma que nul plus que lui n'avait fait pour le rapprochement franco-allemand. Il rappela que, malgré une violente opposition en France, il avait été du gouvernement qui décida l'évacuation de la Rhénanie, que, malgré cela il avait été arrêté, que, ne demandant rien à personne, il avait été libéré à la demande du président Laval, comme président de la Chambre, pour la réunion de l'Assemblée nationale rendue nécessaire par la tournure des événements, qu'il était rentré à Paris et s'était abstenu, à l'Hôtel de Ville, de toute manifestation, de toute réception officielle et de tous gestes quelconques et que, malgré cela, la veille, dans la nuit, des S.S. s'étaient présentés pour l'arrêter, que l'ambassadeur connaissait la suite... Il ajouta qu'il était prêt à suivre son destin, mais qu'il demandait seulement qu'on le ramenât à Maréville et qu'on ne l'obligeât pas à suivre le sort du gouvernement. Abetz était très gêné, car il avait reçu des ordres contraires et il les avait déjà notifiés, avant le déjeuner, à Herriot.

Nous étions très émus, car nous trouvions qu'Herriot avait tout à fait raison. Non seulement on l'arrêtait de nouveau, non seulement on arrêtait le gouvernement, mais encore on voulait contraindre Herriot à partir en même temps que le gouvernement. Mes parents partaient sous la contrainte allemande et nous sentions tout ce que cette situation pouvait présenter d'équivoque si l'on faisait subir à Herriot ce chantage.

Mon père avait estimé qu'il était indispensable de réunir l'Assemblée nationale afin que la passation régulière des pouvoirs ait lieu. Il s'était à ce sujet exprimé ainsi : « Des circonstances exceptionnelles avaient motivé la réunion du 10 juillet 1940, qui avait permis l'attribution de pouvoirs réguliers au maréchal Pétain et au gouvernement de la République. De nouvelles circonstances devaient mettre un terme à ces pouvoirs et il me paraissait indispensable que l'Assemblée nationale recouvre par des voies normales les pouvoirs qu'elle avait délégués. » Il fallait à tout prix assurer la solution de continuité lors de l'arrivée des troupes alliées et éviter à la France toute possibilité d'aventure (et comme il avait raison...).

Mais, depuis que Brinon et Déat, pressés de partir pour l'Allemagne, avaient, avant leur départ, agi sur les S.S. de Paris et Himmler pour leur monter la tête, et puisque les Allemands, dans leur rage d'être vaincus, les avaient écoutés, il nous répugnait de les voir, une fois de plus, se mêler de nos affaires et vouloir compromettre Herriot.

Ma mère prit alors la parole et dit : « Monsieur l'Ambassadeur, ce départ dans de telles conditions est impossible. Regardez dans quelle situation douloureuse il nous mettrait tous. »

Herriot, levant les bras, disait :

Monsieur l'Ambassadeur, écoutez, c'est la France qui parle. » Maman poursuivit : « Évidemment, ces deux hommes n'ont pas toujours été d'accord dans le passé. Il y avait la politique... la France était trop heureuse, mais, devant un grand danger, ils se sont réunis et vous ne pouvez pas couvrir une telle action qui pourrait faire apparaître mon mari comme l'instigateur d'une indélicatesse et faire subir ce sort au président Herriot sous la contrainte. »

Herriot répétait toujours en levant et en écartant les bras : « Écoutez, écoutez, c'est la France qui parle. » Il affirma à son tour que, si on le contraignait, on mettrait tout le monde dans un grand embarras. Que, quant à lui, il ne serrerait jamais la main de Pétain. Il disait : « Vous, Laval, c'est différent ; vous vous expliquerez, mais serrer la main de Pétain, jamais. Il est l'ennemi de la République, je n'ai pas plus confiance en lui qu'en de Gaulle, ce sont des ambitieux, et c'est la raison pour laquelle j'étais rentré. On me remmène par la force. Je n'y peux rien que la subir. »

Abetz mourait littéralement de honte. Il savait trop de choses. Il aimait la France et il était trop honnête pour ne pas sentir l'odieux de cette situation créée par ses chefs. Il prit manifestement sur lui d'affirmer qu'il serait fait comme nous le demandions tous. C'était très courageux de sa part, car il ne faut pas oublier que, dès cet instant, il perdit la confiance de ses chefs et qu'il fut relevé de ses fonctions dès son retour en Allemagne.

Après cette discussion, qui n'aurait pas pu se poursuivre longtemps car nos nerfs étaient trop tendus, nous retournâmes de propos délibéré à des anecdotes. Papa et Herriot évoquèrent l'époque de Genève. Ils firent défiler les hommes d'État qu'ils avaient tous deux connus : Eden, Titulesco. Papa raconta un mot d'Eden à propos des conversations qu'il venait d'avoir avec le duc de Windsor, alors prince de Galles, au moment de l'affaire éthiopienne, et Eden lui dit : « Vous avez rencontré à Paris notre prince de Galles. Vous vous êtes bien entendu avec lui. » Marquant un temps, il ajouta : « Trop bien entendu. Nous nous arrangerons dans l'avenir pour que de telles conversations n'aient plus lieu. » Mon père sortit une montre en platine très fine qui attira le regard d'Herriot. Il rappela que c'était Titulesco qui la lui avait donnée après une scène puérile avec mon père, pour se faire pardonner. Papa ajouta qu'elle était la plus belle et la plus mince du monde, et qu'il avait dit, en la recevant : « Il me donne une montre, mais, après tous les ennuis qu'il m'a faits, c'est une pendule qu'il aurait dû m'envoyer », et comme il faut que tous les hommes aient leurs faiblesses, l'ancienne rivalité et la vieille vanité d'Herriot reprenant le dessus, il s'écria : « Oui, je connais l'affaire de la montre, et quand j'ai dit à Titulesco : "« Vous avez donné une montre à Laval "», il m'en envoya une pareille. » Papa, taquin et pas en reste d'enfantillage, dit : « Elle n'est certainement pas aussi mince que la mienne. La mienne est unique. » Et il la lui tendit. Herriot s'avoua battu. Je souffrais de cet incident, et, si j'avais osé, j'aurais donné un bon coup de pied sous la table dans les jambes de papa. On se sépara vers 4 h 30, en communion de pensée et très liés ce jour-là. Mon mari promit d'aller chercher pour Herriot quelques livres et quelques cigares et de les lui porter à l'Hôtel de Ville. Il arriva à l'Hôtel de Ville vers 6 h 30. Les S.S. montaient la garde à l'entrée. Il proposa à Herriot, d'accord avec le préfet Bouffet, de le faire fuir par les égouts et de le cacher chez un ami américain qui nous avait prêté son appartement. Herriot hésita un instant, puis refusa en disant qu'il voulait suivre son destin et embrassa mon mari.

Si je relate ce déjeuner, c'est qu'il restera gravé en moi comme un de ces moments exceptionnels dont je parlais tout à l'heure, pendant lequel tous ceux qui étaient présents firent un grand effort pour agir avec élégance. Pourquoi Herriot a-t-il momentanément, dans ses déclarations publiques, répudié son accord avec mon père ? Pourquoi ? Sans doute par lâcheté.

Je me rappelle que, pendant ce déjeuner, toute ma sympathie allait vers lui, vers sa situation fausse, son érudition, son élégance du moment, et je me disais, moi qui admire mon père sans réserve : comment a-t-il pu se faire qu'il n'ait pas été d'accord avec un tel esprit ? La réponse est simple, et je viens de la donner ; c'est que l'un se montre souvent lâche, et que l'autre incarnait le courage même. D'ailleurs, je suis convaincue que, si Herriot vit assez longtemps, il reconnaîtra que ce fut une de ses grandes actions d'avoir su oublier tant de vieilles querelles, son emprisonnement, pour, au moment venu, faire front avec mon père pour préserver nos vieilles institutions. C'est, peut-être, le plus beau moment de sa vie.

Qu'est-ce que retiendra la postérité ?...

D'avoir été président de la Chambre ? C'est une plaisanterie...

D'avoir été un homme d'État ? Il est venu au pouvoir pour précipiter la chute du franc et il fut l'artisan du Front populaire...

D'avoir été un écrivain ? Il est déjà un peu démodé... Son talent d'orateur est immense, mais la voix s'envole et la postérité ne l'entend pas...

Dépôt à la Fondation HOOVER
LE 2 MAI 1947

LETTRE DE JOSÉE LAVAL DE CHAMBRUN À WINSTON CHURCHILL

le 25 février 1949.

Monsieur le Président,

J'ai longtemps hésité avant d'écrire cette lettre. J'ai hésité plus longtemps avant de vous l'adresser. Je craignais d'être présomptueuse ou indiscrète. Mais je m'y suis finalement décidée parce qu'il m'a paru que je ne pouvais pas laisser, sans la relever, la phrase de vos Mémoires dans laquelle vous jugez mon père en des termes qui ne pouvaient être ni plus élogieux ni plus durs : « Pierre Laval, écrivez-vous, malgré la honte de sa conduite ultérieure et de sa mort, voyait clair et loin. »

Je suis heureuse de lire sous votre plume cet hommage à la clairvoyance de mon père.

Il avait, en effet, senti planer depuis longtemps la menace de cette guerre qui, comme vous le dites, « n'était pas obligatoire ». Je me plais d'ailleurs à reconnaître que vous avez été, à cet égard, aussi clairvoyant que lui.

Si le texte que j'ai sous les yeux est conforme à la vérité, vous avez dit, au cours d'un voyage que vous fîtes à Rome au mois de janvier 1927, aux correspondants de la presse italienne :

> « Votre mouvement a rendu service au monde entier. Il semble que ce qui caractérise toutes les révolutions soit une progression constante vers la gauche, une sorte de glissement inévitable vers l'abîme. L'Italie a prouvé qu'il existe un moyen de combattre les

forces subversives qui peuvent rallier les masses populaires et que celles-ci, bien menées, peuvent apprécier la valeur d'une société civilisée et vouloir en défendre l'honneur et la stabilité. C'est l'Italie qui nous a donné l'antidote nécessaire contre le poison russe. »

Et aujourd'hui, vingt années plus tard dans vos Mémoires, vous écrivez à propos de la politique que votre pays pratiquait vis-à-vis de l'Italie :

« La France avait raison de se faire beaucoup de soucis, et seuls les imbéciles qui pullulent au sein de toutes les nations pouvaient ignorer cet état de choses. » (Page 184.)

Et plus loin :

« En s'aliénant l'Italie, on bouleversait l'équilibre européen sans que l'Abyssinie y gagnât rien. » (Page 190.)

Mon père, lui, depuis longtemps déjà, s'était exprimé dans des termes analogues aux vôtres, et il avait fait mieux que des discours ou des livres : il avait signé les accords militaires de Rome qui allaient empêcher Hitler de s'emparer de l'Autriche et rendre « la guerre qui n'était pas obligatoire » impossible.

C'est en renversant brutalement la politique inaugurée par ces accords, c'est en jetant l'Italie fasciste dans les bras de l'Allemagne hitlérienne, que le gouvernement de votre pays (M. Eden étant ministre des affaires étrangères) a précipité l'Europe dans une guerre dont personne, je pense, n'oserait dire qu'elle ait fait avancer l'humanité et la civilisation d'un seul pas.

Mais mon père n'avait pas seulement tout fait pour éviter cette guerre. Il voyait encore beaucoup plus clair et encore beaucoup plus loin que vous ne le pensez. Il avait prévu qu'une victoire alliée poussée jusqu'à l'« unconditional surrender » consacrerait l'avènement d'une Russie gigantesque bien plus que l'écrasement de l'Allemagne et permettrait au communisme de conquérir toute l'Europe orientale, en attendant peut-être mieux encore.

Dès 1943, il déclarait, dans un discours aux maires de son pays (que je joins en P.-S. à cette lettre) :

« L'Allemagne et la Russie venaient de se partager la Pologne, et nous sommes entrés presque seuls dans la guerre, et nous l'avons perdue. Pourquoi ? Parce que cette guerre n'est pas une guerre comme les autres, elle n'est pas une guerre pour la défense de la terre de nos pères. Elle n'est pas une guerre pour la défense de notre patrie. Elle est une guerre passionnelle de fanatisme où des idéologies se dressent les unes contre les autres. »

« Je parle dans un vieux pays de liberté (qu'il a momentanément perdue, mais qu'il retrouvera un jour que je souhaite prochain) et j'affirme que nous sommes entrés dans ce conflit mondial pour des idées qui n'étaient pas les nôtres. »

« Que la Russie ait son communisme chez elle, cela la regarde, mais qu'elle garde son communisme. »

« Que l'Allemagne ait son national-socialisme chez elle, ça la regarde, mais qu'elle garde son national-socialisme. »

« Que l'Amérique et la Grande-Bretagne caressent des idéologies antifascistes, ça les regarde. Mais nous qui sommes Auvergnats, qui ne connaissons pas le fascisme, qui n'avons jamais subi l'empreinte d'aucune autre race que de la vieille race de notre terroir, personne ne nous obligera à accepter ces idéologies. »

« On n'aime pas l'Allemagne chez nous, on ne l'aime surtout pas en Auvergne. Notre éducation n'est pas dans ce sens. Nos batailles pour la plupart ont été contre eux. »

« Mais la vie est difficile et l'histoire de l'homme est compliquée. Or il se trouve aujourd'hui que, si tout à coup l'Allemagne venait à s'effondrer — croyez-moi, retenez bien mes propos, je vous demande de les enregistrer comme ceux que je vous tenais jadis — le désordre s'installera peu à peu en Europe. Il s'installera en Allemagne, dans les Balkans, en Italie. Or j'aime mon clocher, j'aime mon village, j'aime toutes les pierres de chez moi, mais je ne veux pas que le désordre s'installe chez nous et je voudrais agir de telle façon que l'Allemagne ne soit pas trop forte pour nous étreindre, mais de telle façon que le bolchevisme ne puisse pas, lui, nous supprimer. Est-ce que vous m'avez bien compris ? Voilà le drame que je vis chaque jour. »

Et le 8 août 1945, dans sa cellule, il écrivait ces lignes prophétiques :

« L'Allemagne sera donc placée, pour la plus grande part, désormais, dans l'orbite soviétique et l'Europe sera désormais sous l'hégémonie russe. Nombreux ceux qui s'imaginent que l'Amérique s'opposera avec les Anglais à l'extension de l'influence soviétique en Europe occidentale. Les États-Unis, qui ont eu à supporter deux guerres, dont l'une n'est pas encore terminée, se lasseront vite et rappelleront, c'est fatal, leur armée d'Europe. A ce moment les Anglais ne seront ni tentés ni certainement assez forts pour barrer seuls la route au communime. L'Allemagne, avec ses disciplines, est préparée politiquement à recevoir l'empreinte soviétique et il est vraisemblable que ses vieux partis conservateurs, avec leurs princes et leurs rois, ne pourront tenir devant la poussée communiste des ouvriers allemands. Il faut donc considérer comme un fait historique, formidable et inattendu pour ceux qui l'on préparé, l'instauration du communisme en Europe. C'est là l'événement le plus important qui devrait faire méditer ceux qui ont la lourde charge des destinées de leur pays. En reconstituant l'unité allemande, décision que pour ma part j'approuve pleinement, les Trois Grands ont permis à Staline de gagner la partie, c'est-à-dire, dans un délai plus ou moins long, de gagner l'Allemagne au communisme. Elle le deviendra très vite après le départ des troupes d'occupation alliées. En tout cas on peut considérer comme étant définitivement dans l'orbite russe tous les pays qui sont occupés par l'armée soviétique ou par des satellites comme Tito en Yougoslavie. En Roumanie, en Yougoslavie, en Bulgarie, le règne des rois est révolu et le communisme y règnera. La Tchécoslovaquie est subordonnée à Moscou. Quant à la Pologne, on peut considérer, d'ores et déjà, qu'elle est une République faisant partie de l'Union des Républiques Socialistes Soviétiques. Ainsi va le monde, quand il est mené par des conservateurs comme Churchill et que Staline a eu la chance inespérée d'avoir un fou sanguinaire à la tête de l'Allemagne. Faut-il le regretter ou s'en réjouir ? Il faut en prendre son parti, comme d'une réalité vivante. Nous entrons dans une nouvelle phase de l'histoire de l'homme où la multitude, conduite par des minorités agissantes et disciplinées mues par un idéal nouveau et socialiste, devient maîtresse de son destin. C'est la fin du règne de la bourgeoisie égoïste qui n'a pas su et n'a pas voulu faire au travail la place qui lui aurait permis de durer. Je déplore la guerre, ses destructions, ses souffrances et ses ruines, mais la révolution qu'elle entraîne avec elle était une conséquence naturelle telle que l'avaient prévue des précurseurs comme Lénine. »

« Au moment où j'écrivais j'apprends que les Américains viennent de faire usage d'une bombe dite atomique dont les effets seraient foudroyants sous un faible volume. La guerre contre le Japon serait vite terminée et les guerres rendues impossibles dans l'avenir tant ce moyen de destruction serait formidable. Il faut attendre quelques jours pour être fixés. Mais j'avoue n'être pas trop surpris. Les Américains en conserveront-ils longtemps le secret ? C'est une question. Quoi qu'il en soit, ils sont pour le moment les maîtres de la situation internationale, mais cela ne modifie pas les données du problème politique posé par la guerre en Europe. »

« Les Américains peuvent tirer des conséquences non seulement militaires mais politiques de la possession de cet engin de nature à régler pour un temps la situation mondiale »

« Il ne faut pas anticiper mais attendre pour savoir si la découverte a l'ampleur dont on parle. Le Japon n'aurait rien de mieux à faire que de solliciter la paix. Le rêve de Staline pourrait aussi être retardé dans sa réalisation. Dans quelques jours nous serons fixés sur l'exacte portée de cette sensationnelle découverte et les conséquences qu'on en peut entrevoir. »

Votre pays allait être obligé de reconnaître, avec quelques années de retard, l'exactitude de toutes ces prévisions.

Mr. Liddell Hart, le célèbre commentateur militaire, écrivit le premier, en février 1947 :

> « Que furent les résultats ? Le dommage matériel que les guerillas provoquèrent directement et indirectement causa beaucoup de souffrances à son propre peuple et, finalement, devint un handicap de rétablissement après la Libération. »
>
> « Mais le plus lourd handicap de tous, et l'un des plus durables, fut d'ordre moral. Le mouvement de la résistance armée attira beaucoup de mauvaises têtes. Il donna la licence de faire pardonner les vices et d'assouvir les rancunes sous le voile du patriotisme, ce qui donna l'occasion au Dr. Johnson de faire la remarque historique que le patriotisme est le dernier refuge d'une canaille. »

D'autres, par la suite, s'exprimaient dans le même sens et vous-même, Monsieur le Président, sans aller évidemment jusqu'à faire votre " mea culpa ", n'avez pas hésité à manifester votre désenchantement en constatant combien les conséquences de la victoire des Alliés étaient peu conformes aux espoirs que vous aviez mis en elle :

> « Et cette tragédie de l'humanité atteint son paroxysme quand on doit constater que les efforts et les sacrifices de centaines de millions d'hommes, s'ils ont permis la victoire de la juste cause, ne nous ont acquis ni la paix ni la sécurité et que nous demeurons aux prises avec des dangers pires que ceux que nous avons surmontés. »

Ce nouveau danger, auquel vous avez à faire face, vous paraît si grave et si pressant que vous n'avez pas hésité, le 12 décembre 1948, à donner à notre pays ce conseil que la presse française a publié en manchettes énormes :

> « Une réconciliation avec l'Allemagne permettrait à la France de regagner sa place à la tête de l'Europe. »

N'est-il pas un peu tard, Monsieur le Président, et êtes-vous bien qualifié pour nous donner un tel avis ?

Il est étrange qu'un homme dont vous reconnaissez vous-même la clairvoyance politique se voie reprocher par vous « la honte de sa conduite ».

Lorsque survint notre défaite, mon père, devenu le syndic d'une faillite qu'il avait tout fait pour éviter, a compris évidemment qu'il fallait d'abord, par une politique de présence obstinée, défendre la population et le patrimoine français contre les exigences de l'occupant. Et les milliers de documents que l'on m'apporte de Nuremberg depuis trois ans prouvent que les Allemands n'ont pas été complètement dupes des intentions de mon père.

Mais, au fait, connaissez-vous ces documents ?

Connaissez-vous le télégramme envoyé par Dino Alfieri à son gouvernement le 5 août 1942 et qui a été trouvé dans les archives du palais Chigi par l'armée américaine ? Ce télégramme rapporte les propos que Hitler a tenus ce même jour sur mon père au Quartier Général de Berditchev :

> « Il y a du reste, aujourd'hui encore, un trait commun qui lie de Gaulle à Laval ; au fond, le premier cherche simplement à obtenir par la force ce que Laval essaie, au contraire, d'atteindre par la ruse. »

Avez-vous lu les « Mémoires » de Gœbbels ? Vous pourrez y trouver, à la page 421, le jugement qu'il formula, le 17 novembre 1943, sur mon père.

> « Aujourd'hui Pétain et Laval sont entrés dans une position d'attentisme vigilant : naturellement tous deux, au plus profond de leur cœur, sont complètement opposés au Reich et à ses intérêts. »

Connaissez-vous le rapport de Sauckel à Hitler, découvert sous le N° 1342 P.S. des archives de Nuremberg et dans lequel Sauckel déclare que Pierre Laval, en refusant de livrer la main-d'œuvre française nécessaire à l'Allemagne, a été le vrai responsable de la défaite de Stalingrad ?

Connaissez-vous, enfin, les rapports faits au gouvernement du Reich par les docteurs Michel, Medicus, Hemmen, et dans lesquels ces hommes, qui occupaient d'importantes fonctions à Paris, s'expriment sur le compte de mon père en termes tout aussi désabusés ?

Comment pouvez-vous, dans ces conditions, parler de la « honte de sa conduite ultérieure et de sa mort » ?

Le mot « honte » est certainement mal choisi. Son assassinat restera toujours une tache pour le Gouvernement Provisoire qui l'ordonna. Cette honte rejaillit aussi sur le gouvernement britannique qui, oublieux de l'aide que mon père avait accordée si souvent à votre pays, n'a rien fait pour empêcher ce crime judiciaire. Savez-vous, Monsieur le Président, que les soldats du peloton d'exécution portaient des uniformes anglais ?

Oui, je répète, comment avez-vous pu parler de « la honte de sa conduite ultérieure et de sa mort » ?

Est-ce une de ces phrases banales que vous vous êtes cru obligé d'écrire pour sacrifier à une mode déjà passée, ou pour atténuer ce que pourrait avoir de choquant, aux yeux de certains, le jugement élogieux que vous portez sur mon père ?

Non, je vous crois trop indépendant et trop courageux pour avoir obéi à un tel mobile.

Il ne reste qu'une explication possible et c'est, je crois, la bonne : vous jugez la conduite de mon père honteuse parce qu'il ne s'est pas mis au service de la Grande-Bretagne, parce qu'il a été exclusivement préoccupé par les intérêts de son pays.

L'honneur, selon vous, pour un Français, c'était, dans ces années tragiques, d'obéir aux ordres de la Grande-Bretagne. La honte, c'était de lutter pied à pied, à Paris ou à Vichy, pour que la France continue à respirer et à vivre.

Non, Monsieur le Président, vous ne pouvez pas être juge du devoir des Français : chacun de nous était libre de l'apprécier selon sa conscience et ses responsabilités. L'honneur ne se trouvait pas seulement sur les bords de la Tamise ou dans les plis de l'Union Jack. Comme l'écrivit mon père, avant de mourir, l'honneur était partout : « Partout où il s'agissait, sous quelque forme que ce fût, de défendre l'intérêt de son pays. »

L'Histoire dira qu'il fallait autant de courage, et à coup sûr plus de sens civique et d'abnégation, pour défendre la France sur son sol, comme le fit mon père, que pour parler en son nom à Londres, sous vos ordres et sous les auspices d'un général Spears. Elle dira qu'il était plus digne pour un Français de rester parmi les Français, de vivre avec eux et de partager leurs peines, que de servir votre gouvernement et votre B.B.C. : car c'est votre radio qui, par une propagande de nuit et de jour, a créé et entretenu chez nous la légende du général de Gaulle, en abusant notre peuple meurtri et assoiffé de liberté. Du reste, cette propagande que l'Angleterre avait payée, nous l'avons intégralement remboursée. Si j'en crois les chiffres récemment publiés par la Cour des Comptes, cela nous a coûté 17 milliards de l'époque !

Vous êtes, Monsieur le Président, d'un patriotisme intransigeant et exclusif. C'est ce qui devrait vous faire comprendre et accepter qu'un homme d'État français ait pu avoir un patriotisme aussi intransigeant et aussi exclusif que le vôtre.

Vous reprochez à mon père d'avoir « collaboré » avec les Allemands. Mais n'êtes-vous pas l'homme qui a dit un jour : « Darlan, c'est le diable ; n'empêche que je me traînerais pendant des kilomètres sur les genoux pour qu'il aide l'Angleterre à gagner la guerre ! »

Deux ans avant, mon père, à qui on faisait grief de prendre contact avec Hitler, avait dit : « J'irais voir le diable si ce faisant je pouvais sauver des vies françaises. »

Me permettrez-vous, Monsieur le Président, si paradoxal que cela puisse vous paraître, de vous dire que je retrouve dans votre courage, dans votre indépendance, dans votre patriotisme obstiné et jaloux, cette vraie grandeur que j'ai appris à connaître en voyant vivre et agir mon père ?

Des hommes éminents ont souvent exprimé devant moi le regret que vous ne vous soyez jamais rencontrés.

C'est sur ces mots que je termine cette lettre, certaine que vous comprendrez les sentiments qui m'ont déterminée à vous l'écrire.

Je vous prie de trouver ici, Monsieur le Président, l'expression de ma plus haute considération.

Josée de Chambrun.

P.S. Je joins à cette lettre en Annexe I la préface aux notes écrites par mon père en prison pour sa défense, parues chez Falcon Press, et en Annexe II, la copie de la lettre que votre ambassadeur à Washington a adressée à mon mari le 9 Août 1940 — à la suite de l'activité qu'il déploya aux États-Unis, après l'armistice, avec le consentement de mon père.

ANNEXES

ANNEXE I de la lettre
de Josée de Chambrun à Churchill

PRÉFACE AUX NOTES ÉCRITES PAR PIERRE LAVAL EN PRISON POUR SA DÉFENSE

parues chez Falcon Press

Ce ne sont pas des mémoires que vous allez lire.

Mon père était trop actif, trop occupé à faire l'Histoire pour écrire des mémoires. Il était trop pénétré de la raison d'État — (et ce n'est pas à vous, Anglais, que j'apprendrai le sens de ces mots) — pour écrire des mémoires. S'il avait vécu très vieux, retiré des affaires publiques, il aurait peut-être laissé des souvenirs, mais je ne le crois pas car il n'aurait jamais été ni vieux ni retiré.

Ce que vous allez lire, ce sont les pages qu'il écrivit en prison, dans une cellule tapissée de limaces, avec l'aide de sa seule mémoire, sans le moindre document, dans notre triste France de 1945 dont le gouvernement provisoire avait fait saisir tous ses papiers ; « Il n'est pas nécessaire que la France connaisse son Histoire », écrivait-il avec amertume dans la dernière page qu'il laissa et dont vous trouverez la photographie en appendice à ce livre.

Il a écrit ces notes sur les feuillets que je lui faisais parvenir dans sa prison. Il les a rédigées pour s'en servir au cours des interrogatoires d'une instruction qui n'a pas eu lieu et pendant le procès qui se termina par le scandale judiciaire que vous connaissez. Il me les faisait passer par ses avocats pour que je les fasse taper et les lui rende afin qu'il les corrige. C'est ainsi que s'est constitué ce manuscrit. C'est un « condensé » qui suit le plan de l'acte d'accusation. Je crois qu'il vous intéressera ; vous y trouverez un chapitre sur ses rapports avec la Grande-Bretagne dont on a dit que mon père était l'ennemi. C'est ce chapitre que je voudrais commenter pour vous.

Aussi étrange que cela paraisse, moi qui admire mon père sans réserve, je crois qu'il aurait pu être accusé de haute trahison une fois au cours de sa vie publique, en 1931 :

En effet, Président du Conseil de la IIIe République, il décida, sans consulter ses ministres ni les Chambres, de mettre à la disposition de la Grande-Bretagne toutes les ressources financières de son pays.

***

C'est dans la nuit du 18 au 19 septembre 1931, vers une heure du matin, que mon père fut réveillé par un appel téléphonique de votre Chargé d'Affaires, Sir Ronald Campbell (votre Ambassadeur, Lord Tyrell, avait été appelé en consultation à Londres quelques jours auparavant).

Mon père crut d'abord à une plaisanterie car il n'était pas dans les habitudes de la diplomatie britannique, à cette époque, de travailler la nuit. Les week-ends eux-mêmes étaient sacrés.

Il reconnut vite la voix de Mr. Campbell, anxieuse et altérée :

— Monsieur le Président, je vous appelle pour vous demander un rendez-vous urgent.

Mon père lui suggéra le lendemain matin à 8 heures.

Mr. Campbell, embarrassé, répondit :

— Monsieur le Président, je désirerais vous voir immédiatement car il s'agit d'une affaire extrêmement grave et pressante.

— Naturellement, lui dit mon père, venez tout de suite.

Il s'habilla. Mr. Campbell arriva quelques instants plus tard, au ministère de l'Intérieur, place Beauvau.

— Je suis chargé par mon Gouvernement de vous demander une aide et un conseil.

Il exposa alors la situation dans laquelle se trouvait la Banque d'Angleterre, à la suite des retraits massifs d'or et l'impossibilité dans laquelle serait le Gouvernement britannique de faire face à ses obligations si la France ne lui accordait pas une aide immédiate.

Mon père dit à Mr. Campbell :

— Je réunirai dès demain matin le Conseil des Ministres pour le saisir de la question.

Mais Mr. Campbell répondit :

— Monsieur le Président, la question est beaucoup trop grave et secrète pour que douze Ministres soient au courant. La moindre indiscrétion de l'un d'eux porterait au crédit de la Grande-Bretagne un coup irréparable. De plus, l'urgence est extrême.

Mr. Campbell remit alors à mon père la note écrite de sa main qui avait été rédigée pour le ministre des Finances et au sujet de laquelle il venait de recevoir une instruction téléphonique lui enjoignant de ne la communiquer qu'à mon père seul. Vous en trouverez la photographie en appendice à ce livre. Vous verrez également la photographie de la traduction en français que Sir Ronald Campbell écrivit de sa main, ne voulant pas confier ce secret à ses collaborateurs de votre Ambassade.

Mon père, ému par la situation dans laquelle se trouvait votre pays et par la dignité douloureuse de Mr. Campbell, lui dit alors :

— Vous me demandez un conseil. Le voici. Que votre Gouvernement fixe lui-même le crédit dont il a besoin et qu'il se mette immédiatement en rapport avec Washington. Proposez à l'Amérique de participer pour moitié à l'ouverture du crédit, en indiquant que la France est d'ores et déjà d'accord pour l'autre moitié. Revenez me voir demain et si l'Amérique n'a pas accepté de participer pour moitié, je maintiendrai seul mon offre pour la totalité.

Et il ajouta :

— Dans ce cas, j'ouvre tout grands les coffres de mon pays.

Deux larmes coulèrent le long des joues de Mr. Campbell. Il prit les mains de mon père et lui dit :

— Monsieur le Président, je vous remercie, mon pays n'oubliera jamais...

Le lendemain matin, il revint dire à mon père que l'Amérique venait de faire savoir qu'elle se trouvait dans l'impossibilité de venir en aide à la Grande-Bretagne. Vous lirez la photocopie de la deuxième note manuscrite qu'il remit à mon père et qui se trouve également en appendice à ce livre. Mon père confirma alors son offre de la veille et voilà comment fut consenti à votre pays le crédit de trois milliards-or qui vous permit, quelques heures plus tard, de faire votre dévaluation dans des conditions qui ont étonné le monde.

Mon père avait-il le droit de prendre seul une telle décision, qui pouvait être si lourde de conséquences pour les finances de son pays ? Il est vrai que nous étions riches alors comme la France le fut toujours sous les gouvernements qu'il présida...

***

Quatre années plus tard, en 1935, au moment de la guerre éthiopienne, votre Gouvernement décida d'envoyer la Home Fleet dans la

Méditerranée. Quelques mois auparavant, mon père avait négocié et signé un accord militaire avec l'Italie pour empêcher l'annexion de l'Autriche par Hitler. Il considérait que l'alliance était fasciste et une partie de votre opinion se dressa contre le signataire des accords de Rome. Je vais vous dire ce que pensait mon père à ce sujet : il pensait qu'un homme a le droit d'avoir des convictions et des préférences, mais qu'un homme d'État, lui, n'a pas ce droit parce que ce sont les réalités géographiques et certaines nécessités permanentes qui dictent les lois de la politique étrangère, et lorsqu'on a devant soi un régime qui vous déplaît, il faut quelquefois, si on ne peut faire autrement, s'en accommoder, car si les régimes politiques sont éphémères, les pays eux demeurent. Quoi qu'il en soit, c'est en octobre 1935 que votre ambassadeur, Sir George Clark, vint trouver mon père, alors président du Conseil et ministre des Affaires Étrangères, pour l'informer du passage de la Home Fleet à Gibraltar. Il lui indiqua que celle-ci n'était pas en état de soutenir seule le poids d'un conflit et lui demanda quelle serait l'attitude de la France au cas où l'application des sanctions entraînerait la guerre dans la Méditerranée. Nous n'avions alors aucun traité d'alliance avec votre pays qui, quelques mois auparavant, à l'insu de la France, avait conclu avec l'Allemagne un pacte naval.

Mon père appela au téléphone notre ambassadeur à Rome, mon oncle Charles de Chambrun, et lui demanda d'aller dire immédiatement à Mussolini que si l'Italie attaquait la flotte britannique, toute notre flotte, notre armée et notre aviation se rangeraient aux côtés de la Grande-Bretagne.

Comme la précédente, cette décision fut prise par mon père seul, sans avis du Conseil des Ministres ni des Chambres.

Ayant plus que quiconque le respect des fonctions qu'il occupa et du secret d'État, il ne parla jamais publiquement des événements que je viens de relater. Voilà pourquoi ils sont demeurés ignorés de la plupart d'entre vous.

Voulez-vous savoir ce qu'un de vos plus grands ambassadeurs pensait de mon père ? Voici ce que m'écrivait d'Angleterre, Lord Tyrell, le 19 juillet 1935, à l'occasion de mon mariage, et en pleine crise éthiopienne :

« Je vous prie de me rappeler affectueusement au souvenir de vos parents qui m'ont toujours témoigné tant de bonté et tant d'amitié pendant que j'étais en poste à Paris. Une bonté et une amitié que j'apprécie à leur très haute valeur et que jamais je n'oublierai. C'était toujours une joie pour moi de découvrir en quelque réunion, le sourire amical de votre charmante mère. Quant à votre père, je suis éperdu d'admiration pour le courage magnifique et les qualités d'homme d'État qu'il déploie dans la crise actuelle... »

Si, deux fois, au cours de sa carrière, dans des circonstances graves, mon père adopta vis-à-vis de votre pays l'attitude que je viens de décrire, c'est qu'il pensait qu'elle était alors conforme à l'intérêt de son pays et de la paix.

Lorsque l'orage s'abattit, plus tard, sur nous et que notre pays fut occupé, il adopta encore l'attitude qui lui semblait alors la plus conforme à l'intérêt des Français. Il s'agissait de tenter, par de longues et dures négociations quotidiennes avec l'occupant, de soulager chaque jour les souffrances du plus grand nombre possible de Français. Les pages que vous allez lire ne sont que le récit de ces années où, guidé par son seul courage, sa ténacité et l'amour de son pays, mon père, devenu syndic d'une faillite qu'il avait tout fait pour éviter, lutta pour assurer dans des conditions chaque jour plus difficiles, la vie de la France. Et il ne s'agissait plus alors de la France représentée par la poignée d'hommes qui pouvait encore lutter à vos côtés, ni de la France qui s'était réfugiée en Amérique, mais de celle qui subissait l'occupation allemande.

Josée de Chambrun.

IIe ANNEXE A LA LETTRE À CHURCHILL

Ambassade de Grande-Bretagne
Washington, 9 août 1940

Mon cher capitaine de Chambrun,

Je suis heureux de vous faire parvenir un visa diplomatique pour votre retour dans votre pays en même temps qu'une lettre d'introduction auprès du gouverneur des Bermudes.

J'ai plaisir à vous informer que cela a été mon privilège dans les semaines écoulées d'informer le gouvernement de Sa Majesté du travail splendide que vous avez accompli à Washington et à travers les États-Unis, pour soutenir la cause pour laquelle l'Empire britannique combat. A peu près seul, vous avez pu transformer l'opinion officielle ici en faveur de mon pays. Votre action étonnamment énergique dans les jours sombres de juin a été une providence et une inspiration pour tous. Vous avez su trouver au moment propice, les arguments et les paroles qui ont convaincu les plus hautes autorités des États-Unis d'Amérique et le comité des Affaires étrangères du Sénat américain.

Pour tout ceci, je veux que vous soyez assuré que la Grande-Bretagne n'oubliera jamais ce que vous avez fait pour elle en ces jours de malheur et de détresse.

Vous souhaitant un bon et fructueux voyage, je vous prie de croire à mes sentiments fidèlement dévoués.

Signé : Lothian.

ANNEXE III

LA DERNIÈRE LETTRE DE PIERRE LAVAL A SA FILLE ÉCRITE LA NUIT DU 14 AU 15 OCTOBRE 1945

Fresnes, 14 octobre

Ma petite, ma bonne petite Josée,

La convocation précipitée des avocats par de Gaulle est un mauvais signe. Il me faut donc dès ce soir prendre mes précautions, les dernières, et venir te parler car je crois que demain tout sera fini. Je ne suis pas surpris par l'événement et j'avais depuis ce matin prévu que j'aurais à t'écrire.

Tu sais combien je t'aime et combien je pense à toi.

Ta présence, ton dévouement si tendre, si magnifique, tes paroles m'ont réconforté pendant ces jours sombres. Je les ai vécus dans le bonheur parce que tu m'as dit un jour que tu étais fière de moi, parce que je connais ton caractère et que tu ne pouvais pas me donner une plus grande preuve de ta confiance et de ton amour.

Je vais disparaître de ce monde, aller me confondre avec la terre qui nous absorbe tous, mais mon âme survivra et elle ne te quittera jamais. Je serai sans cesse avec toi pour que tu ne perdes jamais courage. Ne songe pas à me venger, je te le demande, mais comme tu n'as pas à rougir de moi, tu pourras défendre ma mémoire. Fais-le tranquillement, sans passion mauvaise, dans la certitude que par un juste retour des choses je retrouverai ma place dans le cœur des braves gens.

Comme le dit ta Maman, on ne peut rien contre la vérité. J'ai une peine infinie pour celle que je te cause, mais nous ne faisons pas nous-mêmes notre destin. Je vis et je vous fais vivre un drame de notre histoire. Ma conscience ne me reproche rien, mais mon cœur saigne parce que je vous fais souffrir.

Vous êtes si grandes, toutes les deux que j'aurais honte de gémir sur moi.

Ta Maman sera bien seule. Reporte sur elle, en plus de celle que tu lui donnais, l'affection que tu as pour moi, et je m'en irai moins tristement car je voudrais qu'elle vive longtemps près de toi.

Sois gentille, sois bonne avec ton mari. Il a été si bon pour moi et il est ma victime innocente. J'aurais tant voulu le voir depuis mon retour pour pouvoir l'embrasser, lui dire ma reconnaissance et mon affection. Je sais qu'il est bon, qu'il t'aime et qu'il ne t'abandonnera pas. Embrasse-le bien et dis-lui bien que je ne vous sépare pas tous deux dans ma pensée.

Dis au Général, à la maman du petit Bunny, toutes mes bonnes et toutes mes dernières pensées. Ils ont été admirables durant mon épreuve et j'emporte avec moi le souvenir ému de leur bonne action.

Remercie nos amis qui t'ont soutenue et qui ont voulu m'aider.

S'il y a un ciel, nous nous y retrouverons tous, car cette nuit, tout seul, je m'adresserai à Dieu. Il me comprendra, ce Dieu de mon enfance, je le retrouverai avant de mourir.

Je ne hais personne. Je plains seulement ceux qui me persécutent. Fais comme moi, car la haine n'est pas un sentiment noble.

Toi, ma petite Josée, fais-moi le serment d'être forte. Il faut être debout devant le malheur comme je saurai demain me tenir debout, devant la mort. Je veux que jusqu'au bout, jusqu'à ce dernier acte, tu puisses être fière de ton papa qui t'adore et qui te couvre de toute sa tendresse.

Ma petite Josée, ma bonne petite Josée, mon petit enfant que j'aime, je t'embrasse de toute mon âme.

Pierre Laval.

ANNEXE IV

TÉMOIGNAGE DE MAITRE TARD, HUISSIER AUDIENCIER PRÈS LA HAUTE COUR

En 1945, j'étais Président des Huissiers d'Assises et audiencier près la Haute Cour. C'est à ce titre que j'assistais et prenais part aux grands procès politiques de l'époque : Pétain, Dentz, Esteva, Laval...

La lecture du livre « Pierre Laval devant l'Histoire » et le débat télévisé du 15 juillet 1983, que j'ai suivi, m'ont amené à me mettre en rapport avec M. René de Chambrun, pour lui préciser certains faits qui peuvent compléter son information.

J'avais voulu précédemment apporter ces précisions à Me Naud, avocat de Pierre Laval, à la suite d'un article qu'il avait donné, il y a quelques années, à la Revue « Historia ». Malheureusement, Me Naud est décédé avant notre rencontre.

3 octobre 1945. « Le tirage au sort des jurés »

50 parlementaires et 50 résistants avaient été désignés (par quelle autorité ?) pour constituer, par tirage au sort, un jury de 24 jurés (et 12 suppléants). Ce jury, avec les magistrats Mongibeaux, Président, Donnat-Guignes et Picard, constituait la Haute Cour qui jugeait Pierre Laval.

La liste des jurés avait été dénoncée à Pierre LAVAL qui avait déclaré « s'en remettre au jugement du Peuple Français et renoncer à son droit de récusation ».

Dans la chambre du Conseil, où avait lieu le tirage au sort, je pensais qu'il y aurait une foule que je n'avais jamais vue dans aucun procès antérieur. Je vis immédiatement qu'il n'en était rien : en effet, sur les 100 parlementaires et résistants convoqués, 34 seulement étaient présents (alors qu'il fallait 24 jurés + 12 suppléants, soit 36 ; il en manquait 2). Je vis le Président Mongibeaux s'entretenir avec certains d'entre eux et quelques moments plus tard, deux nouveaux candidats jurés se présentèrent. Ils avaient été proprement racolés pour « faire le poids ». Les 36 noms, fixés comme d'usage, sur de petits berceaux en bois, furent mis religieusement dans l'urne et « *tirés au sort* » !! avec le plus grand sérieux.

Après cette comédie, vint la formule rituelle prononcée par Mongibeaux : « Je déclare le jury légalement constitué. »

Avant le tirage au sort, j'avais fait remarquer à Mongibeaux que les « 2 extras » n'avaient pas été dénoncés à Pierre Laval, pour m'entendre dire que « *cela était sans importance ; il n'y avait pas de cas de cassation devant la Haute Cour* ».

Audience du 6 octobre 1945

Au cours des audiences des 4 et 5 octobre, Pierre Laval avait fait une description fascinante des journées de Bordeaux et de Vichy qui avaient changé les institutions de la France. Il avait pu développer des arguments de sa défense et il prenait, peu à peu, un ascendant sur l'auditoire.

L'audience du 6 Octobre fut totalement différente. Pour un auditeur habitué aux procès d'assises, il semblait évident que par des questions (auxquelles les magistrats donnaient souvent les réponses) des interruptions du Procureur Général Mornet, du Président, les possibilités laissées à Pierre Laval d'une défense cohérente étaient faibles ; bientôt les imprécations, les injures des jurés aggravèrent la situation, à tel point que Pierre Laval, excédé, fit cette déclaration pathétique :

> « Les manifestations auxquelles se sont livrés certains jurés me montrent que je vais être victime d'un crime judiciaire. Je veux bien en être la victime, mais pas le complice. »

L'audience fut suspendue.

Je me rendis dans la pièce réservée à Pierre Laval et après quelques minutes d'entretien, j'insistais auprès de lui : « M. le Président, il faut revenir, vous ne pouvez pas laisser le champ libre à vos accusateurs, et puis, vous pouvez tirer parti d'incidents... »

Pierre Laval, encore sous le coup de la colère : « Non, c'est une mascarade ; je refuse de m'y prêter. » Je revins dans le bureau de Mongibeaux.

M. de Chambrun écrit [1] : « Laval vient de regagner la chambre qui lui est réservée, lorsqu'un huissier le somme, d'ordre de M. Mongibeaux, de comparaître immédiatement devant la Haute Cour, faute de quoi, il pourra y être amené de force. »

Voici la réalité des faits (l'huissier, c'était moi) :

M. Mongibeaux m'a seulement demandé « *si Laval voulait reprendre sa place à l'audience* ». J'ai eu l'impression qu'il ne le désirait pas, comme la suite va le prouver.

Je vis à nouveau Pierre Laval qui resta sur son refus

L'audience fut reprise et là, comme souvent dans une atmosphère dramatique et tendue à l'extrême, se glissa l'incident burlesque. Le Président Mongibeaux déclara : « L'audience est reprise ; huissier, veuillez appeler les témoins de l'accusation. »

Je répondis froidement : « Il n'y a pas de témoin de l'accusation » — Cette réponse provoqua l'hilarité générale. Mongibeaux avait oublié qu'il m'avait fait renvoyer les témoins pour le 8.

L'audience fut suspendue à nouveau et renvoyée au Lundi 8 Octobre.

Audience du 8 Octobre 1945

Entre l'audience du 6 Octobre et celle-ci, Pierre Laval a réfléchi ; il me prie de prévenir Mongibeaux qu'il est prêt à reprendre sa place à l'audience.

Je me rends alors auprès de Mongibeaux, qui refuse catégoriquement. Je m'attendais à cette réponse, mais comment la présenter à Pierre Laval ? Celui-ci contient à peine sa fureur ; il me demande s'il est possible de délivrer une sommation au Président.

Je reviens alors près de Mongibeaux et j'insiste sur la requête de Pierre Laval. Mongibeaux éclate. C'est un gros homme sanguin : « Ah ! Vous, alors... Laval est sorti ou je l'ai sorti. Je n'en veux plus à l'audience ! »

Le procès se déroule les 8 et 9 Octobre, à la sauvette, sans contradiction, sans défense, hors la présence de l'accusé et de ses avocats (ceux-ci, dès le début du procès, avaient déclaré que devant une instruction bâclée et incomplète, des documents qui leur avaient été cachés, ils renonçaient à la défense).

1. Page 235 — « Pierre Laval Devant L'Histoire ».

Le 9 Octobre, à 5 heures du soir, la Cour (dite « Haute ») rendait son arrêt : « La mort ».

Le Président Mongibeaux m'appelait dans son Cabinet : « Puisque Pierre Laval n'a pas assisté à la lecture de l'arrêt, je vous mande de l'en aviser. »

Le 9 Octobre 1945, très tard dans la soirée, je me rendis au dépôt (quartier des femmes, sur le Quai de l'Horloge). J'étais accompagné du seul M. Maurice, Directeur de la Police Municipale, fonctionnaire très droit que j'avais connu comme Commissaire de Police.

Notre tâche était pénible, au-delà de toute expression : cet homme seul, semblait abandonné, malade...

Cinq jours auparavant, je l'avais vu, lutteur courageux, prenant confiance dans ses arguments puis écœuré ; se rendant compte de l'inanité de ses efforts. Pierre Laval est resté impassible : il s'était déjà fait à cette condamnation qu'il avait prévue.

Sur une réflexion de Maurice : « M. le Président, cela n'est pas possible ; ce n'est pas un procès ; il ne peut pas être exécuté. » Laval — : « Pensez-vous ! Ils vont me fusiller entre deux portes, à la sauvette ! »

Le spectacle de cet homme qui avait occupé les plus hauts postes dans cette cellule misérable, était poignant ; il avait obtenu une petite table, trop petite pour ses dossiers et ses papiers, qui avaient envahi le lavabo, la couchette, pêle-mêle, avec sa valise ouverte. Il fumait sans arrêt. Nous étions debout. Il n'y avait qu'une chaise. La pièce était éclairée par une mauvaise ampoule.

L'entretien avait duré environ un quart d'heure. Nous l'avions trouvé en train d'écrire sur de grandes pages, d'une petite écriture ferme et serrée ; très nettement, malgré sa courtoisie, nous sentions qu'il désirait reprendre ses notes.

Pierre Laval, dans sa poignée de main, m'a exprimé sa reconnaissance pour mes efforts pour le faire revenir à l'audience, malheureusement inefficaces.

Nous nous sommes retirés.

L'arrêt de la Cour lui fut signifié le surlendemain, à la Prison de Fresnes où il avait été transféré et ce, par mon Confrère de Saint-Denis, car je n'étais plus huissier-audiencier, mon successeur ayant prêté serment le 10 Octobre 1945.

Paris, le 16 Novembre 1983

Henri TARD
48, avenue de Saxe
75007 Paris

ANNEXE V

LE TÉMOIGNAGE-CLEF DE M. HENRI CANNAC « A PROPOS DE M. DE LA POMMERAYE ET DU VOTE DE LA LOI CONSTITUTIONNELLE DU 19 JUILLET 1940 ».

Avant la guerre, Henri Cannac fut Secrétaire Législatif au Sénat. Il fut appelé en Juillet 1940 à diriger le Secrétariat de Laval, reprit ces fonctions en 1942 et les quitta en Avril 1943. Il termina sa carrière après la Libération comme Haut Magistrat, Directeur des services judiciaires de Monaco, après avoir été Directeur du Personnel au Ministère de la Justice et Président de Chambre à la Cour d'Appel de Paris. Lorsqu'il rédigea, en Novembre 1945, le document qu'on va lire, l'assassinat judiciaire de Laval était déjà consommé et ce Haut Magistrat désireux de ne nuire à personne demanda, comme d'ailleurs le firent d'autres témoins « devant l'Histoire », que son texte demeure secret dans les archives de la Fondation Hoover pendant trente ans. Il souhaitait ainsi simplement préserver la vérité historique.

Les faits importants rapportés montrent, à l'évidence, que les assemblées parlementaires ne s'étaient pas « suicidées » mais que leur fonctionnement sous l'œil de l'occupant était seulement « suspendu ». Députés et sénateurs continuaient à toucher leurs indemnités. Cette continuité sous-jacente de la Troisième République, en attendant mieux, était si consciente et volontaire de la part de Laval qu'une loi du 25 Août 1942 fut promulguée pour l'Administration intérieure de la Chambre et du Sénat et, en application de ce texte, Laval fut appelé à désigner un nouveau Secrétaire Général du Sénat.

C'est alors que Monsieur Cannac reçut la visite de M. de La Pommeraye à Vichy, qui déploya toutes ses grâces les plus diplomatiques pour obtenir ce poste malgré son âge — 68 ans révolus. Il fait valoir qu'il « avait conservé toute son activité physique et intellectuelle, qu'il avait une longue expérience des fonctions de Secrétaire Général, qu'il savait avec quel dévouement le Président Laval accomplissait sa lourde tâche et qu'il se mettait à la disposition du Chef du Gouvernement, si celui-ci voulait bien lui confier le poste de Secrétaire Général du Sénat ».

Ceci n'appartient encore qu'à la comédie humaine ordinaire mais la suite a une valeur historique.

M. de La Pommeraye insista alors d'une manière plus pressante encore, « me demandant de ne pas omettre de rappeler au Chef du Gouvernement le concours qu'il lui avait apporté en sa qualité de Secrétaire Général de la Présidence du Sénat, tant au Sénat même qu'à l'Assemblée Nationale, pour le vote de la loi constitutionnelle du 10 Juillet 1940 ».

Le choix de Pierre Laval se porta sur M. Miegeville, qui était le fonctionnaire le plus ancien dans le grade le plus élevé, ce qui a valu à l'accusation le témoignage de M. de La Pommeraye !...

Lors des débats devant la Haute Cour, Pierre Laval avait évidemment oublié cette candidature, mais, assurément, M. de La Pommeraye s'en souvenait... Au regard de ce singulier témoin, ce qui était scandale en 1945 avait été, en Juillet 1940, une opération historique méritoire qu'il se vantait d'avoir facilitée.

Voici donc sur quel support misérable a reposé le crime d'attentat à la Sûreté Intérieure de l'État.

LARGES EXTRAITS DE L'ATTESTATION DÉPOSÉE EN N° 2 A LA FONDATION HOOVER PAR HENRI CANNAC AVEC MENTION « CONFIDENTIELLE » JUSQU'AU 1er DÉCEMBRE 1975.

Je suis entré au Secrétariat Particulier de M. Pierre Laval vers le milieu du mois de Juillet 1940, quelques jours après la séance tenue le 10 Juillet par l'Assemblée Nationale. Depuis plus de dix années, j'étais Secrétaire Législatif au Sénat...

... N'ayant plus d'occupation au Sénat, qui continuait cependant de servir leur traitement à tous ses fonctionnaires, j'ai accepté le poste qui m'avait ainsi été proposé.

Les majorités obtenues par le Gouvernement, tant le 10 Juillet devant l'Assemblée Nationale pour le vote de la loi constitutionnelle (569 voix sur 649 votants), que le 9 Juillet devant le Sénat pour le vote du projet de résolution (225 voix sur 226 votants) et le même jour devant la Chambre (393 voix sur 396 votants), m'autorisaient à penser que le service de l'État s'identifiait avec le service de la France. Les paroles de M. Jeanneney devant le Sénat, le 9 Juillet, ne permettaient pas à ce sujet le moindre doute : « J'atteste enfin à M. le Maréchal Pétain, avait-il dit, notre vénération et la pleine reconnaissance qui lui est due pour un don nouveau de sa personne (vifs applaudissements). Il sait mes sentiments envers lui, qui sont de longue date. Nous savons la noblesse de son âme, elle nous a valu des jours de gloire. Qu'elle ait carrière en ces jours de terrible épreuve et nous prémunisse, au besoin, contre toute discorde. »

Fonctionnaire du Sénat depuis de longues années, j'ai puisé les raisons de ma conduite dans l'opinion exprimée par la plupart des Sénateurs et par leur Président lui-même. C'est ainsi que je suis entré au Secrétariat particulier du Vice-Président du Conseil choisi par le

Maréchal Pétain dont M. Jeanneney venait de faire un si vif éloge.

J'ajoute que — fonctionnaire discipliné — j'ai demandé l'autorisation de remplir mes nouvelles fonctions à M. de La Pommeraye, Secrétaire Général de la Présidence du Sénat, alors mon chef hiérarchique...

... En quoi consistaient mes fonctions ?...

Je me suis trouvé devant une énorme quantité de lettres qui arrivaient chaque jour. Je décidai donc de traiter cette masse de requêtes adressées à M. Pierre Laval comme j'avais traité pendant des années les requêtes qui arrivaient à la Commission Sénatoriale des Pétitions dont j'avais été le Secrétaire.

Les Chambres n'avaient plus d'activité. Or, le droit de pétition est un droit traditionnellement reconnu aux citoyens. Devait-on priver ceux-ci de l'exercice de ce droit ? Ou bien leur permettre encore d'en user, en chargeant le pouvoir exécutif — qui seul subsistait — d'une tâche jusqu'alors dévolue au pouvoir législatif ? Sans prétendre résoudre en droit un tel problème juridique, j'ai pensé que je pouvais lui donner très rapidement une solution de fait, si je mettais en vigueur, au Secrétariat de M. Laval, la méthode qui présidait auparavant au fonctionnement de la Commission Sénatoriale des Pétitions.

Considéré sous cet angle, le problème devenait alors très simple. Il n'était plus nécessaire que le Secrétaire de M. Laval fût dans l'intimité de M. Laval, car il ne s'agissait plus, en somme, du Secrétariat d'un homme, mais bien du Secrétariat d'un Service. Je n'avais à régler que des cas d'espèce, un Secrétariat ainsi conçu étant, par définition, incompétent pour traiter une question de principe ou un problème d'ordre général. Les correspondants exposaient leurs préoccupations, leurs difficultés, leurs malheurs. Dans la plupart des cas, la solution de ces requêtes ne dépendait pas directement des services de M. Laval ; je transmettais les lettres aux ministres compétents en avisant les intéressés que leurs requêtes étaient soumises à l'examen de tel ou tel Ministère. Je demandais à être tenu informé de la décision prise et — pour les affaires qui étaient le plus digne d'intérêt — je rendais compte à M. Laval. En ce qui concerne la réception des visiteurs, les principes étaient les mêmes...

... Jamais je ne me suis préoccupé de savoir si les requérants approuvaient ou non la politique du Gouvernement. Qu'ils fussent dignes d'intérêt ou de pitié, cela m'a toujours suffi.

J'ai observé la même attitude en Avril 1942 quand M. Laval est revenu au pouvoir et que j'ai repris mes fonctions auprès de lui. Et quand je l'ai quitté en Avril 1943, le service a continué à fonctionner, selon les mêmes principes, jusqu'en Août 1944, sous la direction de mon ami, M. Hervé Bigot. Celui-ci, fonctionnaire du Sénat comme moi, et ancien Secrétaire lui aussi de la Commission des Pétitions de la Haute Assemblée, était entré en Avril 1942 au Secrétariat Particulier de M. Pierre Laval. Il avait été Secrétaire de la Commission des Affaires Étrangères du Sénat où M. Pierre Laval, membre de cette Commission, avait toujours fait montre — me disait M. Bigot, de sentiments irréprochablement nationaux.

De Juillet à Décembre 1940, puis d'Avril 1942 à Avril 1943, je me suis limité aux fonctions que je viens de rappeler, à deux exceptions près sur lesquelles je crois nécessaire de donner quelques explications :

A) — D'abord, ce fut pour m'occuper de l'application de la loi du 25 Août 1942 (administration intérieure de la Chambre et du Sénat) ;

B) — Ensuite, ce fut pour siéger à la Commission Spéciale des Sociétés Secrètes (dérogations accordées aux dignitaires de la Franc-Maçonnerie exclus à ce titre de la fonction publique).

A) Aux termes de la loi promulguée par M. Laval le 25 Août 1942, le bureau de chacune des deux chambres devait cesser ses fonctions à compter du 31 Août 1942. Ainsi les Présidents des deux Assemblées cessaient de percevoir diverses indemnités qui leur avaient été attribuées jusqu'à cette date, alors que toute activité parlementaire avait pris fin depuis Juillet 1940.

Quant aux attributions d'administration intérieure et de gestion financière jusqu'alors exercées par les bureaux, elles devaient être confiées dans chaque Assemblée à un Secrétaire général unique, qui devait être, soit le Secrétaire général de la Questure, soit « un Secrétaire général désigné par décret pris par la proposition du Chef du Gouvernement ».

J'étais ancien fonctionnaire du Sénat. M. Hervé Bigot, mon collègue au Secrétariat de M. Laval, l'était également. Nous gardions, comme aujourd'hui encore, le meilleur souvenir des années passées au service de la Haute Assemblée. Nous avions d'autre part le souci tout naturel de contribuer de tout notre effort au maintien de l'institution parlementaire en assurant de notre mieux la continuité de l'administration intérieure des deux Assemblées. Nos anciens collègues de la Chambre et du Sénat nous firent savoir avec insistance qu'ils comptaient sur nous. Fonctionnaires et agents des deux Chambres étaient bien d'accord là-dessus ; ils nous demandèrent d'intervenir dans la solution de deux questions qui les préoccupaient au premier chef : le choix des deux Secrétaires généraux et le statut du personnel des Assemblées. M. Laval, nous ayant demandé notre avis sur ces deux points, les décisions prises par lui furent conformes à nos propositions.

Au Sénat, le Secrétaire général de la Présidence, M. de La Pommeraye, avait près de 68 ans. Son collègue de la Questure M. Labrousse, avait dépassé 70 ans. Pour désigner le nouveau Secrétaire Général du Sénat, le choix de M. Laval se porta sur M. Miegeville, Chef de service au Sénat. C'était le fonctionnaire le plus ancien dans le grade le plus élevé. Hiérarchiquement, la décision était irréprochable. Politiquement, elle ne l'était pas moins ; je ne commettrai pas d'indiscrétion en disant que cette nomination reçut l'agrément de M. Jeanneney. J'ajoute, pour confirmer ce que je viens d'exposer, que M. Miégeville est toujours en fonction. Il vient, en outre, par arrêté du 26 octobre 1945, signé de M. Jeanneney, d'être nommé Secrétaire Général adjoint pour les Services Législatifs de la Constituante.

Pour la Chambre des Députés, M. Pécheux fut maintenu par M. P. Laval au poste de Secrétaire Général qu'il occupait déjà et qu'il occupe encore actuellement. Il vient d'être nommé, par le même arrêté du 26 Octobre 1945, Secrétaire Général adjoint pour les Services Administratifs de la Constituante.

Ainsi, dès 1942, les Chambres avaient à leur tête deux hauts fonctionnaires tout particulièrement qualifiés, par leurs qualités et leur longue expérience, pour remplir leur rôle.

La tâche était délicate. Ils l'ont fort bien remplie. Elle consistait d'abord à sauvegarder les bâtiments ou parties de bâtiments, les annexes, les meubles, les archives, les œuvres d'art, les bibliothèques, etc., qui étaient constamment en danger, au Luxembourg et au Palais-Bourbon, à cause de la présence des Allemands.

Il s'agissait ensuite d'assurer l'administration intérieure et la gestion financière : emploi des crédits alloués, dépenses administratives, paiement des traitements des fonctionnaires et agents des deux Chambres, paiement des allocations-retraites aux Parlementaires (exception faite de ceux d'Alsace et de Lorraine qui reçurent pendant toute la durée de l'Occupation l'intégralité de l'indemnité parlementaire).

Les deux Secrétaires Généraux devaient enfin conserver auprès d'eux des fonctionnaires assez nombreux pour pouvoir éventuellement organiser sans délai une réunion, et faire en sorte que cette réunion ne soit ni empêchée ni retardée par défaut de personnel qualifié ou de moyens matériels. En particulier, le Secrétaire Général du Sénat avait dans ses attributions de tenir constamment à jour la liste des membres de l'Assemblée Nationale.

Quant au personnel administratif et législatif des deux Chambres, il était, depuis Juillet 1940, dans la situation suivante : tous continuaient à être payés par l'Assemblée à laquelle ils appartenaient. Mais un petit nombre seulement étaient employés par les Chambres pour seconder les Secrétaires Généraux. La plupart étaient prêtés à des Administrations de l'État : Ministères, Préfectures, etc. Or, la loi du 25 Août 1942 envisageait, dans son article 4, de procéder « avant le 31 Décembre 1942, au classement de ces fonctionnaires et agents dans les administrations publiques ».

Cette disposition avait soulevé dans le personnel des Assemblées, une certaine émotion, dont nos anciens collègues, les fonctionnaires et agents de la Chambre et du Sénat, nous firent part, à M. Hervé Bigot et à moi-même. Sur ce point encore, M. P. Laval voulut bien nous demander notre avis, et sa décision fut conforme à nos désirs : il nous annonça qu'il n'avait pas l'intention d'appliquer ce texte, qui, effectivement, ne fut jamais mis en vigueur. Pourquoi ? Parce qu'il pensait que le personnel des Assemblées pouvait bien être détaché à titre précaire dans d'autres services de l'État, mais qu'il devait essentiellement demeurer à la disposition des Assemblées où son concours serait indispensable s'il fallait convoquer d'urgence, soit le Sénat et la Chambre des Députés, soit l'Assemblée Nationale.

Je dois, pour être complet, et avant d'en terminer avec la question de l'administration intérieure des deux Chambres, rappeler la conversation que j'eus avec M. de La Pommeraye *après* la parution de la loi du 25 Août 1942 au Journal Officiel et *avant* la nomination de M. Miégeville au poste de Secrétaire Général du Sénat. Ce qui situe cet entretien dans les premiers jours du mois de Septembre 1942.

M. de La Pommeraye me fit annoncer sa visite. Je le reçus à l'Hôtel du Parc, à Vichy, dans une pièce réservée au Secrétariat particulier de M. Pierre Laval, où se tenait, avec moi, dans un coin opposé, une de mes secrétaires, Mlle Janine Fermaud qui assista à tout notre entretien, M. de La Pommeraye n'ayant pas exprimé le désir de me parler sans témoin.

Après quelques considérations sans consistance et sans intérêt, il en vint au point précis qui motivait sa venue dans mon bureau.

Il prit pour point de départ la récente loi du 25 Août 1942 qui prévoyait qu'un Secrétaire Général du Sénat allait être nommé par décret sur la proposition du Chef du Gouvernement.

Il me demanda si je connaissais à cet égard les intentions de M. Pierre Laval. Je répondis négativement. Il m'exposa alors qu'il estimait avoir conservé toute son activité physique et intellectuelle, qu'il avait une longue expérience des fonctions de Secrétaire Général, qu'il savait avec quel dévouement le Président Laval accomplissait sa lourde tâche, et qu'il se mettait à l'entière disposition du Chef du Gouvernement si celui-ci voulait bien lui confier le poste de Secrétaire Général du Sénat.

Je me bornai à répondre que je me ferais l'interprète auprès de M. Pierre Laval des paroles que je venais d'entendre.

M. De La Pommeraye insista alors d'une manière plus pressante encore, me demandant de ne pas omettre de rappeler au Chef du Gouvernement le concours qu'il lui avait apporté, en sa qualité de Secrétaire Général de la Présidence du Sénat, tant au Sénat même qu'à l'Assemblée Nationale, pour le vote de la loi constitutionnelle du 10 Juillet 1940.

Je répétai à M. de La Pommeraye ce que je lui avais déjà dit. Se levant pour prendre congé, il vit alors M. Paul Brun, Préfet Régional de Clermont-Ferrand, qui était entré dans mon bureau peu après le début de notre entretien et qui avait échangé quelques mots à mi-voix avec ma secrétaire, puis s'était assis à côté d'elle. M. de La Pommeraye ne l'avait pas vu, car il tournait le dos à la porte, et il ne l'avait même pas entendu entrer, tant il était occupé à me rappeler les services qu'il disait avoir rendus à M. P. Laval.

Mes deux visiteurs se connaissaient. Ils se serrèrent la main. Je reconduisis M. de La Pommeraye et revins vers M. Paul Brun et ma secrétaire puis rendis compte le soir même à M. P. Laval de l'entretien que je venais d'avoir. Le Chef du Gouvernement ne manifesta aucune opinion, mais quelques jours plus tard nomma M. Miégeville au poste qui avait été sollicité par M. de La Pommeraye.

B) — J'en arrive à l'activité que j'ai exercée en matière de dérogations à la législation sur les sociétés secrètes. J'apporte ici mon témoignage de ce que fut la politique de M. P. Laval à l'égard des Francs-Maçons...

> [Suivent cinq pages dans lesquelles le témoin explique comment et pourquoi Laval l'avait nommé dans la Commission Spéciale des Sociétés Secrètes afin de protéger au maximum les Francs-Maçons et les réintégrer dans leurs droits.]

... Telles sont les grandes lignes de l'action que j'ai menée à la Direction du Personnel du Ministère de la Justice. J'y ai toujours agi dans un esprit libéral et républicain, comme je l'ai fait lorsque je défendais l'administration intérieure des deux Chambres ou les dignitaires de la Franc-Maçonnerie injustement frappés. Je me suis inspiré, dans toutes les fonctions que j'ai remplies, des mêmes principes et des mêmes sentiments qui m'avaient animé au Secrétariat particulier de M. P. Laval : aider le Chef du Gouvernement dans la tâche qu'il avait entreprise et qui consistait à sauver, dans toute la mesure du possible, les institutions et les hommes de notre malheureux pays.

Henri Cannac.

Novembre 1945.

ANNEXE VI

EXTRAIT
DU DISCOURS FAIT DEVANT LE PARLEMENT, LE 28 DÉCEMBRE 1935, PAR PIERRE LAVAL, EN RÉPONSE À L'INTERPELLATION DE M. YVON DELBOS

(*J.O. du 29 décembre 1935, p. 2864*)

« Je vais vous révéler un de ces faits que l'on n'a pas coutume de rendre publics, car ils sont d'un caractère délicat : il s'agit de conversations entre les états-majors.

« Le 10 octobre, remise d'un mémento britannique sur l'éventualité d'une coopération franco-britannique et sur la nécessité d'une prise de contact entre les états-majors. J'ai fait observer à M. le ministre de la Marine que ces accords techniques devaient être précédés d'accords politiques.

« La demande avait été le 10 octobre. Le 18, je donnais l'accord politique, celui qui engage non pas les états-majors, mais le Gouvernement et le pays tout entier, et qui ne peut émaner que du Gouvernement. Ensuite, notes verbales anglaises du 14, du 18 et du 24. Cette série de notes a pour objet de définir le caractère des engagements en vertu de l'article 16.

« Les conversations techniques d'états-majors entre l'amirauté britannique et la Rue Royale ont commencé aussitôt.

« Après l'échange des notes, le 30 octobre, remise à Londres d'un mémento français ; le 2 novembre, réponse britannique au mémento français ; à partir du 8 novembre, nombreux contacts entre les deux amirautés ; le 9 et 10 décembre, conversations étendues aux états-majors terrestres et aériens.

« Messieurs, je vais vous faire une autre confidence. La France, que par son mandataire vous flétrissiez hier avec tant d'éloquence pour avoir été défaillante vis-à-vis de Genève et vis-à-vis du Pacte, est jusqu'à présent le seul des cinquante-quatre États qui ait pris des engagements avec les développements techniques dont je viens de vous parler. »

(Vifs applaudissements au centre, à droite et sur divers bancs à gauche.)

ANNEXE VII

Le Garde des Sceaux ayant interdit aux Avocats de faire une déclaration aux journalistes, Albert Naud et Jacques Baraduc, craignant de recevoir à leur Cabinet les représentants des agences étrangères, René de Chambrun dut organiser pour eux le 30 Octobre 1945 une réunion « clandestine » chez un ami américain, 9, rue d'Andigné. Ils y rencontrèrent les représentants des agences United Press, Associated Press, International News Service, Reuter et leur remirent signée la déclaration suivante :

> Le Président Pierre Laval a été fusillé le 15 octobre. C'est le lendemain de sa mort que nous prenions connaissance de ses réponses aux derniers chefs d'accusation. Ce fait seul suffit à souligner la précipitation de l'instruction, la précipitation des débats, la précipitation de l'exécution.
>
> Lors de son retour en France, Pierre Laval pria le Bâtonnier de lui désigner deux avocats. Quelques jours plus tard, notre confrère Yves-Frédéric Jaffré se joignait à nous.
>
> Le 22 août, nous eûmes un premier et long entretien avec Pierre Laval. Nous ne le connaissions pas. A son contact et devant les révélations qu'il nous fit, nous comprîmes tout de suite l'ampleur et la grandeur de notre tâche.
>
> Le président Bouchardon et M. Béteille, juge d'instruction, nous avaient reçus le 21 août. Ils nous avaient dit à l'un et l'autre qu'il s'agissait d'une affaire de longue haleine, et qu'après deux interrogatoires en septembre, l'instruction ne commencerait réellement qu'au mois d'octobre pour se poursuivre en novembre. M. Béteille nous remit un plan d'information comportant au minimum vingt-cinq interrogatoires.

Quatre eurent lieu : les 23 août, 6, 8 et 11 septembre ; le cinquième, ayant été interrompu en raison de l'heure tardive, ne devait jamais être repris.

Le 12 septembre, la presse nous apprenait que l'instruction était close. Huit jours plus tard, Pierre Laval était sommairement interrogé sur les Antilles, la Marine marchande, le sort de *L'Agneau mystique,* le meurtre de Marx-Dormoy à Montélimar et l'agression contre M. de Menthon au bord du lac d'Annecy.

Accusé de complot contre la sûreté intérieure de l'État et d'intelligences avec l'ennemi, le Président Laval n'avait été interrogé ni sur son rôle à l'Assemblée Nationale, ni sur les raisons et les conditions de son retour au pouvoir pendant l'occupation, ni sur ses négociations avec le gouvernement allemand, ni sur les entretiens de Montoire, ni sur les réquisitions de main-d'œuvre, ni sur la Milice, ni sur les conditions de son départ de Paris le 17 août 1944.

En vertu de l'ordonnance instituant la Haute-Cour de justice, les noms de dix-huit jurés parlementaires et ceux de dix-huit jurés Résistants devaient être tirés au sort sur une liste de cinquante jurés parlementaires et de cinquante jurés Résistants.

Le tirage au sort des jurés avait été fixé au 3 octobre. Au lieu de cinquante jurés parlementaires, dix-huit seulement étaient venus au Palais de Justice. En conséquence, il n'y eut aucun tirage au sort mais bien désignation de dix-huit jurés. C'est au cours de cette audience publique que le Premier président Mongibeaux déclara que les débats devaient commencer, se poursuivre et se terminer avant les élections.

Le lendemain, le procès s'ouvrait en notre absence. Nous avions en effet demandé à notre Bâtonnier de nous décharger de nos commissions. On nous avait mis dans l'impossibilité absolue d'assurer la défense de notre client. Nous ne connaissions pas le dossier de l'accusation. Nous n'avions pas eu le temps matériel de faire citer nos témoins. Nos dossiers n'étaient pas constitués.

Malgré cette situation de fait sans précédent, le Premier président nous demanda de prendre notre place à la barre.

Le lendemain 5 octobre, nous nous rendions à l'audience pour réaffirmer solennellement la nécessité impérieuse de surseoir au procès.

La Haute-Cour passa outre et les débats continuèrent.

Le samedi 6 octobre, Pierre Laval donna lecture de la lettre qu'il avait écrite à M. le Garde des Sceaux pour lui demander la publication de son procès dans le *Journal officiel.* S'insurgeant contre le refus qui lui avait été signifié, il insista de nouveau mais en vain auprès du Ministère public.

C'est à la suite de cette lecture qu'éclatèrent les incidents que le monde entier connaît. Ceux-ci révélèrent que l'accusé se trouvait en présence de juges qui l'avaient par avance condamné.

Devant la partialité, les injures et les menaces de ses juges, le Président Laval déclara :

« Un crime judiciaire va s'accomplir. Je veux bien en être la victime. Je n'accepte pas d'en être le complice. »

Il quitta l'audience et, en son absence aussi bien qu'en la nôtre, la Haute-Cour passa à l'audition de « trois témoins à charge ».

Le lundi 8 octobre, quelques instants avant la réouverture des débats, le Garde des Sceaux, M. Teitgen, nous convoqua, nous fit prendre en voiture et conduire à son cabinet. L'entretien dura plus d'une heure. Il nous demanda instamment de reprendre notre place à la barre. Il nous dit que les magistrats de la commission d'instruction qui avaient interrogé le Président Laval avaient été fortement impressionnés par ses réponses. Il ajouta, que s'il avait un conseil à nous donner, c'était de revenir à l'audience. En contre-partie de notre acceptation, il prenait l'engagement que « les membres de la Haute-Cour cesseraient de menacer et d'injurier notre client ».

Peu après, en accord avec le Président Laval, nous faisions connaître notre refus au président Mongibeaux et au Procureur général Mornet, leur expliquant que l'honneur et le prestige de notre Ordre nous interdisait de nous associer à des débats qui n'avaient de judiciaires que le nom.

Le Premier président et le Procureur général nous confièrent alors que, s'ils insistaient auprès de nous pour que nous acceptions au moins d'être présents à la barre sans client, sans dossier et sans possibilité d'intervenir dans les débats, c'était sur l'ordre exprès du général de Gaulle.

Nos consciences d'hommes libres, le respect que nous avons pour les traditions de notre Ordre et notre sens de la justice nous ont interdit de répondre à cet appel.

Le lendemain mardi 9 octobre, Pierre Laval était condamné à mort sans avoir pu faire entendre sa voix.

Paris, le 30 octobre 1945

JACQUES BARADUC
Avocat à la Cour

ALBERT NAUD
Avocat à la Cour

ANNEXE VIII

PENDANT LA VEILLÉE DE MORT

13 Octobre 1945

Il ne suffisait pas de m'empêcher de parler, il fallait encore m'empêcher d'écrire. Pourquoi me supprimer si vite puisque j'étais enchaîné et en prison ?

Rien pourtant n'empêchera les Français de comprendre qu'on a voulu leur cacher quelque chose.

Je ne redoutais rien d'un débat public. J'avais demandé l'Officiel pour que les Français puissent connaître l'accusation et mes réponses. On me l'a refusé.

Ils savent maintenant qu'on a voulu leur cacher la vérité. La France n'est pas libérée puisqu'on ne veut pas qu'elle connaisse la vérité.

Je ne craignais rien et j'aurais désarticulé et détruit tous les griefs retenus. J'aurais fait tomber l'une après l'autre les mauvaises légendes. *On m'a toujours combattu par le mensonge,* et j'aurais fait tomber le mensonge. Ma personne qu'on a truquée pour me faire haïr aurait fait place à l'homme qui se présente à visage découvert et que connaissent bien mes adversaires. C'est celui qu'on redoute et dont on a voulu éteindre la voix.

On m'a représenté comme un malin, comme un roublard, alors que j'ai toujours lutté avec l'intelligence vierge et simple d'un enfant du peuple.

On m'a toujours représenté comme un ennemi du peuple alors que ceux qui me connaissent savent que c'est lui que je défendais.

Je vais m'endormir dans le sommeil éternel. Ma conscience est en paix. Le remords tourmentera peut-être ceux qui, ne me connaissant pas, m'ont sali et torturé. Il accablera certainement un jour ceux qui m'ont fait assassiner. Je les plains plus que je ne les hais, car la haine qui les inspire n'a jamais habité en mon âme.

Je pleure pour ma famille que je fais souffrir.

Je souhaite pour ma patrie que j'aime le bonheur et la liberté qu'on lui a ravis. Elle les retrouvera un jour avec une autre morale et avec d'autres guides.

J'attends et je recevrai la mort avec sénérité car mon âme survivra. J'aime mieux la mort que les chaînes.

Pierre Laval.

TABLE DES MATIÈRES

ACHEVÉ D'IMPRIMER
SUR LES PRESSES DE
L'IMPRIMERIE HÉRISSEY
À ÉVREUX (EURE)

Nº d'Imprimeur : 34143
Dépôt légal : Avril 1984